碟中谍

DIEZHONGDIE

SHIJIE SHUANGMIAN JIANDIE CHUANQI

世界双面间谍传奇

韩春萌

著

中国文史出版社
CHINA CULTURAL AND HISTORICAL PRESS

图书在版编目（ＣＩＰ）数据

碟中谍：世界双面间谍传奇 / 韩春萌著 . -- 北京：
中国文史出版社，2019.10

ISBN 978-7-5205-1559-7

Ⅰ.①碟… Ⅱ.①韩… Ⅲ.①间谍—情报活动—世界
—通俗读物 Ⅳ.① D526-49

中国版本图书馆 CIP 数据核字 (2019) 第 250579 号

责任编辑：梁玉梅

出版发行：中国文史出版社

社　　址：北京市海淀区西八里庄 69 号院　　邮编：100142

电　　话：010-81136606 81136602 81136603（发行部）

传　　真：010-81136655

印　　装：北京新华印刷有限公司

经　　销：全国新华书店

开　　本：16 开

印　　张：24.25　字数：384 千字

版　　次：2020 年 3 月北京第 1 版

印　　次：2020 年 3 月第 1 次印刷

定　　价：59.80 元

第十一章　联合国高官的蜕变人生

第十二章　背叛美国的以色列地下尖兵

贪婪成性 功勋谍王离奇丧命

第一次世界大战爆发前夕，欧洲大陆笼罩在战争的紧张气氛之中。1913 年 5 月 26 日，奥匈帝国警方对外公布了一条消息：帝国第八军（又称作布拉格军团）参谋长阿尔弗雷德·列德尔上校在一家旅馆意外死亡。奥匈帝国的国民得到这个消息，开始感到无比的惋惜和悲痛，因为列德尔是他们心目中的英雄楷模。

因为列德尔上校是军方人士，奥匈帝国军方随即发布消息称：列德尔是在首都维也纳执行重要任务时，因癫痫病发作而自杀身亡的，政府方面不久将为这位英雄举行隆重的葬礼。另有消息称，列德尔精神病发作，自杀而死。

列德尔上校到底是怎么死的？是自杀还是他杀？特殊时期的这个特殊人物，成为人们关注的焦点。正当人们特别关注此事时，第二天，奥匈帝国的《布拉格演习报》在头版头条刊登了一条令人震惊的消息：已故奥军布拉格军团参谋长阿尔弗雷德·列德尔上校竟然是俄国间谍！消息传出，整个奥匈帝国一片哗然，许多人表示对此难以置信。

列德尔到底是英雄还是叛徒？作为身居要职的军官，如果他真是俄国间谍，又为什么要背叛自己的国家？一时众说纷纭，莫衷一是。随着事件的发展和奥匈帝国的解体，人们最终还是解开了列德尔这个双面间谍之谜。

第一章 贪婪成性 功勋谍王离奇丧命

支票现疑　张网狩谍

1913 年，欧洲大陆战云密布。以德国、奥匈帝国为一方的同盟国和以英国、法国和俄国为另一方的协约国，在争夺殖民地、重新划分势力范围等问题上矛盾激化，两大军事集团都在疯狂扩军备战，一场世界性的大战已经不可避免。只要有导火索，第一次世界大战一触即发。

战前，同盟国与协约国展开了军事情报的搜集，各国间谍纷纷出笼，渗透到敌国的各个要害部门。一场悄无声息的情报战由此拉开了帷幕。

奥匈帝国被卷入这场争斗之中。建立于 1867 年 2 月的奥匈帝国，是匈牙利贵族与奥地利的哈布斯堡王朝在争取维持原来的奥地利帝国时采取折中的解决方法建立的一个国家。奥匈帝国有三个不同的政府：匈牙利政府、奥地利政府和一个位于皇帝之下的中央政府。它是一个多民族国家，它的内政主要由组成它的 11 个主要民族之间的争执所决定。因此，奥匈帝国内部也是矛盾重重。

1913 年 3 月 2 日这一天，奥匈帝国首都维也纳的邮政总局收到了一封从靠近德、俄边境的德国小城艾德库南寄来的信件：信封上标明的收信人是"维也纳邮政总局雷斯坦特支局待取件、第十三歌舞剧院管理员尼孔·尼采塔斯收"；而寄信人地址为"艾德库南镇邮政支局"。这封奇怪的信引起了维也纳邮政检查人员的注意，因为邮政人员天天收信送信，知道第十三歌剧院没有尼孔·尼采塔斯这个人，德国这个小城的邮局为什么要寄信给这样一个根本不存在的人呢？

看到寄信人来自德国的艾德库南镇，这个地名立即使邮局的人警觉起来。别看艾德库南镇不大，在当时却是个很受人重视的地方，因为这里是各国间谍云集之地，形形色色的特工们在这里活动十分频繁。这封莫名其妙的信，会不会与间谍活动有关呢？

当时奥匈帝国与周边国家特别是塞尔维亚的关系非常紧张。20世纪初，摆脱了土耳其人统治的塞尔维亚在巴尔干地区日趋强大起来，已成为南部的斯拉夫人反对外国统治、争取民族统一的核心。波斯尼亚和黑塞哥维那两地的斯拉夫人，强烈要求摆脱奥匈帝国的统治，与塞尔维亚合并，建立统一的南斯拉夫国家。以塞尔维亚为中心的南斯拉夫民族统一运动的发展，对奥匈帝国构成了威胁，使奥匈帝国的统治者极为不安。

塞尔维亚的强大、英法俄等协约国的敌对，使巴尔干成为欧洲火药库。奥匈帝国安全部门要求军队进入战备状态，同时告诫国民要严防敌国间谍的渗透。

有鉴于此，维也纳邮局的工作人员立即将此事向奥国邮政检查总署的人作了汇报。没过几天，他们又收到了两封发自同一地点、发给同一收件人的信。此事更加引起了奥匈帝国邮政检查总署的注意，他们立即将情况报告给了奥匈帝国反间谍机构。

"秘密拆开信件！"

反间谍部门一声令下，检查员拆开了这些信。奇怪的事又出现了：每封信中都有一张数目不小的支票！其中一张为6000奥地利克朗，另一张为8000奥地利克朗，还有一张也有数千奥地利克朗。信中除了支票，没有其他任何说明，这又是一个神秘而令人不解的现象。

从同一地点寄给同一收件人的信件，在每封信中都有一张数千克朗的支票。这三封信引起了奥国反间谍机构的怀疑，他们认为，这要么是间谍机构为潜伏在奥国的间谍提供的活动经费，要么就是他们付给已经提供了重要情报的间谍人员的报酬。最近奥国的军事情报频繁泄密，反间谍机构的头儿多次遭到上级的训斥，他们正苦于找不到线索，现在有了这么重要的线索，又岂能放过？

为了引蛇出洞，他们将这三封信复原，不动声色地放回雷斯坦特支局。奥匈帝国情报局在邮局秘密设立特别行动组，采取监控手段，等待前来领取这三封信的人。特别行动小组成员都是秘密警察，由经验丰富的隆格上尉担任行动组长负责此次行动，为的是确保一旦鱼儿上钩不至于脱钩逃脱。

与间谍打交道不是件容易的事，想要不费力就抓住对手更是谈何容易。面对狡猾的对手，隆格上尉不敢怠慢，他和小组成员研究后，作了周密的部署。他们分析后认为，如果特别行动小组的人埋伏在邮局取信的地方，容易引起对方的怀疑，于是他们将行动小组成员隐蔽在邮局旁边的警察局里。

为确保行动小组成员行动迅速，他们特意设置了一个秘密机关：用一根电线将邮局的柜台和对面的警察局相连接，一旦发现取信的人到来，只要及时按下柜台下面的按钮，警察局那头的报警铃声就响了。隆格上尉要求小组成员保持高度警惕，决不能放过任何可疑对象。他同时对邮局职员说："值班的人见到来取信的人后，要尽量拖延时间，在办理领取手续上做做文章，想方设法稳住对方，这样我们行动的成功率才更大。"

然而，事情并不像他们想象得那么简单。一天，两天，三天……一转眼半个月过去了，却不见取信人的踪影。隆格上尉心里骂道：这只狐狸真狡猾！行动小组成员中有人焦急起来。隆格上尉告诫大家："要沉着耐心，不要急！这么多钱在这里，我就不信这些钱的主人不想要。"

行动小组成员只有耐心守候。但是两个多月过去了，依然没有任何人来领取这些信件。蹲坑守候的特别行动小组成员于是分批值班，他们每个班次只留下两个人，其他人休息待命。但每天情况依旧，警察局特设的铃声一直没有响过。特别行动小组中有的成员沉不住气了，提出："我们撤走吧！"

奥匈帝国反间谍机构开始怀疑自己当初判断有误，他们也有收兵的想法。但是，这是涉及国家安全的间谍案，不是小事，他们不敢随便做主，就向主管奥匈帝国情报的高官请示。

报告打到了奥匈帝国特工部门首领阿尔弗雷德·列德尔那里，这位特工头子想了一下，然后对反间谍部门的头儿说："对手已有察觉，让邮局的人加强警戒。为了麻痹对手，同意你们撤回。"列德尔是个经验丰富的老手，反间谍部门的人认为，他这样做自然有他的道理。

得到上级的批准后，特别行动小组召回了派驻邮局的人员。虽然隆格上尉不同意这样做，但也只得服从上级命令，带领行动小组全体成员撤走了。

临走之前，隆格上尉特地叮嘱邮局的职员："我绝不相信这是从天上掉下来的一大笔克朗,这个神秘的取信人一定会出现的。你们一定要保持高度警惕,一旦有人来取,一定要在第一时间设法通知我们!"

隆格上尉还是不放心,暗中留下两名小组成员继续留在警察局守候。

刀鞘为饵 猎物上钩

就在反间谍人员撤走后不久,取信人突然出现了。那是在 5 月 24 日下午,一位男子突然来到邮局,要领走那三封信。邮局职员赶紧按下了按钮,那边警察局房里的铃声立即响了起来。

但是,铃声响了许久,才有一个行动小组成员进到房间来。"有情况!"刚从洗手间回来的他,一时紧张得不知如何是好。原来另一个小组成员见天天没事,就请假回家去了。偏偏在这个时候出事了!很快,这位成员反应过来,他立即打电话给反间谍部门,打完后一扔话筒,直奔邮局而来。但此时离邮局报案已经过了整整五分钟。

这位留守的秘密警察来到邮局门口时,邮局值班人员迎上来对他说:"取信的人刚走。"一边说一边指示方向:"快追,他往那边走了!"留守的秘密警察顺着他所指的方向望去,只看到一辆远去出租车的影子。他一惊,这下完了,没法向顶头上司隆格上尉交差,更没法向上级官员——阿尔弗雷德·列德尔这位情报机构头子交差。

很快,接到报告的反间谍机构也派人赶来了。隆格上尉得到情报后,二话没说,带人迅速赶到了雷斯坦特邮政支局。然而,待隆格率秘密警察赶到邮局时,这名男子已经坐车离去,气得隆格上尉大骂留守的两名小组成员"混蛋",并扬言要将他们绳之以法。

原来这只狡猾的"老狐狸"是打出租车来的,到邮局后取完信就逃走了。好在邮局工作人员记下了那辆出租车的牌号,这样可留待以后详查。

"那人长得怎样?"

邮局值班人员将那个来取信的人描述了一番。从他们的描述中得知,这是个四十出头的男子,中等个子,打扮得较为入时。这种描述太一般化了,没有明显的特征,无法给隆格上尉留下深刻印象。

既然无法直接从取信人那里找到破绽,大家一致认为:"现在要赶快找到那辆出租车，查清坐车人在哪里下的车。时间长了，这事就更难办了！"记下了出租车的号码，要找这辆车并不是太难。隆格让手下人员立即给各相关部门打电话，部署围堵那辆出租车。

真是天无绝人之路！正当这几个秘密警察打道回府的时候，十多分钟后，取信人乘坐的出租车居然自己拐到邮局门口来了。远远地看见出租车上那特别引人注意的号码，秘密警察立即吆喝它停下。车还没停稳，一群秘密警察就冲上去，拉开车门大声问司机："刚才坐车的那个人哪去了？"

出租车司机看到这伙人气势汹汹的，不知自己做错了什么事。秘密警察掏出证件，并向他说清楚原委后，他告诉隆格他们，乘车人为一中年男子，衣着整洁，已经在卡泽尔霍夫咖啡馆下了车。

秘密警察让出租车带路，直奔卡泽尔霍夫咖啡馆而来。先前留守的那位秘密警察和两个同伴坐上了出租车，其他人则坐着自己的车跟在后面。在前往旅馆的路上，怀着"将功补过"心理的那位秘密警察，仔细在出租车上寻找蛛丝马迹。功夫不负有心人，还真让他在汽车后座旁找到了一把小折刀的刀鞘。这是一只镶有钻石的灰色精美刀鞘，从镶嵌的钻石可见，这不是一般人所持有的。

由于路程不是太远，他们一行人很快到了卡泽尔霍夫咖啡馆，但他们在咖啡馆的大厅里并没有找到他们要找的人。秘密警察们分析，这家伙是个老手，肯定是为了迷惑出租车司机，假装进了咖啡馆，然后转了个圈又溜出去了。这样出租车司机会以为他待在这里，带人来找他时他却不知所踪。

咖啡馆的对面是个出租车车站，不抱任何希望的隆格上尉来到车站，向调度员询问："有没有一个四十出头的人急急忙忙来打的士？"因为事情没发生多久，调度员回忆了一下，告诉他："有个绅士打扮的人，急急忙忙打了辆出租车往克沃姆塞金旅馆方向走了。"

"快追！"隆格一声令下，让手下朝克沃姆塞金旅馆飞奔而去。所有的人都恨不得马上把那个家伙抓住，让这位神秘间谍露出真容。反间谍人员在出租车司机的指引下，来到克沃姆塞金旅馆。旅馆老板弄清他们的来意后，告诉他们在 20 分钟内共有四位客人入住。"不知你们要找的是哪一位？而且有两位客人好像刚刚办好住宿手续就出去了。"

奥国反间谍人员决定以这只价值不菲的刀鞘为诱饵，引那名神秘男子上钩。秘密警察对旅馆老板说:"我这里有一样东西,你把它摆放在柜台边,再到门口张贴招领启事,看看这东西到底是谁的。"他们把刀鞘交给旅馆前台服务员,让他在旅馆门口贴出失物招领启事,通知失主前来认领。十几名秘密警察则化装成旅馆工作人员,埋伏在四周。

灰色的精美刀鞘放在柜台上,不见住在旅馆的旅客来认领。隆格上尉吸取邮局事件的教训,悄悄地对入住旅馆的客人进行深入细致的调查。令他大感意外的是,住在一号房间的竟然是他的上司、帝国第八军参谋长列德尔上校。他怎么会住在这里?隆格上尉不敢打扰列德尔,因为他知道,列德尔不仅是第八军参谋长,还是奥匈帝国的特工头子。为了清除敌人的间谍,他可以在任何时候任何地方出现,也可以使用一切手段。

真是太巧了!尽管不相信列德尔上校会是他们要找的人,隆格上尉还是在心里结下了一个疙瘩。

傍晚,旅馆服务员接到一名男子打来的电话:"听说你们捡到了一个刀鞘?"按照反间谍人员的交代,旅馆服务员立即稳住对方。这名男子在电话中向其询问刀鞘的样式及拾到的地点,服务员巧妙地回答了他。确认是自己的刀鞘后,这名男子与旅馆服务员约定晚上7点来认领。

放下电话,服务员迅速通知了守候在一旁的秘密警察。秘密警察们一听,心中暗喜:"猎物终于要上钩了!"

露馅被围　惊动皇储

一张大网在克沃姆塞金旅馆张开了,全副武装的秘密警察张网以待猎物。

当晚7时整,一名身着黑色大衣、裹着围巾的瘦高个男子出现在旅馆大厅。凭直觉,秘密警察立刻意识到:此人就是他们等待已久的"猎物"。

黑衣男子走进旅馆,显得十分机警。他向大厅的四周扫视了一番,发现旅馆老板正在挂一大串钥匙,大厅里人不多,只有一名男子在低头看报纸。看上去一切都很正常,黑衣男子这才来到柜台服务员面前。

当黑衣男子解开围巾,向服务员领取刀鞘时,守候在一旁的秘密警察惊呆了:他们苦苦守候的"猎物"竟然是自己崇拜的偶像、奥国情报界的"英雄"——阿尔弗雷德·列德尔上校!"猎人"们一个个目瞪口呆。

这怎么可能呢？就连隆格上尉也不敢相信眼前的事实。列德尔屡立功勋，多次受到表彰，他是帝国情报界的英雄。正当仕途上升之时，他怎么可能铤而走险干这种卖国勾当？

然而，事实毕竟是事实，眼前的事实是谁也无法改变的。隆格上尉和他的手下不想在光天化日之下逮捕列德尔，想给这位过去的偶像和英雄留点面子。于是当列德尔拿了刀鞘往外走时，他们一起在后面跟踪他，准备在合适的地方再将他逮捕归案。

作为谍战老手，刚离开旅馆，列德尔就察觉到有人跟踪他。走了一段路，列德尔发现跟踪他的人是自己过去的部下，而非其他敌对势力。他心里"咯噔"了一下，知道自己的事已经彻底暴露了。

列德尔很清楚，一旦自己因为出卖国家的秘密被抓住，只有死路一条。求生的欲望驱使他作最后的一搏。他想，只要你们没有当场抓住我，事后我便"死猪不怕开水烫"，采取"拒不承认"来对付你们，你们一时也奈何我不了。抱有侥幸心理的列德尔想甩脱跟踪者，为自己争取主动。他甚至想，如果能拖延点时间，就有可能向俄国方面寻求保护。

来到施雷戈斯大街后，列德尔施展他的特工才能，和隆格他们玩起捉迷藏的游戏。他左拐右拐，不一会儿工夫就在秘密警察眼皮底下消失了。秘密警察仗着人多，分头行动，总算又跟上了他。走到一个广场后，列德尔发现自己又被跟踪上了，心里不免有点着急。

拐进一条狭小的街道后，列德尔为了迷惑跟踪者，情急之下一边走一边从大衣口袋里掏出几张纸，把它们撕成碎片分撒在地上，想趁跟踪者捡纸片耽误时间时甩掉他们。但跟踪者没有上他的当，一名秘密警察负责把地上的碎纸片捡起来，其余的人继续对列德尔进行跟踪监视。

孤注一掷的列德尔只得冒险一搏。他走上了一个立交桥，突然一跃而起，从桥上跳了下去。跳下去后，只见他在地上滚了几下，瘸着腿在路上拦了一辆出租车，仓皇逃走了。

列德尔企图逃往俄国大使馆，可是刚走到半路，就发现奥国警察早已封锁了通往使馆区的每一条道路。万般无奈之下，列德尔只得抱着侥幸的心理，躲进了一家不起眼的小旅馆。

秘密警察迅速在全市布下天罗地网，列德尔已经是插翅难逃。

与此同时，奥国反间谍人员对列德尔扔掉的碎纸片进行了复原，发现这些纸片是寄往巴黎、布鲁塞尔、华沙、洛桑等地的挂号信收据。隆格上尉请笔迹专家对拼好的纸张上的字与列德尔上校的字迹进行比对，发现非常一致。专家确认，碎纸上的字是列德尔本人的。

从这些挂号信收据分析，列德尔的双面间谍身份被确认。其中一张收据是直接寄给巴黎一位政府官员的，布鲁塞尔的收信地址是法俄文化交流协会在当地的办事处，华沙的收信地址是一家俄国公司。奥国反间谍机构早已获悉，这两个机构是法、俄情报机构在当地的分支机构。

由此，奥国反间谍机构断定，列德尔上校是俄国间谍无疑，而且与法国、意大利也有说不清的关系。

隆格不敢怠慢，立即将此情况汇报给了奥匈帝国情报局局长范欧斯特洛米将军。听了隆格的汇报，这位局长大吃一惊：帝国情报头子竟成了卖国贼！范欧斯特洛米将军深知列德尔掌握了不少国家机密，意识到事情的严重性，他马上向奥匈帝国军事首脑康拉·范霍仁多尔夫将军汇报。

范霍仁多尔夫将军是奥军司令，在得知列德尔是敌人的间谍后，他担心自己精心策划的"第3号行动方案"也被列德尔泄密。"第3号行动方案"主要内容是：一旦时机成熟，奥匈帝国就迅速派兵攻占欧洲东南的几个小国，并以重兵进攻沙俄。奥匈帝国已经按计划开始实施了，如果这一计划被俄国、塞尔维亚等国知道，后果不堪设想。

因为涉及国家机密，危及国家安全，范霍仁多尔夫将军又岂敢怠慢？他立即把情况报告给了弗朗茨·斐迪南大公。

斐迪南大公出生于1863年，是奥匈帝国第一任皇帝弗朗茨·约瑟夫一世的亲侄子，1889年在约瑟夫一世唯一的儿子、皇储鲁道夫和情人私奔双双自杀，约瑟夫一世的弟弟也在墨西哥被暗杀后，斐迪南成为新指定的皇储。他于1898年任奥军副总司令。1908年，他极力主张吞并波斯尼亚和黑塞哥维那，加深了俄与奥匈之间的矛盾，导致波斯尼亚危机。斐迪南大公是奥国皇储兼情报机关首脑，在外交上主张对塞尔维亚等国采取强硬态度，在奥匈帝国被人们视作"铁腕人物"。

接到范霍仁多尔夫将军的报告，斐迪南大公同样惊愕得半天说不出话来，因为他多次表彰列德尔，与列德尔的私人感情也不错。但国家利益高于一切，斐迪南大公立刻指示，一定要彻查此事，肃清危害国家利益的间谍。

范霍仁多尔夫将军立即成立了一个专案组，专门负责查处列德尔间谍案。作为奥国情报部门的头子之一，列德尔掌握了大量的超级机密，他究竟出卖了多少机密给外国间谍机关？他的间谍案涉及多少人？最关键的是，现在列德尔躲藏在哪里？这些都是必须尽快查清楚的事。

就在奥匈帝国收网之际，一个电话暴露了列德尔的动向。专案组紧急行动，范霍仁多尔夫将军亲自担任这次行动的指挥官，抓捕行动拉开序幕。

身居高位　贪婪遗恨

躲藏在旅馆中的列德尔从窗帘后面偷看，发现旅馆周围已经出现了不少可疑的人，他认为这些人肯定是监视他的便衣警察。再不想办法逃走，自己就没有活路了。他急得像热锅上的蚂蚁，不知如何是好。情急之中，他想到了自己要好的朋友威克尔·波拉克，想得到他的帮助逃出去。于是，他打电话给波拉克，约他去一家他们经常见面的旅馆碰面。

波拉克是当时奥匈帝国法律界的权威，也是社会名人。他接到列德尔的电话，说有紧急事情要他帮忙。出于老朋友的关系，他如期来到旅馆与列德尔碰面。列德尔一出小旅馆，后面就有人紧紧地盯上了他。所以当他见到波拉克时，脸上的紧张神情还没有消失。波拉克猜测，列德尔肯定出了什么大事。果然，列德尔寒暄几句后，就提出了帮他出逃的要求。

波拉克借口上厕所，给奥国情报局打了个电话，将列德尔的事报告给他们。波拉克知道，列德尔是个老特工，自己"上厕所"肯定会被他怀疑的。他不敢回去与列德尔会面，给情报局打完电话就悄悄溜走了。接到波拉克的电话后，奥国反间谍机构立即指挥早就在附近搜索的秘密警察将旅馆包围起来。

范霍仁多尔夫将军向隆格上尉等人下达命令："在证实列德尔的罪行之后，可以秘密处死他，但绝不能让其他人知道这件事。"大家心里都清楚，这样做的目的是为了顾及帝国的脸面，也是为了避免民众出现不必要的过激反应。

列德尔见波拉克"上厕所"一去不复还，知道老朋友也靠不住了，他想尽快离开旅馆，但他发现四周都是秘密警察。有的警察虽然化了装，但他很快就认出其是自己的老部下。自知在劫难逃的列德尔索性向服务员要了酒，一个人喝起闷酒来。

"唉，听天由命吧！"列德尔无可奈何地叹了一口气。他现在有的是后悔，后悔自己不该贪得无厌，后悔自己不该走上这条千夫所指、万劫不复的路。

列德尔出身于奥地利一个中产阶级家庭。他少年得志，凭着自己的聪明才智很早就进入奥匈帝国的情报机构工作，并于 1900 年被任命为奥匈帝国特工部门的首脑。他的主要工作是反间谍，在维也纳情报站的办公室里，他为外国间谍设下各种各样的陷阱，让他们自投罗网。年仅 30 岁的列德尔意气风发，准备为奥匈帝国大干一番事业。

新官上任三把火，在最初的几年里，列德尔确实立下了汗马功劳。例如，他使奥匈帝国成功地运用反间计，害死了塞尔维亚解放组织领导人罗斯特洛夫。1912 年至 1913 年，欧洲曾爆发两次巴尔干战争，塞尔维亚在这两次战争中变得强大起来。这种状况引起奥匈帝国统治者的不安，奥匈帝国反对塞尔维亚扩大，图谋吞并塞尔维亚。奥匈帝国与塞尔维亚的冲突，成为第一次世界大战前同盟国与协约国两大军事集团斗争的焦点。除掉塞尔维亚的领导人，算是为帝国立下奇功。

当时奥匈帝国统治下的许多民族都想独立，经常爆发人民起义。列德尔足智多谋，协助他的上司平息了几起重大的人民起义，深得上司好评。作为特工部门的头目，他在奥匈帝国的情报战线也功不可没，例如他采用特别手段，在国外收买了一大批间谍分子，弄到了许多敌对国家重要的军事情报，为捍卫奥匈帝国的国家安全立下了不小的功劳。

有了这么多的功绩，列德尔的仕途一帆风顺。皇储斐迪南大公多次接见并表扬列德尔，对他寄予厚望。在人们的眼中，他是民族英雄，是一个前途无量的人。

列德尔忘不了斐迪南大公亲切接见他的情景，忘不了这位皇位继承人对他的鼓励和嘉奖。是啊，如果自己不走错路，有这些大人物做靠山，将来肯定是前途无量。可是，谁让自己一念之差走错路呢！

到了现在这个地步，列德尔已经不再去想升官发财的事了，他最大的愿望就是想方设法保住自己的性命。对于叛国者，任何国家都是不可饶恕的。但列德尔还是抱有一点侥幸心理，他觉得自己为奥匈帝国立下了汗马功劳，功过相抵，也许不至于要自己的命吧？

出乎列德尔意料的是，5月25日深夜里，隆格上尉同其他三名军官商量后，决定和列德尔摊牌。一批秘密警察在外面守护，以隆格上尉为首的军官闯进了列德尔的房间。此时，心情复杂的列德尔正在桌子边喝闷酒，看见这些熟悉的人，他微微抬了抬头说："我知道这一天迟早会来的。"

反间谍部门想从列德尔身上审出他出卖国家机密的情况，并不急于处死他。隆格上尉对他说："你犯下了滔天大罪，现在只有老老实实把情况交代清楚，国家才有可能饶你一命。"

列德尔抬头看了隆格上尉一眼，没有吭声。隆格上尉继续说："你是国家反间谍机构的负责人，为什么要出卖国家利益，把自己逼上绝路？"

列德尔还是不吭声，但心里或许在想："唉，都怪我太贪心了，是贪婪害了我。"

列德尔不会忘记，在成为双面间谍之前，自己经常为薪水太少而烦恼。作为一个特工部门的首脑，表面上风风光光，但每次领回的都是一份少得可怜的薪水。列德尔心理极为不平衡，因为他觉得自己是帝国的功臣，不应该只拿这点钱。没钱就不能满足自己的吃喝玩乐等欲望，他只有自己想办法弄钱。

想来想去，他想到了谋财的最好办法——出卖情报。当时欧洲大陆列强纷争，各国谍报机构不但派出大批间谍，还花血本收买重要情报。列德尔自己就是搞情报工作的，在这方面有着便利条件。于是他决定暗中向俄国、法国等国家出卖情报，从中捞取巨额报酬。

隆格上尉找来纸和笔，要求列德尔："把你出卖情报的具体情况详详细细地写出来，如实交代自己的叛国罪行。"自知难逃一死的列德尔表情麻木，连头都没有抬起来，他拒绝交代有关情况。

把柄被抓　出卖情报

尽管列德尔拒不承认自己的叛国罪行，奥匈帝国的情报机构还是查清了列德尔出卖情报的一些情况。

列德尔是个同性恋者，经常出入同性恋场所。他不知道，像他这样的特工头目，早就成为了他国情报机构重点关注的人物。1902年他出入同性恋场所时，被俄国间谍机构秘密拍了照，抓住了把柄。过了较长一段时间后，几位陌生人突然找到他，说要与他谈一笔交易。显然，他们是有备而来。

面对几位不速之客，列德尔不客气地说："我根本不认识你们，再说我又不是生意人，和你们有什么好谈的！"

"别急，列德尔先生，我们肯定有生意可谈，也一定会成为朋友的。"

列德尔想赶他们走，这时对方露出了真实身份，原来他们是俄国特工，为首的是俄国驻华沙军事情报机构的负责人巴秋申上校。

"你们想让我出卖自己的国家，办不到！你们最好识相点，再不走，我让人把你们都抓到大牢里去！"

关键时刻，俄国特工人员使出了他们的撒手锏。巴秋申上校说："别生气，列德尔先生，请看看这些照片，看完后你有什么感想再告诉我们。"

列德尔一看，这一叠照片全是他在同性恋场所的隐秘照，当时就非常生气："你们这些卑鄙小人，尽干一些见不得人的勾当！"对方反唇相讥："彼此彼此！"

列德尔嘴上还很强硬："别以为我会因此听命于你们的！你们休想从我这里达到不可告人的目的！"

"我们是同行，希望你考虑清楚，再下定论。同性恋对别人也许不是什么大不了的事，可对于你这样的高级间谍人员来说，你知道意味着什么。"俄国特工威胁说，要将列德尔的同性恋丑闻公之于众。听到这话，列德尔沉默了。如果真的到了这一步，他的职务就不保了。

巴秋申上校见状，马上换了一副口吻："其实我们也不想这么做，因为这对你和我们都没好处。为什么不换个活法呢？如果你和我们合作，我们可以给你大笔大笔的报酬，让你过上舒适快活的生活。"

俄国间谍机关把目标瞄准列德尔，并不是凭空而行的。他们经过观察和分析，发现列德尔有两个致命的弱点，这就是同性恋和贪财如命。这两方面确实切中要害，一试奏效。再三权衡之后，列德尔同意与俄国人合作。就这样，他被发展成为俄国潜伏在奥国情报机关内的"鼹鼠"（专指打入己方情报组织的敌方特工人员）。

在列德尔担任奥匈帝国情报机构头目期间，有一天，一位俄国贵族来到奥国首都维也纳。身为特工头目的列德尔深知这位不速之客的背景和来头。

本来，当时奥匈帝国与俄国关系并不怎么好，因为俄国在背后支持奥匈帝国的敌人塞尔维亚。但列德尔并不在乎这些，他了解到这位俄国贵族掌握着俄国特工的经济命脉，贪婪的他对这位俄国人非常热情。列德尔请俄国贵族吃饭，陪他在维也纳市区参观。没过多久，他和俄国贵族相约来到偏远的乡下，在风光秀丽的田园中一边游玩一边交谈。在这个幽雅宁静的地方，两人进行了长达数小时的密谈，他们谈了些什么内容，至今仍是个谜。

为了缓和与俄国的关系，奥匈帝国的斐迪南大公不久访问了俄国。斐迪南大公在俄国访问期间，受到了很高规格的接待，有点过意不去。回国后，斐迪南大公很快召见列德尔。列德尔不知斐迪南大公为何要召见他，还以为是他与俄国贵族接头的事被发现了，心里不免有点紧张。见面后，斐迪南大公又一次表扬了他在谍报战线的功绩，使他一颗悬着的心落了地。

斐迪南大公接着和列德尔谈了他在俄国访问的情况，末了说道："目前我们和俄国人还是要保持友好，不要树敌太多。你们派往俄国的特工，在数量上可以适当减少些，我们要做出友好的姿态。"

列德尔表示，坚决按斐迪南大公的指示去办。他想，既然上面要和俄国示好，自己和俄国人多打交道也就不存在风险了。他一面想方设法收买俄国间谍，一面暗中继续与那位俄国贵族秘密来往。

有一天，列德尔接到奥匈帝国驻华沙军事随员的报告，称有一位俄国上校想出卖一份重要的军事情报给奥匈帝国。列德尔一听，立即来了精神，他当即指示驻华沙军事随员约见这位俄国上校，要他看看情报的价值，探探对方交易的条件。

经过接触商谈，驻华沙军事随员向他的上司列德尔汇报了有关情况。俄国上校要出卖的是一份战争爆发时俄国将入侵奥匈帝国的军事计划，这是一份价值连城的重要军事情报，双方已经谈好了交易条件。列德尔让驻华沙军事随员买下这份机密情报，迅速交到他的手中。

很快，驻华沙军事随员就办妥了此事，并将这份重要机密文件交到了上司列德尔手中。列德尔看了看文件，确实是一份重要的军事情报，然而他不但没有表扬自己的下属，反而神情严肃地问："你看过这份文件的详细内容没有？"这个机警的随员立即回答："没有，我不敢随便打开这么重要的文件，所以一到手就直接交给您了。"

"你这样做是对的，应该表扬！我本来要为你请功的。"接着他话锋一转，"不过，很遗憾的是，那个俄国上校是个情报骗子，他想用这个编造出来的假东西来骗财。斐迪南大公要求我们减少对俄国的间谍活动，请你转告他，以后我们不想和他打交道了！"

驻华沙军事随员一头雾水，不是你让我去谈价钱的吗，现在怎么又搬出斐迪南大公来了？无可奈何，他只得自认倒霉，回去以后就打发走了那位出卖情报的俄国上校。俄国上校因为干的这件事本身见不得光，也就只好哑巴吃黄连，有苦自己吞了。

没过两天，列德尔秘密联系上了那位俄国贵族，很快那份军事情报又回到了它原来的地方。又过了两天，那位出卖情报的俄国上校在夜间被逼自杀。

这件事发生不久，列德尔一夜暴富。他匿名在首都维也纳添置了一套豪华的房子，买了两辆崭新的汽车，还在布拉格购置了一套豪华公寓。尝到了甜头的列德尔喜上眉梢，他觉着再干几次，自己就可以变成富豪了，决定冒险干下去。于是，他利用职务之便，将许多重要的机密情报卖给了俄国、法国和其他国家的谍报部门，从中大饱私囊。

特殊交易　贼喊捉贼

为了掩护自己双重间谍的身份，列德尔比以前更加卖劲地工作，在反间谍战线上确实也取得了一些成绩。一些外国间谍进入奥匈帝国，没过多久就掉进他设下的陷阱被除掉，但俄国、法国等国家的间谍却较少被他猎杀。

还有一个令人不解的现象是：奥匈帝国派往俄国的间谍最近一段时间不知为何，总是遭遇灭顶之灾，不是被杀就是被捕。相反，潜伏在奥匈帝国内部的俄国间谍，身份暴露后往往却能幸免于难。

1903 年某月的一个下午，列德尔负责审讯了一个叫赫卡伊洛的奥国公务员。通过审讯，他发现了赫卡伊洛大量的卖国证据，特别是将一份绝密的军事计划卖给了俄国人。作为一个普通的公务员，赫卡伊洛是怎样弄到军事计划的呢？随着审讯的深入，与此案有关的另外两个同伙露出了水面：一位是派驻斯坦尼斯拉夫的温茨考夫斯基少校，另一位是伦贝格军区司令的副官阿希特上尉。正是他俩给赫卡伊洛提供了相关的军事情报。他们三人被认定为俄国间谍。

根据法律程序，在掌握赫卡伊洛三人大量的确凿证据后，将对他们提起公诉，由法院开庭审判他们。奥国检察机关指派的对他们起诉的律师是哈伯迪博士。列德尔作为反间谍机关首脑，则负责在起诉过程中提供证据。

就在一切准备就绪、只待法院开庭之时，列德尔突然找到律师哈伯迪博士说："起诉的事还是缓一缓再说，我觉得我所掌握的证据还不足以支持对他们那种严重的指控。"

哈伯迪博士一脸疑惑："上校先生，我不明白你到底是什么意思？"

列德尔毫无表情地回答说："博士先生，你要是不明白的话，那我就告诉你，这个案子的证据不足，我要进一步补充证据材料，并深入研究一下这个案子。我需要准备一下，请给我两三个小时。"

哈伯迪博士感到无奈，只得由他去补充证据，法庭延后两三个小时再开庭。

列德尔提出"证据不足"，似乎大有为俄国间谍开脱罪责、从轻发落之意。离开法庭后，列德尔紧急联系上了他的俄国主子，并将三个间谍受审的情况作了密报。早在温茨考夫斯基和阿希特被捕时，对方就向列德尔提出了要求："这两个人对我们来说非常重要，你一定要想方设法保住他们！"当时贪婪的列德尔就想，我凭什么要保住他们？你们给我什么好处？

现在他们三人做俄国间谍的证据确凿，不暴露身份是不可能的了。如果不顾一切地出面保护他们，势必暴露自己的双面间谍身份。列德尔看到已无法保护他们，就向俄国主子摊牌："如果我设法为他们开脱，我将受到怀疑。今后我将无法再为你们工作。你们权衡一下，是保他们重要，还是留我重要？"

对方也是搞间谍工作的，当然不是傻瓜。温茨考夫斯基和阿希特虽身处军方要害部门，但其重要性岂能与身为特工头目的列德尔相提并论？更何况他们俩已经暴露了身份，即使洗脱了罪名也难脱嫌疑，日后发挥不了更大的作用。俄国人当即表示："可以舍卒保车，牺牲他们两个保你。但作为回报，你必须提供你们派在俄国的两个王牌间谍。"

贪婪自私的列德尔同意了俄国人的要求，以牺牲奥国两名王牌间谍的代价达成了这笔交易。这场不同寻常的秘密交易，在短短的两个小时内就谈成了。

列德尔回到法庭后，真的"补充"了一大堆确凿有力的证据，为法庭判决提供了依据。最后，这三个俄国间谍分别被判处8—12年的监禁。判决之后，一些媒体对此作了报道，列德尔被当成了清除叛国者的英雄，声名大震。

奥匈帝国高层对列德尔在谍报战线的杰出表现给予了高度评价，斐迪南大公又一次褒扬了他。主管情报工作的吉芝尔将军更是把列德尔当成自己最得力的助手，在他调往布拉格任司令时，"点将"要走的只有一个人，那就是列德尔。列德尔被提升为布拉格军团的参谋长、上校军衔，专门负责间谍培训与情报搜集工作。他在情报部门原来的职务由隆格接替。

在列德尔间谍案暴露之前，隆格对列德尔这位老上级非常尊敬。他认为列德尔是位不可多得的将才，因为他写过几部特工方面的大作，亲自给隆格他们上课，教他们如何捕捉外国间谍，如何在从事间谍活动时避免落入敌人的陷阱。所有这一切，都使隆格受益匪浅。所以，当他发现列德尔有重大间谍嫌疑时，怎么也不能相信这一切会是真的。

俄国特工抓住列德尔的弱点，不断逼他交出奥匈帝国潜伏在俄国的间谍。从1902年到1913年，列德尔先后从俄国间谍机构获得价值几十万奥地利克朗的巨额酬金，他向俄国出卖了大量情报，包括奥军的人员、装备、兵力部署、作战计划等。另外，列德尔还向俄国反间谍机构提供了在俄国活动的所有奥国间谍名单，使奥国在俄国的情报网被完全破获。

国家机密频繁泄密，引起了奥匈帝国高层的重视。帝国首脑要求奥国情报部门彻底清除"内鬼"，列德尔也接到了这方面的命令。于是，狡猾的列德尔贼喊捉贼，指挥下属进行了一次又一次的清查行动。

然而，做贼毕竟心虚。俄国间谍机构发来的三封信，他知道是给他寄报酬。当邮政检查总署发现问题上报后，列德尔发现，若将间谍案追查下去，渐渐地就追到自己头上来了。本来他可以置之不理以脱离干系，但贪婪的本性使他舍不得那一张张巨额支票，舍不得那两万多奥地利克朗。利用职权，他让秘密警察从邮局撤离。然后他铤而走险，取走了那些信和支票。充满自信的他，不相信自己斗不过徒弟。

当他发现自己的刀鞘遗失后，不由得紧张起来。因为那把刀鞘十分特别，部下有人认识，如果不找回来，很容易让人怀疑到他身上。他竭力回想，那把刀鞘是在哪里丢失的，总算想起了，是在出租车上打开信封时用过的。他匆匆忙忙地逃走，竟然留下了这个致命的刀鞘!

为了找回那把刀鞘，他不得不再一次铤而走险。明知刀鞘不是在旅馆丢的，隆格在旅馆布下的是罗网，他仍然只能硬着头皮去"抢"回来，以消灭证据。在这个过程中，这位奥匈帝国的特工首领一直扮演着贼喊捉贼的角色。

现在身份彻底暴露，他不用再演戏了，也许这是一种解脱。

自杀谢罪　贬谍成猪

列德尔的情况被迅速报告给了斐迪南大公和奥军参谋总长康拉德·冯·霍岑卓夫男爵，两人经过紧急磋商，决定秘密处决列德尔，并下令严密封锁有关消息。

几名全副武装的警察来到列德尔的房间，列德尔预感到自己的末日到了。由于列德尔拒不承认自己的叛国罪行，警察对他下了最后通牒。他们告诉列德尔："你现在有两种选择：要么体面地自杀，要么被送往秘密军事法庭处以绞刑。"

知道自己必死无疑，列德尔对自己的老部下隆格表示，希望自己能体面地死去。秘密警察在桌上留下一支手枪和一管氰化钾毒剂。列德尔提出："我希望你们能等我片刻，我想写一下临终留言。"

隆格上尉满足了他的这一要求，给他找来了纸和笔。列德尔开始写信，分别给他的哥哥和曾经提拔过他的吉芝尔将军写了一封信。大约10分钟时间，信写完了，他把信交给隆格，说："看在我们过去关系的分上，请帮我转交这两封信。现在我要办的事已经办完了，你能把你的左轮手枪借给我吗？"

隆格不明白，桌上有枪，为什么列德尔偏要他的枪。接过信后，隆格从自己腰间把佩枪递给了他。列德尔接过枪，平静地对隆格他们说："你们出去吧!"

隆格出去后，打开了列德尔给吉芝尔将军的信。信的内容比较简单，就是列德尔向自己的上级表达愧疚之情。

列德尔百感交集，思绪万千。他从一名普通的军人，一路顺风地被提拔为特工头目，官至上校参谋长，多亏了吉芝尔将军的提携，多亏了斐迪南大公的赏识。他忘不了皇储斐迪南大公给他授勋的情景，忘不了这位皇位继承人对他的关怀。本来他可以不断高升的，但因为贪欲，这一切都将变得子虚乌有，就连性命也要终结了。列德尔觉得自己太对不起斐迪南大公和吉芝尔将军了！

列德尔不想随随便便离开这个世界，他从携带的小提箱中拿出一套整洁的服装，换下了穿在身上的衣服，穿好后又在镜子前照了照。感到满意后，他从箱子中找出几枚勋章，挑了一枚郑重地戴上……

房间外，隆格上尉打开第二封信，这是列德尔写给他哥哥的，上面写道：

亲爱的阿尔弗莱：

　　轻率与盲目毁了我的一生，我知道死才能偿还我的罪恶。请不要让人解剖我的尸体，让我的灵魂在地狱里受折磨吧。为我祈祷！

列德尔于凌晨时分

大约 10 分钟后，房间里传来一声枪响，隆格上尉与秘密警察推开房门，发现列德尔已经坐在沙发上饮弹自尽了，他的头部中弹，鲜红的血还在往外流。具有讽刺意味的是，列德尔这个奥国的背叛者，临死前全身披挂整齐，仍然没有忘记在胸前佩戴上奥国皇室授予他的勋章。

隆格上尉见状，带领秘密警察悄悄撤离了。

第二天上午，奥地利维也纳这家旅馆的老板和往常一样，到各个房间去检查。当他查到列德尔住的房间时，敲了半天没反应。打开门一看，立即被眼前这一幕惊呆了！他弄不清惨死的房客是自杀还是他杀，慌忙打电话报警。警方赶到旅馆，证实死者是奥匈帝国第八军参谋长列德尔上校。

列德尔自杀后，奥国军方出于遮羞和保持军队士气的考虑，对他的死因严加保密，对外谎称他是在执行任务时因癫痫病发作而自杀。不知内情的人当然不相信军方的说法，像列德尔这样一个精明能干且前途无量的人，怎么会走上自杀这条路？特别是另有消息宣称他是死于精神病发作后，更多的人不相信这是真的，因为从来没听说过这位特工首脑有精神病史。

列德尔的死因成了人们关注的焦点。新闻媒体抓住此事大做文章，嗅觉敏感的记者四处出击。捷足先登的是奥匈帝国《布拉格演习报》，该报在 1913 年 5 月 27 日的头版头条刊登了一条令人震惊的消息：已故布拉格军团参谋长阿尔弗雷德·列德尔上校竟然是俄国间谍！该报还透露，列德尔是因为充当双面间谍之事败露而自杀。

消息传出，整个奥匈帝国一片哗然。列德尔因从事谍报工作出色，提升很快，多次受到奥国皇储兼情报机关首脑斐迪南大公的表彰。然而，谁也想不到这样一个被奥国情报人员视为"楷模"的人物，竟然是在奥国潜伏了十几年的俄国间谍！

纸终究是包不住火的，当媒体披露列德尔案的一些细节后，奥国军方不得不对外承认列德尔是俄国、法国等国间谍一事。

列德尔上校不但是奥军布拉格军团的参谋长，还是奥匈帝国秘密情报机构东欧方面的负责人，直接指挥奥国对俄国的秘密情报工作。本国的特工头目居然是敌人的间谍，这是奥国民众所不能容忍的，奥国上下响起一片谴责声。

列德尔间谍案曝光后，奥匈帝国情报机关在欧洲情报界名誉扫地，愤怒的奥国民众更是把本国情报人员称为"猪猡"，戏称本国情报机关为"世界第一养猪场"。迫于大众压力，奥国方面不得不处理了与本案有关的人员。奥国军队十几名高级军官引咎辞职，奥军参谋总长康拉德·冯·霍岑卓夫男爵也被迫向年迈的弗兰兹·约瑟夫皇帝递交了谢罪书，并用自己的名义担保，此类事件以后绝不会再次发生。

约瑟夫皇帝 18 岁登基，此时他在这个宝座上已经坐了 65 个春秋。年轻时，幸运的他身边有一位聪慧美丽的皇后伊丽莎白，全力辅佐他稳定帝国的局势。正是在他执政期间，他下令拆掉城墙，建起豪华气派的环城大道，并请来欧洲最著名的建筑大师建起辉煌的建筑，使维也纳变成了世界一流的名城。但晚年他遭遇了一连串的不幸，此时年迈的他对奥国情报机关的无能同样感到无能为力。

斐迪南大公主动挑起治国的重担，然而谁也没想到，不久他也死于非命。

祸害无穷　奥国解体

列德尔虽然死了，但他留下的后患却是无穷的。由于他出卖了奥匈帝国在俄国活动的特工名单，使奥匈帝国对俄国的情报失灵；还有，他向外国提供了奥军的机密情况，使奥匈帝国一直处于被动地位。

斐迪南大公极力主张吞并波斯尼亚和黑塞哥维那，加深了俄国与奥匈帝国之间的矛盾，导致波斯尼亚危机。他极力反对南斯拉夫独立，主张把奥匈二元帝国改组为奥地利、匈牙利和克罗地亚三元国家。此事使他埋下了仇恨的种子。

1914年6月28日，奥匈帝国在其吞并不久的波斯尼亚邻近塞尔维亚的边境地区进行军事演习，并以塞尔维亚为假想敌。而6月28日这一天，是塞尔维亚和波斯尼亚联军在1389年被土耳其军队打败的日子，演习选定在这一天进行，是带有挑衅性的。斐迪南大公在塞尔维亚边境参观军事演习后，访问波斯尼亚和黑塞哥维那首府萨拉热窝时，被塞尔维亚爱国青年普林西普开枪击中，很快毙命，此事成为第一次世界大战的导火线。

7月23日，奥匈帝国向塞尔维亚发出最后通牒，即"七月最后通牒"。奥匈帝国在最后通牒中开出10个条件，限48小时答复。当时的英国外长爱德华·格雷称这是"有史以来一个国家对他国发出之最可怕的文件"。一般认为，文件的条款难以实现，实际上是奥匈用以惩罚塞尔维亚的开战理由。

通牒的内容极其苛刻，要求制止一切反奥活动，惩办进行反奥宣传的官民，由奥匈帝国派人共同审判萨拉热窝事件的"凶手"等。7月25日，塞尔维亚回复。除拒绝会审外，塞国政府接受了其他全部条款，但奥匈帝国政府仍不满意，当天奥匈帝国即与塞尔维亚断交。

回复仅仅过了三天，1914年7月28日，奥匈帝国对塞尔维亚宣战；两天后，俄国为了支持塞尔维亚，宣布在俄国全境实行总动员，引起德国抗议。8月1日，德国以沙俄拒绝停止总动员为借口向沙俄宣战，并侵入中立国比利时。4日，英国以德国侵犯比利时为理由对德宣战。6日，奥匈向沙俄宣战。欧洲主要帝国主义国家都卷入了战争，第一次世界大战全面爆发。

奥匈帝国的军队分国防军和地方近卫军。战前，奥匈帝国的国防军总数不少，实力较为强大，国防军仅步兵部队就拥有：62个奥地利步兵团、40个匈牙利步兵团、4个波斯尼亚和黑塞哥维纳步兵团、28个战地猎兵营、1个波黑战地猎兵营、4个蒂罗尔猎兵团。

同盟国集团德国、奥匈帝国总的战略意图是：利用自己备战较早、动员充分的优势，集中兵力从法、比边境进攻法国，在4—6周内击败法国，迫使法国投降。然后，向东攻打沙俄，预计在半年内结束战争。

大战开始后，欧洲大陆上出现了三条战线：西线，从北海延伸到瑞士边境，由英、法、比三国军队对德作战；东线，北起波罗的海，南至罗马尼亚，由俄军对德、奥作战；另外有南线（巴尔干战线），由奥匈军队对塞尔维亚军队作战。

奥匈帝国与塞尔维亚之间的战争开始后，奥匈帝国军队向塞尔维亚发动了猛烈的进攻，但奥匈帝国军队并没有占到便宜，他们被塞尔维亚军队击退。到 1914 年末，塞尔维亚成功地抵抗了奥匈帝国三次进攻。在双方交战过程中，奥匈帝国损兵折将，帝国军队伤亡高达 50 万人。据估计，"列德尔要对其中 20%—30% 的伤亡负有直接或间接责任"。由于此前列德尔出卖了战争爆发后奥匈帝国对付塞尔维亚的整个方案，失败是预料之中的事。

到了 1915 年，同盟国（包括奥匈帝国、德国、保加利亚）共同向塞尔维亚发动强大攻势，才占领了其全境。

再看奥军与俄国军队的交战，奥军同样处于下风。范霍仁多尔夫将军担心的事早已发生，列德尔向俄国出卖了总参谋部的"第 3 号行动方案"，使该行动计划的内容早被俄国人掌握。根据"第 3 号行动方案"，一旦时机成熟，奥匈帝国就迅速派兵攻占欧洲东南的几个小国，并以重兵进攻沙俄。针对这一情况，俄国人早作好了充分的应对准备。尽管奥匈帝国后来的指挥官推测到"第 3 号行动方案"可能泄密，三次修改这一作战计划，但因战时紧迫、总原则不能改变而依然受制于人。列德尔还向俄国提供了奥国军事装备、兵力部署及其他重要战略情报，这些情报使俄国军队对奥军的虚实了如指掌，并及时制订出相应的作战计划。奥军在后来的第一次世界大战中惨遭失败，应与此不无关系。

1916 年 11 月，奥匈帝国在一战中陷入四面楚歌，卡尔一世即位。为了扭转颓势，他亲自担任帝国武装力量最高统帅，据称还下令使用毒气。但此时大势已去，他不得不向协约国求和。1917 年，他秘密地通过内弟帕尔马王子与法国进行和谈，没想到走漏风声，卡尔一世只好作罢。随着战争进程的加速，奥匈帝国军队伤亡惨重，士气极端低落。

1918 年 10 月 14 日，卡尔一世决定接受美国总统威尔逊提出的 14 点协议，同意建立由各民族自治政府组成的联邦制国家。接着，一系列地区宣布独立。10 月 28 日，捷克首先宣布独立，接着匈牙利、奥地利、波兰独立，南部的斯拉夫地区联合组成了后来的南斯拉夫。11 月 3 日，奥匈帝国与协约国达成停火协议。11 月 11 日，卡尔一世被迫退位，从此开始流亡生活。第二年 4 月，奥地利正式废黜了他的皇位。至此，持续近千年的哈布斯堡王朝也宣告结束，奥匈帝国彻底退出历史台。

列德尔是 20 世纪初最著名的双面间谍之一，他为了钱财和私欲，不惜出卖国家机密情报，给奥匈帝国造成了无法估量的损失，导致奥匈帝国在第一次世界大战中惨败。一战中奥匈帝国军队有 120 万将士阵亡，30 万平民被害。从某种意义上说，双面间谍列德尔改变了第一次世界大战的胜负格局。

这位叛国者毁了自己，也毁了奥匈帝国。

脱衣舞女 变身谍海狂花

2000 年的一天，法国阿纳托密博物馆的"镇馆之宝"——一颗 80 多年前的头颅不翼而飞！案发不久，该馆发言人对外宣称：要不惜一切代价，将这一失窃文物追回！这是什么人的头颅？为什么法国方面如此重视？其实，这是一颗普普通通的人头，它能够成为该馆的镇馆之宝，是因为此人生前是一个著名的风流女间谍——玛塔·哈莉。

在世界间谍史上，玛塔·哈莉算是最富传奇的女间谍之一，跻身历史上"最著名的十大超级间谍"之列！她从一个默默无闻的乡下女子，到轰动巴黎的脱衣舞娘，再发展为左右逢源的双重间谍，其故事至今在世人中广为流传。尽管作为德国、法国的双重间谍，她的谍报可能造成 5 万名法国士兵身亡，但法国人依然将她的头视作镇馆之宝，世界上更有成千上万崇拜她的人。

第二章 脱衣舞女 变身谍海狂花

遭遇婚变　美女复仇

身世不平凡的人，总是有着一段不平凡的经历，玛塔·哈莉也是如此。

1876年8月7日，在距离荷兰北部莱瓦顿（又译作"吕伐登"）市附近的一个小镇，一个名叫玛格丽特·吉尔特鲁伊达·泽勒的混血女孩降临人世。女孩的父亲亚当·泽勒是个农场主，同时兼做一家帽子铺的老板，具有贵族血统。女孩的母亲安切·冯德尔·妙莲具有印度尼西亚血统，曾是印度尼西亚的一位爪哇女祭司。亚当和安切此前生有一个儿子，尽管玛格丽特已是他们的第二个孩子，但因为这个混血女孩长得非常可爱，夫妻俩依然像初为人父人母一样非常高兴，把她视为掌上明珠。

在玛格丽特之后，亚当夫妇又生下一对双胞胎儿子。因此玛格丽特是独女，从小得到父母的宠爱，特别是父亲的溺爱，养成了比较任性的个性。时光过得飞快，一转眼玛格丽特就长成了一个小姑娘。具有混血儿成分的玛格丽特小时候就美貌出众，她与当地金发碧眼的女孩不同，拥有的是一头东方人的乌黑秀发和一双黑色明亮的大眼睛。上学的时候，她总是打扮得漂漂亮亮的，穿着色彩鲜艳的服装，与那些穿灰色衣服的"灰姑娘"形成了鲜明的对比。

都说混血儿聪明，这话一点不假。玛格丽特不但容貌出众，学习成绩也名列前茅。她的外语和钢琴都学得不错，还特别擅长唱歌和跳舞。作为情窦初开的少女，她爱穿红色和黄色的衣服。她还爱读大部头的爱情小说，总是幻想自己就是那个英俊善良的男主角的心上人。认识她的人都说，这孩子将来一定会有一个美好的前程。

少女时代的玛格丽特过了一段无忧无虑的好日子。但是，好景不长。1889年，父亲的生意日渐萧条，帽子铺终因经营不善而倒闭。祸不单行，父亲又被人误导，在一次股票投机生意中损失惨重，后来只能变卖家产偿还债务，一家人搬入了一所贫民住宅。父亲的脾气也越来越坏，经常和母亲吵架，两人的感情出现危机。1890 年 9 月 4 日，她的父母在法律上取得了分居的协议，不久便离婚了。

父亲不堪忍受失败的痛苦，在破产、离婚之后，他去了阿姆斯特丹，准备东山再起。1891 年玛格丽特 15 岁，这一年，她母亲病死了。家庭破产，妻子去世，亚当把几个孩子送到亲戚家寄养，而 15 岁的玛格丽特被送到了海牙的伯父家。她父亲很快再婚，没时间来管她。她稍大一些便被送到寄宿学校，从此便没有再感受到父爱。

又过了一两年，玛格丽特渐渐长成了一个丰盈成熟的姑娘，不怀好意的校长和教师们打起了她的坏主意。据有关资料介绍，在学校里，道貌岸然的校长强暴了她，野兽般的老师们都想着歪点子。玛格丽特对男人有一种不可抗拒的诱惑力，经常闹出一些风流韵事。18 岁那年，她竟然跑到阿姆斯特丹附近的一所大学里和一位教师同居，她父亲对此却完全不闻不问。

1895 年的一天，19 岁的玛格丽特从报纸上看到一则征婚启事，征婚者是个名叫鲁道夫·里奥德的军人。她正想找个对象成家，以便摆脱那些色魔的纠缠，因此对这则征婚启事产生了特别的兴趣。玛格丽特非常喜欢军官，抱着试试看的想法，她寄去了自己的照片和一封信。鲁道夫当时已经 40 岁，是驻守荷兰殖民地的上尉军官。他是一个老军人，16 岁就当了兵，后来随军四处驻防，在东印度群岛待了多年。作为一个军人，鲁道夫称得上一位好军人，曾获得过好几枚勋章。因为他是个军官，在外多年，见多识广，一些适龄女子了解他的丰富阅历后，纷纷前来应征。面对众多应征者的照片，他不知道该如何选择，正巧便收到了玛格丽特寄来的信和照片。读着她那封热情洋溢的信，看看她那可人的照片，鲁道夫动心了，赶紧和玛格丽特联系。

就这样，玛格丽特与鲁道夫开始了交往。当时的玛格丽特正处在青春苦闷期，缺乏家庭温暖又向往浪漫爱情的她在与鲁道夫交往几个月后，就和他结了婚。这是她生命中的首次婚姻，也是唯一的一次婚姻。婚后第二年，她随丈夫来到印尼爪哇岛的一个小渔镇驻防。

1897 年，玛格丽特生下一个男孩，取名诺曼·约翰，后来又生下女儿班达，家庭人丁兴旺。但是，随着时间一天天过去，新婚的甜蜜也一点点消失殆尽，两人很快出现了年龄差距带来的代沟。鲁道夫性格粗鲁，喜欢发号施令，这很可能是长期的部队生活养成的。此外，东印度群岛多雨潮湿的气候使他落下了风湿病，疾病缠身使他心烦，脾气因此更暴躁。年轻的玛格丽特没有把全部精力放在相夫教子上，而是一心扑在舞会上，对疾病缠身的鲁道夫关心得不够。两人又缺乏必要的沟通，因此家庭矛盾不可避免地产生了。

从小就喜爱舞蹈的玛格丽特开始迷上了东方文化。尽管她随鲁道夫在加里曼、海牙、苏门答腊等地迁来调去，但大多数时间在东南亚生活。在东南亚，玛格丽特一直过着殖民社会上层妇女的生活。在当地的寺院中，经常会举办纪念古印度婆罗门教信奉的卡莉女神（爱情和死亡之神）的活动。每当这个时候，巫女必然会表演当地的舞蹈。玛格丽特一看就觉得这种舞蹈非常独特，便跟着他们学习。由于她在舞蹈方面具有天赋，很快就跳得非常好，成为当地小有名气的舞娘。玛格丽特热衷于跳舞，鲁道夫并不高兴，他反对玛格丽特出去跳舞。为此两人经常闹得不快。

再到后来，玛格丽特发现丈夫开始酗酒，还会抽大烟。他不但时常殴打玛格丽特，还经常和当地女人鬼混。鲁道夫渐渐沦为一个大烟鬼、大酒鬼和大色鬼，夫妻俩的感情越来越淡漠。有一次，鲁道夫在外面喝醉了酒，回到家要与玛格丽特寻欢，兽性大发的他竟然粗暴地咬下了她左侧的乳头。

家庭的不幸并没有到此为止。紧接着，玛格丽特家里又发生了一件大事，她的两个孩子在一个周末的前夜突然同时昏迷不醒，命悬一线。经过紧急抢救，女儿班达活过来了，但年仅三岁的儿子诺曼却永远离开了她。后经查实，这是她家请的土著保姆下毒所致。玛格丽特恨得咬牙切齿，她要复仇！

失去孩子使玛格丽特悲痛欲绝，她经受不了这一打击，开始自暴自弃，内心的仇恨也与日俱增。在这个节骨眼上，鲁道夫不但没有安慰她，反而责怪她没有监管好孩子，认为她没有尽到母亲的责任，并提出要与她离婚。

1902 年 8 月，不堪受辱的玛格丽特愤而与鲁道夫离婚，结束了七年的夫妻关系。经过法院判决，玛格丽特争取到了女儿班达的监护权，可是不依不饶的鲁道夫竟然不服法庭判决，用绑架的手段带走她心爱的女儿。一无所有的玛格丽特，复仇心加剧，她找到了那个下毒害死儿子诺曼的保姆，亲手将她掐死了。事后，出于绝望和害怕，她迅速逃回荷兰，回到自己的家乡。

闯荡巴黎　一脱成名

回到家乡，玛格丽特见到了父亲，但时过境迁，今非昔比。玛格丽特没有感受到儿时的温馨。左邻右舍用异样的眼光打量她，继母对她更是冷嘲热讽。所有的这一切都让她无法忍受！痛苦中的玛格丽特决定离开家乡，她偷了父亲柜子里的一些钱，在1903年的一个夜晚，坐上了开往法国巴黎的列车。

她决定在巴黎开始新的生活。为了纪念自己的新生，她给自己起了一个新名字——玛塔·哈莉。这个名字取自爪哇语，意思是"黎明的眼睛"。

来到巴黎这个灯红酒绿的世界，玛塔·哈莉感到十分新奇。白天，巴黎的街道处处人声鼎沸，车水马龙，非常繁华。夜晚，华灯初放，城市变得安静。不一会儿，万家灯火点缀塞纳河，两岸的古建筑倒映水中，显得格外绚丽。

繁华归繁华，初来乍到的玛塔·哈莉却没心情欣赏巴黎的繁华景色，她要解决的头等大事是如何谋生。

巴黎是一个文化之都，也是许多人的梦想之都。玛塔·哈莉相信，凭着自己的美貌和舞蹈，自己一定会破茧化蝶，成为巴黎社交界最闪亮的明星。

摸摸口袋，所剩的钱已经不多。她用这些钱买了最便宜的衣服、香水和口红，找到一个无人的地方将自己打扮一番。而后她来到巴黎一家剧院，在剧院经理面前表演了一段脱衣舞，当即把这位经理镇住了——因为那时很少有人能表演如此出格的舞蹈。经理当即拍板，录用了她，要她在剧院表演脱衣舞。

从此她以性感的肚皮、撩人的舞姿，令花心男人痴狂。20世纪初，巴黎上层社会兴起了一种新花样的东方舞，即肚皮舞。为了出名，她迎合这一风尚，自称是东方王室的后代，打出招牌，大肆宣传和表演脱衣舞。受殖民文化的影响，达官贵人把兴趣从金发碧眼的白人美女身上转移到了来自东方的充满异国情调的美人身上。玛塔·哈莉一身舞艺，又赶上了这个时机，所以到巴黎后她如鱼得水。

1905年4月，玛塔·哈莉在巴黎东方艺术博物馆举行了一场特别的演出。演出前，巴黎上流社会的绅士和贵妇都收到了组织者发出的请柬，请柬上署名为"东方舞女玛塔·哈莉"。在这次演出中，玛塔·哈莉以其婀娜多姿的身姿跳起了蛇舞，征服了到场的每一位观众。她优美的舞姿，令贵妇人叹为观止！她苗条的身材，高耸的胸部，扭动的臀部，让男性如痴如醉。而当她一边跳一边脱衣服，脱得身上只剩下珠宝首饰时，音乐戛然而止，灯光骤然大亮。舞女玛塔·哈莉双手合十而立，宛若一尊女神。当人们回过神来后，全场报以热烈的掌声！

玛塔·哈莉一脱成名！第二天，巴黎几乎所有的报纸都在最显著的位置报道了这次演出。有的还登出了她的巨幅艳照。这些报道充满了溢美之词，使她一夜之间成了新闻人物。剧院经理更是高兴得不得了，因为这意味着他将财源滚滚。果然，不久法国各大城市的剧院纷纷与她签约，只要有她的演出，剧院场场爆满。1905年出版的一期《巴黎人报》曾这样写道："只要她一出场，台下的观众便如痴如狂。"

色艺双全的玛塔·哈莉成为巴黎人追捧的明星，一时间整个巴黎都在谈论这个脱衣舞女。借助这一有利时机，她频频出现在游乐场、音乐厅、贵族沙龙和大企业主的私人聚会上，影响在不断扩大。很快，玛塔·哈莉成为著名的脱衣艳星，权贵们纷纷拜倒在她的石榴裙下。

水涨船高，玛塔·哈莉的名气越大，请她演出的人越来越多，她的身价也就跟着提高。跳脱衣舞让玛塔·哈莉赚了不少钱，但她没有就此满足，不知疲倦地举行一场又一场舞会。她是一个聪明的女人，非常善于利用优势——一般的舞蹈家或舞女只会教舞和跳舞，她则通过以舞会友，打开了一扇交际之门，不久成为巴黎有名的交际花，知名人士争相与她结识。

在法国出名后，玛塔·哈莉开始了她的征服欧洲计划，她到欧洲各地进行演出。没过多久，她便成为闻名欧洲的脱衣舞明星，请她演出的邀请信一封接着一封寄到她手中。她开始频频出现在巴黎、马德里、柏林等地的高级娱乐场、贵族沙龙以及政治家、大富豪组织的聚会上。

贵妇们也以能邀请她参加家庭宴会表演为荣。据介绍，"甚至连当时著名的俄罗斯女歌唱家佳列夫斯基夫人、美国舞蹈家伊莎多拉·邓肯也愿意与她同台献艺"。更为神奇的是，荷兰一家濒临倒闭的卷烟厂用她的名字做品牌宣传，竟然起死回生！

在欧洲出名后，一些著名的新闻媒体对她进行了宣传报道。来自她的祖国——荷兰的《新鹿特丹报》写道："这个名字挂在人们的嘴上，充满神奇、怪异、诡秘……"《纽约先驱报·巴黎版》则对她大加赞美："这样生动高雅的表现，简直到了炉火纯青的境界。"对此，玛塔·哈莉非常清楚，她的演出能吸引各阶层的人，除了高超的舞技之外，更重要的还是"因为我是敢于赤身裸体出现在公众面前的第一个女人"。

有了一大笔钱后，玛塔·哈莉在巴黎的塞纳河畔购买了一套豪宅，经常与一些上流社会的人士聚会，甚至彻夜狂欢。玛塔·哈莉是个放得开的人，在一些"极其高级的"特别舞会上，她甚至敢于展示自己的绝活——跳全裸舞，以此满足那些上层人士的特别要求。凭此绝技，她结交了不少上层人士。

上流社会的人把认识玛塔·哈莉当作可以炫耀的资本，吹嘘自己与她有私交。

在玛塔·哈莉交往的上层人士中，先是法国侯爵，接着是德国皇太子，再就是布伦斯威克公爵，还有柏林警察局长冯·亚戈夫等。她和这些上流社会的男人混在一起，其实是相互利用，她需要他们提供金钱。德国皇太子送给她大量钻石，还带她检阅军队，甚至他到西里西亚参加军事学习时还把她带去作陪，被她弄得神魂颠倒。

周旋于上流社会的有权人和有钱人之间，被一大堆男人追捧，玛塔·哈莉不可能一点也不动真情。长期与人逢场作戏，经常被人玩弄，使她也渴望得到家庭的温暖。后来，她遇上了外交部的侯爵莫尔斯萨克，玛塔·哈莉被他征服，对他动了真情。谁知莫尔斯萨克也是个逢场作戏的老手，并没有娶她之意，玩过之后又抛弃了她。伤心之后，玛塔·哈莉对婚姻不再抱任何幻想，她对男人绝望了！

就做一个开开心心的脱衣舞明星吧，赚大把大把的钱，过世界上最豪华的生活，成了玛塔·哈莉当时的生活准则。

玛塔·哈莉养成了大手大脚的习惯，虽然能够赚不少钱，但由于她不加节制，纵情挥霍，追求享乐，因此经常入不敷出。尽管不时有出手阔绰的情夫来帮她还款，但她还是经常借债，不时会收到债主的催款单，甚至被告上法庭。在巴黎待久了，玛塔·哈莉辗转回到荷兰，后来又去了比利时、西班牙，辗转于欧洲，继续当她的脱衣舞娘。

后来，她以交际花的身份周旋于法国、德国和俄罗斯等国的军政显要之间，不仅常常为这些达官贵人跳脱衣舞，很多时候甚至成了名副其实的高级妓女。

效力德国　窃俄计划

　　第一次世界大战爆发前夕，玛塔·哈莉正在德国巡回表演。有一次，她正在德国科隆的多梅饭店为几个工业巨头表演舞蹈，德国情报处的军官米尔巴赫也混在其中观看表演。出于为战争服务的需要，德国的情报机关正在四处物色间谍。米尔巴赫作为德军统帅部情报处驻克勒费的军官，一项重要任务就是招募特工。玛塔·哈莉的表演赢得了一片喝彩，也被米尔巴赫看中。他觉得玛塔·哈莉是块做间谍的好材料，因为她是美女而且在情场上放得开，加上她交际广，这一切都为获取情报提供了极大的便利。还有一点，她挥霍无度，需要大量金钱，这使她容易被拉下水。

　　在这次舞会上巧遇玛塔·哈莉后，米尔巴赫便打起了她的主意。作为一个资深间谍，米尔巴赫长得一表人才，如绅士般彬彬有礼。他施展间谍特有的手段，很快就将她的芳心俘获。当玛塔·哈莉成为他的情人后，他便亮出了底牌：要她为德国情报机构服务。

　　"要我当间谍？"玛塔·哈莉内心又惊又喜，但装出不感兴趣的样子。在与权贵的交际中，她常常会听到一些"大新闻"，包括政治和军事方面的，没想到这些新闻还可以用来赚大钱。想到自己的姿色很快就会消退，玛塔·哈莉有一种强烈的危机感，觉得应该抓紧现有的机会多赚钱。当德国人坚持要她加盟间谍机构时，她答应了，同时提出："你们必须先付给我一笔数目不小的活动费！"为了收买这个美艳间谍，德国方面花了大价钱，最后以200万美元成交。这笔巨款在当时无异于天文数字。

　　从此，玛塔·哈莉一面当米尔巴赫的情妇，一面当他谍报战线的助手。德国人给她的代号是"H21"，她成为德国人手中一枚重要的棋子，重点搜集英、法等国情报。玛塔·哈莉既不是德国人，也不是法国人，她当间谍纯粹是为了金钱，为了个人的私欲。她所效力的德国，发动的也是一场非正义的侵略战争，所以从当间谍一开始，就注定了她日后的悲剧命运。

　　加盟德国情报机关后，德国人先是将她送到离瑞士边境不远的巴伐利亚洛拉赫一所特别侦察学校学习，而后又送往科隆的另一所警校培训。一位专职少校和一位女博士专门对她进行军政、心理和特工技术上的指导。玛塔·哈莉天生聪慧，很快就掌握了这些特殊的本领。培训结束后，玛塔·哈莉变得更加迷人，更有魅力。她把自己的表演天赋也运用于间谍行业，很快便如鱼得水，左右逢源。她凭借天生丽质和交际本领，为德国人弄来了许多重要的情报。

1913 年底，以德奥为核心的同盟国和以英、法、俄为核心的协约国已经形成强大的敌对态势，第一次世界大战一触即发，双方展开了紧张的情报战。

一天，德国情报机关下令，要玛塔·哈莉想方设法从一个名叫勒伯夫的俄国青年军官那里，窃取一份重要的军事计划。这是玛塔·哈莉第一次单独执行重大任务，上司给她提供了勒伯夫的照片和一些基本情况，并告知此人将途经柏林，送一份事关西线几十万大军性命的作战计划去巴黎。上司交代："这是一项重要的任务，一定要在柏林把计划搞到手！"

一个抱着公文包的俄国青年上了正在开往柏林的火车，他长得英俊潇洒，玛塔·哈莉一眼就认出，此人正是她要寻找的猎物——勒伯夫。勒伯夫在车上找到自己的 5 号包厢后，朝四周打量了一番，似乎是看有没有跟踪他的人。其实，此时的他心里有点紧张，因为他公文包里带着一份绝密的作战计划，事关几十万士兵的性命。一旦泄露，后果不堪设想。

"上帝保佑！不要出乱子！"勒伯夫在心里暗自祈祷着。只要他把这份作战计划交到俄国驻巴黎大使手中，一切就万事大吉了！还好，包厢里没有其他人，他一颗心才略微放松了些。

列车减速，进站，停下来。一阵嘈杂的喧闹声后，上来不少乘客。列车再次启动时，他的包厢门打开了。他不由得一惊，但很快定下神来，只见列车长带着一个雍容华贵的年轻夫人站在他面前。列车长彬彬有礼地对他说："尊敬的先生，您好！有件事得麻烦您一下，林纳特伯爵夫人临时上车，没有预定包厢。您能不能让夫人在这里待一会儿？我们查过了，再过两三站列车就有空包厢了。"

"这个……嘛……"勒伯夫面露难色，担心那份作战计划的安全。

这时"林纳特伯爵夫人"开口了，她面带微笑地说："先生，就短短的两三站路，我想我不至于成为您的负担吧？"

年轻漂亮的夫人开口了，声音是那么具有磁性，勒伯夫不由得打量起她来。只见她身材丰满修长，面容姣好，绝对算得上美人。从她身上穿的貂皮大衣、脖子上戴的钻石项链和耳朵上贵重的耳环可以断定，她是一个贵妇。原本想拒绝她的勒伯夫，一抬头与她四目相对，那双勾魂的眼睛带着几分挑逗，举手投足之间有一股销魂的媚态，让勒伯夫的心都酥了。

本想拒绝对方的勒伯夫赶忙改口，对这位雍容华贵的夫人说："夫人能坐我的包厢，是我莫大的荣幸。"

列车长见他答应了，就对贵妇说："夫人，您就先在这里坐吧，有了空包厢我会来叫您。"说完就离开了。

列车长走后，贵妇热情地和勒伯夫交谈起来。他们越谈越投机，越谈坐得越近，很快就并肩而坐了。从"林纳特伯爵夫人"的谈话中，勒伯夫获知其丈夫"有某方面的缺陷"，所以生活得不怎么开心。看得出来，她渴望得到情感和生理上的满足。

不知不觉列车就开过了几站，列车长来叫"林纳特伯爵夫人"，说已经有空包间了。贵妇说："我马上就到柏林，包厢就不用了。我和这位先生谈得非常愉快！"

列车于下午5点20分到达柏林，贵妇要下车，她用充满柔情蜜意的声音对勒伯夫说："到柏林了，我也到家了，何不到我家小坐一会儿呢？"

勒伯夫被贵妇的美色所迷倒，心里很想去，但重任在肩又不敢放肆，便说："很抱歉，尊贵的夫人，我今晚必须赶夜间开往巴黎的火车。这趟火车25分钟后就将开出，实在抱歉！"

"那我就不强留您了，这是我家的地址，下次到柏林的时候，欢迎您来做客。"

贵妇走后，勒伯夫心里立即涌起一股失落，无奈地登上了开往巴黎的火车。可是等到发车时间，列车却没有开。列车长出来告诉乘客："女士们，先生们。由于前方铁路出现故障，本次列车今夜不能运行，请大家谅解！"

欲火攻心的勒伯夫赶紧溜下火车，照着伯爵夫人留下的地址，直奔她家而来。伯爵夫人似乎早就知道他要来，准备好了丰盛的酒菜。"伯爵今天不在，就由我来招待你吧！"喝酒畅聊，越聊越开心，一杯接着一杯地喝。勒伯夫感觉头越来越沉，迷迷糊糊的，再后来就什么也记不清了。

醒来时，他发现自己躺在伯爵夫人的床上，衣服被脱光了。他大惊失色，赶忙起来找那份作战计划。看见公文包还在床头，打开锁一查，里面的文件一份不少，他才松了一口气。他急急忙忙告别了"伯爵夫人"，匆忙赶上了开往巴黎的火车。

这个所谓的"林纳特伯爵夫人"就是玛塔·哈莉，她制造了在包厢里与勒伯夫一见钟情的浪漫，又通过上级故意制造了"前方铁路的故障"，并成功地利用勒伯夫酒醉酣睡之际，复制了那份作战计划。

玛塔·哈莉从德国人那里领到了巨额奖赏。半个月后，勒伯夫却因军事泄密罪被捕，很快就被秘密处决。勒伯夫为一夜情断送了性命，可谓咎由自取。可怜的是在西线战场的俄国官兵，成千上万的人因他情报泄密而成冤死鬼。

左右逢源 盗取密码

成功窃取俄国的作战计划，使德国情报机关对玛塔·哈莉的能力大加赞赏，此后便给她下派了不少任务。玛塔·哈莉有了德国谍报机关的金钱支持，打扮得更为艳丽，更加迷人。她开始独立活动，周旋于法国、比利时、俄国、荷兰等地的声色场所搜集情报。作为一名美艳间谍，玛塔·哈莉经常采用情色诱惑的方法将目标俘获，进而获取她所需要的情报。许多被她所迷的人，不知不觉地掉进了她预设的温柔乡。她便在不经意的嬉笑中，用媚眼、撒娇套取到了她急于搞到的情报。

早些时候，玛塔·哈莉就想方设法与法国当时的国防部长阿道夫·墨西米拉上了关系，她凭着自身特有的风韵，不久就与这位掌握重要军事情报的国防部长打得火热。这层特殊的关系，为她日后从事的谍报工作提供了极大的方便。

玛塔·哈莉把自己变成了交际花，把她在巴黎的豪宅变成了交际聚会的场所。宾客们喜欢到这里来喝酒跳舞，因为有一位美丽风骚的脱衣舞娘相伴。玛塔·哈莉陪宾客们聊天很有耐心，有意无意地将闲聊引向她关心的话题。她看上去无知、好奇、娇嗔，谁也不会提防。于是宾客劝酒就喝，有问必答。酒醉之际，正是她获取情报的绝好时机。

德国早有发动侵略战争的野心，在此之前，时任德国参谋总长的阿尔弗雷德·冯·施里芬伯爵，设计了一个通过广阔的比利时平原侵入法国的战略。这个施里芬计划的核心，是将整个德军分为东线和西线两大部分，东线对付俄国，西线对付法国。东线部署少量兵力，目的是牵制俄军；西线的法国相对较弱，是他们攻击的重点。战争打响后，他们计划从中立国比利时与法国的边境上突入进去，从北、西、南三面包围巴黎。拿下巴黎后迅速向东挺进，出其不意地从背后包抄，歼灭法军主力。按照施里芬的计划，先解决掉法军之后，再全力对付俄国。

为战争机器服务的德国谍报人员，渗透到其他国家的各个要害部门。

1914 年 6 月 28 日上午 9 时整，奥匈帝国皇太子斐迪南参加指挥一次军事演习，演习结束后，塞尔维亚一个秘密组织成员、17 岁的普林西普向斐迪南夫妇开枪射击。斐迪南夫妇毙命，普林西普被捕。这就是萨拉热窝事件，此事成为第一次世界大战的导火线。

7 月 23 日，奥匈帝国在获得德国无条件的支持下向塞尔维亚发出最后通牒，包括拘捕凶手、镇压反奥活动和罢免反奥官员等。除涉及内政项目外，塞尔维亚悉数同意。不过，奥国依然将行动升级。7 月 28 日，奥匈帝国向塞尔维亚宣战。7 月 30 日俄罗斯紧急动员，出兵援助塞尔维亚。8 月 1 日，德国向俄国宣战，两天后再向法国宣战。8 月 4 日，德国入侵保持中立的比利时，比利时对德国宣战；同日，英国考虑到比利时对自己国土安全的重要性，于是向德国宣战。8 月 6 日，奥匈帝国向俄国宣战，塞尔维亚对德国宣战，意大利宣布中立。8 月 12 日，英国向奥匈帝国宣战。自此，第一次世界大战全面爆发。

为了确保施里芬计划的顺利实施，玛塔·哈莉奉德国情报机关命令，全力搜集法国的军事情报。一战爆发后，她再次接到德国上司的命令，要她到前线搜集军事情报。她利用关系，很快弄到了通往前线地区的通行证，迅速赶到了靠近前线的维特尔。

玛塔·哈莉在这儿整整待了七个月，收获不小。晚上她时常会到附近一家军官俱乐部的小酒馆消遣一下，军队中女兵少，那些军官看到女人个个都眼睛发直，特别是看到玛塔·哈莉这种风骚女人，他们更是心痒难挠。于是，她不费多大功夫就跟军官们打得火热，军官们经常请她喝酒助兴。她装乖卖巧，尽力讨军官们欢心。就这样，她所需要的情报，他们会在喝酒喝得高兴的时候溜滔不绝地讲出来，她"漫不经心"地听着，不久就传送到德国驻阿姆斯特丹情报总站了。德国人几乎每天都可以从她那里得到惊喜。战争初始阶段，德国取得了战场上的主动权，重要原因之一就是玛塔·哈莉提供的情报。

第一次马恩河战役前夕，玛塔·哈莉在喝酒聊天的过程中"结识"了一位法国将军。这位将军带着几分酒意，把即将开赴马恩河前线的事说了出来。她把这位将军灌得八九分醉，从他那里套出了法军的出发地点和部队的其他情况。

玛塔·哈莉是个脱衣舞娘，德国派来的间谍总是在舞厅里与她接头。这次也一样，她将套来的情报巧妙地传给了德国间谍。掌握了法军的行动方案后，德军囤积重兵，在法军的必经之路设下埋伏。法军出师不利，第一天就有几千名法军官兵中了埋伏，稀里糊涂丧了命。

利用色情来接近军人以套取情报是玛塔·哈莉最常用的手段。在维特尔，玛塔·哈莉瞄上了60岁的海军上将冯·内德尔。她和老将军套近乎，抛媚眼，试试他会不会上套。冯·内德尔不仅久经沙场，还是风月场上的老手，对玛塔·哈莉的美色早有耳闻。如今见到真人，发现她果真是一个大美女，忍不住垂涎三尺。玛塔·哈莉给他抛过几次媚眼，他便心领神会，很快大献殷勤，并迅速成为她家的常客。

德国上司得知玛塔·哈莉正在钓一条"大鱼"，便指示她尽快多抛"鱼饵"，于是她加紧了对冯·内德尔的攻势。在玛塔·哈莉的色弹攻击下，冯·内德尔很快缴械，天天想着跟她调情，却没想到她是一个德国超级间谍。一天，冯·内德尔上将带着一个银色小箱子来到玛塔·哈莉的住处，玛塔·哈莉赶忙温柔地迎上前去："亲爱的，从哪儿来？怎么到我这里来还带着个破箱子？"

冯·内德尔搂住玛塔·哈莉的柔软腰肢："宝贝，想死你了！我刚刚开完会，这箱子里有重要的东西，不带在身边不放心呀！"这位海军上将迫不及待，一只手还拎着那只小箱子，另一只手就去搂玛塔·哈莉。

玛塔·哈莉欲擒故纵。她假装生气地推开海军上将的手，开始撒娇埋怨："搂着我还不肯放破箱子，既然它这么重要，你还要我干吗，跟它过好了！"

色迷心窍的内德尔不假思索，脱口而出："里面装着海军密码本，确实是非常重要的东西，比我的命还珍贵。如果海军密码本被泄密了，你我都将成为刀枪下的鬼魂！你说它贵重不贵重？"看到玛塔·哈莉不高兴，他赶紧改口说："再重要也没有你重要。宝贝，你是无价之宝！"

"我这里又没有别的人，谁要你那破玩意儿。"玛塔·哈莉抱紧冯·内德尔，两只乳房蹭来蹭去。上将顿时被她挑逗得无法自控，迫不及待地抱着玛塔·哈莉往卧室的大床上走去。

玛塔·哈莉趁机哕声哕气地要求冯·内德尔"去洗干净身上的味再说"。趁这位海军上将在浴室洗澡的时间，玛塔·哈丽迅速拿出微型照相机，翻开海军密码本"咔嚓、咔嚓"就拍，密码本的全部内容便被复制下来。

窃取了法国海军的密码，等于掌握了法国海军的动向，这份情报可谓价值连城。德国方面再次奖赏玛塔·哈莉。

情迷上尉　击沉英舰

第一次世界大战期间，同盟国与协约国的海军进行了激烈的战斗。战争伊始，德国在这方面占据了绝对优势，他们利用潜艇作战，给英国皇家海军以沉重的打击。有数据显示，仅 1915 年这一年，英国海军便损失约 300 艘各类舰船。一时间，德国的潜艇和鱼雷令英国海军十分恐慌。但德国方面并不满足于打击英国海军一般性的船只，他们想方设法，企图消灭英国的主力战舰。为此，英军方面竭力从装备和情报上下功夫，力图保护自己的主力战舰不受德国潜艇的攻击。

当时英国海军有一艘刚刚下水的新式军舰"汉普郡号"巡洋舰，德国立即锁定了这一目标。

"汉普郡号"巡洋舰装备了当时世界上最先进的武器，排水量达到近 2 万吨，航速每小时达到 27 节，上面装备有 8 门 280 毫米口径的舰炮，具有很强的杀伤力。为了鼓舞士气，英国海军总司令吉青纳勋爵将坐镇"汉普郡号"巡洋舰进行指挥。德国人想一箭双雕，既摧毁这艘战舰，又干掉吉青纳。

德国人给玛塔·哈莉下达命令，要她搞清"汉普郡号"巡洋舰的活动情况，以便为德国海军歼灭它创造条件。

德国情报机关打听得知，即将登上"汉普郡号"巡洋舰坐镇指挥的吉青纳当时正在巴黎，参加协约国一次重要的作战会议，于是安排给玛塔·哈莉一项任务：从吉青纳身上打开缺口，搞清"汉普郡号"起航的准确日期和行程。

玛塔·哈莉想到了她的旧情人——法国国防部长阿道夫·墨西米，立即赶往巴黎找到他，与他重修旧好。她使出浑身解数，在国防部长的帮助下混进了英国代表团所住的芙蓉饭店，寻找下手机会。很快，她打听到了英国海军司令吉青纳要到国防部长阿道夫·墨西米家做客赴宴，很顺利地让主人给她也发了一封这次宴会的邀请函。

在国防部长的家宴上，玛塔·哈莉打扮得花枝招展，十分性感。主人阿道夫·墨西米出于礼貌，将玛塔·哈莉介绍给了年届六旬的吉青纳司令。这位海军司令颇有绅士风度，他礼貌性地赞扬了一下玛塔·哈莉的美貌，并不像她以前遇到和征服的那些男人那样围着她团团转，而是表露出一副对漂亮女人不感兴趣的样子。玛塔·哈莉想，别装正经，过一会儿你就会对我感兴趣的！

餐后，主人提议"让美丽迷人的玛塔·哈莉小姐表演东方舞蹈"，到场者立即鼓掌赞同。音乐响起来，玛塔·哈莉在地毯上表演起了印度舞。她迷人的身段，在舞蹈中得到充分展示，显得更加诱人。但已60多岁的吉青纳却像没看见，正襟危坐，单纯欣赏舞蹈。她边跳边脱衣，衣服脱落了一件又一件。玛塔·哈莉一向善于察颜观色，她感到非常吃惊：他怎么会无动于衷?！这是她表演脱衣舞以来，第一次碰到对她身体不感兴趣的男人。

经过判断，确信自己无法用色情手段征服这位英国海军司令，玛塔·哈莉只好放弃这个目标。但她对自己的魅力非常自信，认为总有吃腥的猫。她不甘心就此失败，转向吉青纳身边的人。很快她盯上了吉青纳身边的侍从官，要从年轻的哈里斯上尉身上打开突破口。

玛塔·哈莉没有选错对象，哈里斯不仅对巴黎灯红酒绿的生活非常感兴趣，对性感迷人的女人更是心驰神往。玛塔·哈莉来到他住的芙蓉饭店，和侍者先混熟，让侍者对哈里斯"吹风"。侍者对哈里斯说："上尉先生，我们这里有一位红得发紫的舞蹈明星，不但舞跳得让人为之倾倒，长相更是性感迷人。如果在巴黎没见过她，真是人生一大憾事。"

哈里斯一听这话，立即来了兴趣："是吗，她真有那么迷人？"

侍者说："这还能有假？每个见过她的人都为她如痴如醉。上尉先生，如果您感兴趣，我可以帮您引见引见。"

哈里斯一听，真是求之不得！他满脸堆笑："那就有劳你了。事成之后，我不会亏待你的！"

在侍者的"热心"安排之下，哈里斯结识了舞女玛塔·哈莉。玛塔·哈莉施展全身本领，仅用几个小时的工夫，两人便如胶似漆，异常亲热。他们一起喝酒，晚上玛塔·哈莉就留在哈里斯的房间过夜。玛塔·哈莉故伎重施，趁哈里斯冲澡之时，迅速查看了他的公文包。但她翻遍了公文包，也没有找到重要的东西。她又在上尉的衣服口袋中找到一串钥匙，那是一串开启密码锁的钥匙，她赶紧用压模把它们复制下来。

白天，哈里斯陪着吉青纳司令去开会，但他让玛塔·哈莉晚上在他的房间里等他。第二天晚上，哈里斯带回一个带密码锁的公文包，刚进房间，他就急不可耐地搂抱玛塔·哈莉。玛塔·哈莉假意推开他："看你像条饿狼似的，你急什么嘛！"

哈里斯说："明天会议一结束我就要出发，真舍不得离开你！"

玛塔·哈莉也很动情地说："亲爱的，我也舍不得离开你！"她提议："咱们要分别了，一起去喝点什么吧！"哈里斯表示同意，他们来到饭店的酒吧，要了一瓶酒尽情畅饮。

玛塔·哈莉知道，这是她最后的下手机会了。她趁哈里斯不注意，在他的酒里放了安眠药。酒精加药力作用，不一会儿就使哈里斯昏昏欲睡。玛塔·哈莉又灌了他两杯酒，哈里斯终于扛不住睡着了。此时不动手，更待何时！玛塔·哈莉让哈里斯在酒吧的沙发上睡下，自己赶紧回到哈里斯房间，用配好的钥匙打开了他带回的密码公文包。这一开锁不打紧，她从里面找到了一份英国海军总司令吉青纳乘坐"汉普郡号"的日程安排！哈莉赶紧用微型照相机进行拍照，拍完之后又迅速将其复原。

这一切就发生在短短的几分钟里。当她回到酒吧时，哈里斯还没清醒过来。又过了一会儿，哈里斯终于醒了，她故作娇媚地对他说："亲爱的，你喝得太多了，现在好些没有？"

醒来后的哈里斯赶紧回房间，他看见密码公文包完好地放在原处，一颗心总算放了下来。他搂住玛塔·哈莉求欢，两人一夜风流。

由于情报泄露，德国人很快就掌握了"汉普郡号"的行程，他们立即派出潜艇，截住"汉普郡号"巡洋舰。三天后，"汉普郡号"被德国潜艇发出的鱼雷击中，"轰轰"几声闷响，英国这艘新战舰被击沉了。舰上的英国海军总司令吉青纳勋爵、侍从官哈里斯上尉以及一千多官兵，全部葬身于大西洋海底。

急智取图　再当法谍

玛塔·哈莉一边以演出作掩护，一边继续为德国人搜集情报，以此换来大把的金钱，过着挥霍无度的生活。她左右逢源，俘获了法国政府的高官和军事将领，从他们口中源源不断地套取情报。这些官员和将领做梦也没想到，自己在酒桌上、枕头边说的话，会被身边这个艳星泄露出去。

1915年3月，隐藏在英法联军内部的德国间谍得知，有一份"英19型"坦克设计图藏在法军统帅部高级机要官莫尔根将军家的绝密金库中，立即汇报给德国情报部门。德军情报部当即命令"H21"尽快获取该图。玛塔·哈莉接到任务后当即回电：明确任务！并让他们静候佳音。

为了获取这份重要的图纸，玛塔·哈莉筹办了一次特别的家庭舞会。这次舞会名义上是为她的老情人法国海军部长庆祝生日，实际上是借此机会邀请莫尔根出来参加，创造机会与他结识。这天晚上，玛塔·哈莉打扮得格外撩人，在众多参加舞会的人中更显光彩照人。经过老情人的介绍，她认识了莫尔根。舞会开始后，她先与早就认识的几个将军跳了几曲交谊舞，然后又与初次见面的莫尔根将军跳了一曲。与莫尔根跳舞时，她与他身子贴得很近，眼睛不时传情，弄得莫尔根一边跳舞一边心猿意马。

一曲跳完之后，莫尔根恭维玛塔·哈莉说："没想到你人长得如此漂亮，舞也跳得如此美妙。"玛塔·哈莉假装谦虚地回答："将军过奖了，我的舞跳得太一般了，谢谢您的夸奖。"舞会结束时，莫尔根特意与玛塔·哈莉告别，他握着玛塔·哈莉的手说："希望我们今后还有机会见面。"

玛塔·哈莉心领神会地说："我随时听候您的召唤。"

自从见到玛塔·哈莉后，莫尔根像是着了迷，非常思念她，想和她在一起。不久后的一个晚上，情欲高涨的莫尔根终于忍不住了，邀请玛塔·哈莉到自己家中，与她共度良宵。玛塔·哈莉应邀而来，莫尔根心花怒放。

听完几曲音乐后，玛塔·哈莉以天气热为由脱掉了外套，她那用轻纱裹着的美妙体形便展现在莫尔根面前。反正家里没有别的人，莫尔根一把将她搂在怀里，又是亲又是摸。很快两个人都熬不住了，莫尔根把她抱到卧室的床上……

有了一夜情，后面的事自然就简单多了。玛塔·哈莉开始与莫尔根同居，大大方方地与他同进同出，两人俨然是一对合法的夫妻。莫尔根回到军队，她便在家当起了家庭主妇。利用打扫房间的机会，她试图找到那个绝密金库。然而一连几天她都白费心机。

这时，她接到德国情报机关的电报，用暗语询问她获取"英19型"坦克设计图的进展情况。她回复说：货没到手，进展顺利。德国人催得紧，她不得不加紧了对莫尔根家的绝密金库的寻找。

自己找不到金库，玛塔·哈莉就想从莫尔根嘴里把它套出来。她在与莫尔根谈情说爱时不露痕迹地套取密库信息，然而她发现，这个老头虽然已坠情网，但老奸巨猾，守口如瓶，她费了很多周折还是一无所获。

玛塔·哈莉不相信自己找不到这个秘密金库，绞尽脑汁地思考莫尔根能设置金库的地方，打扫房间时也更加仔细。功夫不负有心人，有一天，她在收拾书房时无意间碰到了墙上一幅巨型油画，仔细一查看，发现后面是空的。她掀开油画，欣喜地发现后面有一个密室。她兴奋得几乎要跳起来！可是，正当她想进密室时，却发现密室门上安置了一个密码锁。0—9 这么多数字，能组合很多密码，没有密码是打不开密室的，怎么办？

莫尔根年纪大了，记性肯定不太好，很可能把密码留在本子上或巧妙地放在金库周围。她开始寻找莫尔根可能留存密码的地方，到处寻找他的记录本，可是只找到了几本没用的本子，没有密码。情急之下，她把这一情况反馈到柏林，希望得到德国间谍部门的帮助。柏林回电："据可靠消息，该密码为六位数字。你务必在一天之内将密码破译并将情报送出，不得有误！"只提供了这么一个情报，却要在 24 小时内完成任务，玛塔·哈莉觉得德国人也太不近人情了！六位数字，就是 151200 个组合，一个个去试，猴年马月才能试完？埋怨归埋怨，拿了人家的钱，活还得干，否则后果不堪设想。

当天晚上，玛塔·哈莉在莫尔根的酒里下了大量安眠药，老家伙喝过酒后一会儿就睡着了。玛塔·哈莉抓紧时间，开始了紧张的密码破译工作。她溜进书房，开始试六位数的密码。她瞄了一眼，此时书房墙上的老式挂钟上显示的时间是 9 点 35 分。她用莫尔根的出生年月组合成六位数去试，没有成功，用了其他一些办法组合成六位数，还是没有成功。不知不觉，两个小时就过去了。转眼到了午夜时分，她感到筋疲力尽，就坐在沙发椅上，想暂时先休息一下再说。

这六位数的密码到底是什么？玛塔·哈莉看着正对面的老式挂钟发呆。又过了一会儿，无意之中她发现，墙上那个老式挂钟还是指向 9 点 35 分！她感到奇怪，这口钟坏了？仔细一瞧，果然是个停摆了的破钟。她觉得，这个坏钟与时尚漂亮的家具放在一起极不相称。莫尔根身居要职，不至于连一个新的挂钟都买不起吧？机警的玛塔·哈莉立即意识到，这里面可能有文章。

玛塔·哈莉再次把目光聚焦在那面破旧的钟上：9 点 35 分 15 秒！这个数字是不是密室的密码呢？她试着输入 93515，这只有五位数，行不通。于是，她在 9 前面加了个 0，成为 093515，一试，还是不通。还有什么与这个数字有关？她苦思冥想。

时间在一分一秒地过去，玛塔·哈莉的情绪越来越紧张。情急之中，她突然想到莫尔根经常在晚上反锁书房门，然后在书房中存取文件。如果是晚上 9 点，那就是 21 点。玛塔把数字改成了 213515 再去试开密室的门，奇迹出现了——密室门开了！她动作敏捷地找出了"英 19 型"坦克的资料，翻拍之后又迅速将密室复原。锁上金库，从书房回到莫尔根身边躺下，一切完成得天衣无缝。

英法联军在战场上受到重创，而受创最重的则是新近投入战事的 19 型坦克。据说后来"213515"成为间谍史上的一组传奇数字。玛塔·哈莉这种急中生智破译密码的方法，被称为"哈氏急智"，写进了间谍技巧书中。

战争初期，以德国为首的同盟国取得了不少胜利。但随着时间的推移，第一次世界大战的格局正在悄然发生变化。第一次马恩河战役中，英法军队后来居上，扭转了不利局面，粉碎了德国人的"施里芬计划"。再到后来，双方在战场上势均力敌，第一次世界大战进入相持阶段。

尽管为德国人干活得心应手，但随着英法军队的节节胜利，玛塔·哈莉开始担心，如果有朝一日协约国取得胜利，自己给德国做间谍的事情被人知道会被惩办。因此，她不得不考虑自己的退路，开始有意识地向法国靠拢。一种说法是，她直接找到法国谍报机关第二局负责人之一杜拉·劳德克斯上尉，向他毛遂自荐，不过杜拉本人从一开始就没有当真，对她并不信任。另一种说法是，随着战争进入相持阶段，双方的间谍战更加激烈，法国谍报机关也开始找她。法国谍报二局最终决定：以高额金钱招募玛塔·哈莉，给德军递送假情报，使其成为双料间谍。总之，不管出于何种原因，玛塔·哈里后来又成了法国间谍。

为了让法国人相信自己，玛塔·哈莉不得不做出点成绩来。与对待德国谍报机关一样，为了好好表现，玛塔·哈莉开始大量向法国方面传递德军消息。结果，很多德军在战场上成了玛塔·哈莉间谍成绩的牺牲品。她两边收钱，得了不少好处。

随着时间的推移，玛塔·哈莉将双重间谍经营得十分到位，在德、法之间左右逢源。正如《间谍大师：阿兰·杜勒斯》一书的作者詹姆斯·史劳德斯很多年后对她的评价："从任何角度来看，她的工作都非常出色。"

然而，双面间谍是一份极其危险的职业，玛塔·哈莉在不断用情报换钱的同时，也把自己送上了一条不归路。

双面失信　遭疑被卖

玛塔·哈莉自以为手段高明，周旋于德、法之间当起了双面间谍。殊不知，双面间谍干的是刀尖上舔血的事，一招不慎就会招来大祸。正当她两边收钱、春风得意之时，一场灾难也正悄悄地向她袭来。

自从"汉普郡号"巡洋舰被德国潜艇的鱼雷击沉后，英国情报机关立即调查泄密情况。英、法成立了代号为"Y"的联合反间谍调查小组，组织人马进行协查。英、法反间谍组织认为，德军能准确击沉"汉普郡号"，必须是对它的行程了如指掌。那么谁有条件又有可能泄露这一情报呢？经过秘密调查，法国反间谍机构的人了解到，有人在"汉普郡号"出发前，看到英国海军上尉哈里斯与当红舞女玛塔·哈莉在一起。法国反间谍机构立即警觉起来，派人对玛塔·哈莉进行跟踪调查。

从芙蓉饭店的侍者那里，法国反间谍机构证实了玛塔·哈莉曾在饭店与哈里斯同居。疑点越来越明显，玛塔·哈莉名气很大，她交往的人都是一些有钱有势、位高权重的人，而哈里斯仅仅是个上尉，如果没有特殊原因，他是难以获得她的青睐的。这个原因，很可能与情报有关。但哈里斯已经随

"汉普郡号"葬身海底，一时间无法从中打开缺口。

　　法国反间谍机构顺藤摸瓜，把与玛塔·哈莉有深交的要员都查了一遍。这一查非同小可，发现她的情人非富即贵，近半数官员都有重大泄密嫌疑。于是对玛塔·哈莉的跟踪调查升级，由调查改为秘密监视。通过监视，反间谍人员获得了许多有价值的东西：有人发现她多次深更半夜起来写信，而且从未见她收到回信；玛塔·哈莉每个月定期去巴黎一两次，每次都必去拜访荷兰、瑞典和西班牙驻法国大使。法国著名的反间谍第二局秘密拦截、检查三国大使的来往邮件，发现每位外交信使的公文包里都有几封玛塔·哈莉发往国外的信件。不过信中都是谈些日常琐事，没有查到加密的情报。因为没有足够的证据，法国方面决定不打草惊蛇，只是继续暗中对她进行监视。

　　德国方面和玛塔·哈莉本人一样，并不知道她已经上了黑名单，还在给她下达任务。德国间谍冯·克拉马给她布置了一项新任务：让她去维特尔，法国军队正在那里建机场，要她弄清法国军队的作战计划。玛塔·哈莉开始不太想接受这项任务，因为无缘由往双方交战的前线跑，很容易被怀疑。但冯·克拉马告诉她："马斯洛夫不是你很要好的朋友吗？你可以顺便看望一下马斯洛夫，他受伤了，住在维特尔的疗养院。"

　　一听说马斯洛夫受伤了，玛塔·哈莉立即答应去维特尔前线。马斯洛夫何许人？玛塔·哈莉为何听到他就失态？这个马斯洛夫是法军第一军团的一名军官，是玛塔·哈莉一生中唯一一个不为金钱、情报等利益而动了真感情的男人。德国情报机关掌握了她的这一情况，以此来利用她。

　　1916年6月，玛塔·哈莉为了去探望她心爱的男人，再次找到法国情报机关第二局的杜拉·劳德克斯上尉，希望他帮忙提供一个特别通行证："我要去看马斯洛夫，我太爱他了！"杜拉·劳德克斯上尉问她："你这么爱他，为何不嫁给他？"她回答说，马斯洛夫是贵族出身的体面人，嫁给他得有丰盛的嫁妆才体面，这就需要很多钱！半信半疑的杜拉给她开了通行证，但暗中派人监视她的一举一动。

　　在维特尔，玛塔·哈莉与马斯洛夫度过了一生中难得的幸福时光。然而，德国人不断催她挖掘情报，她只得抓紧活动。在她离开维特尔的前一天，她与马斯洛夫在餐厅用餐，她将情报夹在合页式菜单中，通过侍者将情报送出。这一切在极短的时间内完成，监视她的法国特工没有发现。德国人收到她的情报后，迅速改变了作战计划。由原来进攻计划中单纯用步兵和炮兵的方式，改成了增加空中轰炸机来协调作战。此举使法国军队受损不小，她自然又从德国人那里得到了一笔好处费。

从维特尔回到巴黎，玛塔·哈莉找到杜拉·劳德克斯。为了获得杜拉的信任，她主动向杜拉提供了一个德军的重要情报。她对杜拉说，德国的潜艇早就开始运送武器到摩洛哥的马赫迪亚港，联军为何不设拦截呢？她主动请战，表示愿意去说服德国名将比辛克将军向法国投降。末了，她补充说："这事有难度，需要一笔活动经费。"

杜拉经过一番考虑后，为了试探这位交际花，同意给她提供活动经费，并给她提供了六个在比利时布鲁塞尔的法国间谍的名字。这样，她被派到被德军占领的比利时，做策反工作兼收集德国军事情报。杜拉同时派出得力干将"百灵鸟"，秘密监视她的一举一动。玛塔·哈莉还不知道，在马德里饭店里，还有一位法国情报二局的双重间谍玛尔塔·莉莎。

玛尔塔·莉莎是一名法国骑兵军官的女儿。第一次世界大战爆发后，1916年新婚不久的她显得特别年轻漂亮，被法国情报局的反间谍机构领导人杜拉上尉看中，拉她当间谍。开始她没答应，不久传来丈夫在前线阵亡的消息。带着为夫报仇的决心，她加入了法国情报机关，代号为"百灵鸟"。接着，她被派往德国，开始了她的间谍生涯。但缺乏经验的她没能如愿打入德国政府内部，很快便被德国人识破，仓皇逃回了巴黎。

杜拉把下一个目标瞄准了在西班牙的德国军官，他派"百灵鸟"勾引51岁的德国海军军官冯·卡勒男爵。冯·卡勒表面上的身份是海军军官，其实是德国在西班牙东南部间谍网的负责人。接到命令后，她化名来到西班牙，设法靠近冯·卡勒并最终取得了他的信任。一心想使玛尔塔·莉莎成为自己情人的冯·卡勒，请她做自己的秘书。结果他们各得其所，这位秘书兼情人将从他那里获得的情报源源不断地送到法国。

在"百灵鸟"获得的情报中，有德国向摩洛哥提供60门远程大炮的消息，结果运载大炮的五艘货船和大炮一起被炸毁。她从冯·卡勒那里弄来一份德国间谍名单，并告诉德国驻西班牙大使她是法国间谍，将把已经掌握的德国间谍名单通知法国。西班牙当时是中立国，德国的间谍活动一旦暴露，他们将会很被动。于是德国将他们在西班牙的间谍纷纷召回，此举等于摧毁了他们在西班牙的间谍网。

玛塔·哈莉处在"百灵鸟"的监视之下，但她并没有引起警觉。

为了金钱，玛塔·哈莉把六名法国间谍的名字和住址提供给了德国反间谍机关。同时，凭借漂亮女人的优势，她勾引了一名德国军官。这位德军上校不小心向她泄露了重要军情，她迅速将情报反馈给法国情报部门。德军因此蒙受重大伤亡。德国人紧急追查泄密者，那位好色的上校因此被按军法处置。从这件事上顺藤摸瓜，很快德国人发现，玛塔·哈莉也有重大嫌疑，开始怀疑她是双面间谍。

1916 年底，第一次世界大战发生了根本性的转折，协约国已经明显占据了上风。自以为在德、法两方都吃得开的玛塔·哈莉依然从事着双面间谍的活动。此时"百灵鸟"已经离开西班牙返回法国，而她则成为德国情报机关驻马德里负责人冯·卡勒的情人。她费尽周折，从情夫那里获得了一项德国对非洲作战的"摩洛哥计划"，并把这一情报告诉了法国上校丹维纽。丹维纽是法国情报局驻西班牙的负责人，这个上校已经知道她是双面间谍，有意出卖她，就对外透露"摩洛哥计划"这一重要情报的来源。

消息很快传到了老牌间谍冯·卡勒耳朵里，他大吃一惊：真险，差点命丧在这娘们身上！德国方面因此确认了玛塔·哈莉的双面间谍身份。你不仁，别怪我不义。冯·卡勒用明码电报向德国情报机关发报："'H21'急需金钱和新的指示。"两天后，收到柏林的密电。密电写道："通知'H21'速回巴黎，并支付 1.5 万法郎费用。"法国方面也截获了这份德国密电，不久将其破译。

此时玛塔·哈莉又开始巡演，她抵达了中立国西班牙。她的到来，令西班牙人痴狂。在演出获得成功的同时，她的间谍活动仍在进行。她将西班牙政府的一些动态源源不断地发往柏林。但她的活动已经被英国谍报机构监视，因为英国与法国同属协约国阵营，英国方面立即将她的动向通报给了法国反间谍机构。

巧合的是，玛塔·哈莉这时突然中断在西班牙的演出，匆匆返回法国。综合英国方面提供的资料，加上自己的调查，法国谍报机关认定，这个"H21"就是玛塔·哈莉。

在确凿的证据面前，玛塔·哈莉的双重间谍身份得到确认，法国反间谍机关决定将其抓捕归案。

陷狱受审　否认为谍

1917 年 1 月 2 日，刻意打扮了一番的玛塔·哈莉回到巴黎。她原以为乔装打扮之后别人不易认出她来，没想到她回巴黎没几天就被人发现了。一位身居要职的"老关系户"悄悄告诉她，法国反间谍部门正在着手调查她。她这才知道自己当双面间谍之事已败露，急于寻找一个保护伞。

她先是找到了她刚刚提供过情报的丹维纽上校。丹维纽说自己帮不上忙，要她去找杜拉上尉。杜拉不想理她，对她说："你的命运把握在你自己手中。"无奈之下，她只好硬着头皮去找自己的情人马斯洛夫。但马斯洛夫对此也无能为力，因为她的身份被弄清后，马斯洛夫已经被上司警告。为了自己的前途，他下狠心与这个真心爱他的女人断绝了关系。

走投无路的玛塔·哈莉只得向她的祖国求救，她来到了荷兰驻法大使馆。因为涉嫌间谍罪，荷兰驻法大使馆的人也不好明着帮她，只好找理由搪塞她。玛塔·哈莉知道自己已经无法从法国逃走了，处在被监视中，心里非常焦急。她的担心很快便被证实，没过多久她就被正式逮捕。

关于玛塔·哈莉的被捕，资料记载是 1917 年 1 月 13 日在荷兰驻巴黎使馆前被抓的，也有材料说她是 1917 年 2 月 13 日在爱丽舍饭店被捕。总之，法国对这次抓捕行动高度重视，巴黎警察局长普里奥亲自部署了这次行动。玛塔·哈莉被捕后，一直被关在圣拉扎尔监狱 12 号监房。

玛塔·哈莉被捕后，各大报纸都刊登了这一重大消息，有的报纸还刊登了她在狱中的照片。此时的她已经不再是昔日那个令无数男人倾倒的当红舞星，一副落难的样子简直令人不敢相信她就是过去风光无限的交际花。有的报纸甚至把她贬得一文不值，称她是"年老色衰，其貌不扬的女人"。忐忑不安的玛塔·哈莉等待着法律对她的审判。

1917 年 7 月 24 日，审判她的这一天终于到来，玛塔·哈莉被押上了军事法庭，站在被告席上接受审判。

检察官在起诉书中说，玛塔·哈莉长期为德国从事间谍活动，她的情报导致了 17 艘协约国舰船被击沉，造成了 5 万多名法国士兵阵亡。检察官还说，由于她向德国情报部门提供军事情报，导致英国的"汉普郡号"被击沉、英国海军总司令吉青纳勋爵遇难；此外，她还出卖了六名法国间谍……

"玛塔·哈莉多次向德国方面提供军事情报，向敌人报告英、法军队的物资情况和部队集结方面的情报。骗取美国军方拟议中的盟军坦克应用方案，还导致英国的'汉普郡号'巡洋舰在奥尼克群岛被德国潜艇击沉。"

对于法国政府来说，玛塔·哈莉间谍案恰逢其时。他们觉得，没有什么比这个更能掩盖政府在战争中的失误。犹太籍的法国军官德雷福斯正是在这个时候被诬陷为德国间谍并被处决的。判决玛塔·哈莉，就可以让民众相信，法国在战争中遭受损失，完全是因为这个淫荡的女人泄露了国家机密。

对于检察官指控她从事间谍活动，玛塔·哈莉坚决否认自己的间谍身份。她辩称："我只是一个情妇，充其量是一个高级妓女，仅此而已。但绝不是什么间谍，永远不是！"

审判官问她："我们从你的住处搜出的一张1.5万法郎支票，又有破译的德国情报机关的谍报佐证，这是寄给间谍'H21'的活动费用，对此你作何解释？"

玛塔·哈莉还在辩解："我确实收到了这笔钱，但这只是我卖身的报酬。我是德国间谍头子冯·卡勒的情妇，我付出了身体，理应得到回报。我不是法国人，可以和喜欢我的任何人相好，不存在叛国问题。"

法国军方出庭做证的证人，拿出了一瓶从她寓所搜出的密写药水："这里有我们从你住处搜出的密写药水，你还有什么话可说？"还存在幻想的玛塔·哈莉狡辩说："那不是密写药水，只是我用来消毒的药水。"

于是，法国军方证人亲自演示，证明那的确是一瓶密写药水。绝望的玛塔·哈莉终于低下了头。略微沉默了一下，她又大声说道："是的，我在马德里认识了冯·卡勒，都是他让我干的。可是，我不也向你们法国提供了德国人要向摩洛哥派兵的情报吗？为什么不能功过两抵呢？"

对此，法庭认为，玛塔·哈莉早在为法国做事之前就是德国间谍，而且长期为德国情报机关工作。她之所以提供一些德国方面的情报给法国，一是为了钱，二是为了留一条后路。但是她交给德国的情报是最新最准确的，交给法国的情报却大多是过时的，给法国军队造成了重大伤亡。因此她的罪责是不可原谅的！

法国反间谍部门指控玛塔·哈莉使用美人计为德国人窃取情报，法国军方认定她是个超级间谍，从事了危害国家安全的活动，犯有叛国罪。军事法庭据此判处她死刑!

她的辩护律师克鲁内非常想挽回她的生命,甚至以她有身孕为由,长跪于法院院长普安卡雷面前,请求法院免其当事人一死。但他的苦苦相求并没有打动法官和院长。玛塔·哈莉内心还算平静地听完了法官的判决,她知道仅凭自己的努力,一切都无济于事。

此时此刻,玛塔·哈莉百感交集,最恨的就是那些与她有过无数风流的情人,他们有的身居要职,有的富得流油,完全可以为她做点什么,或许能够免她一死。但是没有人为她站出来说话,个个都怕连累到自己。

玛塔·哈莉不甘心就这样终结生命,以自己不是法国人为由,上诉至法国总统,请求免除其死刑。荷兰首相也想帮她,在"国民要求赦免死刑"的请愿书上盖章并经女王交给法国政府。后来又有两位国王、一位总理和多名富豪出面替她求情,希望法国政府能免去这位技艺超群的艺人一死。有文章分析说,那些权贵和富豪出面保她,是政府当局授意的,目的是为了防止玛塔·哈莉在万念俱灰时抱着鱼死网破的赌徒心理,把自己掌握的大量机密和盘托出。既然是出于这样的目的,结果当然不会有实质性的改变,最终只能是无功而返。

死神之吻　谍史留芳

鉴于玛塔·哈莉的间谍案引人注目,为了不节外生枝,玛塔·哈莉被关押期间,法国方面派了一位医生和一位修女到牢房里与她做伴,防止她自杀。玛塔·哈莉和修女很快就混熟悉了,没处倾诉时就和修女交谈。修女时常安慰她,使她多少感到一点人间温暖。

"早就听说你的印度舞跳得非常好,能不能给我们也表演一下,让我们也开开眼界?"

对于修女提的这个要求,玛塔·哈莉一口答应,脸上露出了久违的微笑。牢中没有音乐,没有过去那些达官贵人当观众,她缓缓地起舞,一边跳一边脱去身上的衣服。尽管没有豪华的场地,也没有华丽的霓裳,但东方舞娘优美的舞技一点也不减当年,修女不停地喝彩,引得看守都来驻足观看。

快乐毕竟是短暂的。1917 年 10 月 15 日,玛塔·哈莉生命的最后时刻到来了！这天凌晨 4 点，她在睡梦中被叫醒，执行死刑的官员告诉她："你要求赦免死刑的申请已经被总统驳回，今天我们就要对你执行死刑！"

尽管很绝望，但玛塔·哈莉此时早有心理准备，她对行刑官说："请给我一点点时间，也请你们回避一下，我要换上我最好看的衣服。我一向是喜欢打扮的，让我临走前打扮一下，我不能就这样离开这个世界。"

修女前来安慰她，她向修女保证："我将面不改色地面对死亡！"

当玛塔·哈莉梳完头发、化完淡妆后，从容地走出了监房。执法长官问她最后还有什么要交代？她没说什么，却把一大叠早已写好的信交给他："拜托了，请把这些信转交给他们。"执法长官发现，这些道别信全是写给男人的。只有一封例外，那是写给女儿班达的。

看守架着她，从监狱走廊经过，她使劲从看守的手中挣脱，大声说道："我不是一个贼，不要用那样的眼光看我！也用不着这样对我！"长官只得同意，让她独自行走。

很快，她被押上了一辆带篷的卡车。囚车开到了巴黎郊外文森靶场的一块空地上。车门打开，精心打扮的玛塔·哈莉头戴一顶宽檐黑帽，手戴一副黑色的羊皮手套，脚穿一双漂亮的红舞鞋，被押下了囚车。

在巴黎郊外的空地上，四名执行死刑的士兵准备把她绑到一棵树上，她坚决不同意。监斩官宣读完对她执行枪决的文告后，神父阿勃瑟来到她面前为她祷告。士兵领着身材矮小的修女过来，想给她蒙上眼睛，她摇摇头表示"没有必要"。

面对 11 个行刑队员和军官的枪口，这个 41 岁的女人笑着对领刑的军官开玩笑说："这是第一次有人肯付 12 法郎占有我。"（法语"法郎"和"子弹"是同一单词）在枪手扣动扳机前，她面带微笑，向他们送去了最后的飞吻。

"举枪——瞄准！"

"放！"

"砰！砰！砰……"

一阵枪响，呼啸而过的 12 颗子弹射向了玛塔·哈莉，她的身体摇晃了一下，慢慢地倒了下去。这位曾经风靡法国、名震欧洲的脱衣舞娘就这样结束了她传奇的一生，世界间谍史上首位著名色情女谍在她的人生轨迹上画上了句号。

玛塔·哈莉死后，关于她的传说很多。有的传说非常离奇，甚至说她没有死，执行死刑的官兵被她的情夫买通，他们放了空枪，然后她假装死亡倒地。传说有人在数年后还在高级酒店碰见过她。一种说法是，德国的间谍机构找了一个和她很像的替身，而真正的玛塔·哈莉却脱身了。也有传说是她的一位有权势的情夫给她找了替身。另有传闻说，玛塔·哈莉在被执行死刑时，以身体迷惑行刑的指挥官，指挥官让士兵放了空枪，使她得以"死里逃生"。这些传闻都是浪漫的法国人编造出来的，真正的玛塔·哈莉不可能生还。

玛塔·哈莉被枪决后，头颅被割下，其遗体先是被用于医学解剖，后来被人草草地埋葬于巴黎的墓园。据说在其墓碑的十字架上，有人写了"间谍乎？替罪羊乎？"这样一行字。她的头颅被保存在巴黎阿纳托密博物馆，专门供人参观。经过特殊的技术处理之后，其头颅保持着生前的红唇秀发，依然栩栩如生。爱好艺术的法国人仍然缅怀她的艳舞。她死后没有多少年，她的经历就被拍成电影。1932 年，在以其名字命名的电影《玛塔·哈莉》中，美国著名影星葛丽泰·嘉宝扮演了这名传奇女间谍和著名的肚皮舞娘。嘉宝以其精湛的表演，演绎了玛塔·哈莉充满传奇色彩的一生。

玛塔·哈莉临刑前给女儿班达写过一封信，告诫女儿不要追求荣华富贵，要其明白，平平淡淡才是真正幸福。也许是命运的捉弄，她的女儿却步其后尘，被美国招为间谍，继承了她的职业，周旋于谍海纷争之中，1950 年死于非命。

客观地说，玛塔·哈莉为了金钱当了双面间谍，她为之服务的德国和法国，当时进行的战争都是非正义的，因此她也是战争的牺牲品。然而，随着时间的推移，人们对她的间谍生涯越来越感兴趣，有不少人开始研究她。随着她的故事越传越广，她的崇拜者也越来越多。巴黎的阿纳托密博物馆因为有她的头颅在，参观者络绎不绝。

1966 年，荷兰政府为她平反昭雪，并建起一座纪念馆。

过去法国政府拒绝他人对已于 1917 年密封的有关玛塔·哈莉的材料作公开而详细的研究。但在 1985 年，美国新闻记者拉塞尔·沃伦·豪声称，他掌握有艳情女谍玛塔·哈莉在文森尼斯活动情况的有关资料，玛塔·哈莉正是在这个地方被处决的。他还说，这些材料可以证明，玛塔·哈莉并不是德国间谍，而是一个自由情报员，其唯一的间谍活动是在马德里为法国人服务。

玛塔·哈莉的头颅成为阿纳托密博物馆的镇馆之宝，2000 年她的头颅不翼而飞，造成重要文物失窃，至今还没破案。据推测，她的头颅是被其崇拜者盗走的。

多年之后，人们对玛塔·哈莉的叛国罪不以为然。在荷兰的阿姆斯特丹，这里有着世界罕见的性博物馆，陈列着一些运用声、光、电技术制作的动态展品。在这类展品里，包括一些用来作为性符号展现的著名历史人物，其中就有玛塔·哈莉。博物馆用大幅场景来表现她翩翩起舞的情景。现在，仅以玛塔·哈莉名字命名的基金会，在她的故乡吕伐登还建起了纪念她的博物馆。许多妇女把她视为反抗男性霸权的先驱。

作为一位脱衣舞娘，玛塔·哈莉也许会慢慢地被人忘却；作为世界间谍史上第一位色情女谍，玛塔·哈莉和她的传奇故事还将一直流传。在她身后，一个又一个女间谍沿着她开辟的道路走了下去。

剑桥五杰 从特战到传奇英雄

　　"剑桥帮"五大间谍金·菲尔比、唐纳德·麦克林、盖伊·伯吉斯、安东尼·布朗特、约翰·卡尔克罗斯，是克格勃（苏联国家安全委员会的简称）历史上非常重要的人物。这五名来自著名的剑桥大学的高才生，被后人誉为"剑桥五杰"，曾是世界间谍史上最神秘的间谍，被克格勃视为那时招募来的最优秀的双面间谍。他们虽然出身贵族，但确实是最坚定的共产主义信仰者。"剑桥五杰"有一个共同的特点，就是他们为苏联克格勃提供情报却不收分文，并且在特殊战线上坚持了几十年，直到身份暴露。他们冒死行走于刀尖般的特工生涯，完全是靠崇高信仰的驱使。

第三章 剑桥五杰 从特战到传奇英雄

聚首剑桥　信仰至上

"剑桥五杰"是如何相聚在一起的呢?

安东尼·布朗特,"剑桥五杰"之一,1907年出生于英国的一个贵族家庭。他的父亲是一个牧师,母亲则是一位与英国王室有关系的贵族。他母亲的表兄斯特拉斯摩尔伯爵,是英国女王伊丽莎白二世的外公。由于这层特殊关系,布朗特从小就与英国王室的王子、公主认识并成为朋友。本来,他可以凭着这层关系在英国政坛谋个好职位,拥有远大的前程,但命运之神把他推上了险象环生的间谍之路。

1912年元旦,世界许多地方还沉浸在新年的欢乐之中。在印度安巴拉的一个书香门第家庭,"剑桥五杰"中的又一主人公哈罗德·金·菲尔比在人们的欢庆声中降生了。当时印度是英国的殖民地,菲尔比的父亲哈里·菲尔比是英国知名的阿拉伯语言学家,同时又在印度政府中担任文官,他做过伊拉克的内政部长、丘吉尔的顾问以及约旦驻英国的首席代表等。家庭条件非常优越,使菲尔比有了良好的成长环境。他父亲开始是信基督教的,不知为何后来放弃基督教转而信奉其他宗教,这使小小年纪的菲尔比首次受到了叛逆行为的影响。

菲尔比于13岁时回到英国,进了伦敦的威斯敏斯特学校学习。菲尔比在这所学校读书期间,对一些不合理的事物从小就敢于抵制和反抗,他曾带领同学反抗英国公学的体制。这种叛逆的个性决定了他日后的反叛之路。

转眼到了1926年,布朗特以优异的成绩考入剑桥大学,进入该校的三一学院。当时世界范围内开始出现经济衰落，欧洲的法西斯势力越来越猖獗。与此同时，共产主义思想在欧洲风起云涌，许多学生面临着思想与人生道路的选择。布朗特认识到法西斯的罪恶，选择了信仰马克思主义。1928年，他参加了剑桥大学的反法西斯组织剑桥使徒社，这个社团成为剑桥大学左派大本营。

1929年，17岁的菲尔比也以优异的成绩考进了剑桥大学的三一学院。正是在剑桥大学里，菲尔比接触到马克思的科学社会主义思想。俄国十月革命取得胜利，给受压迫的弱小国家带来了希望，新的社会主义思潮开始在世界蔓延。当时英国的高校里也出现了社会主义思潮热，剑桥大学更是走在前列，成立了社会主义学会。菲尔比对此也很感兴趣，他不但阅读了大量有关社会主义的经典著作，而且还积极参加学校里的社会主义者学会的活动。因为热衷于参加社团活动，菲尔比的学习成绩并不是太好。好在他父亲是个开明之人，不但没有责怪他，反而鼓励他大胆去做自己喜欢做的事情。

有了父亲的支持，菲尔比更加无所顾忌。他和同学经常在一起讨论社会问题，他们看到了资本主义的腐朽、帝国主义发动侵略战争的残暴，更加坚定地信仰科学社会主义学说。没过多久，他就成为社会主义学会的主要干部，变成了一个真正的社会主义者。

20世纪20年代末，当时被称为国家政治保卫总局的苏联情报机构做出一项决定，征召间谍渗透到英国政府的各大部门及情报机关中去。国家政治保卫总局是克格勃的前身，由1917年创立的苏俄政府的安全机构"契卡"演变而来。苏联的情报机构挑选的对象是名牌大学里那些出身富有、前途光明的大学生。

奥地利籍的犹太人阿诺德·多伊奇在维也纳大学就读期间加入共产党。离开维也纳大学后，多伊奇就开始为第三国际联络部充当秘密通信员，穿梭于罗马尼亚、希腊、巴勒斯坦和叙利亚之间。同时他还有一个秘密身份——苏联间谍，克格勃指定他负责在英国征召间谍并进行渗透。克格勃的档案记录显示，在英国期间，多伊奇共发展了20名间谍并与另外29人有联系，这其中就包括"剑桥五杰"。

就在菲尔比进入剑桥大学的第二年（1930年），"剑桥五杰"中又一主人公——20岁的盖伊·弗朗西斯·伯吉斯，也考取了著名的剑桥大学，进入该校历史专业学习。伯吉斯1910年出生于英国一个富有的贵族家庭，他父亲是一位英国海军军官。才智过人的伯吉斯在剑桥大学里小有名气，他不但学习成绩名列前茅，还非常热衷于社会工作。他也参加了反法西斯的"剑桥使徒社"。共同的爱好，使布朗特与菲尔比、伯吉斯相识，不久他们三人便成为了好友。特别是布朗特和伯吉斯，两人由最初的密友发展成为同性恋人。

当时较活跃的左派人物还有唐纳德·麦克林（又译作"麦克莱恩"），他也是"剑桥五杰"之一。麦克林出生于1915年，父亲是位出生于英格兰的苏格兰人，作为一位自由党派的政治家，他的父亲去世前担任过拉姆齐·麦克唐纳国民政府教育委员会主席。麦克林的父亲从小就很重视对他进行道德教育，把他送到注重品德教育的格列舍马学校读书。麦克林思想进步，上中学时就早早地接触到了共产主义思想。1931年进入剑桥大学特里尼蒂学院后，伯吉斯和麦克林经常在一起探讨人生的意义，讨论当时的社会热点问题。他们有许多相同的看法，很快成为了好友。

马克思主义在剑桥的传播，使越来越多的人的信仰发生了改变。1931年，在活跃于剑桥的共产主义者莫里斯·多布的介绍下，伯吉斯加入了共产党。入党之后的伯吉斯更加刻苦地钻研马列主义，信仰更加坚定。他认为"不列颠帝国迟早要灭亡"，英国最终要走上社会主义道路。为了实现这一目标，他积极参加工人运动。在大学最后一年，正好碰上学校食堂员工因为放假拿不到工资而与校方发生纠纷，伯吉斯挺身而出，组织食堂员工罢工维权，并趁此机会宣传马克思主义。斗争最后取得了胜利，也使他声名大振。

伯吉斯成为活跃分子，他的才能引起了苏联在英国招募间谍的负责人的注意。可是，大多数苏联间谍并不看好他，原因是他过分张扬，又酗酒，还是个同性恋者。所有的这一切使他容易暴露身份。但他们的头儿却认为，这些正好可以用来掩护伯吉斯的身份。于是，一个叫吉里的苏联特工奉命与伯吉斯联系，准备发展他为苏联间谍。

1932年初的一天，吉里找到伯吉斯，劝他为自己的信仰加入苏联间谍行列。伯吉斯想到苏联是个伟大的社会主义国家，正在领导世界弱小国家走上民族解放的道路，他对此非常崇敬，没有多想就爽快地答应了下来。从此，他成为一名苏联安插在英国的特工，代号"小女孩"。在"剑桥五杰"中，他是最早加入克格勃机构的人，因此他被称为"剑桥五杰第一人"。

成为苏联间谍后，伯吉斯计划在剑桥建立一个"剑桥帮"。由于伯吉斯与布朗特的关系非同一般，就在伯吉斯成为苏联间谍不久，他先将布朗特发展成为苏联间谍。对伯吉斯拉自己入伙当间谍，布朗特并没有拒绝。就这样，这位英国皇室的远亲，迈出了双面间谍的第一步。

"剑桥五杰"中的布朗特、菲尔比、伯吉斯、麦克林这四个人，都在大学期间相识。但"第五人"却是一个很神秘的间谍，后来比其他四个人进入了更多的政府核心部门。但是，人们一直不知道这个第五人的存在。过了很多年，一些国家的间谍机构披露其存在后，关注此事的记者也一直未找到这个神秘的"第五人"，直到克格勃叛逃上校戈尔季耶夫斯基在撰写克格勃第一总局第三部的秘史时才发现，并首次予以披露他的真实身份。这位神秘的"第五人"就是约翰·卡尔克罗斯。

特战渗透　各显神通

菲尔比是"剑桥帮"中最具传奇色彩的人物。1936 年 6 月，他从剑桥大学毕业，本来他可以找到一份好工作，但他为了共产主义的信仰，选择了全身心投入共产主义事业中。经过恩师莫布里·多布的介绍，菲尔比加入了法国的一个共产党组织。后来他来到奥地利，参加反政府的斗争。在维也纳期间，菲尔比认识了离婚的共产党员利兹·弗里德曼。利兹是共产国际工作人员，在利兹的介绍下，菲尔比也加入了共产国际。

这一年秋天，"剑桥帮"另一主角麦克林也被苏联情报机关秘密招募，代号为"孤儿"，从此开始了他的红色间谍生涯。

第二年初，多伊奇用他的真实姓名来到伦敦，他对外声称自己的职业是大学讲师，并用他的学术成就混入了学术界。不久，他就从临时住所搬进了汉普斯特德的劳恩大道的一所公寓。而后多伊奇继续执行他在英国发展苏联间谍的特殊使命。

到了 1934 年 6 月，麦克林也以优异成绩通过剑桥大学的毕业考试，但此时伯吉斯却因病辍学。麦克林毕业后不久，经过考试进入英国外交部工作，此后为苏联提供了大量有价值的情报。

这年 10 月，约翰·卡尔克罗斯进入剑桥大学特里尼蒂学院深造，主要学习法语和德语，而布朗特已是特里尼蒂学院的法国文学辅导老师，他们因此相识。此时的布朗特已经在艺术史研究方面取得了很大建树，被人们称为"艺术家"，达官贵人们想要购买某件古董家具或者油画，都希望先听听他这位专家的意见。

卡尔克罗斯早在法国留学期间就已经开始信仰共产主义，进入剑桥大学后受到这里的环境和左派影响，思想更加激进。布朗特发现他是个可塑之人，经常和他在一起探讨各类问题。布朗特以其博学多才和绅士风度，深深吸引了卡尔克罗斯，不久布朗特将他也发展成为苏联间谍，代号是"莫里哀"。不久后，"莫里哀"这个代号被"李斯特"代替。在布朗特的推荐下，伯吉斯吸收卡尔克罗斯加入了共产党。

在剑桥五人组中，菲尔比是个关键人物。在1934年的大部分时间里，他都在奥地利的维也纳国际工人救援组织工作。同时，他还是奥地利共产党的地下通信员。这年他与利兹结婚，并在维也纳正式加入苏联的情报机构，克格勃给他的代号是"小男孩"。后来他回到英国，参加了"英德学会"，拿着希特勒的津贴办了一份杂志。在英德关系紧张时，他活跃了英国的一些亲德团体，并多次到柏林与希特勒的外交部部长等会晤。

回头再说伯吉斯。为了获得更多、更直接、更可靠的有价值的情报，伯吉斯决定打入英国政府机构。1934年底，他停下手中正在进行的研究工作，离开了剑桥大学。他的目标非常明确，但因一时找不到合适的途径进入政府机构，只好一边干一边找机会。不久，他在原"剑桥使徒社"好友、后来成为英国下议院议员的维克多·罗特希尔的帮助下，担任了他母亲的财务顾问。

伯吉斯之所以愿意出任维克多母亲的财务顾问，他自有考虑。因为维克多家族在英国是个非常有名、有威望的家族，有了这层关系，他就可以接触到英国政府及其他部门的许多上层人物。上任之后，伯吉斯在人际交往中千方百计地和政府官员特别是政权核心人物建立关系。值得一提的是，在这期间他认识了曾任英国安全局调查处处长、时任保守党情报局局长的约瑟夫·博尔，对他日后打入英国政府机关起到了关键作用。

功夫不负有心人。经过一段时间的交往，伯吉斯结识了保守党议员杰克·麦克纳马拉。麦克纳马拉是一位年轻的议员，也是个同性恋者。伯吉斯利用都是同性恋者这层关系，很快与他打得火热。经过一番周密计划和苦心经营，他于 1935 年底成为麦克纳马拉议员的私人助理。这一身份的获得，使他如愿以偿地进入了政界高层圈子，为他日后获取重要情报打下了基础。

在与麦克纳马拉打交道的日子里，伯吉斯发现这个家伙有明显的法西斯主义倾向，很有可能是德国间谍。因为伯吉斯陪他去了几次德国，他都带着大量的英国政府以及民众对德国违反《凡尔赛和约》行为的反应等材料。伯吉斯将计就计，利用麦克纳马拉私人助理身份这一便利条件，经常陪他出入德国、法国等地，搜集相关情报。他把麦克纳马拉与德国人的关系报告给了苏联，提醒苏联方面注意这个人的行迹，避免因他是德国间谍而出现不必要的损失。

伯吉斯借助麦克纳马拉私人助理的身份打开了交际网，接触到了更多上层人物。同时，他充分利用自己同性恋方面的关系，把自己的关系网发展到了整个欧洲大陆。他和"大陆同性恋同盟"建立了非常融洽的关系，与同盟中的重要人物爱德华·法伊佛建立了深交。爱德华·法伊佛不是一般的人物，他是法国当时政坛风云人物爱德华·达拉第的办公厅主任。而爱德华·达拉第在 1933—1940 年期间，先后三次出任法国总理。从法伊佛那里，伯吉斯可以不时地获得法国方面的一些情况。

此时，约瑟夫·博尔已经由保守党情报局局长一职，改任英国首相内维尔·张伯伦的贴身顾问。经过约瑟夫·博尔的牵线搭桥，伯吉斯与英国首相张伯伦搭上了线。凭着自己的交际才能，他与张伯伦的关系越来越密切，后来成为张伯伦的座上宾。伯吉斯一下子成为欧洲政要的密友，特别是英、法等国高层的红人。

1936 年，"剑桥五杰"中的布朗特命令卡尔克罗斯表面上退出共产党，然后想方设法进入英国外交部工作。为此卡尔克罗斯积极准备，等待良机。机会终于来临。这年夏天，英国外交部公开招考工作人员。作为剑桥大学的才子，卡尔克罗斯参加了这次招考，他以高出第二名近百分的优异成绩位列榜首，顺利通过了这次考试。这年秋天，他成为在英国外交部工作的又一名苏联间谍。

在英国外交部工作期间，卡尔克罗斯与苏联潜伏在英国外交部的另外两名间谍约翰·金和麦克林相互配合，从军事密码破译中心弄到了不少重要情报，致使英国情报部门的密码专家每次快要破译苏联的密码时，苏联人就已经得到情报对密码进行了更换。这个给苏联输送情报的人，就是卡尔克罗斯。

此后，卡尔克罗斯先后在英国外交部、国库、政府部长私人办公室、政府通信密码学校、秘密侦察机构等处任职，在长达半个世纪的谍海生涯中，为苏联提供了一份又一份至关重要的情报。

战云密布　红谍出击

风云变幻，战争阴云笼罩欧洲。1936 年 7 月 18 日，西班牙内战爆发。西班牙驻摩洛哥的殖民军首领佛朗哥发动叛乱，反对人民阵线政府。西班牙人民奋起反击叛军。德、意法西斯从 7 月 30 日起，公然对西班牙进行武装干涉。他们出动飞机将叛军从摩洛哥运往西班牙，还运输武器、弹药，后来又派军队干涉，约 5 万名德军和 15 万名意军到达西班牙。

8 月，英国、法国、德国、意大利、苏联等 27 国签订了"不干涉西班牙内战"的协定，禁止向西班牙运送武器，禁止西班牙购买的武器过境。在这种情况下，50 多个国家的进步人士和共产党人组成了国际纵队，到西班牙抗击叛军和法西斯军队。

由于德国、意大利法西斯违背协定支持佛朗哥叛军，叛军在同年 9 月占领了三分之二的西班牙领土，并企图占领首都马德里。支持西班牙左派的苏联因此与德国、意大利的关系一度十分紧张。为了掌握西班牙内部情况，菲尔比奉命打入西班牙内部机要部门，及时掌握有关情报。为此，当时身在巴黎的菲尔比积极做好准备工作，等待出击良机。

就在菲尔比等待出击之际，1936 年底英国政坛发生了一件举世震惊的大事。英国的爱德华八世宣布，"不爱江山爱美人"。

当年 1 月 20 日，英王乔治五世去世，威尔士亲王继承王位。这位受人欢迎的亲王是乔治五世和玛丽皇后的长子，继承王位后成为爱德华八世。他曾在皇家海军学院就读，第一次世界大战中在掷弹兵卫队服役。1930 年，他遇见了美国女子华里丝·辛普森，与她一见钟情。华里丝此前结过两次婚，第一次嫁给一个军人，第二次嫁给商人辛普森，离婚后移居英国。这年的 11 月，国王正式通知俗称"约翰牛"的首相鲍尔温，要与华里丝结婚。鲍尔温则率部向国王发难。他们为国王划定两条路线：或者女人离开，或者国王逊位。12月11日，国王发表了告别广播讲话，宣布为了能和心爱的女人结婚，他将放弃王位。爱德华八世只做了325天国王，连加冕典礼都没来得及举行，就为爱情逊位了。被迫放弃王位后，威尔士亲王被封为温莎公爵。

温莎公爵的"要美人不要江山"，长期以来一直为人们所津津乐道。有人说他是绅士的典范，为爱情不顾一切；有人认为他胸无大志，过不了美人关。长期以来，英国方面似乎都承认爱德华八世是"不爱江山爱美人"的说法，实际上是为了掩盖历史真相。但是，并非所有的人都相信这一结论，苏联人当年就大表怀疑，克格勃指示"剑桥五杰"之一的布朗特查明事情真相。

布朗特经过深入调查研究，后来发现了温莎公爵的惊人秘密。其实英国爱德华八世并非"不爱江山爱美人"，他的下台是迫于无奈。其中的原委和详情，在后面还会提到。

伯吉斯也在积极活动，同是1936年底，他进入了当时世界上著名的新闻机构——英国广播公司（BBC）担任节目制作人。这样一来，他便有机会同政府要员和其他要害部门的人接触。没有多久，他在录制节目时结识了英国秘密情报机构政治侦察局副局长大卫·福特，他一边录制节目一边与大卫·福特"闲聊"，结果大卫被他对时政的独到见解所吸引，主动提出，邀请他加盟英国情报部门。对于这份工作，伯吉斯求之不得，他们一拍即合。成为双面间谍后，伯吉斯接受了英国方面的任务，为英国情报部门招收新成员。这又是一件求之不得的事，于是在伯吉斯的安排下，不断有苏联间谍打入英国情报部门。

1937年2月，菲尔比前往西班牙，公开身份是《泰晤士报》的记者，目的是采访法西斯独裁者佛朗哥的军队。而克格勃给他下达的任务是：搜集有关法西斯战争的第一手情报。就在菲尔比离开伦敦几星期之后，伦敦秘密情报站接到了指示，这个指示无疑是斯大林亲自批准的，它命令菲尔比暗杀西班牙当时的领导人弗朗西斯科·佛朗哥将军。

从事谍报工作之初，菲尔比喜欢把写有密码和联系地址的纸片放在兜里，这是情报工作之大忌。这个不良的习惯，使他刚到西班牙就经历了间谍生涯的第一次历险，险些要了他的命。

到西班牙后，有一次，菲尔比去科尔多瓦看西班牙斗牛。斗牛比赛安排在星期六举行，前一天晚上他就住进了当地的一家旅馆。深夜，一阵急促的敲门声把他惊醒。门刚开一条缝，两名持枪的西班牙国民警卫队员强行闯了进来，抓住他要带走。"你们凭什么抓人？"对方不搭理他，径直把他押到警卫队的指挥部审讯。菲尔比猝不及防，职业敏感使他首先意识到，自己衣兜里的那张写有秘密的纸条必须处理掉。但路上他一直没有机会。到了指挥部里，国民警卫队员先搜查菲尔比的手提箱，没有搜出有价值的东西。

菲尔比预感到，接下来肯定是搜身检查。怎么办？情急之中他不由得去摸那张纸条。当他的手伸进口袋的一刹那，首先摸到的却是钱包。他突然灵机一动，掏出钱包使劲扔在桌上。钱包在桌上蹦了一下掉到地上，钱包里的钱也蹦出来散落一地。几名审讯人员见钱眼开，不顾一切去抢钱。说时迟，那时快，菲尔比迅速将那张重要的纸条放进口中吞了下去，然后微笑着翻开口袋，等那几个家伙来搜身，结果什么也没搜到，他们只好把他放走了。一场虚惊之后，菲尔比办事就更加谨慎小心了。

在西班牙，菲尔比想尽办法，但连佛朗哥的面也没见到。这年5月份，菲尔比无功返回伦敦。不久，他重返西班牙。这年年底，他和其他几名记者乘车去前线采访，汽车被炮弹击中，车中同行的三个记者当场被炸死。菲尔比福大命大，只是受了点轻伤，但他因此成了战争中的英雄，并获得了西班牙的独裁者佛朗哥特地颁发给他的红十字勋章。佛朗哥此举帮了菲尔比的忙，使人们更加相信菲尔比的反共立场。菲尔比曾说："我在西班牙受伤，对我的记者和情报工作提供了无穷的帮助。"这是他第一次见到佛朗哥，菲尔比报告说："从此，所有的门都向我敞开了。"可是，这扇门打开得太晚了。当菲尔比能够接触到佛朗哥的时候，苏联方面的暗杀计划已经中止了。1937年，菲尔比与第一任妻子利兹分手，利兹始终不知道他是个苏联间谍。

1937年11月，潜伏在英国外交部的麦克林向苏联发去一份特别重要的情报，这份情报提到了英国议会议长哈利法克斯勋爵出访德国的详细情况（据说卡尔克罗斯也提供了这一情报）。斯大林急于想从这次出访事件中，进一步了解英国的对德策略。麦克林提供了哈利法克斯勋爵（三个月后接替艾登成为外交大臣）的会谈记录。据说哈利法克斯初次见到希特勒时，就把希特勒当成了男仆，脱下帽子和大衣后正要交给这位"男仆"时，一位德国部长急忙上前制止他说："元首！这是元首！"哈利法克斯这才弄清面前这位战争狂人的身份……

这份文件给斯大林留下了特殊印象，他从哈利法克斯与希特勒的会谈记录中提炼出来的部分内容，获知英国和纳粹德国一样反对共产主义，他们在这一点上达成了共识。斯大林同时意识到，英国会对德国向东扩展进逼苏联的行动持赞同的观点。这些重要情报，使本来就对英国政策极端不信任的斯大林从中得到了事实的验证。

麦克林的情报无异于雪中送炭。通过麦克林的情报，苏联方面获悉：哈利法克斯勋爵是张伯伦对德"绥靖政策"的积极推行者，他在与希特勒的会议中一再安抚这位战争狂人，并暗示希望德国能够成为欧洲抗击共产主义的堡垒，特别希望德国进攻苏联。苏联情报中心把这次会晤看成是一个危险的信号。

"英国人这一招真够阴险！"据说斯大林得到这一情报后非常气愤。按照他的指示，苏联方面立即部署有关部门去破坏英国的阴谋。麦克林也接到指令，继续搜集这一方面的情报。

1938 年 9 月，战争的阴云越来越密集。这时麦克林被派往巴黎，担任英国驻法国大使馆三等秘书一职。命令如山，麦克林随即赶往巴黎上任。此时正值慕尼黑危机发展到关键时刻，希特勒试图以武力侵占捷克斯洛伐克的野心已经暴露无遗。一直对德国采取绥靖政策的张伯伦，一个月之内竟三次飞抵柏林与战争狂人希特勒密谈。9 月 30 日，臭名昭著的《慕尼黑协定》签订，英国的张伯伦、法国的达拉第、德国的希特勒、意大利的墨索里尼及该国外长齐亚诺，共同出卖了捷克斯洛伐克。

麦克林获得《慕尼黑协定》签订的情况后，迅速发往莫斯科。他还从一些零碎的情报资料中分析，英、法两国很可能还和希特勒达成了一些不利于苏联的秘密协议。他把这一担忧如实告诉了苏联方面，以便让他们早作准备。斯大林分析当时的形势，为了争取备战时间，苏联决定有意和德国建立友好关系，并在一年后签订了《苏德互不侵犯条约》。

苏联方面表彰了麦克林。此后他继续潜伏，不断为莫斯科提供情报。

二战爆发　情报制胜

就在伯吉斯、麦克林他们积极获取重要情报时，菲尔比的情报工作却陷入困境之中。作为一家报纸的随军记者，菲尔比可以观察到一些军队的情况，但很难接触到一些核心机密。为此他想换个身份，以便深入敌人的内部去。他向苏联方面发出请求，想进入密码学校，但他的这一申请被苏联克格勃拒绝。

正当他灰心丧气之时，碰到了《每日镜报》记者艾格尼丝·史沫特莱。

这个史沫特莱是美国著名的记者、作家和社会活动家，是一个著名的民主人士，也是一个杰出的与众不同的女性。她1892年出生于美国密苏里州奥斯古德镇的一个贫苦家庭，曾祖父为印第安人。她于1917年只身到纽约，早年当过侍女、烟厂工人和书刊推销员，曾在《纽约呼声报》任职。1918年因声援印度独立运动而被捕入狱六个月。1919年起，侨居柏林八年，积极投身于印度民族解放运动，曾在柏林会见尼赫鲁。史沫特莱后来到了中国，一待就是12年。

当史沫特莱问菲尔比有什么打算的时候，菲尔比毫不隐瞒地说出了自己的想法：参加英国军队，反对法西斯主义。史沫特莱听了菲尔比的介绍，让他继续与苏联方面联系，并答应帮他联系其他国家的情报部门，以便满足菲尔比的反法西斯心愿。

没过多久，在史沫特莱和伯吉斯的双重推荐下，菲尔比接到了英国军情五局的通知，他竟然不费什么力气就进了英国的秘密情报机关工作。原来战争风云笼罩着欧洲大陆，英国情报部门缺兵少将，正急于招兵买马。看过菲尔比的材料，特别是有情报局同行伯吉斯的举荐，军情五局当即拍板要了他，将他安排在新成立的D处工作，主要从事颠覆和破坏工作。

不费吹灰之力，菲尔比便成了双面间谍。由于他的工作干得很出色，军情五局又将他调到特别行动执行局工作。但这个部门主要是针对意大利和德国的，掌握的情报对苏联没有多大作用，于是菲尔比退出特别行动执行局，回到秘密情报局。不久他了解到，军情五局的第五处是个核心部门，掌握着英国对苏联的情报，于是他准备打入第五处。

英国军情五局第五处是当时新设立的工作处，与军情局其他工作处以及英国外交部有着密切的联系。经过一番周折，菲尔比如愿进入第五处工作。但是，第五处的工作人员也不是随随便便就能看到想看的一切，有的档案材料监管得很严。菲尔比心生一计，决定打开五处处长考吉尔这个缺口。他投其所好，充当起了考吉尔的耳目，成为处长大人的心腹。这样他便可以经常出入档案室，将涉及苏联的档案文件一一过目。

二战爆发前，伯吉斯凭借自己的活动能力已经成为欧洲政要和巨头的信使。英国首相张伯伦是对德国绥靖政策的积极倡导者，他希望和德国、意大利的高层建立联系，同时还想与同样对德国采取绥靖政策的法国总理达拉第建立秘密联系。他想到很多可以牵线的人，最后选定了双方都信任的伯吉斯。

伯吉斯不负张伯伦所望，穿梭于英、法、德、意之间为他们传递密信。他曾替张伯伦捎信给意大利的统治者墨索里尼，还为张伯伦同达拉第的秘密接触牵线搭桥。他将自己所做的这些事和所知的各国政要巨头之间的事情，全部在第一时间用最快的速度秘密交给苏联。苏联得到这些重要情报，便掌握了英、法对德国的政策和态度，为斯大林采取应对策略提供了极为有益的帮助。

1939 年 9 月 1 日，德国入侵波兰，第二次世界大战爆发，欧洲战场硝烟弥漫。两天后，英国对德国宣战。1940 年 5 月，丘吉尔出任英国战时内阁首相。同月，德军顺利拿下比利时、荷兰、卢森堡，主力部队直逼英吉利海峡。5 月 25 日，德军把英法联军的 30 万人马围困在敦刻尔克海滨，英军丧失了战斗力，丢盔弃甲，仓皇逃遁。这就是历史上著名的敦刻尔克大撤退。

也就是在这个时候，菲尔比突然决定辞职，离开《泰晤士报》。

二战开始后，在英国军情五处工作的布朗特成功破坏了军情五处的一次反间谍行动，从而保护了一架在英国秘密从事共产主义活动的苏联飞机。在战争过程中，他不断向苏联提供盟军的战略计划和外交政策等方面的情报。

伯吉斯也不甘落后。1941 年 7 月，在德军入侵苏联一个月后，他专门做了一期"谈谈俄罗斯"的节目，向全世界介绍他的理想之国。后来，他还利用做节目的机会直接请来苏联间谍厄恩斯·杰里，以介绍东方战线的战事为名，公开宣传苏联的情报机关，鼓舞反法西斯阵线的斗志。

同年 8 月，英国潜艇部队得到了一台德国人的密码机——恩格玛密码机，这是当时世界上最为先进的设备。在破译了德国人的密码后，英国一直对外保密以麻痹敌人。菲尔比 1941 年 9 月加入英国军情六处，有一段时间与苏联失去了联系，克格勃派人到处寻找。重新联系上之后，菲尔比就把英军通过密码机破译的德国情报源源不断地送给苏联红军。

1943 年，著名的库尔斯克大会战在苏德之间进行。双方上万辆坦克在硝烟中开炮对攻，这场战役因此被称为世界上最大的坦克之战。这是决定命运的大会战，"剑桥五杰"提供了不少相关的情报。最终，纳粹德国损失兵力 50多万人、坦克 1500 辆，飞机、火炮无数。如此重大的损失削弱了德军的有生力量，使其最终丧失了苏德战场主动权。苏联红军为何最终能取得会战的胜利，在会战中频频提前打击德军呢？因为在他们的背后有一个强大的情报组织——"剑桥五杰"，这个组织在为苏联红军提供关键情报。此后德军再也没有能力在东线发起有威胁的攻势。

当年负责和"剑桥五杰"联系的一位克格勃情报员在晚年回忆："我们在库尔斯克战役中取得了胜利，这是我们情报部门的功劳。而且，我们不仅取得了战役的胜利，还摧毁了德国人的信心，因为通过菲尔比，我们得到了太多的情报，英国人用恩格玛机破译的德方密码情报，均被菲尔比截获。所以，他们对德军的部署及作战计划，有了相当明确的判断。应该说，丘吉尔先生已经就其中某些问题和斯大林先生做了沟通，但其中大部分情况他们并未涉及。不过，得益于菲尔比的情报，我们获取到了德军关于这次战役的所有情报。"

1944 年 3 月，麦克林因为工作出色，被派往华盛顿担任英国驻美国大使馆一等秘书。一个月后，他携家人来到美国。他有意把妻子梅琳达安排在纽约的妈妈那里，自己则到华盛顿赴任。以后他每周去纽约看望妻儿两次，借此把情报交给克格勃的接头人。由于他非常忠于职守，他的上司——大使哈利法克斯子爵认为他是一个对工作认真负责而有魄力的人，不久提拔他当了使馆办公室主任。这样一来，他便可以把大使办公室的绝大多数文件拿回自己公寓处理，拍摄下来后送给克格勃。利用这一便利，他提供了不少有价值的情报，为苏联在二战中争取主动发挥了重要作用。

密信破解　生死一线

随着反法西斯战争的推进，德国法西斯战败已成定局。二战临近结束时，英国王室为了遮丑，命令英国情报部门设法找回当年温莎公爵与希特勒的密信。因为维多利亚女王是德皇威廉二世的外祖母，与她的德国亲戚有过不少的信件来往，这些信件也容易引起英国民众的反感，英国王室要求情报人员将这些信件一起找回来。

选派谁去执行这一艰巨的任务呢？英国的情报部门反复考虑，认为由布朗特去完成这一任务最合适。因为这些信件事关英国王室声誉，不能大张旗鼓地去找。负责寻找信件的人既要做到严守秘密，还必须有一定的文化修养，特别是具有相关的历史知识。英国情报部门认为布朗特是执行这一任务的最佳人选：一来因为他是特工，懂得如何才能获得成功；二来他是个艺术学教授，是英国艺术界的权威，同时兼任伊丽莎白女王的艺术顾问；三来他是英国王室的远亲，有一定的血缘关系，比别人更靠得住。这些理由当然很充分，但他们不知道的是，布朗特是苏联克格勃。

布朗特被派往德国执行这一特殊任务。他通过各种渠道，花费重金将温莎公爵与希特勒来往的一些信弄到了手。拿到这些信后，他才明白当年温莎公爵为何因"不爱江山爱美人"而放弃王位，明白英国王室急于找回它们的原因。原来这个温莎公爵是一个地地道道的亲德派，他与纳粹德国有着特别的关系，在德国人扩张的野心昭然若揭、整个欧洲笼罩在一片战争阴云之时，居然给希特勒写信，把盟友法国的防御弱点告诉希特勒。搜集到的材料可以证明，温莎公爵是个卖国贼。布朗特将信件交给英国王室的同时，也将详情报告给了苏联克格勃总部。对于这样一个亲德分子，英国政府和王室当然不会让他担任国王，以免破坏自己的形象。

后来，有一位叫马丁·艾伦的作家在其《秘密记录》一书中称，温莎公爵是一个间谍，在二战初期协助德军打击英、法军队。英国政府和王室当年是为了不使这样一个亲纳粹的人损坏国家形象，才找借口让他下台的。英国媒体于1996年曝光了温莎公爵的隐秘档案，使真相大白于天下。但在半个多世纪前，苏联人就知道了这些秘密。当年没有公开这些内幕，是因为二战尚未结束，苏联和英美都是反法西斯盟友。

到了1944年，同盟国在欧洲战场取胜已成定局。这年5月，伯吉斯通过关系网获知，英国外交部新闻司缺人。伯吉斯认为这是一个难得的机会，赶紧找关系，并且向外交部提出了申请。鉴于他在新闻界具有较高的知名度，并取得了不少成就，英国外交部批准了他的申请，于是他在6月初到外交部上班。这一工作的变换，为他日后从事谍报工作提供了极大的便利。

当战争的结局已经能预见之时，英国人意识到自己战后最大的敌人将是苏联，于是命令秘密情报局成立一个反苏反共的专门科室——第九处，由第五处的杰克·居里担任临时处长。如此重要的情报，一刻也不能耽误，菲尔比立即通过自己的单线联系人克罗托夫告诉了苏联克格勃。因为第九处是专门针对苏联的，这个部门特别重要。莫斯科发来密电，指示菲尔比要想方设法谋取第九处处长这一职位，并且表示会想尽一切办法帮助他。

五处处长考吉尔与秘密情报局局长孟席斯关系不错，但和其他同事的关系不怎么好。就在这时，英国的秘密情报局奉命起草一封信给美国联邦调查局局长胡佛。信开始交给考吉尔来完成，谁知考吉尔素来对胡佛没有好感，就在这封信中将他大骂了一顿。信被外交部退了回来，孟席斯便将此事交由菲尔比去办。菲尔比完成得非常好，孟席斯对此十分满意。在孟席斯的推荐下，不久菲尔比被任命为英国秘密情报局第九科科长，不久由九科科长再升为九处处长。考吉尔得知孟席斯的态度后，大骂他忘恩负义，愤然辞职。

由于菲尔比精明强干，1944 年他被任命为反间谍处处长，并一度被指定为军情六局局长候选人。第二年，军情第五处和第九处合并，新机构的负责人仍是菲尔比。身为苏联情报部门的特工，居然当上了英国专门对付苏联的情报部门负责人，这真是世界间谍史上的一大奇观。

都说新官上任三把火，菲尔比刚刚上任就遇到了一件相当棘手的事情。1945 年 9 月 19 日下午，菲尔比接到了孟席斯的一个电话，让他到办公室去一趟。菲尔比不知发生了什么事情，一种不祥的预感袭上心头。果然，到孟席斯办公室后，这位情报局局长告诉了一个令他不安的消息：一个名叫沃尔科夫的克格勃高级特工叛逃到英国了！孟席斯说："此人现在已到英国驻土耳其总领事馆。这些是有关他的材料。"

孟席斯给菲尔比看了桌上的一叠材料。这些材料是从外交部转来的，上面写着：苏联驻伊斯坦布尔副领事沃尔科夫请求政治避难，条件是他说出苏联隐藏在英国外交部的两名间谍以及秘密情报局的五名间谍；而在英国没有答应他的要求之前，他什么也不会说。沃尔科夫还强调，英国的电报通信是不安全的，因为苏联情报机关已经破译了英国发报的密码……

菲尔比从中获悉，沃尔科夫掌握着克格勃潜伏在西方很多间谍的名单。他的倒戈对自己是个巨大的威胁，必须除掉他。菲尔比知道，此人打算出卖的间谍中肯定有自己。好在这份材料只送到秘密情报局，还没来得及送往军情五局。怎么办？要以最快的速度通知莫斯科方面！

孟席斯问菲尔比："你看，这事该怎么办？"菲尔比回答说："事关重大，得派一个得力的人前往伊斯坦布尔。"孟席斯表示赞同，决定派军情五局驻开罗情报站的罗伯茨去处理这件事。菲尔比从他的办公室出来时，孟席斯提醒他："此事要严格保密！"

情况十万火急，菲尔比一出来，就与自己的单线联系人克罗托夫见面，传递了这一紧急情报。克罗托夫岂敢怠慢，立即将消息转给莫斯科。菲尔比刚回到住处，又接到孟席斯电话。孟席斯在电话中说，准备派去伊斯坦布尔的罗伯茨患有严重的恐高症，不能坐飞机。菲尔比便主动请战，孟席斯对他大加赞扬，命令他速去土耳其处理此事。

菲尔比直飞伊斯坦布尔。他刚下飞机，就有人看见一个浑身裹满绷带的人被苏联人用担架抬上了飞机。被抬上飞机的不是别人，正是沃尔科夫。

在土耳其转了一圈后，菲尔比回到英国。他向孟席斯汇报说，可能是沃尔科夫酗酒走漏了风声，被苏联人除掉了，他到伊斯坦布尔后，再也没见到沃尔科夫。蒙在鼓里的孟席斯只有叹息。

1945 年 7 月，工党领袖克莱门特·理查·艾德礼成为英国新首相，他上任后启用欧内斯特·贝文当外交大臣。伯吉斯从事新闻工作时结识的好友赫克托·麦克尼尔便成为贝文的助手。在麦克尼尔的推荐下，伯吉斯成为贝文的私人助理，这使伯吉斯可以接触到更多的机密。

重大泄密　功勋卓越

伯吉斯成为贝文的私人助理后，想方设法和周围的同事拉好关系，时常趁着贝文另一个助手弗雷德·沃纳不注意，将最高层的外交机密档案偷拍成微缩照片传给苏联。有一段时间，首相艾德礼与贝文多次密谈，在无法窃听的情况下，伯吉斯对贝文最近查看的文献资料进行分析，从他阅读的资料最多的是原子弹、战争、国防、未来战争之类，得出艾德礼与贝文密谈的内容与发展核武器有关。他把这一情况汇报给克格勃总部，经多方证实，他的分析判断完全正确。艾德礼在没有取得内阁全体成员同意的情况下，决定尽快发展核武器，以便保持英国的大国地位。

为苏联获取西方核计划情报的还有麦克林。1945年，罗杰·梅金斯出任英国驻美国大使，这位负责英国经济事务的首脑，还分管英国的原子能发展事务。他上任不久，就看中了麦克林的才华，提拔麦克林担任西方盟国的原子能发展联合政策委员会的联合秘书。由于对麦克林非常信任，他将原子能方面的许多事务都交给麦克林直接处理。在这个过程中，麦克林接触到了英美及其盟国的核计划，了解到他们的核储存，特别是他们的核战略发展思想，他把这一揽子资料全部交给了苏联克格勃。这些资料都是第一手资料，比伯吉斯搜集的更详细。

苏联人得到麦克林提供的情报后，对西方的"核计划"非常重视。为了对这一方面的情报资料把握得更准，派出了一名代号为"巴兹尔"的间谍协助麦克林工作。这位间谍本身是一位科学家，在物理研究方面有很深的造诣。他的公开身份是美国研制核弹的几个科学团队之间的协调人，其实是个马克思主义信仰者，为了信仰，他自愿为苏联提供力所能及的帮助。有了"巴兹尔"的协助，麦克林在窃取核计划情报方面进展非常顺利。1945年7月，美国在新墨西哥州的沙漠中成功地试爆了一个核弹实验性装置，麦克林将这一情报很快报告给了苏联。在"巴兹尔"的帮助下，他搞清了美国的铀储量，还把美国控制的制造核弹所需的其他重要原料和核工程进展情况详细向苏联克格勃作了汇报。这样一来，苏联方面的专家可以计算出美国在短时间内可能生产多少颗原子弹。

德国无条件投降后，为了商讨对德国的处置问题和解决战后欧洲问题的安排，以及争取苏联尽早对日作战，1945年7月17日到8月2日，美、英、苏三国首脑杜鲁门、丘吉尔（7月28日以后是新任首相艾德礼）和斯大林在柏林近郊的波茨坦举行战时第三次会晤，史称"波茨坦会议"。

在这次会议上，美国总统哈里·杜鲁门为了给苏联施压，有意对斯大林说："我们美国已经掌握了一种威力巨大的武器，这种可怕的武器就是原子弹！"没想到斯大林毫不在意，一点反应都没有。本想以此作为谈判筹码的杜鲁门感到大惑不解。事实上，斯大林通过间谍的活动早已掌握了他们的核计划，对美国人的核武器底细了如指掌，早就作好了应对准备。苏联自己也在搞核武器，所以根本不把它当回事。

英、美方面一开始并不知道核计划已经泄密，疏于防范。此后，麦克林还一直在为苏联提供英、美及其盟国的核武器发展情况，直到他从美国离任。此外，其他红色间谍也在搜集英、美核武器情报，在这一点上苏联方面早已掌握主动权。

20 世纪 40 年代中后期，是麦克林情报工作特别出色的时期，除了探得核计划情报，他还成功地获取了马歇尔计划的底牌。

二战结束后，受战争的影响，欧洲经济一片萧条。相反，受十月革命胜利的启发，各国的共产主义运动较为活跃。英、美等资本主义国家的统治者意识到，如果不加快经济发展，如果经济情况长期得不到改善，整个欧洲很可能都会被共产主义"赤化"。在这种背景之下，美国于 1947 年抛出了著名的马歇尔计划，承诺为欧洲提供帮助，以便渡过危机。

美国不仅愿意对英、法提供帮助，还表示愿意为苏联提供帮助。当时苏联受战争的影响，国内经济形势也不是太好，斯大林对此表示谨慎的乐观。斯大林知道，美国不可能无条件地提供帮助，特别是对于社会主义国家。考虑到战争给苏联造成的严重损失，斯大林认为，有一些附加条件的援助也是可以接受的，关键在于马歇尔计划的底线是什么？

为了摸清这个底线，斯大林派外交部部长维亚切斯拉夫·莫洛托夫到巴黎与英、法两国的外长进行谈判。与此同时，克格勃给他的间谍下达命令，全力搜集马歇尔计划的情报。麦克林也接到了这一任务，他绞尽脑汁地想：如何去搞到这方面的情报？

此时，因为他与物理学家"巴兹尔"频繁接触，已经引起了美国情报部门的警觉。他发现已经有人盯自己的梢。因此，在搜集马歇尔计划的情报时，他的行动特别小心。经过一番努力，他通过各种渠道收集了不少有关马歇尔计划的资料。对于这些情报资料，他进行了认真分析，然后得出自己的结论，再向苏联方面报告。

麦克林报告说，马歇尔计划是美国人"一石数鸟"之计，千万不能上他们的当。这个计划如果实施：第一，美国可以名正言顺地控制欧洲各国；第二，美国还可以从中阻挠苏联的重建，与苏联争夺势力范围；第三，美国变相取消了德国向苏联的战争赔偿。因为《雅尔塔协议》和《波茨坦公告》中明确了苏联可以从德国获得战争赔偿，德国用机器设备、工业企业及原材料等来支付。特别要紧的是，该计划的实施可能会导致一些原来受苏联影响的东欧国家改变初衷，投向西方国家的怀抱。

克格勃接到麦克林的情报后，立即呈给斯大林。莫斯科断然拒绝加入马歇尔计划，并强烈阻止其他东欧国家加入。同时，为了确保战争赔偿的获得，苏联加速从德国拆运各种机械。麦克林立了大功。

这一时期，为苏联和红色阵线立功的还有菲尔比。20世纪40年代后期，美、英情报机构拟订了一个针对阿尔巴尼亚的颠覆计划，准备派人到阿尔巴尼亚从事颠覆活动。菲尔比将这一计划一字不漏地传回给克格勃，结果美、英的数百名派遣人员一踏上阿尔巴尼亚国土就全军覆灭。在他的帮助下，苏联方面抓获了英、美安插在苏联和东欧的大量间谍，并清除了一批企图投奔西方的间谍，为克格勃立下汗马功劳。

尽管暗中为苏联提供了大量有价值的情报，但老练的菲尔比没有露出破绽，反而在军情六处的地位越来越巩固。二战结束后，军情六处决定在土耳其建立情报站。1947年1月，菲尔比被派往英国驻土耳其大使馆担任一等秘书，而他真正的职务是担任军情六处土耳其情报站站长。菲尔比在伊斯坦布尔这个获取情报的重要窗口，踏踏实实地工作了两年，又为苏联搜集了许多重要情报。

双杰聚美　英雄相惜

转眼到了1948年2月，英、美、法、比、荷、卢等六国在伦敦召开外长会议，会议通过了在德国的英、法、美占领区上建立联邦德国的决议。伯吉斯很巧妙地从赫克托·麦克尼尔那里套得此情报，转告苏联。苏联为此调整了对英、法、美的外交政策。

1948年秋天，伯吉斯因为经常酗酒惹麻烦，被赫克托·麦克尼尔派到了远东局从事情报工作。凭着和外交大臣贝文的关系，他在这里如鱼得水，可以参与研究来自各方面的情报，包括来自麦克阿瑟将军总部的情报。他将英国对即将诞生的新中国的政策以及对朝鲜战争爆发前的政策详情，及时通报给了莫斯科。

尽管伯吉斯的间谍工作十分出色，但他内心一直痛苦不堪，这也是他经常酗酒的重要原因。美国推行马歇尔计划、对西欧实施经济援助后，法国、意大利的共产党执政计划成了泡影。共产主义理想是他的精神支柱，共产主义变得遥遥无期，他痛苦不堪，只好借酒消愁。1949年秋天，他到摩洛哥度假，不断上演闹剧，英国情报部门日渐对他生厌，苏联情报部门也一度以为他精神失常。

1949年夏天，从伊斯坦布尔返回伦敦不久，菲尔比就被派往华盛顿，表面上担任英国使馆的一等秘书，实际上成为英国秘密情报局驻华盛顿的代表，负责英国情报部门与美国情报部门的联络工作。一年之后的夏天，伯吉斯也被英国外交部"赶"到美国，担任英国驻华盛顿使馆的二等秘书。共同的目标，多年的战友，使他们的友情进一步加深。

在美国，伯吉斯依然没有解开心中的郁结，经常开车超速被警察拦下。有一次，他还在盛大的外交聚会上为美国外交官哈维的妻子画裸像，招致哈维的一顿臭打。此后，伯吉斯不得不收敛些。因为担心伯吉斯再次惹事，英国外交部准备将他调走。

菲尔比帮他平息了这些事情，但更大的危机却正向他们袭来。没过多久，菲尔比获悉，美国联邦调查局破译了1944—1945年苏联驻纽约领事馆同莫斯科之间的无线电密码，该局负责对付苏联的特工罗伯特·兰费尔从中发现，英国驻美大使馆中隐藏着一名代号"霍默"的苏联间谍。这个间谍可以看到丘吉尔与杜鲁门之间的电报通信，并不断向克格勃发送情报。英、美情报机构对此高度紧张，立即着手调查。很快，英国情报机关就将目标锁定在伯吉斯和麦克林两人身上，最后确定就是麦克林。此时的麦克林，已于1950年初担任英国外交部美洲司司长。

1951年4月，菲尔比获得有关间谍"霍默"的消息，立即通知伯吉斯。同时联系自己的克格勃上级，希望苏联方面能够出面，积极营救麦克林。但是不知出于何种原因，克格勃对此事反应极为冷淡。菲尔比推断，克格勃方面可能要放弃麦克林了。

无奈之下，菲尔比只好找到伯吉斯，商量如何营救麦克林。最终他们决定，由伯吉斯回英国通知麦克林，并且想办法与他一同出逃。为了达到让伯吉斯早日被遣送回英国的目的，他们做了精心的设计。菲尔比让伯吉斯带上一位熟人，从华盛顿特区驱车前往南卡罗来纳开会。他叮嘱伯吉斯，路上必须再三故意超速，在一天之内接到三张超速控告票，这样警方才会将他视为不受欢迎的外交人员。果然当天他第三次超速后，这一事件被警察上报州长并层层汇报，最终被汇报到美国国务院，美国方面知会了英国驻美大使馆。英国驻美大使馆谴责了伯吉斯品行不端，勒令他立即回伦敦。

伯吉斯早已被美国人列为"不受欢迎的人"，得知自己即将被审，他有意三番五次地醉酒驾车，还超速，等待美国当局对他下达逐客令。这样，他不打招呼迅速离开了美国。临走前，菲尔比再次对他面授机宜。

5月7日，伯吉斯回到英国，先去找布朗特，要他尽快将麦克林暴露的消息转告克格勃在英国的负责人尤里·莫金。然后他去见麦克林，将事情的原委告诉了他。麦克林一听，也感到大事不妙，但拒绝逃走。原来，他的妻子马上要生他们的第三个孩子了。命悬一线，伯吉斯最终还是说服了麦克林和他一起逃走。

英国外交部秘密授权军情五局抓紧审讯麦克林，他们对麦克林实施了监控。5月25日是麦克林的生日，布朗特要他装作什么也没有发生，举行一场盛大的化装舞会以庆祝自己的生日。当天依计而行，布朗特安排伯吉斯将麦克林从舞会上带出来，并让他俩一起出逃。他们瞅准机会，成功甩掉跟踪的军情五局特工，先上火车，然后驱车赶到南安普顿浅桥，乘坐一艘开往法国的汽船横渡英吉利海峡。从此这两位超级间谍不知去向，仿佛人间蒸发。

在离英、美联合审讯只有三天时间的时候，两位超级间谍成功出逃，避免了"剑桥五杰"全部被捕的严重后果。假如他们逃走失败，麦克林受审，他招供的可能性较大，这样其他几个人都脱不了干系，很可能造成麦克林、伯吉斯和菲尔比都暴露被捕，甚至牵出布朗特来。

伯吉斯和麦克林失踪后，英国情报局军情五处将菲尔比召回伦敦。情报部门对菲尔比进行了严格的审查，想找出他与这两人之间的关系，探寻伯吉斯他们的去向。对此，菲尔比异常镇静，他反驳说："我刚看完联邦调查局的那份报告，伯吉斯就进了办公室。或许他也看到了那份放在架子上的报告，然后就逃跑了。但我和他们只是校友，他们逃跑与我还有什么关系呢？"

菲尔比虽然得到了英国方面的谅解，但美国人不依不饶。当时的中央情报局局长比德尔·史密斯将军主动向军情五处提供菲尔比与伯吉斯交往的证据，认为菲尔比是苏联间谍的可能性很大，他要求英国："立即撤换菲尔比，否则终止英、美两国在情报方面的合作!"

英国人不敢得罪美国人,便派出军情五处的反间谍高手迪克·怀特和曾经破获苏联原子间谍网的威廉·斯卡登审问菲尔比。菲尔比和他们斗智斗勇,巧妙周旋。为了安全起见,他中断了与苏联上司尤里·莫金的联系。1952年,菲尔比自动辞职,领取2000英镑的资遣费,而后离开英国情报部门。失业后,他的第二任妻子离开了他。英国情报部门拿不到确凿的证据,一时也动不了菲尔比,但对他进行了严密的监视。

谍战迷离 特工生情

失业后的菲尔比重新拿起笔,从事新闻写作。当时稿费有限,为了生计,他替人家写过家谱。

1954年发生了一起苏联间谍叛逃事件。当时苏联驻澳大利亚的间谍头目弗拉基米尔·彼得罗夫和他妻子叶多夫·卡姬暗中投靠了西方国家的情报机关,向澳大利亚的情报部门出卖了克格勃在澳大利亚的人员名单,其中可能包括与澳大利亚关系密切的英国、美国的克格勃人员名单。克格勃将他们夫妇绑架,但在押送途中被澳大利亚特工劫走。彼得罗夫出卖的苏联间谍人员名单中,很可能有菲尔比。尤里·莫金不得不去找菲尔比,以便及时把相关情况通报给他。

尤里·莫金找不到菲尔比,情急之下就去库尔塔特艺术学院找在那里上课的布朗特,希望他安排自己尽快与菲尔比见面。布朗特深知与菲尔比见面的危险性,因为他本人也早在1951年就被怀疑是苏联间谍,此后又多次被军情五处讯问。尽管如此,布朗特还是以安排同学聚会为名,联系上了菲尔比。聚会时趁着人多,他安排了菲尔比与尤里·莫金短暂见面。从尤里·莫金那里,菲尔比知道了彼得罗夫叛变的消息,并采取了积极的应对措施。

1955年,英国的社会舆论对麦克林事件大加指责。民众认为,负责国家安全保卫方面的情报机构无能。迫于民众压力,也是为了给英国情报部门撑腰,英国首相不得不在一次会议中公开声明对菲尔比的怀疑"证据不足,保留疑义",还说菲尔比"没有背叛英国的利益"。同年11月7日,英国外交大臣哈罗德·麦克米伦在向议会发表的演说中,声称"我没有任何理由说菲尔比先生曾在什么时候背叛过我们的国家",这就使得菲尔比暂时渡过了嫌疑危机。

就在菲尔比过着半隐居生活之时,英国情报部门又开始拟订了一个计划,准备让菲尔比去中东阿拉伯地区活动。英国情报机关这一放虎归山之举,目的是一箭双雕。一方面让菲尔比暴露从事双面间谍的证据,另一方面又想通过他顺藤摸瓜,一举破获阿拉伯世界中的苏联间谍网。

菲尔比接受了这一任务,他有着自己的考虑。英国外交部通过努力,给了他一个《观察者》杂志和《经济学家》杂志记者的身份。1956 年 9 月,苏伊士运河危机爆发,菲尔比借此踏上了前往黎巴嫩贝鲁特的旅程。英国情报机关暗中派出一对间谍夫妇,在中东监视菲尔比的一举一动。

这对间谍夫妇,男的叫山姆·布鲁尔,女的叫艾利伊娜。起初,他们以同行的身份接近菲尔比,一起参加各种活动,在业务上经常合作,加强情报线索的交流。时间长了,他们发现菲尔比虽为间谍,但有着男人的风度和可爱的气质,菲尔比也觉得艾利伊娜是个贤妻良母式的女性。到后来,三人的关系越来越密切,几乎到了形影不离的地步。艾利伊娜对单身的菲尔比产生了一种特殊的感情,但布鲁尔开始没有觉察。布鲁尔是个双性恋者,过去在美国时有过多个不同性别的"好友",到中东后居然同一名超市的男收银员好上了。艾利伊娜发现后和他大吵一架,很快与他离婚。不久艾利伊娜嫁给了菲尔比,成为他的第三任妻子。

菲尔比化"敌"为友,一时间英国方面对他的监视形同虚设。但是,他没有把自己是苏联间谍的真实身份告诉艾利伊娜。在他与艾利伊娜结婚后,英国方面决定对他进行日夜监视,军情局请黎巴嫩秘密警察贾波特上校负责对菲尔比进行监控。这位上校得了英国情报部门的经费,派手下密切监视菲尔比的一举一动。很快,他们就发现菲尔比在从事一项双重身份的工作——他接触的人神神秘秘,他们接头的地点也非常隐秘。

有一次,菲尔比与一位接头人在自己住的地方接头,贾波特手下的人抓住了这个接头人。幸亏这个人是临时雇来的,并不知道太多的情报。当贾波特他们要审讯时,这位"临时工"突然"畏罪自杀",弄得贾波特和英国情报人员空欢喜一场。

与菲尔比相比,布朗特的情况要好得多。尽管多次被情报机关讯问,但因没有确凿证据，对他的处理每次都是不了了之。在此期间，他还当上了科陶德艺术学院的院长，学术上可谓春风得意。1956年，布朗特被英国女王伊丽莎白二世授予骑士爵位。

刀尖行走 结局凄凉

1963年1月，因为身份彻底暴露，菲尔比逃往苏联。

关于他是如何暴露的，有几种不同的说法。一种说法是，他在贝鲁特写了不少反对以色列的文章，引起他过去一个亲以色列的女友的不满。这个叫弗洛拉·索洛门的女友是英国马克斯·斯潘塞公司的经理，本来就对菲尔比抛弃她耿耿于怀，加上菲尔比又骂以色列，于是要报复他。正巧她到以色列访问时，遇上了军情五处的维克多·罗斯柴尔德，便把菲尔比是共产党和苏联间谍的事全都告诉了他。这种说法并不十分可信，因为菲尔比连自己的妻子都不透露身份，怎么会告诉逢场作戏的情人呢？

另一种说法是，苏联再次出现叛徒，导致菲尔比暴露身份。间谍戈利钦叛逃到美国后，再次供出菲尔比是苏联间谍。美国方面迅速把这一重要情况通报给英国，情报局准备将他抓捕。但是与他关系很好的同事专门赶到黎巴嫩，将所有的信息及时转告了他，并为他制订了详细的出逃方案。综合各种情况分析，这种说法比较可信。

此时，菲尔比已经处在英国情报部门和以色列方面的监视之中。1月23日傍晚，菲尔比与妻子艾利伊娜被邀请参加英国驻贝鲁特大使一等秘书鲍尔弗·保罗举办的招待会。宴会在灯红酒绿之中进行，艾利伊娜来到会场，但菲尔比没有出现在现场。等她回到卢肯塔街的住处时，也没见菲尔比的身影。第二天仍然杳无音讯，菲尔比神秘失踪。

一晃到了这年的6月，英国情报机关才搞清楚，菲尔比本人已经在莫斯科。

他的出逃在英国情报人员中引起强烈反响。有人说他是遭受不公被逼走的，也有人说他是苏联间谍暴露身份才走的。甚至还有人说，他是英国方面有意放走的。因为他掌握的情报太多，抓他、审判他可能会让所有事抖落出来，将当局陷入非常难堪的境地。为了争取主动，英国方面于7月1日召开记者招待会，宣布菲尔比是麦克林、伯吉斯事件中的第三者，是个彻头彻尾的苏联间谍。

7月30日，苏联《消息报》宣布，苏联政府为菲尔比提供政治庇护。至此，菲尔比逃往苏联的事实真相大白于天下。

伯吉斯逃到苏联后，获得了苏联克格勃的上校军衔，但没有得到苏联方面的重用。看到苏联实施的完全违背共产主义精神的一系列行为，伯吉斯精神上再受打击。他生活潦倒，借酒消愁，于1963年因饮酒过度去世。

布朗特是"剑桥五杰"中继麦克林、伯吉斯和菲尔比后第四个暴露的。事实上，他早在1951年就受到怀疑，因为他在大学期间的左派言行非常突出，在二战期间又经常与潜伏在英国内部的苏联间谍接触。从1951年到1963年，军情五处对布朗特进行过11次讯问。但英国情报机关没有拿到他是苏联间谍的确凿证据，一直没有动他。但到了1964年，布朗特终于被牵扯出来，一个叫迈克尔·斯特雷特的美国人出卖了他！

迈克尔·斯特雷特是布朗特在剑桥大学时认识的。这是一个有着特殊背景的美国人，他出身于政治世家，外祖父担任过美国海军部长，父亲曾在美国外交界任职。迈克尔·斯特雷特于1934年来到剑桥大学三一学院读书，在此期间加入共产党。在这个党组织中，他结识了约翰·科恩弗德，并把他当作自己的偶像。后来他的偶像参加了支持西班牙共和国政府的国际纵队，并在战斗中英勇献身，他深受影响，也想为自己的信仰献身。布朗特正是看中了他这一点，把他发展成为苏联间谍。

考虑到迈克尔·斯特雷特在美国的特殊关系，经请示克格勃后，布朗特决定让他回美国去当特工，搜集相关情报。一心想上前线的迈克尔·斯特雷特很不情愿地接受了这一任务，回到了美国。当上职业间谍后，他很不适应这种隐秘的生活，不喜欢生活在谎言之中。到了1942年，迈克尔·斯特雷特参加了美国陆军航空队，从这一年开始，他停止了向苏联提供情报。

花花世界的生活，使迈克尔·斯特雷特的共产主义思想一天天在消失，渐渐地他丧失了自己原来的信仰。二战结束后，他曾受到邀请去担任全国文学赠款基金会主席一职，但因担任此职，美国情报部门会对他的身份背景进行调查，他怕自己的间谍身份暴露，只好拒绝。经过长时间的心灵煎熬，1964年初，他终于下定决心，走进美国中央情报局自首，布朗特因此被出卖。因为他参加的间谍活动有的涉及英国，中央情报局立即将此情况通报给了英国军情五处。

1964 年 4 月，迈克尔·斯特雷特被传唤到英国，与布朗特当面对质。令人大感意外的是，对质时布朗特一口应承，承认自己是苏联间谍。他不但没有责怪迈克尔·斯特雷特，没有骂他背叛信仰，反而对他说："感谢上帝，你这样做了，我也解脱了。"

尽管布朗特承认自己的双面间谍身份，并不否认为克格勃干了许多事情，但他非常精明，该装傻时装傻，没有出卖其他要害人物。此后，英国情报部门将他关押起来，不断提审。在长达八年的审讯中，他先后交代了 21 个间谍。他所"出卖"的间谍，要么早就不在人世，要么早就暴露，要么早就逃走。英国方面一直没有对他进行公开审判，只是撤销了他的爵位。就连他的间谍身份，也是直到 1979 年才由首相撒切尔夫人公开。有报道说，他是 1979年暴露的，准确地说是这一年才公开的。

在此后的几年里，英国方面对已经掀不起大浪的布朗特有所放松，使他得以和情人约翰加斯金安静地生活在一起。这位参加过解救伯吉斯、麦克林和菲尔比行动的老牌间谍，1983 年因心脏病去世。

和伯吉斯一起逃到苏联的麦克林，受到苏联人民的欢迎，但也没得到重用，只在克格勃中担任一些不重要的职务。后来麦克林在苏联加入苏联科学院，从事研究工作。他的晚景有些凄凉，也于 1983 年在苏联病逝。

最后一个暴露身份的是约翰·卡尔克罗斯。早在 1974 年，苏联克格勃上校戈尔季耶夫斯基（又译作"戈杰维茨基"）在哥本哈根被军情六处成功策反，成为同时给苏联和英国提供情报的双面间谍。1985 年 9 月，戈尔季耶夫斯基叛逃英国。他的叛逃，使"剑桥五杰"的第五个人——约翰·卡尔克罗斯浮出水面。

菲尔比到达苏联后，获得了许多勋章，如列宁勋章、红旗勋章等，没有要职，但生活上还算衣食无忧。在菲尔比逃去苏联后不久，他的第三任太太艾利伊娜和孩子也来到了莫斯科，不过他们最终还是选择回到英国。后来菲尔比与麦克林的妻子发生过一段恋情，但麦克林太太最后选择回到了丈夫身边，并最终选择在美国定居和生活。菲尔比独居七年，他开始写回忆录、小说和写剧本，并参与拍摄间谍方面的电影。他的《谍海余生记》《我的无声战争》成为当时的畅销书。1970 年他与俄国、波兰混血的露法小姐一见钟情，不久露法成为他的第四任妻子。1988 年，他在四集谍战剧《游戏》中担任主角，演完该剧后不久，5 月 11 日他因心脏病发作，在莫斯科一家医院去世。莫斯科的200 多人参加了他的葬礼，苏联专门发行了一张邮票来纪念他。

　　"剑桥五杰"有着别样的人生。他们怀着对共产主义的崇高信仰，从事双面间谍活动，为苏联提供了大量极为重要的情报，为捍卫新生的苏维埃共和国立下了汗马功劳。

潜伏在纳粹使馆的红色特工

1941 年 11 月 18 日，一群全副武装的日本警察闯进东京一居所，将德国《法兰克福日报》驻东京记者理查德·佐尔格强行逮捕。佐尔格被捕的消息一传出，立即惊动了德国、苏联等国。

理查德·佐尔格的身份是记者、时评家、历史学家和政治理论家，但他曾经在德国、苏联、中国和日本等地从事情报工作。在德国纳粹党眼中，他是一个功勋卓越的战斗英雄，德国间谍机构阿勃维尔把他视为最杰出的间谍；而在苏联和中共的心目中，他却是最忠诚、最出色的红色特工。那么，作为一个双面间谍，佐尔格到底在为谁服务呢？

1944 年 11 月 7 日，在关押将近三年后，佐尔格被执行死刑，这位双面间谍的真实身份也终于曝光……

第四章 潜伏在纳粹使馆的红色特工

战火洗礼 纵横国际

佐尔格真名叫伊卡·哈尔多维奇·宗捷尔，1895年10月4日出生于俄国高加索巴库油田附近的阿基堪德镇。他是德国社会民主党人弗里德里希·佐尔格的侄孙。弗里德里希·佐尔格是马克思的秘书兼战友，与恩格斯长期保持通信来往。佐尔格的父亲阿道夫·佐尔格是德国人，石油钻探设备专家，供职于瑞典诺贝尔兄弟公司。他的母亲尼娜·西缅诺娃·科别列娃是普通的俄国妇女。佐尔格三岁时，父亲与高加索石油公司的契约期满，全家迁往德国，定居在柏林郊区利奇特费尔德的一个大宅院里。

佐尔格的童年大半都是在柏林度过的，生活富有而安逸。童年时代的佐尔格是个乖巧的孩子，因为他是九个孩子当中最小的，父母和哥哥姐姐都很呵护他，使他小时候的性格有点胆怯。小时候因为害怕，他总是不关灯睡觉，卧室里通宵达旦地亮着灯是常事。

1912年，17岁的佐尔格进入中学读书。在柏林的希特费尔德中学，他给人的印象是能言善辩，对文学和历史方面的知识尤其感兴趣。两年后，第一次世界大战爆发。正在上高中的他在政治上是个泛德德主义者，为了德国，他在中学还没毕业就自愿报名参了军。佐尔格和很多学生兵一样，被分配到第三野战炮兵团学生旅。战事紧急，他们经过简单训练就奔赴战场。在隆隆的炮声中，他先是在西线同法军作战，而后转到东线同俄国人作战。1916年3月，他在西线作战时被榴霰弹切断了三根手指，他的右腿也受了重伤，而后他被送往柏林陆军医院。身体恢复以后，他又返回原来的部队。三周后再次负伤，这次两条腿都被弹片打折，走路微跛。由于作战勇敢，他被提升为下士，并被授予二级铁十字勋章。年仅 21 岁的他，从此终身残疾。

佐尔格第二次受伤后，被送到哥尼斯堡大学医院治疗。在那儿，年轻的佐尔格不但补习了高中课程，在思想和性格上还经历了一场革命性的转变。起初，像同时代的许多人一样，佐尔格接受过战火的洗礼，却不知道究竟为谁而战。他曾经说道："虽然在战场上拼命，但我和我的士兵朋友们没有一个人了解战争的真正目的，更谈不上它的深远意义了。"经历和目睹战争的惨状后，他说："我陷入了极度的思想混乱之中。"为了解开对战争的疑惑，他广泛阅读各种社会书籍。

1916 年，佐尔格负伤住院时认识了一位护士，进而结识了她的父亲。护士的父亲是个进步人士，在他的影响下佐尔格开始阅读一些共产主义的经典著作。为了扩大知识面，他还广泛涉猎希腊哲学家和黑格尔的作品。对各种思想有了比较后，他更加坚信共产主义。同年 10 月，他就读于柏林大学经济系。此时的柏林大学，各种思潮及进步组织相当活跃，佐尔格秘密接触了社会主义组织，开始参加该组织的一些革命活动。

1918 年 1 月，佐尔格正式退役，他选择就读于基尔大学，并加入德国独立社会民主党。在该校学习期间，他结识了科尔特·格拉契教授，并参加格拉契教授家中的学习小组。这位极具左翼思想的教授对佐尔格的影响很大，让佐尔格认识到，德意志帝国势必战败，而共产主义和人民革命是势在必行的。后来佐尔格从基尔搬到汉堡，完成博士论文的最后部分。

同年 12 月 30 日，由 W. 李卜克内西和 R. 卢森堡领导的左派组织斯巴达克同盟与不来梅左派合并，成立了德国共产党。李卜克内西和卢森堡成为德国共产党创始人。德国共产党的成立对第三国际的创建起了巨大作用，1919 年德国共产党加入共产国际。

1919 年 8 月，理查德·佐尔格在汉堡大学获得哲学博士学位（也有资料称是政治学博士），并加入德国共产党，开始了自己的革命生涯。他担任了德国共产党的秘密交通员，初步显示他的组织联络才能。

获得博士学位后，佐尔格很快走上工作岗位，先后做过大学助教、煤矿工人和报社记者。尽管工作多次变动，但他始终没有丧失共产主义的理想信念，工作之余他建立了青年马克思主义学习小组，培训党的地方组织干部，筹建党的地下支部等。

1923 年德国共产党发动的汉堡起义失败，共产国际加强了对德国共产党的指导。同年，莫斯科马克思主义学院的院长到德国访问，佐尔格与他先后进行了两次会晤。通过交谈，佐尔格加深了对苏联共产党的认识。从这年的下半年开始，佐尔格逐渐接触苏联共产党。而苏联军事情报局即第四局也早已注意到佐尔格了，他们认为这位热衷于共产主义事业的年轻人是他们最理想的特工人选，于是派人与其谈话，争取他加入苏联的情报部门。双方接触之后，佐尔格表示同意加入苏联间谍机构。

转眼到了 1924 年。这年 4 月，德国共产党第九次代表大会在法兰克福召开。佐尔格作为正式代表出席会议，并负责会议的保卫工作，特别是负责共产国际代表的安全保卫工作。苏联派了一个由六人组成的代表团参加，其中有苏联军事情报局即红军四局的成员。佐尔格再次与苏联共产党接触，这次见面成为佐尔格人生旅途上的重要转折点。

在这次德共党代会中，共产国际代表团团长、共产国际执委会书记约·皮亚特尼茨基等人发现这个年轻的共产党人具有非凡的才干，希望他能到共产国际总部莫斯科去，接受更深层的锻炼。佐尔格早就向往去社会主义的苏联，对此他欣然接受。

此后，佐尔格一边工作一边等待机会，他在伍珀塔尔和法兰克福当过宣传员，在索林根担任过党报编辑。因为从事政治活动，他屡屡遭到迫害。由于他的政治观点、从事共产主义活动，他先后丢掉了教师工作和煤矿工作。1924 年 10 月，在德国共产党的周密安排下，佐尔格持着合法的德国学生旅行护照，携妻女途经柏林来到莫斯科，加入共产国际，供职于共产国际新闻处。

佐尔格凭借敏锐的政治头脑和对国际事务的独到见解，撰写了许多有关国际关系的论著，给第四局局长扬·卡尔洛维奇·别尔津将军留下了深刻印象。别尔津将军认为佐尔格是个栋梁之材，决定在适当的时候对他委以重任。

别尔津将军是个传奇人物，他的真实姓名为丘济斯·彼得里斯，1889 出生于拉脱维亚，是苏联著名的军事家。1905 年，别尔津加入俄国社会民主工党。后来有几年，他是在铁窗和西伯利亚的苦役中度过的，他两次被捕住进大狱又两次越狱逃出。第一次世界大战时，他曾在沙俄军队服役，1919 年他参加苏联红军，在短暂的拉脱维亚苏维埃政府中工作过一段时期。苏联内战时，他担任某师政治部主任和"契卡"（即肃反委员会，十月革命胜利后苏维埃的国家安全保卫机构）驻军队代表。1920 年调情报部门工作，1924 年起两度担任红军情报部部长，成为第四局的局长。在他领导第四局的 11 年中，克格勃名扬四海。正是他，发现了佐尔格的价值。

1925 年佐尔格加入苏联国籍和苏联共产党，被安排在共产国际情报处工作。他主要负责收集各国工人运动、政治经济问题方面的资料，处理和联络各国共产党的党务问题。佐尔格对这份工作颇感兴趣，他的经历、知识和智慧也与这种工作颇为相称。在接下来的几年里，佐尔格便以共产国际特派员的身份频频穿梭于柏林、哥本哈根、斯德哥尔摩、伦敦和莫斯科之间，搜集各国共产党、经济、政治以及一切可能发生的重大事件的情报。佐尔格对待工作十分负责，他兢兢业业，把本职工作完成得非常好，多次获得别尔津将军的称赞。

加入苏联国籍后，佐尔格经常到外国从事秘密工作，如持假护照去英国帮助组织矿工罢工，去斯堪的纳维亚帮助建立共产党组织等。1926 年他的妻子克利丝蒂亚娜忍受不了这种生活，离他而去。离婚后于 1927 年结识了学习音乐和戏剧的叶卡捷林娜·马克西莫娃。尽管佐尔格的母亲是俄国人，但他的俄语还是不怎么好，叶卡捷林娜·马克西莫娃担任他的俄语老师，在教与学的过程中，两人产生了深厚的感情，后来他们结婚了。

1928 年 7 月，佐尔格出席共产国际第六届世界代表大会。不久，苏军情报部部长别尔津召见佐尔格。见面后，别尔津将军告诉佐尔格："克格勃已经注意你很久了，他们对你评价很高。"的确，克格勃一致认为，佐尔格是一块做间谍的好材料，因为他头脑冷静，观察敏锐，善于交际，还有很好的文笔。"不过，克格勃找你的最根本原因，在于你是一个坚定的共产主义信仰者，还具有德国血统。"佐尔格听得出来，克格勃想让他打入德国，从事间谍活动。

果然不出他所料，别尔津将军最后问佐尔格，是否愿意转入秘密战线工作，在一个非常重要的迫切需要他的地方为伟大的苏联而奋斗？佐尔格愿意为理想而献出一切，对别尔津将军提出的事情，他欣然同意。

出征中国　组建谍网

1929 年，佐尔格前往英国旅行，但目的是"研究英国的工人运动，共产党的地位与政治、经济状况"。同年 11 月，佐尔格被别尔津召回红军总司令部，负责军事情报的第四局工作，此后他终生服务于这一部门。

别尔津将军要佐尔格回第四局，是因为苏联方面根据情况的变化，决定把情报、谍报和宣传机构的工作重点从欧洲转移到亚洲。自从德国共产党组织的武装暴动失败后，苏联领导人开始把目光转向中国等远东地区。当时正值中国民族革命蓬勃发展时期，苏联领导人从中国看到新的希望。为此，他们曾以共产国际的名义派遣一些间谍小组到中国，除与中国共产党进行党务联系外，主要任务就是搜集情报。

那么，克格勃方面为什么要在中国建立情报网呢？这与当时的国际形势有直接关系。当时帝国主义列强在中国不断扩充势力，德国向蒋介石国民党派出大批军事顾问，并且大量出售武器；日本则在中国东北不断增兵。"四·一二"政变后，苏联派到共产党的顾问被蒋介石驱逐。这一切使苏联领导人感到了苏联东部的潜在威胁。为了支持中国的民族革命，扩大在不发达国家和地区实行社会主义的希望，他们决定把情报、谍报和宣传等机构的工作重点从欧洲转到中国。情报工作又是重中之重，必须先行。

别尔津将军领导的第四局直属于苏联共产党中央委员会，是苏联情报部所属六个局当中的一个。第四局的主要任务是在国外建立谍报网、发展特工小组和加强通信联络。它与克格勃有一个联合分队，佐尔格被调到这个分队中。与西方其他任何类似的间谍机构相比，这个分队都是一流的，他们有当时世界上最大、装备最先进的截听和破译机构，联合分队所提供的情报对苏联起了至关重要的作用。

第四局征召佐尔格，并非是要他到德国去潜伏，而是要他充分利用德国这一身份作掩护，到其他东方国家去为苏联获取情报。进入第四局与克格勃的联合分队后，佐尔格接受了严格的特种训练，这种训练主要是特工技术方面的训练，让他学习密码书写、密码破译及其他间谍方面知识。训练时克格勃给他取了个假名叫"拉姆扎"，此后"拉姆扎"成为他在克格勃中的代号。

而后，他接到命令，做好到中国从事秘密战线工作的准备。佐尔格对中国的历史文化十分向往，认为这次中国之行是相当重要的，非常爽快地接受了任务。

同年年底，佐尔格先从苏联来到德国。为了掩藏他即将到中国从事的间谍活动，他需要找到一份工作作掩护。有资料披露，他这次回德国加入了纳粹党，不再从事左翼活动。但是更多史料认为，他是去日本潜伏前在德国加入纳粹党的。他在莫斯科接受了任务后先前往德国，目的是为获得记者身份并拿到推荐信。所以在加入纳粹的时间上，后者更可信。

经过认真考虑，他认为记者工作是最好的掩护。博士毕业的他，很快在农业报社找到了一份记者工作。没上两天班，他就对报社的经理说："我想到中国去采访。目前中国越来越受到国际社会的重视，而中国农村人口占绝大多数，中国的根本问题是农民的问题。对中国的农业状况进行科学研究，一定有利于更加全面地了解中国。"报社经理认为他说得很有道理，支持他去中国。

经过一番准备工作，1930年1月10日，佐尔格告别了新婚不久的妻子叶卡捷林娜·马克西莫娃，以公开的记者身份，从日本乘船到达中国上海，开始了他的中国之行。从轮船上岸后，他在关口接受证件查验，出示的证件上写着：理查德博士，德国《农业报》派驻中国记者。

佐尔格是带着双重使命来中国的。对于中共方面而言，他是共产国际驻华代表，主要任务是深入研究蒋介石国民政府的内外政策，国民党军队的编制、武器装备，尽可能地帮助中国革命；对于克格勃来说，他是一个间谍小组的头目，他到中国除了了解国民党的情况，还要了解西方列强特别是德、日的对华政策，尽快恢复和重建因为中国大革命失败而遭到破坏的苏联情报网。

佐尔格在上海落下脚后，莫斯科随即给他配备了几个核心骨干。他们是：爱沙尼亚人、军事顾问保尔·里姆（又名鲍威尔，伏龙芝军事学院毕业，少将军衔），德国人、无线电报务员马克斯·克劳森，波兰人、摄影师约翰，爱沙尼亚人、电报译码员克尔曼，德国人、联络员鲁特·维尔纳（汉布尔格夫人）等。鲁特·维尔纳在上海法租界的家一直是佐尔格与中央特科人员秘密聚会、交换情报的隐蔽场所。

一星期后，忙完建站事务的佐尔格来到德国驻上海总领事馆，面见德国总领事科伦贝格男爵。他把德国外交部新闻司签发的介绍信递交了科伦贝格。总领事郑重打开介绍信，只见上面写有这样几行字："理查德·佐尔格博士，家住柏林，前往上海研究中国的金融和农业问题。敬请协助佐尔格博士，提供相关资料。"

看到介绍信上的"研究中国的金融和农业问题"这行字，科伦贝格男爵紧锁眉头，起了疑心。他仔细盯着佐尔格看了又看，似乎想从他的眼神中找到答案。佐尔格对他神秘地笑了笑。这一笑似乎让他有所醒悟，他也笑了笑："哈哈，明白了……"他认为佐尔格是柏林方面派来的以记者身份作掩护的间谍。

科伦贝格男爵伸过手去，握着佐尔格的手说："欢迎您，博士！我们德国人应当互相帮助。"停了一下，他接着很诡秘地说："想要有所收获，必须想办法结识蒋介石政府的德国军事顾问团成员。"彼此客套一番后，科伦贝格男爵给佐尔格签发了多封介绍信，为佐尔格接下来开展工作提供了方便。

佐尔格拿着一叠介绍信，开始施展自己的交际才能。他以上海为基地，一边广交朋友，开辟情报途径；一边物色得力人手，着手建立情报组织。与此同时，他开始潜心研究中国的实际情况。

最初几个月里，他虽然不露声色，暗地里却以上海为基地，着手建立情报组织网。20世纪30年代的上海是中国最大的港口之一，是一个商业非常发达的国际大都市。在这个花花世界中，汇聚了世界各国的商人、记者、政要，以及间谍等，形势十分复杂。佐尔格凭借他高超的交际能力，结交了一大批朋友，很快打开了局面。

一次偶然的机会，他碰见了当时《法兰克福日报》的记者艾格尼丝·史沫特莱女士。早在1928年，他们就在莫斯科相识，因为都是德国媒体派驻上海的记者，老朋友之间就有了更多的话题。史沫特莱1928年底来华，在中国一待就是12年。到中国后，她广泛结交朋友，宣传中国红色革命和中国共产党。

了解了史沫特莱的政治倾向、知道她是个进步人士后，佐尔格请她帮忙组建在上海的情报小组，特别是帮他推荐挑选在中国的工作人员。史沫特莱鼎力相助，尽可能地将她在中国的所有朋友都介绍与佐尔格相见。在这个过程中，佐尔格努力结交那些愿意为了左翼事业而与他合作和工作的人。

史沫特莱交际很广，宋庆龄、鲁迅、丁玲都是她的朋友。经济学家王学文及夫人刘静淑、社会科学家陈翰笙及夫人顾淑型都是经史沫特莱介绍与佐尔格相识，成为他的合作人的。他们不仅是社会上有名望的专家学者，也是中国共产党的地下工作者。他们是维尔纳家每周一次碰头会的常客。佐尔格中国之行的关键，是取得中国共产党的协助。

通过史沫特莱的引荐，佐尔格结识了日本《朝日新闻》的驻华记者尾崎秀实。这位日本新闻工作者在大学期间也是当地马克思主义学习小组的成员，对中国共产党同样持支持态度。共同的信仰使佐尔格与尾崎秀实的关系日益密切，两人大有相见恨晚之感。尾崎秀实精通中国事务，成为佐尔格重要的合作伙伴。

史沫特莱对中国相当了解，她对中国的研究常常能帮上佐尔格的大忙。据记载，她有一个卡片箱，里面记载着非常多的信息资料，佐尔格从中受益不浅。比如卡片箱里收录了中国当时 218 名高级将领和地方军阀的详细资料，从身高、体重、相貌特征到性格特点、身份背景及观点言论等都有记录。在有关直系军阀张宗昌的资料中，甚至连他有 38 个老婆和情人都记录在案。这些资料在交际中帮了佐尔格的大忙。

经过佐尔格的努力，谍报站很快建立了。佐尔格把自己的情报小组取名为"拉姆扎"，共有 14 名核心成员。这些成员的来源比较广，其中有波兰人、德国人，当然更多的是中国人。从其他情报人员的回忆录中可以看出，佐尔格与史沫特莱的关系非常亲密，佐尔格不止一次试图帮助史沫特莱，并在给莫斯科的密函中对她大加赞扬。但史沫特莱并不是佐尔格间谍小组的成员。

佐尔格有着超强的组织能力，仅用几个月时间就把自己的情报网扩展到了广州、天津等地。他通过收买在南京政府工作的德国工程师、无线电通信军官施特尔茨的中国太太，掌握了国民党军南京总司令部及其所属部队的无线电通信密码、德国军事顾问相互之间的无线电通信密码、一本德国军事顾问与国民党进行联络的电话号码。此后，有关中国问题的大量情报源源不断地飞往莫斯科。

克格勃方面对佐尔格的业绩表示非常满意，他们在经费上给予了大力支持。莫斯科每月给佐尔格 8000 英镑的活动经费，这笔经费足够他的开支。佐尔格对来自欧洲的情报人员，每人每月付给 200 美元、150 美元不等，给亚洲的情报人员则少一些。他把其余的钱大多用在了交际上。随着时间的推移，他的队伍不断壮大，情报来源越来越广。

结交高官　营救牛兰

佐尔格在中国期间收集了许多重要情报，对苏联提供了不少帮助，立下了汗马功劳。同时，也为中国革命出了不少力。

早些时候，佐尔格接受科伦贝格总领事的建议，到上海一周后便启程前往南京，下榻在一家有德国人居住的宾馆。在宾馆的酒吧里，佐尔格便"邂逅"了南京政府的德国军事顾问吉尔贝特上校。佐尔格施展自己的交际才能，利用德国同乡这层关系，不时请上校吃饭。在几次会面后，他就和吉尔贝特混熟了，成为无话不谈的好朋友。

"你们从德国来帮助中国，抛家离子，一定很辛苦的吧？"

说到德国军事顾问团在中国的情况，吉尔贝特一点也不设防，至于佐尔格的红色间谍身份，他想都不会往这方面想。他主动向佐尔格透露，德国人到中国来当军事顾问的真正目的，是想把中国当作德国武器的试验场，派德国兵来中国接受实战训练，目的是为德国军队培养骨干。为了证明自己对佐尔格的信任，吉尔贝特还特地带他去参观汉口郊区的武器试验场。在那里，佐尔格看到了试射的德国新式远程大炮的威力。还有一次，佐尔格被带到一个军用机场，他问吉尔贝特："飞行员是中国人吗？"这位上校得意地告诉他："不，这是清一色的德国人。"

佐尔格摸清了蒋介石的德国军事顾问团的一些情况以及相关的军事情报，立即将它们发回克格勃报告给了莫斯科。通过这些情况，苏联方面了解了德国人在中国的试验场，从中分析出了德国推出的新式武器，掌握了德国的军事实力。后来苏联与德国签订了《苏德互不侵犯条约》，维护短暂的和平，为苏联备战争取了时间。

吉尔贝特后来接替科伦贝格出任德国驻上海总领事，但仍担任军事顾问一职。他仍然像以前一样，常常领着自己的记者老乡视察汉口和长春等地的中德军事试验场。他们还一同前往开封和西安，视察正在围剿中国红军根据地的蒋介石嫡系部队，这些部队里的德军顾问实际上扮演着指挥官的角色。从他们那里，佐尔格容易获得所需的情报。

虽然科伦贝格男爵认为，找德国军事顾问团可以帮上大忙，但佐尔格知道，仅从这些人身上不可能全面了解当时的中国形势。他必须与中国政界的高层交往，才能完成自己的重任。他想方设法，先是结交了国民党政府的许多军政要员，从他们那里获得了不少有价值的情报。后来一个"偶然"的机会，他认识了国民党军政部长何应钦。

何应钦，字敬之，祖籍江西抚州市临川县，1890 年 4 月出生于贵州兴义，早年留学日本，辛亥革命爆发后，回国参加沪军。二次革命失败后，再到日本就读，1916 年秋回国，到贵州任讲武学校校长、黔军参谋长等职。1924 年赴广州，任孙中山大本营参议、黄埔军校少将总教官兼教导第一团团长，成为蒋介石的亲信。此后再升至旅长、师长、军长等职。北伐后任国民政府委员、浙江省政府主席、陆海空军司令部参谋长、军政部长，是黄埔系中仅次于蒋介石的第二号人物。身为军政部长的何应钦，几经交往后与佐尔格成为了朋友。

后来，佐尔格在另一次"偶然"的机会里，又结识了国民党的一号人物蒋介石。他们的相识说起来很有趣。蒋介石当初是一名狂热的汽车爱好者，他亲自组建了一个赛车俱乐部并担任俱乐部主席。为了与他接近，佐尔格把自己也塑造成一个赛车迷，加入了该俱乐部。据说老蒋的赛车技术也还不错，加上他是国民党的一号人物，所以每次赛车他总能拿第一名。但佐尔格加入后，在一次比赛中驾驶着一辆毫不起眼的赛车抢了蒋介石的风头，开始时冲在了第一。落在了第二的蒋介石脸色铁青，口里忍不住骂了句："娘希匹！"

就在离终点不远的地方，佐尔格的汽车油门突然发生了"故障"，最终在冲刺阶段让蒋介石超了过去。蒋介石获得了冠军，得意地走下车来，径直来到佐尔格车前，与走出车来的佐尔格握手："这位外国朋友，请问您尊姓大名？"佐尔格客客气气地回答："蒋总裁好！鄙人叫理查德·佐尔格，德国《农业报》派驻中国的记者。请多关照！"蒋介石见对方彬彬有礼，执意邀请他到自己的郊外官邸去做客，令身边陪护老蒋的国民党官员对佐尔格这个老外刮目相看。从此以后，蒋介石身边的国民党将军们都知道佐尔格是蒋总裁的车友，都爱跟他套近乎。这样，佐尔格可以不时地与这些国民党将军谈话，从他们的嘴中获得一些情报。

从 1930 年 5 月开始，佐尔格从广州出发，开始了长达半年的中国内地采访之行。佐尔格以采访、旅行等名目先后到广州、汉口、南京等地收集中国的情报，足迹遍及中国南方多个省份。他还到北京、天津、东北三省和内蒙古进行"采访"，了解中国从城市到乡村，从经济发达地区到边远落后地区的基本情况。也正是这个时候，他到达共产党领导的苏区。

在提供给苏联的报告中，佐尔格介绍了他所了解到的中央苏区情况："目前苏维埃运动在中部和南部的300多个县蓬勃发展。苏区拥有正规部队36个军，此外还有民兵20万人和大约100万装备较差的工农游击队员……苏维埃政府致力于消除帝国主义的压迫和一切封建残余势力，没收地主土地，将其分给农民，免除农民的债务——所有这些措施都使得苏区为全中国的解放指明了道路。南京政府虽然得到了帝国主义国家广泛而全面的支持，却无法消灭苏区……"他所提供的情况，帮助苏联更加深入地了解了中国共产党领导下的红色苏区。

不知不觉，佐尔格来到中国一年多了。1930年底，他根据近一年来对中国的调研，通过克格勃派往上海小组的报务员——德国人克劳森，向克格勃发回了一份总结报告。他在报告中对中国的形势进行了详尽的分析，并得出了多条结论。不久克劳森向他报告，收到克格勃回复，上级对报告印象很不错，给予了充分肯定，建议佐尔格继续特别关注中日关系。

转眼到了1931年上半年，轰动一时的"牛兰夫妇"案发生。成立不久的佐尔格小组接到共产国际指示：全力参与营救牛兰夫妇的行动。

牛兰是苏联人，真实姓名为雅各布·马特耶维奇·鲁德尼克。20年代中后期，由于中国革命形势的逆转，共产国际驻中国的机构遭到破坏。1928年春，牛兰被共产国际派往上海，以商人身份作掩护，建立共产国际联络部中国联络站。1930年3月，牛兰重返上海，领导联络站的工作，全面负责共产国际执委会及远东局、青年共产国际与中国及亚洲各国共产党之间的联络，策划、安排这些组织驻华机构的人员往来、秘密活动及经费筹措。共产国际通过牛兰的合法公司向亚洲各国左翼政党划拨经费。据记载，1930年8月至1931年5月期间，共产国际平均每月向中国共产党提供的资金达2.5万美元。

为了便于开展活动，牛兰夫妇持有多国护照，以化名登记了八个信箱，拥有十处住所、两个办公室和一家商店。

1931年6月，英国警方在新加坡逮捕了共产国际信使约瑟夫，并从他携带的文件中发现了牛兰在上海的电报挂号和信箱号，因此牵出了牛兰夫妇。6月15日，同属于苏联军方情报系统、持有瑞士护照的牛兰夫妇，在上海被公共租界警务处英国巡捕逮捕。英租界逮捕牛兰夫妇的罪名是"特务嫌疑"，同时被捕的还有他们刚满五岁的儿子和保姆。

同年 8 月 14 日，由于共产党叛徒顾顺章的出卖，牛兰夫妇被认定为国际红色间谍，秘密引渡给了国民党军事当局，并传言将被判处死刑。

牛兰是有着丰富经验的"契卡"人员，为执行特殊任务曾在法国被判两年徒刑。从审讯记录看，牛兰夫妇被押解南京后也保持沉默，始终没有暴露真实身份。由于牛兰同时是国际工会组织——泛太平洋产业同盟秘书处驻上海的代表，因此此案引起各国的关注。营救牛兰夫妇的活动，很快演变成一次抗议蒋介石政府任意侵犯人权的世界性运动。

8 月 20 日，保卫牛兰夫妇委员会在欧洲成立，其发起人包括爱因斯坦、蔡特金、德莱塞、高尔基、史沫特莱以及宋庆龄等国际知名人士。共产国际也积极采取行动，由书记皮亚特尼茨基亲自指挥营救。

1932 年新年刚过，佐尔格奉共产国际书记皮亚特尼茨基之命，开始介入此案。一方面，他请史沫特莱进一步动员国际知名人士如宋庆龄、鲁迅、高尔基、蔡特金、罗曼·罗兰、爱因斯坦等发表声明，要求释放牛兰。驻上海的拉姆扎情报小组与宋庆龄取得联系，请她出面搭救牛兰夫妇。宋庆龄亲赴南京，数次到监狱探望牛兰夫妇，书面担保让牛兰夫妇保外就医，并且妥善安置他们的儿子吉米。宋庆龄还就营救牛兰夫妇一事亲自与蒋介石谈判。有报道说，宋庆龄曾提出，以留苏的蒋介石之子蒋经国换回牛兰夫妇，但遭到蒋介石的拒绝。

另一方面，佐尔格开始秘密侦察牛兰被押解南京后的下落，并疏通与国民党高层的关系。佐尔格小组里的柳忆遥是浙江人，因工作关系与浙江派的国民党高官混得很熟。佐尔格便想从这里打开一个口子。果然，柳忆遥通过一个可靠的亲戚得知，CC 派的国民党中央组织部调查科总干事张冲不仅知道牛兰的下落，还是此案的主管。佐尔格没有满足于这点信息，认为最好有个文字依据，比如让牛兰亲笔写一个字条，证明他确确实实在南京。有了这个证据，国际进步势力才能进一步开展反蒋抗议活动。于是，在佐尔格的积极支持下，方文和柳忆遥设法派人与张冲秘密接触。双方经过一番周旋，最终达成一项协议：以 3 万美元换取牛兰在狱中的手迹。

3 万美元在当时和现在都不是一笔小数，何况只买一张纸条？此前佐尔格曾成功地用金钱贿赂国民党政府有关人员，营救出在中华全国总工会工作的国际革命者劳伦斯夫妇。经过一番考虑后，他同意出这笔钱，但只要求一条：先交货，后付款。对方对此也未表示异议。于是佐尔格当即电告莫斯科，莫斯科采纳了他的建议，并告知两个携款人（其中一人为李德）已上路。佐尔格拿到牛兰一张三寸长、一寸宽的俄文手迹并鉴别其真假后，照价付了款。随后国际上掀起了声势浩大的营救牛兰运动。在内外舆论的强大压力下，国民党被迫同意公开审理牛兰案件。

尽管各种方案均遭到蒋介石拒绝，但佐尔格小组并没有放弃，他们还在想其他办法，继续对牛兰夫妇进行营救。

判断时局　暗助中苏

佐尔格在中国期间搜集了大量有价值的情报，真正做到了为共产主义事业不遗余力。

1931 年 9 月 18 日晚 10 时许，日本关东军岛本大队川岛中队的一伙人在沈阳北大营南约 800 米的柳条湖附近，将南满铁路一段路轨炸毁，声称是中国军队破坏铁路。日军独立守备队第二大队即向中国东北军驻地北大营发动进攻。次日晨 4 时许，日军独立守备队第五大队从铁岭到达北大营加入战斗。5 时半，东北军第七旅退到沈阳东山嘴子，日军占领北大营。战斗中东北军伤亡 300 余人，日军伤亡 24 人。这就是震惊中外的九·一八事变。事件爆发后，日本与中国之间的矛盾进一步激化。

九·一八事变的当晚，夜已经很深了，佐尔格突然接到日本路透社同行打来的电话："理查德，你好！我刚刚接到东京发来的电报，中日在满州已经开战，现在满洲一片混乱，日本人开始占领东北！"对此佐尔格一点也不感到震惊，因为这早就是他预料之中的事。在此前给苏联的情报中，他多次预测，日本会向中国开战。

在这种情况下，佐尔格将搜集情报的重点放在了中日关系上。苏联方面想了解，日本人占领中国东北后，会不会继续北上侵犯苏联。佐尔格工作的重中之重，就是需要搜集到这方面的证据。

1931 年 9 月底的一个下午，中共特科负责人周恩来找到中央联络员张文秋（毛泽东的亲家）说，因共产国际在华工作的需要，经组织研究决定，同意她到远东局协助佐尔格工作。说那里的工作非常重要，也非常机密，希望她不要辜负中国共产党和共产国际的期望。周恩来亲自带着她，乘坐汽车来到法租界一座高级宾馆门前，下车后一个年轻的外国人把他们迎进了一个房间，房内走出一位西装革履、风度翩翩的外国人。周恩来对张文秋介绍说："这位就是共产国际方面的领导人佐尔格同志，今后你在他的领导下工作。"他又对佐尔格说："我依照你的意见，把张一萍（张文秋化名）同志调到你这里工作，希望你给她做出适当的安排。"

佐尔格非常高兴，要求周恩来多派几个同志协助他工作，周恩来答应下来。后来，周恩来又把章文先、吴仙青、蔡叔厚等人推荐给了佐尔格。张文秋被任命为南方站站长，负责与南方情报网的联系。有一次她化装成阔太太，乘英国"皇后"号豪华客轮去香港，送机密文件和传达佐尔格的指示。佐尔格小组的其他中国成员还有广东站的方文，北京站的张永兴、于毅夫、张树棣，武汉站的刘思慕等人。

1932 年初，从《朝日新闻》驻上海记者尾崎秀实那里，佐尔格证实日本近期不会进攻苏联。因为尾崎秀实告诉他：日本将于近期加强对中国其他地区的扩张与渗透，很可能进攻上海。尾崎秀实比佐尔格只是早来中国两年，但对中国已经非常了解。据他分析，日本进攻上海的目的是要打垮南京政府，因为"日本需要一个首先维护日本利益的南京政府"。佐尔格是通过史沫特莱认识尾崎秀实的，他与佐尔格政治观点一致，他们成了挚友，几乎每个月都要相聚一次，交流信息以及对时政的看法。对于尾崎秀实的情报，佐尔格是绝对相信的，他当即作出判断，日本的目标仍然是中国，并向苏联作了汇报。

事情果然证实了他的判断。九·一八事变后，日本帝国主义为了转移国际视线并逼迫南京国民政府屈服，于 1932 年 1 月 28 日晚突然向上海闸北的国民党第十九路军发起攻击，随后又进攻江湾和吴淞。十九路军在军长蔡廷锴、总指挥蒋光鼐的率领下奋起抵抗，拉开了长达一个多月的淞沪抗战序幕。由于国民党政府坚持不抵抗政策，破坏淞沪抗战，十九路军被迫撤离上海。在英、美、法等国调停下，国民党政府和日本签订了卖国的《淞沪停战协定》。随着东北三省被日本侵略者占领，中日关系日趋紧张，日本帝国主义企图吞灭中国的野心昭然若揭。

就在日本加紧侵华、佐尔格努力搜集日本情报之时，拉姆扎营救牛兰夫妇的行动也在紧锣密鼓地进行之中。1932 年 5 月，在内外舆论的强大压力之下，国民党被迫开庭审理牛兰案件。佐尔格小组不但在共产国际与宋庆龄之间牵线搭桥，而且在共产国际的要求下直接参与营救牛兰夫妇的行动。佐尔格曾建议用美元收买有关人员。共产国际采纳了这一建议，派德国共产党员齐伯乐和布劳恩分别携带 2 万美元，从哈尔滨前往上海，将钱交给佐尔格，由佐尔格转交牛兰夫妇的律师，再由律师贿赂陪审员和法官。

1932 年 8 月，国民党法庭以扰乱治安、触犯《危害民国紧急治罪法》的罪名，判处牛兰夫妇死刑，随后又援引大赦条例减刑为无期徒刑。特工布劳恩回忆，贿赂陪审员和法官发挥了作用。正是由于莫斯科方面买通了陪审团成员，牛兰夫妇才没有被执行死刑。据记载，莫斯科为此案花掉的费用高达 10 万美元。1937 年日本占领南京前夕，牛兰夫妇逃出监狱，而后在宋庆龄的帮助下回到苏联。

佐尔格在中国期间，正值中央苏区进行反围剿，他便对苏区提供过帮助。他曾以记者和农业专家的身份环游中国，向中国共产党通报国民党军队的动向，对中国革命起了一定的作用。比如，他将国民党引进新式武器的情报通报中国共产党，在国民党尚未投入使用时，红军便熟悉了这种武器。

一天，佐尔格对方文说，中共中央现在急需国民党策划中的"围剿"计划，包括它的进攻方向、兵力、装备以及部队集结的日期等。佐尔格告诉方文："现在准备建立一个情报小组，由共产国际的上海情报站和中共中央特科双方各派一名联络员，定期接头，交换各自获得的情报；我们这一方面由你参加，中共中央方面派潘汉年同志参加。"

1932 年夏，蒋介石同日本签订《淞沪停战协定》后，立刻将枪口对准苏区，筹划第四次"围剿"。为此，在桂林的一次秘密会议上，德国顾问魏策尔（退役大将）同蒋介石的军事指挥官拟订了针对鄂豫皖根据地的进攻计划以及他独创的"掩体战略"。

了解这一情况后，佐尔格决定从德国军事顾问魏策尔那里下手，从他那里打开缺口，了解到计划的主要内容。佐尔格施展交际才能，很快搞清楚了这次行动的作战方案，包括进攻方向、兵力部署及部队集结的日期等。他在第一时间把这份名为"掩体战略"的作战计划电告莫斯科。同时，他把情报也交给了陈翰笙。陈翰笙把这一重要情报设法传递给了宋庆龄。宋庆龄通过中共地下党组织迅速传给了苏区。中央苏区的军民有了这么重要的情报，及时部署第四次反"围剿"行动。

由于从事进步活动，佐尔格早已被国民党盯上。特别是在营救牛兰夫妇的过程中，佐尔格出面过多，彻底暴露了自己的身份。他自己也意识到了这一点，在给别尔津将军的密电中他说："与律师和患者（指牛兰夫妇）的联系对我们的安全已经构成威胁。"别尔津在电文下批示："我们早该脱身了。"

早在一年多前，国民党的警察就开始监视佐尔格在上海的住处。警方的监视报告称：佐尔格很少回家，回家后"常与朋友下棋，时常接到电话。接电话时非常小心，尽量不让别人听到"。1932年10月10日，国民党上海警察局已经准备对他们监视了一年多的佐尔格收网。这一消息立即被特工获得，他们向别尔津将军发去请示电报："根据从德国人那里听到的消息，我们认为，各方怀疑线索正在指向拉姆扎身上。请指示，拉姆扎是否一定得等到接替者来了后才能离开，还是可以提前撤离？"别尔津将军下达了"尽快撤离，不必等候接替人选，否则会出事"的命令。11月12日，拉姆扎成员从上海启程到日本，同月21日到达苏联海参崴。

佐尔格离开中国不久，1932年12月，国民党赣粤闽边区"剿匪"总司令部调集近40万兵力，准备对中央苏区发动第四次"围剿"。其部署是：以陈诚指挥的蒋介石嫡系部队12个师16万余人为中路军，分三个纵队，担任主攻任务；以蔡廷锴指挥的第十九路军和驻闽部队为左路军，以余汉谋指挥的广东部队为右路军，负责就地"清剿"，并策应中路军行动。国民党不知道，他们的这一行动计划早已泄露。

1933年1月，尽管蒋介石亲自到南昌兼任赣粤闽边区"剿匪"军总司令指挥这次"围剿"，企图将红一方面军主力歼灭于黎川、建宁地区。但是，蒋介石国民党没有占到便宜，红军与国民党军队周旋了两个多月后，又一次取得了反"围剿"的胜利。这中间也有佐尔格的一份功劳。

1933年2月，佐尔格一行从苏联远东地区回到了莫斯科。在中国的两年多时间里，佐尔格充分利用自己的记者身份，周旋于总领事馆和记者联谊会等活动中，获得了大量有价值的情报。这些情报资料对苏联作战略决策和中共苏区的军事部署都发挥了重要作用。佐尔格后来说："若不是为了共产主义事业的需要，我应该会在中国待更长的时间，因为这个国家特有的魅力自始至终深深吸引着我。"同佐尔格一道撤离的，还有方文、柳忆遥和肖炳实等，张文秋等一批中国情报战士则回到了中共党内。

据俄罗斯新近解密的档案披露，佐尔格在上海从事情报工作期间，共向莫斯科发回 597 份急电，其中有 335 份直接通报给了中国工农红军或中华苏维埃政府。足见他对中国革命的帮助之大！

加入纳粹　转战日本

从 20 世纪 20 年代日本干涉苏俄革命起，苏联一直把日本当作东方最危险的敌人。苏联明显地感觉到，日本的嚣张气焰正在四处蔓延，对自己已经造成了潜在的威胁，所以苏联最高当局决定派遣克格勃到日本建立秘密情报组织。几经考虑后，苏联谍报部门初定了赴日人选。

1933 年 4 月的一天，佐尔格奉命来到别尔津将军的办公室。别尔津问他对今后的工作有什么考虑，佐尔格激动地说："在东京我也许能干点事。"此话正中别尔津下怀——他正打算把这个任务交给佐尔格。

此前，在派往日本的人选上，大多数人都倾向于佐尔格。这样，佐尔格被最终确定为去日本建立情报机构的最佳人选。别尔津将军找他就是为了讨论此事，没想到他主动请缨。于是，别尔津把他去日本后的主要任务告诉了他，要他搜集以下几个方面的情报：第一，日本是否会在东部边界进攻苏联，一旦入侵，可能投入的是哪些部队；第二，日本与德国的微妙关系；第三，日本对美国、英国的政策；第四，日本军人集团在制定外交政策上的作用；第五，日本军备生产情况等。

别尔津说："佐尔格同志，你的任务相当艰巨呀！"佐尔格也感到责任重大，但他向别尔津表示，他会不惜一切去完成任务。

经过周密的筹划，佐尔格决定取道西欧、美国，再到日本。1933 年 5 月，他从莫斯科出发，先到了德国柏林。柏林是佐尔格的第二故乡，在那里有许多朋友可以帮忙。在柏林，他竭力把自己打扮成希特勒的忠实崇拜者，在很多社交场合有意成段地引用希特勒的名言警句，从而取得纳粹党的信任。而后，他加入了纳粹党和纳粹记者协会，接着又取得了德国的出国护照。加入纳粹党，为他下一步打入德国间谍机构奠定了基础。

为了把潜伏的前期工作做得更踏实，佐尔格在柏林一待就是四个月。在这期间，他通过熟人和朋友从《法兰克福日报》编辑部弄到驻东京特派记者的身份证明，从国家社会主义理论刊物《地缘政治》编辑部里搞到晋见日本驻美国大使出渊先生和德国驻东京大使馆外交官的介绍信。7月，佐尔格去了一趟华盛顿，拜见日本驻美国大使出渊先生，从他那里获得晋见日本外务省情报司司长天羽荣二的介绍信。重新回到德国后，他从《每日展望》编辑部里搞到晋见德国临时助理武官尤金·奥特的介绍信。这些提供介绍信的部门，都把佐尔格说成政治上完全可靠的人。

动身前往日本之前，佐尔格在德国的朋友为他专门举行了欢送晚宴。由于佐尔格人缘好，晚宴上很多友人到场，就连希特勒的亲信戈培尔也亲临欢送晚宴。

1933年9月6日，佐尔格从加拿大乘船到了日本横滨，翻开了他谍战生涯最辉煌的一页。登上日本国土的一刹那，他便想起了克格勃上级的警告：为了长期潜伏和自身的安全，不要同处于地下状态的日本共产党或东京的苏联大使馆进行联系。

在中国的谍报生活为佐尔格积累了丰富的经验，他深知，要在日本站稳脚跟，就必须尽快建立一个情报网络。在东京找到住地后，他开始拉起自己的谍报小组。他将这个小组依然叫作"拉姆扎"，在上海时的老搭档——日本记者尾崎秀实和德国报务员克劳森再次成为他的骨干。尾崎秀实当时已经是日本的名人，更重要的是，他的一位老同学是近卫内阁的私人秘书，而近卫在内阁中是强有力的，他后来出任首相，两次组阁。佐尔格还吸收了宫木佑德作为小组的第四名成员，宫木是位善于搜集情报的"艺术家"，总是孜孜不倦地搜集各种情报。

在东京，佐尔格首先拜访德国驻日大使馆的外交官奥特。他拿着奥特的一位密友、《每日展望》一位编辑的介绍信拜访奥特。由于佐尔格显得很有教养、风趣、开朗，又当过兵，跟奥特一样上过前线，他俩有了更多的话题。早在1930年，奥特就被德国任命为驻日本名古屋日军某炮团的德国见习军官，同时担任德国国防军驻日观察员。

奥特和佐尔格都属于同一代人，那年奥特40岁刚出头，佐尔格刚满39

岁，这又使他们的交情得到进一步的发展。说来也巧，奥特的现任老婆是当年佐尔格的情人。既然与自己的老婆是朋友，两人一见如故。考虑到奥特所处的位置对情报工作尤其重要，佐尔格把他列为交友的重点对象。

临别之际，德国驻日使馆的人员说要介绍佐尔格晋见外务省的人员，佐尔格颇为得意地说："我兜里揣着给天羽的信，因此不再需要给日本外务省的介绍信了。"次日，佐尔格便去外务省拜见天羽荣二。天羽在他每周举行一次的记者招待会上，介绍佐尔格与日本记者、外国驻日记者见面。佐尔格抓住这个机会，广泛开展活动。

不久，一个潜伏在日本的苏联谍报组织"拉姆扎"小组成立了，成员有前南斯拉夫籍的勃兰科·伏开利克（苏联共党员）、德国人马克斯·克劳森（苏联共党员）、日本人宫木佑德（美国共党员）、尾崎秀实（日本《朝日新闻》记者）、法国记者武凯得奇、美国派来的公村与德等。在较短时间内，这个小组发展成为由近40人组成的国际性组织。

在佐尔格看来，作为一个外国人，即使像他那样的德国人，要想直接打入神圣不可侵犯的日本政界去获取情报也是不可能的，必须从德国大使馆着手。为了获得藏在大使馆保险柜里的绝密材料，必须博得大使的绝对信任。这就是他的主攻方向。他的信条是：不要把手伸向保险柜，要让保险柜自动打开，让机密材料自动来到自己的办公桌上。

如何才能获得大使的信任呢？佐尔格施展自己的才华，实现了这一目标。1933年底，佐尔格在《每日展望》上发表了一篇材料翔实、见解深刻的文章，详细地分析当时日本的政治状况。到任不久的德国驻日本大使对日本政坛并不太了解，看到佐尔格精辟的分析后，认为佐尔格是个难得的人才，便开始与佐尔格分享有关日本政坛的资料，经常交换这方面的意见。

1935年7月，佐尔格搞到一份关于日本陆军体制、领导人、内部派系等内容的情报，拉姆扎小组初战告捷，佐尔格兴高采烈地绕道美国、法国、波兰回莫斯科报告了工作情况。佐尔格在集中精力搞情报工作的同时，自然不会忘记自己是记者。他凭借自己敏锐的观察力和准确的判断力，给《法兰克福日报》发回不少高质量的稿件，使自己在德国的声誉日增。

佐尔格此前加入纳粹党，进一步获得工作的便利条件。到日本后他有意识地加强了与奥特的交往，他俩的友情与日俱增。奥特把佐尔格看成是消息灵通的好朋友，想借助他帮自己开展工作。因为奥特本人不懂日语，获取和阅读日军培训方面的情报困难很大，佐尔格不失时机地主动予以帮助，奥特认为他很讲情谊，把他当成了莫逆之交。以后当奥特遇到一些重要事情需要找人商量时，第一个想到的就是佐尔格。佐尔格出的点子，总是令奥特和其上司非常满意。

佐尔格经常给奥特提供关于日本军事方面的有用情报，或者是关于日本形势的精辟见解，这都充实了奥特交给柏林的汇报，增加了他的分量。由于佐尔格的帮助，奥特工作表现出色，仕途上开始升迁，由助理武官升为武官。因此，他对佐尔格是心存感激的。

1936年初，佐尔格发现日本政局正在面临严重的危机，青年法西斯组织正在崛起，于是写了一份分析报告，预言武装叛乱必定爆发。他把这一预测如实报告给了苏联和德国驻日本大使馆。1936年2月26日，日本果真发生大事件，1400名日本下层官兵举行叛乱。日本当局对政变内幕严加封锁。苏联指示拉姆扎小组摸清其中内情，掌握日本局势的动向。佐尔格布置宫木、尾崎出去搜集这一方面的情报，自己则驱车来到奥特武官的办公室。

此时德国方面也急于了解事件内幕。奥特见到佐尔格后，把他拉入一间密室，开门见山地对他说："柏林要求尽快摸清叛乱事件内幕，借以掌握日本政局的发展动向。老朋友，我只有请你帮忙！"说罢，随手递了一些零散材料给他。一般情况下，一些国家的驻外使馆中都潜伏着不少从事情报工作的特工。此次奥特要佐尔格做的事，实际上已经是特工从事的情报工作。

佐尔格将奥特的材料带回到自己的卧室，对材料仔细进行研究。很快，宫木、尾崎等人也将搜集的情报交给了他。他把这些材料放在一起分析，对日本局势的判断便渐渐明朗了。他根据自己的分析写了一份研究报告，告诉柏林和莫斯科：日本政局不会因此发生大的变化。收到这份材料后，柏林和莫斯科都感到很满意，柏林方面还因此给奥特以嘉奖。

最大的受益者还是佐尔格。因为奥特高兴之余，宣布佐尔格享有可以在任何时候阅读使馆任何文电材料的特权。在德国使馆看来，以记者身份作掩护的佐尔格，实际上已经是效忠于他们的一名间谍。

1936年，佐尔格接到苏联方面的任务：调查德、日两国关系的发展状况和日本对苏联的秘密意图。他从奥特和驻日大使那里获悉，迄今为止，德日之间的秘密谈判尚未取得任何结果。接着一个偶然事件帮了佐尔格的忙。那次，柏林派一位特别信使哈克来到东京，他给大使带来一个秘密指令：在日本制造气氛，以利于达成德日同盟。哈克告诉佐尔格，他曾参与德日谈判，并告诉佐尔格这次东京之行的使命。哈克提到，谈判的障碍来自日本方面，因为他们不想过早地同苏联人打仗。为了签订军事同盟条约，使苏联腹背受敌，希特勒甚至同意不再提及原来属于德国、现在被日本人占领的太平洋一些岛屿的归属问题。由于希特勒让步，双方很快签订相关协定。佐尔格谍报网揭露了《德日协定》中的《补充协定》的秘密，使莫斯科明白他们将间接受到军事威胁，因而此情报意义重大。

保存血证　受累清洗

1937 年 7 月 7 日，发生了震惊中外的卢沟桥事变，中国的抗日战争全面爆发！莫斯科指示佐尔格搜集有关情况，预测此次中日战争前途。同在 7 月，佐尔格以记者的身份再次来到中国。

佐尔格到达沈阳、张家口等十多个中国城市及其附近乡村采访中日军人、老百姓和中国抗日组织的领导人，综合有关情报，最后向苏联报告：战争将是长期的，日本难以取胜。斯大林参考佐尔格的报告，决定援华抗日，让中国拖住日本，减轻日本对苏联的压力。

1937 年底，日军攻占南京，制造了南京大屠杀，30 余万军民惨遭日军杀害。12 月 29 日，已回到日本的佐尔格再次从东京出差上海，他获准搭乘日本大本营陆军情报局岛赖大佐的专机飞往南京，去德国大使馆办理公务。到南京后，佐尔格看见惨遭浩劫后的南京几成地狱，长江上漂浮着成千上万具被害者的尸体，无辜者的鲜血染红了汹涌江水。

为了安全起见，佐尔格在南京期间住在德国驻华大使馆内。但他目睹了日军的诸多罪行后非常气愤，冒着危险多次上街制止日军的暴行。有一天他在宁海路上，看见两名日军士兵在对一名南京女学生施暴，他不顾个人安危上前阻止。两名日军士兵见他胸前佩有德国外交官证章，才骂骂咧咧地离去。

南京大屠杀的罪行令人发指，一些正直的外国人都看不下去了，有人勇敢地拍下了一幕幕惨绝人寰的罪证。但日本人搜查特别严，日军烧杀掳掠，奸淫妇女、活埋中国市民、军人的罪证资料无法保存或传送出去。佐尔格做大使馆外交官的工作，成功地说服大使馆三等秘书克劳森、签证科长汉斯等德国外交官，将这些资料放进外交邮袋，设法送回德国外交部。尽管希特勒下令将资料严格保密，但很多年后最终还是被披露于世。佐尔格此举，使得大量南京大屠杀的资料、照片被完整保存至今！

就在佐尔格辗转于中、日之间时，苏联的"大清洗"也达到了白热化程度。1936年至1939年间，在苏联爆发了一场主要针对原苏共高级领导人的政治镇压和迫害运动，这就是"大清洗"，也称为"肃反运动"。实际上这是"肃反"扩大化，一般认为其最终目的在于巩固斯大林的权威。

事情源于几年前的1934年12月1日，列宁格勒州委书记谢尔盖·基洛夫遇刺身亡。斯大林对此大做文章，从1936年到1938年在莫斯科进行了对部分原苏共高级领导人的三次公审。那些人被控与西方国家阴谋刺杀斯大林和其他苏联领导人、解体苏联以及设立资本主义社会。然而这些审判不是按照当时苏联法律进行的，使用的是秘密警察三人审判团。秘密警察以刑讯逼供和胁迫被告人家庭成员的手段，迫使被告人认罪。

"大清洗"还在军队内进行。据苏联军方统计，1937—1938年间，被处决和清除的干部占全军干部总数的五分之一，其中包括5位元帅中的3位，即图哈切夫斯基、叶戈罗夫和布留赫尔。

佐尔格最尊敬的上级别尔津将军，就是在"大清洗"中于1938年被枪决的。"大清洗"波及苏联的间谍机构，苏联在德国的间谍网被大规模地摧毁，许多为苏联从事情报工作的德国人也被赶出了莫斯科。在这种情况下，苏联很难在德国本土从事间谍活动，以佐尔格为核心的驻日间谍网成为他们获取德国情报的主要来源。

根据苏联官方的说法，当时的佐尔格一点也不知道苏联"大清洗"的情况，到生命的最后阶段也不清楚别尔津将军被枪决。1938年他写信给别尔津将军说："……别为我们担心。虽然我们极度疲劳，并经常处于紧张状态，但我们严守纪律，听从指挥，坚定果敢，时刻准备着完成伟大使命赋予我们的任务。向您和您的朋友们致敬！请您把我的信和问候交给我妻子；并请密切注意她的安全……"然而此时，别尔津将军早已不在人世。

从南京回到日本不久，传来有利于佐尔格的好消息。1938年3月柏林来电，将奥特晋升为少将，同时任命他为德国驻东京大使。奥特如愿升官晋级，他打电话向佐尔格报喜时，一连说了几次"感谢"。此后，奥特专门在德国驻日大使馆二楼给佐尔格安排了一间办公室，隔壁就是德国新闻社的监听室。佐尔格就这样，公开在大使馆办公，表面为德国、暗中为苏联收集各种信息和情报。

佐尔格得到命令，要把柏林发来的官方电信改编成新闻简报。具体做法，就是把来电分门别类地加以整理，挑选比较重要的新闻给使馆高级人员过目。然后他着手编辑新闻摘要，发给侨居日本的德国人。佐尔格顺理成章，成为大使馆的人，奥特的大使保险箱里藏有极其重要的文件和绝密材料，现在都对他敞开了。有时候，佐尔格会一连几个小时研究他感兴趣的第三帝国的绝密材料；有时候，他干脆把材料带回去拍照或收藏在自己的保险箱里。

1938年5月，克格勃交给佐尔格一个重要任务：负责苏联远东情报事务的高级官员——远东军区留希科夫少将叛逃日本，现已被押到东京，要求佐尔格尽一切可能得到"Y"（留希科夫的代号）的情况！留希科夫掌握着苏军大量的机密情报和苏联谍报通信的密码，如果他将这些情报卖给日本，后果不堪设想。考虑到佐尔格与总部是单线联系，留希科夫不知道佐尔格的真实身份，莫斯科才把这项艰巨的任务交给佐尔格，并指示他：一切以国家利益为重，必要时可以干掉留希科夫！

确认留希科夫背叛苏联后，佐尔格打算先下手为强，在日本人审讯他以前就把他干掉。但是日本军部对于投靠过来的留希科夫如获至宝，对他采取严格的安保措施，佐尔格无法接近。怎么办？佐尔格一时找不到解决办法。

正当他找不到好办法的时候，德国驻日大使奥特给他打来电话："明天留希科夫要正式受审。德国与日本缔结了友好关系，因此日本特高课允许我们派特别调查组参加讯问。柏林指示我们俩前去。"真是天上掉下了大馅饼，佐尔格大喜过望，但他故作惊讶："日本人会让我们去参加讯问？果真如此，我只有服从。"

不出佐尔格所料，留希科夫把知道的情况全都告诉了日本人。审讯一结束，佐尔格立即用暗语向莫斯科发出一份密电："熊已经被解剖，兽医掌握了它的神经脉络和五脏器官的位置。"莫斯科方面接到此电，深知事件的严重性，紧急采取补救措施堵漏，使国家和军队免遭危害。

日本与苏联的关系本来就不怎么好，到了 1938 年更加紧张。这年夏天，佐尔格以助手尾崎秀实提供的情报为依据，向莫斯科报告了发生在满洲里的苏、日第一次冲突。接下来，佐尔格从日本社会的种种事件和收集到的有关材料分析得出结论，并报告莫斯科：关东军正在积极准备向苏联发动武装入侵。苏军为此加强了战备。哈勒欣河之战前夕，关于关东军部署、武器装备、战争物资运输等详细情报又被佐尔格及时送到了莫斯科。开战后，苏联军队获胜，日本被迫与蒙古签订停战协定。因此佐尔格后来提供的情报，基本上是认为日本不会进攻苏联的。

1939 年 5 月，日本破坏内蒙古边境，佐尔格依然认为，日本政府一直在避免与苏联发生战争。他把情报发回莫斯科，莫斯科不相信他的判断。从 1939 年夏天开始，第四局在一段时间内已经不再相信这个王牌间谍。

同年 9 月 1 日，德军进攻波兰，第二次世界大战开始。几个月前，有关这个问题征兆的报告同样送到了莫斯科，遗憾的是，没有引起苏联的重视。战争开始不久，莫斯科方面却对佐尔格发出严厉的训斥："日本准备与苏联开战，并且在军事上和政治上都已迈出了关键性的步伐，你们却搞不到任何有价值的情报。这只能使人认为，你们不再努力工作了！"佐尔格从事情报工作以来，第一次受到如此严厉的批评。

毫无疑问，佐尔格失宠于苏联谍报机关，是受到了"大清洗"的牵连。如果别尔津将军还在，也许这一切都不会发生在他身上。他在苏联方面暂时不顺利，而在纳粹德国那里却一帆风顺。1940 年，他正式加入了德国纳粹党记者协会，并被任命为纳粹党日本地区的负责人。至此，他苦心打造多年的形象——忠实的纳粹党党棍——终于形成，从事情报工作也更加方便。

频发警报　预测如神

纳粹德国采用闪电战术，1940 年便占领了波兰和法国。之后，德、意、日三国《德意日三国同盟条约》在东京签署，苏联处在腹背受敌的恐惧之中。佐尔格知道，虽然《德意日三国同盟条约》中没有提到缔约国同苏联的关系，并不意味着这几个国家不会发动对苏战争。这时，从柏林来了一位信使，他是途经莫斯科到达日本的。佐尔格随便问了一句："苏联人对德国向西扩张有什么反应?"信使耸了耸肩,说道:"管他有什么反应呢!反正元首已在 7 月会议上确定了消灭苏联有生力量的计划!"听了这话,佐尔格的每一根神经都被震动了。

1940 年 11 月 18 日,佐尔格首次向莫斯科发出警报:希特勒准备发动对苏战争!莫斯科马上回电,要他提供确凿的证据。他们认为,仅仅根据信使的一句话是不足信的。

佐尔格尽一切可能搜集情报,并对其细加分析。这时,佐尔格将他在大使馆的关系充分派上了用场,各种情报源源不断地从柏林发来。佐尔格终于发现,原来德国预定进攻英国的师团都是假的,而且在三个月前,希特勒就已经把第四和第十二集团军秘密调到东线苏联边境上。

1940 年底,佐尔格接到了来自莫斯科的电报,要求他经营自己的企业,用来供养他在日本的情报小组,莫斯科将不会再给他提供经费。这封电报给佐尔格当头泼了一盆冷水,他的情绪跌落到了极低点。间谍经营企业往往是掩护身份,现在却要他当实业来经营。尽管如此,他还是不忘自己肩负的重要使命。

经过情报搜集,同年 12 月 30 日,佐尔格又发出如下密电:"在苏联边境地区已集结了 80 个德国师。德国打算沿哈尔科夫—莫斯科—列宁格勒一线挺进,企图占领苏联!"

1941 年初,佐尔格发回的情报分析说:一旦爆发战争,日本方面需要六周左右的时间才能开始进攻苏联远东;但是如果红军将德国人阻止在莫斯科城下,日本将不会进攻苏联,远东地区可以确保不受到日本的威胁⋯⋯这些分析预测,事后证明是非常准确的。

3 月 5 日,莫斯科收到佐尔格的密电:"德国已集中了 9 个集团军共 150 个师,以进攻苏联。"

同年 5 月的一天,德国新任驻泰国大使馆陆军武官肖尔中校来到东京。作为佐尔格的朋友,他向佐尔格透露了希特勒可能将于 6 月 20 日或推迟两三天进攻苏联的情报。佐尔格彻底摸清情况后,用无线电通知莫斯科:德国将于 6 月 22 日进攻苏联,兵力为 170—190 个师。

5 月 19 日,佐尔格再次报告说:"德国的 150 个师的九个方面军将集结起来对苏开战。"最早向斯大林提到"德国将进攻苏联"的是英国首相丘吉尔,但斯大林一直认为这是英国人有意挑起苏德矛盾，他对此不以为然。这次苏联情报总局给佐尔格的回电是："我们怀疑你提供的情报的真实性。"佐尔格看过回电后，心里十分苦闷。

5月下旬，德国国防部特使抵达东京。经过与特使谈话，佐尔格发现德国对苏战争已成定局。几天后德国总参谋部另派一位军官来到东京，带来给东京大使的绝密指示："有关德苏战争应采取的必要措施已完全确定，一切准备就绪。德国将在6月下旬发起进攻。"

5月30日，佐尔格向莫斯科发电："德国将于6月下旬进攻苏联，这是确凿无疑的。所有驻日的德国空军技术人员都已奉命飞返德国。"发出电报后，佐尔格回到自己的寓所，在寓所门口他突然看到了尾崎。尾崎告诉他一个十万火急的情报：希特勒接见了日本驻德大使，告知德国将于6月22日进攻苏联。希特勒将此绝密情报告诉日本人，是要求日本人帮忙，同一天在远东地区向苏联发起进攻，形成两面夹击。

听到如此紧急的情况，佐尔格岂敢怠慢，他连寓所的门都没进，飞快驱车来到谍报员克劳森的寓所。一见到克劳森，他便急促地催说："快发报，快发报……德国将在6月22日进攻苏联！"

仅仅过了一天，6月1日，佐尔格再次让克劳森向莫斯科发报，称德国人可能提前于6月15日发动对苏联的突然袭击！这已经是几周来他发出的第二次警告。斯大林的情报员认为：他一会儿说6月22日，一会儿又说6月15日，对此不以为然。报喜不报忧的情报人员压下了这一重大情报，没有向斯大林汇报。

这是十万火急的情报！然而尽管佐尔格再三提醒，莫斯科方面却始终杳无音信。不知为何，苏联方面对佐尔格的情报并不重视。后来，莫斯科终于给他们拍了一个"表示感谢"的电报。如此重要而紧急的情报，在电报中却未提及苏联的反应，看不到苏联方面采取的相应措施，佐尔格认为他们不够重视，心里感到不快。

此后，他还发过一次内容相同的预警电报。然而可笑的是，6月14日，苏联政府发表声明：信任《苏德互不侵犯条约》，相信德国不会侵犯苏联。同一天，塔斯社发表一条消息："苏联塔斯社授权声明，关于德国打算进攻苏联的传闻是毫无根据的……"《声明》发表的第二天，佐尔格再次发去德国要进攻苏联的电报。

6 月 22 日，德国法西斯背信弃义，撕毁《苏德互不侵犯条约》，不宣而战，悍然发动对苏战争。双方一交火，准备不足的苏联军队被希特勒军队打得节节败退。同一天，在东京的佐尔格获悉此事以及苏联受到的损失，失声痛哭。佐尔格为无畏牺牲的苏联战士而哭泣，因为这一切本来完全可以避免的。同时，他也为自己的无能为力而哭泣，他能冒着生命危险获取如此重要的情报，却无法让苏联方面认可。这难道不是他的悲哀？

苏德战争爆发之后，苏联陷于两难处境，一方面他们要抵御德国法西斯的疯狂进攻，另一方面他们又担心日本在远东地区发动对苏战争，导致腹背受敌的局面。莫斯科陷入极度的惶恐之中。德国进攻苏联一事证明了佐尔格情报的准确性，所以莫斯科重新开始重视佐尔格小组。6 月 26 日他们电告佐尔格："告诉我们日本政府做出的有关我们国家和德苏战争的决定，日本军方因苏德战争而进行动员并调遣部队到大陆的资料，以及有关日本军队向我们边界移动的情况。"至此，他们已经不得不依赖佐尔格情报小组。

1941 年夏，日本大规模地加强军事力量。这年 8 月，日本政府内部展开了"北方"方案（与苏联开战）与"南方"方案（与英、美开战）支持者的论战，结果"南方"方案的支持者占了上风。8 月 23 日，日本最高统帅部在东京开会，作出"今年不向苏联宣战"的决定。尾崎秀实搞来这一情报，佐尔格立即向莫斯科报告了会议情况。斯大林准备从东线抽调用于对付日本进攻的 11 个步兵师约 25 万人到西线作战，将德军遏制在莫斯科城下。

这时在苏德战场上，苏军连连失利。9 月 4 日佐尔格接到消息，日本御前会议已经决定，南下战略不变，而且如果次年 4 月下旬美、日谈判达不成协议，日本将对美作战。佐尔格综合各种资料和自己小组的调查材料，结合日本的资源、经济结构、国家财政和军事力量等大量数据进行分析，从中得出"日本极有可能进攻美国"的结论。9 月 6 日，佐尔格向莫斯科作出报告：日本准备袭击物产丰富的东南亚而不是西伯利亚，近期无法分身进攻苏联。

1941 年 10 月 4 日，莫斯科收到了佐尔格发出的最后一封电报。在电报中，佐尔格告诉苏联："日本近期针对的目标主要是美国，将在接下来的几周内向美国开战。因此他们没有精力，也不可能发动对苏战争。"这封电报告诉苏联，远东地区是安全的，这无疑给苏联方面吃了颗定心丸。莫斯科很快复电佐尔格小组，对他们的工作感到非常满意，并予以表扬。

这一次，他的情报得到重视，他的多份电报上留下了斯大林的亲笔批语。通过这个情报，苏联解除了后顾之忧。苏联最高统帅部下令：从东部将远东地区的 11 个步兵师和大量坦克部队调往西部去保卫莫斯科。25 万人之众的西行大部队行进在保卫莫斯科的路上，场面极为雄壮。依据佐尔格提供的准确情报，苏联取得了莫斯科保卫战的巨大胜利。

10 月 15 日佐尔格又起草了一封电报，内容有两点：一是日美关系相当紧张，日本当前目标主要针对美国，不可能几周内向苏联开战；二是身份可能暴露，请求立即调离日本。然而非常不幸的是，这封电报他再也没有机会发出了。

佐尔格预警日本将在几周内进攻美国，很快被证实是准确的。四周之后的 1941 年 12 月 7 日，日本军队在两个小时内出动 350 余架飞机偷袭美国在太平洋夏威夷群岛上的重要的海军基地珍珠港，炸沉炸伤美军舰艇 40 余艘，炸毁飞机 200 多架，美军伤亡 4000 多人，美军主力战舰"亚利桑那"号被炸弹击中沉没，舰上 1177 名将士全部殉难。这就是著名的珍珠港事件。事件爆发的次日，美国正式对日宣战，太平洋战争爆发。佐尔格的判断预测何其准确！

不拘小节　露馅被捕

苏联方面的一度不信任使佐尔格相当失望，加上本来就较为开放的生活作风，使他有时会失去理智。失望和苦闷的时候，他经常会到日本一家叫"浅仓舞"的酒吧去排遣。去得多了，就和酒吧里的日本侍女石井花子好了起来。石井花子后来成为他在日本的情人。

有时候，情绪不好的佐尔格会乱说话，比如他告诉情人石井花子，"停止欧洲所有战争"是他的任务，无疑等于暗示对方自己是间谍。有报道称，他甚至还对其德国女友大叫，"如果有人干掉希特勒，那就是我！理查德·佐尔格"。作为潜伏在日本的特工，他还在大街上殴打日本警察……这些举动不是一个特工应当做的，非常容易暴露自己。

一向举止高雅、气度不凡的佐尔格，在苏联不信任他的那段日子里经常喝得烂醉，喝醉后有时还带着怒气与石井花子疯狂做爱。有一次当苏联方面不相信他的情报时，他躺在沙发上泪流满面地对石井花子说："我太孤独了！"

就在佐尔格他们紧张地搜集情报的时候，日本警察局特高课的成员们也在加紧搜捕活跃在东京的最大间谍网的活动。日本特种部队的报务员们越来越频繁地截获到一个来历不明的密电码，但一时还无法破译出来。安装着无线电测向仪的汽车到处巡回搜索，整个东京的反间谍机关都投入了行动。

特高课的人从佐尔格"拉姆扎"小组发报员家的佣人那里获悉，其主人有常常在夜里摆弄收音机的习惯。特高课的人联系到不明身份的密电码，立即敏感地意识到，这个"收音机"极有可能就是发报机。于是发报员和与他来往的小组成员被监视。

在佐尔格的住处附近经常出现发报机信号，日本特高课便盯上了佐尔格，但因为他是德国记者，德国是日本的友邦，没有拿到确凿的证据，不敢轻易对他下手。在盯梢他时，特高课发现了他与石井花子的特殊关系。于是，他们决定从佐尔格的女人那里下手，打开缺口。一天晚上，与佐尔格约会回到家中的石井花子，被特高课的人秘密请进了警察局。经不住特高课的恐吓，石井花子把佐尔格和她的事全都抖落了出来。

从石井花子嘴里得知佐尔格为她买钢琴、租房子的事情后，特高课的人问她："他哪来那么多钱？是不是从事间谍活动？"石井花子不承认佐尔格是间谍，她说这纯粹是信口雌黄，根本没有这回事。特高课的人见她不肯承认，就搜她的房间，结果还是没有找到任何有用的证据。特高课的人不甘心，把最后一招使了出来——搜她的身，这次他们搜到了一只奇特的打火机。

这只打火机是石井花子从佐尔格住处拿来的。那次石井花子独自一人在佐尔格住处等他，等得有点烦闷，想抽支烟，可身上的打火机不见了，她便在佐尔格的抽屉里找，还真让她找到了一只很漂亮的打火机。抽完烟后，她对打火机爱不释手，就把它占为己有，带走了。事后发现少了打火机的佐尔格追问她，她不好意思承认，就一口咬定没拿。

特高课的人从她身上搜到这只打火机后，立即请反间谍专家研究。专家拆开一看，这原来是一架微型照相机。这一下，特高课对佐尔格的间谍身份确信无疑，从此投入更多的人盯住他。特高课同时监视平时和他来往人员的情况，这样整个拉姆扎小组成员都受到监视。

佐尔格知道石井花子被传讯后十分震惊，但表面上仍然故作镇静，并大胆而礼貌地批评警察厅"打扰了一位盟国朋友"，弄得警察厅长十分尴尬，只好赔礼道歉。然而警察厅并没有就此罢休，而是决心从打击日本共产党入手，查找线索和证据。警察厅首先拘留了曾于1939年被捕的日本共产党员伊东立的管家青柳喜久代，她供出了北林智子，北林智子在受审时无意中提到了宫木的名字。日本当局立即逮捕宫木，宫木耐不住酷刑，于10月12日招出佐尔格及其他小组成员。于是，日本开始逮捕拉拇扎小组的全体成员。

1941年10月14日，佐尔格的搭档尾崎秀实不幸被捕。接到报警后的佐尔格决定带着他的日本情人石井花子一道逃离。然而，为时已晚！特高课的特工和秘密警察早已布下大网，佐尔格的一举一动都在他们的监控之中。

10月18日清晨5点，日本特高课的特工在东京佐尔格寓所门前逮捕了还穿着睡衣、拖鞋的佐尔格。佐尔格大声抗议，然而一切都是徒劳的。此前尾随盯梢他的警察拾起了扔在路旁给他通风报信的纸条，一个小错误使他付出了沉重代价。

最初，由于他的德国侨民和纳粹党员身份，日本人相信佐尔格是德国反间谍机构的阿勃维尔成员。不过，尽管他在日本期间替德国方面做过不少情报工作，但阿勃维尔组织为了遮丑，否认佐尔格是其成员。作为纳粹党在日本地区的一个负责人，在那样一种特殊的战争环境下，怎么可能与他们没关系呢？在狱中，佐尔格虽然经受了严刑拷打，但他还是否认了所有与苏联的关系。

佐尔格被捕的第二天，克劳森也遭遇了同样的厄运。克劳森作为发报员，在被捕前思想已经开始发生变化，他对间谍活动渐渐失望，开始对希特勒表示出相当大的好感。在被捕之后，他说："我拿到佐尔格许多报告战争不可避免的消息，但我只向莫斯科发了一小部分。我不记得我发过预告战争开始日期的情报。"有分析说，发报员克劳森没有按照规定及时变换工作地点，以及过长的开机时间，才使日本间谍部门得以锁定目标。

为了这一案件，日本警察逮捕了有关人员35人。

10月23日，奥特大使到监狱探望佐尔格。佐尔格说："这是我们最后一次见面了。"奥特征了一下，向佐尔格敬了一个礼，与他永别。

11月23日清晨5点，德国驻东京大使尤金·奥特少将向柏林发出绝密电报，通知外事局：德国《法兰克福日报》驻东京特派记者理查德·佐尔格被捕，已被日本警察局拘留六天。佐尔格是一位杰出的记者，被捕的消息一经传开，身在东京的德国各界人士莫不目瞪口呆。奥特将军与其他德国人一样，认为佐尔格绝不会有叛国的嫌疑。他们不敢相信，这位献身于第三帝国的重要谍报人员，怎么可能是敌方的间谍?!

佐尔格被监禁在巢鸭监狱。日本警察局对佐尔格进行法西斯式的审讯，佐尔格遭到了残酷的折磨，同时被捕的其他成员也遭到毒打。一位成员在遭到毒打后企图自杀，但自杀未遂，被抢救过来后供出了佐尔格间谍网的全部情况。

德国人对此事十分关心，认为在这个微妙的时刻，绝不能让这一事件危害德日军事、政治和经济全面合作关系。奥特大使致电柏林，试图说明佐尔格是日本某些政界人士反德阴谋的牺牲品。他想把佐尔格引渡回德国，但日本人没有答应。于是奥特以德国大使的身份，要求日本方面提供佐尔格犯有特别罪行的证据。

几天后，日本检察署根据案件的初步调查结果，向德国使馆提交了一份简短的照会，其内容由奥特电告柏林。照会说："经我方调查核实，佐尔格本人已供认，长期以来他一直在为共产国际工作。有关案件的进一步调查正在着手进行。"听到这个消息，整个德国都感到震惊。

原来以为佐尔格是自己的特工，现在才发现他是共产国际的红色间谍，希特勒怒不可遏。他出面要求日本政府交出这个叛徒，但日本人还是婉拒了他。日本法西斯想把佐尔格当作与苏联讨价还价的筹码，希望以佐尔格来交换被苏联军队俘虏的日本高级军官。如果苏联方面愿意这样做，或许佐尔格就可以回到莫斯科了。

然而事情没有往这个方向发展。近期，有俄罗斯解密档案披露：佐尔格被捕时，其间谍身份已遭暴露。日本欲将他作为政治筹码，与苏联交换几个日本间谍。由于苏联政府和佐尔格本人都否认苏联间谍的身份，斯大林出于种种考虑，也公开否认佐尔格的间谍身份，佐尔格未能与日本战俘进行交换。那时候苏联对外坚称，"社会主义国家是不需要间谍的"，与欧美国家不存在间谍交换一说。因此苏联方面始终保持沉默，日本人多次推迟对佐尔格的死刑执行日期，三次建议用他赎回日本俘虏，可三次得到的答案都是："我们对理查德·佐尔格毫不知情。"

佐尔格间谍案事发后，德国驻日本大使奥特的职位被撤销，并被遣送回柏林。

红色间谍　青史留名

拉姆扎小组大多数人都被捕，不少人对他们在日本从事情报工作供认不讳。在大量的证据面前，佐尔格也不得不承认自己的身份。

已经作好牺牲准备的佐尔格，在狱中讲述了自己毕生的追求。听了他的经历，就连日本的审讯人员也对他钦佩不已。当时共产国际的另一名间谍谢杜·马兴克对他的印象是，"他是一个有着迷人的外表、具有浪漫主义和理想主义思想的学者"。即便到了生命的最后时刻，他的信仰都没有丝毫动摇，他仍然坚信共产主义。这种坚定的共产主义信念确实令人佩服。日本人试图诱使他对斯大林进行批评诽谤，但他对领袖无限忠诚，日本人得到的只有失望。

1943 年 9 月 29 日，佐尔格被日本法庭判处死刑。在知道获救无望后，佐尔格向日本当局提出的唯一要求是：希望在 11 月 7 日十月革命纪念日这一天对他执行死刑。

转眼又是一年。1944 年 11 月 7 日，东京监狱。佐尔格对带他走向绞架的日本人说："谢谢你！"然后从容走向刑场。在敌人的绞架下，佐尔格面不改色地高呼："苏联万岁！红军万岁！共产主义万岁！"10 点 20 分，刽子手给他套上绞索，16 分钟后，验尸官宣布佐尔格已停止呼吸。这一天，苏联十月革命纪念日，国际共产主义战士、红色间谍佐尔格英勇就义，终年 49 岁。

在同一天早些时候，拉姆扎小组的另一位骨干成员尾崎秀实也被绞死，终年 43 岁。

最初，佐尔格被埋葬在巢鸭监狱的墓群。石井花子并不知情，她一直在寻找他，直到战后才找到他的遗骸。

1949 年，石井花子将情人佐尔格的遗体迁葬于东京多磨陵园 17 区 1 种21 侧 16 番。石井花子在去世前经常去扫墓，每年都要来这里祭奠他，她在2000 年去世后与其合葬。

第二次世界大战结束后，美国人从战败的日本国档案中发现了佐尔格的卷宗，这个谍报史上的传奇故事才得以公布。据网上消息，因为受别尔津将军事件的牵连，在苏联内务部和总参四局的档案材料里，佐尔格一度成为投靠了德国和日本的间谍。

1961 年苏共二十二大召开，此次大会继苏共二十大后，再次严厉批判斯大林的某些做法。此后，佐尔格的伯乐——别尔津将军获得平反昭雪。

佐尔格遇难整整 20 年之后的 1964 年，苏联领导人赫鲁晓夫看了一部日本与法国合拍的由马里奥·阿道夫主演的电影《佐尔格博士，您是谁？》（1961 年拍摄）。看完之后，他听身边的人说这是根据真实事情拍摄的，便叫人紧急调取了苏联远东军情报部的档案，感动之余，要为佐尔格正名。

同年 11 月 5 日，佐尔格被苏联政府追授为"苏联英雄"。此次由苏维埃政府主席米高扬签署的苏联最高苏维埃主席团令，授予佐尔格如此崇高的荣誉，终于使九泉之下的他可以瞑目了。苏联报刊发表了许多文章，颂扬他在第二次世界大战作出的贡献。为了纪念佐尔格，苏联的一艘油船、莫斯科的一条街道以他的名字命名。

1965 年 1 月 26 日，佐尔格的苏联妻子叶卡捷林娜·马克西莫娃也获平反昭雪，她以德国间谍的嫌疑被判刑五年，死于西伯利亚，终年 38 岁。这年春天，苏联为纪念佐尔格发行了一枚面值为四戈比的纪念邮票。邮票的红色背景衬托着一枚苏联英雄勋章和佐尔格肖像，以纪念这位在第二次世界大战中作出特殊贡献的英雄。

1985 年，为纪念反法西斯战争胜利四十周年，莫斯科佐尔格大街左侧广场竖起了佐尔格的塑像和纪念碑。

佐尔格是一名纵横国际战场的红色间谍，是第二次世界大战中非常富有传奇色彩的人物，他被后世誉为"红色谍报大师""20 世纪最伟大的间谍"。他用出色的谍报工作，提醒苏联"德国要发动对苏战争"，并准确判断出"日本不会在远东地区进攻苏联"，为世界反法西斯战争的胜利立下了汗马功劳，这些重大谍报业绩已作为谍报活动的典范载入史册。佐尔格胆识和智慧过人，他的谍战故事充满传奇色彩，他也因此被誉为"最有胆识的间谍"。

近年来佐尔格的事迹广为流传，除了出了不少介绍他传奇故事的书籍，还有多部反映他人生历程的电影和电视剧。1990 年由日本外务省编的《佐尔格的狱中手迹》出版。2003 年日本再次推出了由伊恩·格雷、岩下志麻、本木雅弘等人主演的电影《间谍佐尔格》。石井花子生前还写了他的传记《佐尔格其人》，该书在她去世后于 2003 年出版。2010 年上映的中国电影《东风雨》、2011 年推出的电视连续剧《智者无敌》，都涉及佐尔格、尾崎秀实等人的英雄事迹。佐尔格成为苏联人民心目中的英雄，被誉为"拯救苏联命运的谍报大师"。他同时也是深受中国人民敬仰的国际红色间谍，他的传奇事迹被人们以不同的方式世代传颂。

1942 年 8 月 19 日，英、美联合发起"鲁特行动"。英国的战斗机群呼啸升天，向德军占领的法国迪埃普发动大规模空袭。德国人根据他们安插在英国的间谍武尔夫·施密特事先提供的情报，对此早已作好了迎战准备，因此顺利地"击溃"了英国派出的空袭迪埃普的飞行战机编队。获胜之后，武尔夫受到德国情报机构大大的奖赏，德国方面从此对他和他提供的情报深信不疑……

到了 1944 年春，德国对盟军将在诺曼底登陆还是在加莱登陆，一时判断不清，再次相信了武尔夫的情报。然而，这次却让他们上了这只"笑面虎"的大当，盟军在诺曼底成功登陆后，加速了他们的灭亡。

武尔夫常常面带微笑，说话风趣。作为一名间谍，他的拿手好戏是诱敌迷魂。他是世界谍报史上的天才人物，被称为第二次世界大战时期最著名的双面间谍，被人誉为"谍战大师"。那么，他是如何从一个纳粹德国的间谍，转变成一个反法西斯的双面间谍的呢？

第五章 "笑面虎"诱敌 迷魂成谍战大师

纳粹狂谍 出师被俘

武尔夫·施密特在1914年出生于德国。他的家庭是一个异国组合的家庭：父亲是德国人，曾在德国空军部队服役；母亲则是丹麦人。这年6月的"萨拉热窝事件"，导致了第一次世界大战爆发。为了躲避战争带来的灾祸，母亲将出生才几个月的武尔夫从德国带回丹麦，此后一直住在丹麦与德国交界的边境地区。武尔夫在丹麦长大，后来还加入了丹麦国籍。

虽然生活在丹麦，但武尔夫非常关心他的祖国——德国发生的事情。当时德国纳粹主义思想泛滥，到处都是活跃的纳粹分子。年轻的武尔夫也深受影响，他非常喜欢阅读希特勒的文章。1923年11月希特勒因发动啤酒馆暴动而被捕入狱，在狱中写下了《我的奋斗》一书。他在书中声称，必须撕毁不平等的《凡尔赛和约》，必须同法国算账，必须争取生存空间，扩充领土，进而征服世界。希特勒在书中还攻击议会民主制度，宣传专制独裁统治，反对马克思主义，宣扬法西斯的思想。年轻的武尔夫非常欣赏这位战争狂人所写的《我的奋斗》，对该书中的哲学思想推崇备至。久而久之，他成为一位地地道道的纳粹追随者。

中学毕业后，武尔夫考进了德国北部石荷州的吕贝克大学法律系学习。武尔夫在大学就读期间，更是受到纳粹所谓瓦格纳浪漫主义的影响，强调突出本民族的艺术风格和地位。这个时期，他开始热衷于维护祖国的狂热行动，顺利地加入了纳粹党，成为一个极其狂热的纳粹分子。

1939年第二次世界大战爆发。德国法西斯采用闪电战术，向欧洲邻国发起突然袭击。随着战争的推进,情报工作显得越来越重要,纳粹情报机构开始秘密招募间谍人员。此时已经狂热的武尔夫得到这一消息,立即报名参加了纳粹特工的应聘。

武尔夫是一个身材颀长、金发碧眼的帅小伙子,看上去非常讨人喜欢。他不仅长得一表人才,富有才华,还具有执着的负责精神和坚强的意志。加上乐于冒险的性格,他自然而然地成为德国秘密招募间谍人员的合适对象。

在秘密招聘现场,德国间谍机关的考核人员问:"你就是武尔夫·施密特?"

武尔夫面带微笑地点了点头。对方让他介绍一下自己的经历,然后提了一些问题要他回答。武尔夫曾在欧洲、非洲等地四处旅行,可谓见多识广,对于间谍机构招聘人员提出的问题,他对答如流。

没过多久,他被特工头子普雷托里乌斯选中,成为一名德国特工。德国间谍机构之所以选中他,当时还有一个重要原因,就是他对丹麦比较了解,在纳粹看来,他对日后占领丹麦将具有不可估量的价值。1940 年 4 月 9 日,德国纳粹军队发起代号为"威瑟堡"的军事行动,北欧战役从此爆发。德国法西斯谎称,自己的行动是为了从英法手中保护两个中立国,实际上却借机进攻挪威和丹麦。事实证明,在德国进攻丹麦的过程中,武尔夫提供了丹麦边境的情况,对德军占领丹麦确实发挥了一定的作用。

北欧战役之后,武尔夫被德国情报部门作为重点谍报人才加以培养,他被送进了间谍培训班,进行必要的间谍技能学习。在培训班学习期间,他热情好学,特别能吃苦,加上悟性高,深得教官尼古拉斯·里特少校的欣赏。这时德国与英国交战正酣,急需间谍打入英国本土搜集情报。里特少校推荐他为派往英国的间谍人选,对他进行了专门的训练。武尔夫本来就能读写英文,平时也能说一点英语,但他的英语带有明显的外国口音。作为德国间谍组织阿勃维尔的间谍,在派往英国前,他在语言、间谍技能等方面接受了全面的训练。

经过一段时间的训练,阿勃维尔检验了一下武尔夫的训练效果,上司对武尔夫感到非常满意:"你已经训练得不错了,做好随时去英国的准备。"德国间谍机关给他的编号是 3725 号。出发前,当教官里特少校问到他"愿意在你的英国假证件上用什么名字"时,他说,他能想到并且喜欢的是"哈利·约翰逊"这个名字。就这样，武尔夫摇身一变，成为哈利·约翰逊。

1940 年 9 月 19 日夜间，大地一片漆黑，踌躇满志的武尔夫·施密特登上一架德国战斗机，朝着既定目标英国飞去。飞机上只有两个人，除了武尔夫，另一人是德国空军上校加顿菲尔德。武尔夫想，几个星期之后，也许伦敦就成为第三帝国的领地了，而他将为此立下汗马功劳，或许会成为第三帝国的功臣。他根本没有意识到，自己正在投进英国人早已布好的天罗地网之中。

英国对德情报工作一直开展得很不错。早在第二次世界大战爆发前的几个月里，英国军情五处的陆军少将弗农·凯尔爵士就准备了一份德国间谍名单，一旦德国对英国宣战，将予以逮捕。在武尔夫等人空降英国之前，英国的反间谍组织成功策反了一名潜伏在英国的德国间谍。根据这位双面间谍提供的情报，他们知道了德国的空投间谍计划。

经过德国飞机对英国本土的轰炸后，武尔夫乘坐的军用飞机飞行得非常顺利，安全抵达剑桥郡和哈福德郡交界的地区，这是武尔夫的目的地，扬扬得意的他随即轻松跳了伞。落地前，他在空中飘过一个英国机场和机场附近一个高射炮群，但是在他下降时高射炮没有反应，在他落地后英国地面上的防空兵也对他毫无察觉。他心中忽然一亮，是不是这个飞机场已被德国的其他先遣部队占领了？尽管着陆时他的降落伞碰上了一棵树，他的脚踝在落地的一刹那扭伤了，但总算安全降落，武尔夫长长地舒了口气。

在降落时，武尔夫的手枪不知掉到什么地方去了，他想找回来却没有找到。于是他动作麻利地埋好降落伞，藏好了小巧的无线电发报机，然后在村外的树丛里，靠在一棵大树旁美美地睡了一晚。他觉得英国的谍报部门不怎么样，居然对他的到来毫无觉察。第二天他在小商店里买了一只新手表，一瘸一拐地向火车站走去。走到一个村口他看见不远处有台抽水机，为了减轻痛苦，他想去洗洗脚。就在这个时候，一个国民巡逻队队员走了过来，见武尔夫很陌生，要求检查武尔夫的证件。

武尔夫除了伪造的身份证，根本拿不出其他任何证件，一时傻了眼。他本来打算来到英国之后，混入上流社会，然后凭自己的能力获得一个好的身份，再搞个身份证。巧的是他碰上的这个国民自卫队队员是个退役老兵，具有很高的警惕性，听到武尔夫的口音不纯正，加上伪造的英国身份证被他看出破绽，更加警觉，于是他用枪顶着武尔夫，将他带往剑桥警察局。一路上，武尔夫只有自认倒霉。

武尔夫哪里知道,在空降前他就被出卖。得知他空投时间和降落地点的英国军情五处,早已将他的情况通知了陆军和警察当局。军情五处强调此人的重要性,要求陆军方面抓住后立即押往他们的驻地。陆军部派了一名军官带了一名士兵在降落地点守株待兔,没想到却被这位国民军巡逻队员捷足先登。眼看这个德国人就要在警察局暴露身份,陆军方面的人只得立即插手,将他弄到军情五处。设想一下,如果武尔夫在公开场合以间谍的身份被抓,他就不可能再成为双重间谍。

经过简单的沟通之后,作为德国派往英国的 3725 号间谍武尔夫,被英国军情五处的人带上了吉普车。在前往军情五处的路上,两个英国特工用德语和武尔夫交谈。武尔夫心中有点慌乱,开始还以为是此前潜入英国的德国间谍化装成英国情报机关的人来接应他了,非常高兴地和他们聊起了自己的情况。当吉普车开到一个隐秘的地方后,他才感觉有些不对头。在这里他遇见了更多说着纯正英语的军情五处特工,这才认定带他来的两个人是真正的英国特工。他意识到自己被俘了!

在确信自己被捕的一刹那,武尔夫一脸的疑惑,不清楚英国人怎么掌握了他的情报,能够如此准确无误地将他抓捕。他一直纳闷:是不是英国已经破译了德国的伊尼格默密码系统?事后他才弄明白,原来是德国间谍同事出卖了他。

同行出卖 顽敌拒降

到底是谁出卖了武尔夫呢?还得从头说起。

就在武尔夫被俘之前不到半个月——9 月 6 日晚,一架德国飞机飞抵英国白金汉郡上空。夜色朦胧之中,飞机抛下一团黑乎乎的东西后远去。那团黑乎乎的东西渐渐变大,在距离地面四五百米的时候,黑影变成了一个人,原来这是一次空降行动,德国人空降到了英国,那个跳伞的人和降落伞一起稳稳地落在白金汉郡的田野中。

第二天一大早,一位当地的农村少女发现路上走着一位陌生人。当她走近他时,四目相对,她发现陌生人显得有点紧张。联系到英国军方提醒大家防止德国间谍渗透这一点，少女立即将此情况报告了当地警察所。一个小时后，这个陌生人被警察抓住，随即被带到埃尔兹伯里警察所。军情五局的军官们闻讯，立即派人前来确定他的身份。经过核实，此人正是他们等待多时的德国 3719 号间谍。

审讯室里，军情五处的人直呼 3719 号间谍的真实姓名："戈斯塔·克洛里，我们已经掌握了你的情况。你最好配合我们，这是你唯一的出路！"克洛里（又译作卡罗里）知道自己的处境，只得点头服输，表示愿意配合。

克洛里在英国生活过一段时间，英语较为熟练。他交代说，因为他的母亲是德国人，后来他随母亲回到德国。纳粹上台后，克洛里便投靠了他们，被安排在德国秘密情报机关任职。被选中作为潜入英国的德国间谍先遣队员后，他先在汉堡接受了专门针对英国的严格训练，训练分人文知识和特工技能两大部分。尽管克洛里的英语比较熟练，但语言上他还是进行了强化训练，此外他还强化了英国地理、历史方面的知识。技能方面的训练也非常全面，从写密信到收发密码，他样样都要学。

训练结束后，阿勃维尔的军官找他谈话，告诉他："已经有同行在你之前打入英国，当你空投英国时，整个英国早已处于一片混乱，你很容易完成自己的任务。不要担心，先期到达的特工将给予你极大的帮助。几周之后，英伦三岛将成为我们德意志帝国的版图。届时，你也是国家的大功臣！"上司说的这一切，使克洛里兴奋异常。

接着，克洛里被编入一个称作利纳队的间谍小组。出发前，谍报组的负责人、汉堡空军一处的尼古劳斯·里特少校召集他们几个进行谈话，告诉他们："我们正在实施打击英国佬的'海狮计划'，空投间谍仅仅是这个计划的一部分。你们务必完成自己光荣的任务，以确保海狮计划的顺利实施。"

海狮计划是希特勒亲自制定的对英作战计划。当时为了全力对付苏联，避免两线作战，德国向英国抛出了所谓的和平建议。这个和平建议的条款，实质上是诱使英国妥协投降。对此，英国断然加以拒绝。希特勒恼羞成怒，决定采取报复行动，于是出台了针对英国的海狮计划。按照这个罪恶计划，德国人原先准备在空军的支援下强渡英吉利海峡，直接占领英伦三岛。后来因船只准备、后勤供应和天气等方面难以克服的困难，无法照原计划实施。在迫不得已的情况下，希特勒最终决定单纯以空中狂轰滥炸来迫使英国投降。

正好是在两个月前的 7 月 6 日，希特勒向纳粹空军司令戈林下达"炸平可恶的英国"的命令。

7 月 8 日，为了实施空中进攻作战，德国空军集中了三个空军集团军、2400 余架作战飞机，以绝对的空中优势对英国实施狂轰滥炸，不列颠之战就在波涛汹涌的英吉利海峡上空展开了。

为了配合海狮计划的实施，他们要先派特工潜入英国了解情况，提供轰炸目标等。根据德国人的估计，经过这一番狂轰滥炸后，英国肯定丧失抵抗力。可事情并不像他们想象的那么简单，克洛里空降后的所见所闻就证明了这一点。由于在降落时被随身携带的收发报机击昏了头，克洛里降落到地面后不久，就被英国警方逮捕。德国人不知道，他们空投间谍的计划早已被英国收买的双面间谍泄露，英国情报机关获得这一重要情报后早已作了部署。因此当克洛里一踏上英伦土地，就掉进了英国军方布下的口袋。

克洛里被英国情报机关抓获后，被送到了里士满的军情五处一个秘密拘留中心，投进了单人牢房。拘留中心装有最现代化的录音设备和监听装置，他的一举一动都被监视。英国情报机构的负责人之一——"独眼龙"斯蒂文森亲自审讯他。面对目光威严的斯蒂文森，克洛里不由得打了个寒战。

一开始克洛里表现得还不错，不肯透露德国军事情报。可是，他经不住严刑拷打，很快就招供了德国此次空投的时间和降落地点等。克洛里年轻气盛，为什么会与英国人合作？从德国出发之前，他的上司告诉他，英国已经被第三帝国的战机炸得面目全非，整个英国内部已经混乱不堪，他到英国来会很安全。上司还告诉他，第三帝国很快就会占领英伦三岛，让他积极搜集情报。可是他降落后，发现情况并非上司所说的那样，当时就有一种被欺骗的感觉，加上经不住严刑拷打，最终他走上了向英国人投诚之路。他投诚后，英国方面承诺保证他的安全。

"如果你们可以免我一死，"克洛里表示，"我愿意同你们合作。"为了放长线钓大鱼，英国方面同意免除他的死刑。立功心切的克洛里进一步提出："接下来，我们还有一位谍报人员要空投过来，如果你们能给后来的这位同事以同样的待遇，我可以把他空投英国的时间地点告诉你们。"得到承诺后，他把所知道的全招了出来。从他的招供中，英国军方知道了德国近期还将派 3725 号间谍潜伏英国的行动计划。因此英国情报部门加强了空中监控，密切搜寻，张网等待 3725 号间谍的到来。

这个 3725 号间谍就是武尔夫。结果武尔夫的命运和克洛里一样，一踏上英国的土地就成了军情五处的俘虏。

武尔夫被带到了军情五处的 020 营地。军情五处的军官们见到他，非常友好地用德语和他对话。这样做的目的，一方面是为了缓解武尔夫的紧张情绪，另一方面是为了使他对英国情报部门有个好印象。一开始武尔夫还以为是化装的德国间谍来迎接他。但他凭借间谍的职业敏感，很快意识到自己被俘。令武尔夫感到更为震惊的是，作为一个敌方的特工，他受到的竟是彬彬有礼的接待。

英国的军情五处称得上是世界上最具神秘色彩的谍报机构之一。它历史悠久，正式成立于 1905 年，后来发展壮大为军情五局，1931 年改名为国家安全局。因为军情五处在对付颠覆和恐怖活动方面屡立战功，所以威名远扬，改名之后人们还是习惯以旧名称呼它。这个机构主要负责保卫国家安全，同时负责有关英国殖民地、英联邦国家以及友好国家提供的情报安全协助。在对付外国间谍方面，军情五处很有一套办法。

成功抓获武尔夫之后，军情五处的精英们开始考虑如何利用这位 3725 号德国间谍来为自己服务。因为当时英国在德国的秘密情报组织已经被德国铲除得所剩无几，情报工作显得非常吃力，而战争时期的情报工作显得比以往任何时候都重要。为此，1941 年初，英国成立了一个直属国防部的机构——双十委员会，任务就是和军情五处一起经营双重间谍。在非常需要战时情报的情况下，他们便计划将武尔夫收买，发展他成为忠于英国的双面间谍。这个计划被上报到丘吉尔首相那里，丘吉尔对此十分支持。所以当武尔夫还没有出发，英国方面从被俘的克洛里那里获得他将空降英国的情报时，就认真研究了他的资料，确定将他列为首个策反目标。现在摆在他们面前的难题，是如何让这位 3725 号间谍开口。

通过研究，军情五处的人掌握了武尔夫的不少情况。比如知道他说话风趣，他的幽默感令人印象深刻。罗伯逊上校说："他太像哈利·塔特，音乐厅的喜剧演员！"他准备等武尔夫投诚之后，给他的代号就叫"塔特"。现在武尔夫已经被俘，他要考虑的问题是如何让武尔夫接受"塔特"这个身份和代号。

接下来的两天，是不断的审问和利诱。英国方面派出两名军官和审讯专家哈罗德·迪尔登博士专门负责此事，以图收到良好的预期效果。和审讯克洛里不同的是，他们对武尔夫十分友好，并没有严刑拷问。

为了尽快达到劝降目的，军情五处的审讯高手作了充分准备。哈罗德·迪尔登在审讯武尔夫之前，仔细研究了武尔夫的资料，事先掌握与他相关的情况。结果他弄清楚了，金钱诱惑对他不起作用，死亡威胁同样也吓不倒他，这真是个难缠的家伙！迪尔登是个喜欢挑战的人，他觉得武尔夫不仅受过良好的教育和非常专业的训练，而且意志坚强、警惕性高，把他策反对英国有很大的价值，因此他决定啃下这块硬骨头。他发现武尔夫很具幽默感，认为具有这种特性的人内心深处应该是乐观的。从这一点得到启发，他想出了降服武尔夫的办法。

当武尔夫被带到审问房间时，哈罗德·迪尔登正在翻一本杂志。武尔夫走进来时，他只是瞥了武尔夫一眼，又继续翻看着杂志。武尔夫打量了坐在他对面的审讯官一眼：一头蓬乱不堪的白发，一身破旧不堪的便服，半支香烟叼在嘴里，香烟灰粘得满身。这哪里是一个审讯官！武尔夫被这位穿便服的奇怪老人强烈地吸引住了。

面对面的审讯开始了。哈罗德和武尔夫说的第一句话是："武尔夫先生，欢迎您的到来！"这种彬彬有礼的开场白，像是朋友见面，显得非常亲切。接着，哈罗德·迪尔登开诚布公地说："我这次来和您谈话，是希望能和您合作。"这一番话不多，却令武尔夫感到很诧异。

武尔夫很快恢复常态，他态度生硬地对哈罗德·迪尔登说："先生，我是一块石头，听不见您说话，更不会自己说话。您别费口舌了！"武尔夫宣称，他决不背叛他的国家，想叫他投降是不可能的事！

哈德罗·迪尔登博士是个精神分析学家，在审讯方面是个高手。但他兴趣广泛，毕生对侦探事业很感兴趣，还是一个侦探小说迷。在长期的审讯生涯中，他碰见过各种各样的对手。因此武尔夫的态度他一点也不介意，他有足够的耐心和心理准备。

艰难策反　经受考验

尽管武尔夫态度生硬，但哈罗德很有耐心。接下来，他有意和武尔夫拉起了家常。武尔夫非常谨慎地应对着，时刻保持着很高的警惕。拉完家常，哈罗德·迪尔登再与武尔夫谈论世界风光，从英国乡村美丽的田园风光，谈到武尔夫第二故乡丹麦的海边风光，他好像一点也不急，而后还谈到欧洲其他国家的自然风光和人文历史。在这个过程中，武尔夫慢慢地放松了警惕，同时对同样具有幽默感的哈罗德·迪尔登产生了一定的好感。

哈罗德·迪尔登觉察出武尔夫心理开始有了变化，不失时机地和他谈起了战争。此时他没有急于给德国人发起的这场战争定性，而是大谈特谈战争给人民带来的灾难。他说："战争使无数名胜被破坏，无数家庭被毁灭，这是一场扭曲人性的战争！"对此，武尔夫陷入了沉思。

时间一分一秒地过去，军情五处的人估计，留给他们的策反时间已经所剩不多了。两名军官和审讯专家哈罗德·迪尔登博士内心都有点着急。根据间谍机构的惯例，武尔夫的上司也许会要求他三天之内通过无线电收发报机向他汇报，否则就会认为他不是死了就是被俘。电信联系的任何延误，都可能引起德国人的怀疑。审讯官们感到，武尔夫不像普通人那样容易被吓倒，他不仅受过良好的教育，而且性格倔强、意志坚强，而这些因素恰恰使武尔夫对他们来说更具有价值。审问官自信地认为，军情五处有一点占了上风：一旦武尔夫明白军情五处已掌握了他的全部情况，就会从内心里垮下来。

于是，军情五处的审讯官打出了最后一张牌，哈罗德·迪尔登多次暗示武尔夫：你早已被同事出卖，军情五处已经掌握了你的详细情况。

哈罗德·迪尔登对武尔夫说："在你之前空投来英国的克洛里，现在已经和我们合作，为我们提供了许多有用的情报。你不要责怪他，他的背叛也是战争扭曲的结果。"

对于哈罗德·迪尔登的暗示和意图，武尔夫已经听出来了。他渐渐明白，是他的间谍同事出卖了他。战争时期对被俘间谍的处理，往往只有两条路：要么投诚合作做双面间谍，要么送上绞刑架处死。武尔夫渐渐意识到这一点，如果不合作，他将被军情五处的人处死。年纪轻轻的就这么死了，武尔夫觉得有点不值。但他不怕死，因此嘴上依然很硬，丝毫没有松动的意思。

军情五处的人见武尔夫如此死硬,就给他灌输反纳粹思想。尽管当时他不能完全接受,但多少也认识到纳粹是在侵略别国,发动的战争是非正义的。审讯人员对他说:"你为非正义的战争当炮灰,值得吗?"武尔夫再次沉默了。从哈罗德·迪尔登的话中,武尔夫清楚地知道自己执行的计划已经完全暴露,守口如瓶也已毫无意义,于是他只得招出了他到英国来的任务:获取各大造船中心的军舰修造所的情报。

让武尔夫讲出潜伏英国的任务,还只是走完了第一步棋。更重要的策反任务,还等待着军情五处的谍报专家。他们继续审讯武尔夫,想让他明白自己的处境。

审讯人员接着问道:"加顿菲尔德你应该认识吧?他现在什么都跟我们说了。"听到这个名字,武尔夫心里不禁一怔:他也被俘了?!加顿菲尔德是武尔夫空投时乘坐战机的飞行员,他的被捕说明德国飞机也被英国击落了。这一连串事件,使武尔夫的心理防线已经有所松动。哈罗德·迪尔登不失时机地说:"您为何不学克洛里他们呢?"

见武尔夫没有吭声,哈罗德·迪尔登博士接着严肃地说:"武尔夫,你不要以为你了解的希特勒就代表着真理,他是一个狂热的法西斯分子!历史将会审判纳粹党对世界人民犯下的滔天罪行。如果你顽固不化,坚持纳粹立场,等待你的也将是绞刑架!"

审讯结束后,武尔夫躺在床上怎么也睡不着,他反复地思量着哈罗德·迪尔登博士的那番话,权衡由此带来的利和弊。他毕竟是个受过高等教育的人,在是与非、生与死面前,最终作出了自己的抉择。天快亮的时候,他对看守他的人说:"我要见哈罗德!"看守说:"等天大亮以后再说,人家博士还在休息呢!"武尔夫大声说:"不,他一定也在等我呢!"

见到哈罗德·迪尔登博士,武尔夫诚恳地说:"您说的是对的,我愿意做您的学生。"哈罗德·迪尔登博士高兴地点了点头。军情五处的人悬着的心总算落了地。就这样,武尔夫成为英国谍报机关控制下的双面间谍,他的代号就用事先议定的"塔特"。

从此,武尔夫成为一名为英国服务的双面间谍,从非正义的一方正式转到了正义的一方。

为了进一步考验武尔夫的诚意,英国情报机关要求武尔夫立即发一份无线电报给汉堡的德国情报部门。英国方面这样做，目的是为了考察和证明武尔夫是否完全站到了英国这边。军情五处命令他在电报中加上了一项要求：急需经费和一个收发报机电子管，希望能由另一个间谍将这些东西带来。在军情五处的控制下，武尔夫按要求发出了第一份电报。电报简明扼要，而且使用了武尔夫宣称阿勃维尔能认出是他的风格的那种习惯用语。武尔夫很快就接到了德国方面的回电，他的德国上司回电说，另一名间谍卡尔·里希特将携带经费和一个电子管伞降英国。别看里希特只有29岁，却是名资深间谍，他是武尔夫的同事，担任纳粹党卫冲锋队的大队长。如果能钓到这么一条大鱼，英国方面真会喜出望外。军情五处半信半疑，布下罗网，等待德国间谍里希特的到来。

双面间谍要经受双方的考验，比一般间谍更危险。武尔夫知道英国人还在考验他，对此他只有默默接受。

话说克洛里被俘投诚后，出卖了武尔夫的行踪，使武尔夫也成为英国的双面间谍。但克洛里一直不是非常愿意投诚的，总觉得对不起他的祖国德国。1940年圣诞节，他与武尔夫在剑桥郡的欣克松附近一座乡村别墅过圣诞，他向武尔夫吐露了内心的恼悔和背叛祖国的羞辱。事后，他越想越难过，采取了自杀行为，想了结这一生。结果，他的自杀被军情五处的人发现了，未能得逞。此事使英国情报部门对他予以特别关注，他感到英国人对他更不信任了。

克洛里决定逃回德国去！1941年初的一天，他乘看守他的两个警卫不注意，猛地扑上去打倒了一个，接着死死扼住另一个警卫的脖子，直到他无力反抗时才松手。克洛里顾不上两名警卫的死活，偷了一辆摩托车就跑。他打算把摩托车开到海边，然后搞到一条船，设法回德国去。谁知他把摩托车开进了一片沼泽地，导致摩托车受损在路上出现故障。军情五处的人追上来，克洛里再次被捕，被送回拘留营地，从此失去了自由。

没过多久，英国收买的双面间谍欧文斯去会见德国阿勃维尔的联络员，他们在里斯本接头的情况，全被军情五处掌握。欧文斯被怀疑亲德而利用英国，回来后被监禁在沃兹沃斯监狱，从此也没有了人身自由。

军情五处的人特意把克洛里和欧文斯的情况告诉武尔夫，其意图不言而喻。事实上，自1941年3月起，克洛里和欧文斯的身份就不再是双重间谍，他们成了军情五处的阶下囚。只有武尔夫在英德情报战中为英国发挥越来越重要的作用，他也渐渐获得了军情五处的信任。

同年 5 月 13 日夜里，英国哈福德郡的一片树林附近，又一名德国间谍被空投到这里。这名叫里希特的间谍被空投到英国后，刚一着地就稀里糊涂地被英国军方逮捕。被捕后里希特拒不招供，英国军情六处认为他的策反价值不大，此后将他送到伦敦中央刑事法庭。经过审理，里希特被判极刑，这年12 月在沃兹沃斯监狱被绞死。

这种对德国间谍速抓速决的做法，其实对武尔夫的潜伏是极其不利的，容易暴露他的双面间谍身份。但此时，英国方面已经顾不了这么多了。此事使军情五处的官员吃了颗定心丸，他们终于确信武尔夫是真心投诚。再说里希特之死也断了武尔夫的后路，他不可能轻易做出背叛新主人英国的事来。

间谍影帝 导演鲁特

投诚后的武尔夫，开始在谍报战线发挥自己的作用。武尔夫与英国情报部门合作之初，主要是协助反间谍工作。在他的帮助下，英国的反间谍组织大发神威，几乎掌握了德国安插在英国的全部间谍网，这些间谍网中的人不是被抓，就是处在英国情报部门的监控之下。

英国军情五处为了收买武尔夫，使他长久地保持双重间谍身份，同时又能控制他为自己服务，想了很多办法。他们认识到，要彻底让他忠诚于英国，必须让他喜欢上英国的自由生活。因此，他们对他的行动没有太多的限制，他可以在英国四处参观考察，包括对军事基地以及大城市的生活进行观察等等。这样武尔夫可以建议什么样的情报最有价值，从而达到欺骗德国人、保护英国的目的。充分信任武尔夫之后，军情五处允许他随意走动，为了应付德国人甚至可以去兵工厂、飞机生产基地等军事要地。这种对武尔夫放任自由的做法，收到了很好的效果，正是这一机会，使武尔夫感受到了英国社会的自由开放，与希特勒的专制统治形成强烈对比。武尔夫被这种氛围所吸引，更加坚定了他为英国效力的决心。

武尔夫按照阿勃维尔派给他的任务，定期发送有关英国战斗机基地和军舰制造计划方面的情报。如果把二战战场比作大舞台，武尔夫就是这个舞台上的间谍影帝。为了迷惑敌人，武尔夫经常给德国情报部门发一些假情报。

比如他在给德国人的情报中，有意夸大德国空军对英国军事设施的摧毁程度，造成英国受损巨大的假象，以使希特勒放松对英国的警惕。再如，他对英国战机的生产情况也报以虚假情况，故意低报产量和装备质量，让德国人相信在短期内英国空军无法恢复元气，对德国空军构不成威胁。这种做法为英国空军争得了喘息机会，为其恢复元气争取了时间。又如，他向德国空军提供假的军事目标，既保护了英国真正的军事目标和老百姓，又消耗了德军的武器弹药。此外，在获悉德国军队要在英国某地强行登陆时，他谎称那个地方英国人已经做好了迎头痛击的准备，使德国军方不得不取消登陆行动。

德国人不是傻瓜，一味给他们假情报是肯定要露馅的。军情五处为了帮助武尔夫隐藏身份，不时让武尔夫发一些真实的情报给德国人，以此让武尔夫获得德国人的信任。

由于武尔夫经常提供一些含金量不低的真实情报，阿勃维尔把他们的3725号（武尔夫）当成了最可靠、在英国潜伏最好的间谍。任务一个接着一个，德国方面先是让武尔夫查明"在福克斯通、利明和奥尔厂通地区有无足以阻碍空降的任何建筑物或机械装置"，武尔夫迅速发回了他们需要的情报。还没来得及喘口气，德国人又要他去侦察"在哈瓦登是否已建成一家维克斯地下工厂"，武尔夫根据军情五处的指示，经常给德军提供半真半假的情报，真真假假以迷惑敌人。

迪埃普是法国北部面对英吉利海峡的一个重要军事港口城市，也是旅游风景名胜区，对战争双方至关重要。1942年盟军准备向迪埃普地区发动袭击，德国人事先也得到风声，电令武尔夫紧急提供有关此次战争的情报。英国军情五处借此布下一个大圈套：为了增加德国人对武尔夫的信任，他们故意让武尔夫泄露此次空袭迪埃普的部分确切情报。这样做的目的，是想以此使德国人相信武尔夫日后提供的盟军在北非登陆的假情报，为诺曼底登陆打掩护，是决定反法西斯战争胜利转折的情报。军情五处和武尔夫双方配合得非常好，先给了德国人一点甜头。

德国进攻苏联后，苏联与英国这对过去的死对头为了共同的利益走到了一起。苏联方面为了减轻自己的压力，一再要求英国在法国的沿海实施登陆作战，以牵制西线德军不能东移。对于苏联的这一要求，一开始英国方面的响应并不积极。1942年4月苏联取得了莫斯科保卫战的胜利，使英国增强了与苏联协同作战的信心，同时也为了显示一下自己的实力，振奋军心民心，英国决定突袭法国军港。5月13日，英军总参谋长同意对法国军港发动大规模突袭的计划，并将此次行动命名为"鲁特行动"。苏联人表示非常高兴，并于5月26日与英国签订了一项条约，双方约定与德国决战到底，在没有取得全面胜利之前绝不和德国人进行单方面和谈。

决定举行登陆战后，盟军方面由蒙哥马利将军指挥，进行了一次登陆演习。在这次演习中，蒙哥马利命令加拿大师演习正面强行登陆，而英国皇家空军则负责掩护登陆，对港口的敌军和军事设施进行轰炸。通过这次演习，盟军发现了不少的问题。比如，登陆部队需要源源不断的物质保障，需要后续部队的支援等，一旦碰上恶劣天气或多兵种协调出现差错，还有登陆的时机和地点选择出现问题，都会导致不堪设想的后果。

因为存在诸多隐患，以蒙哥马利为首的盟军将领反对在准备不充分的情况下发动这次登陆作战。但英国主战派坚决要求进行登陆战，包括英军总司令佩吉在内的一大批人坚决主张重创德国法西斯，报仇雪恨。美国派往欧洲的巴顿将军也支持对德国发动突袭。这样一来，鲁特行动要照常实施。

原定于7月4日发动的登陆战因为恶劣的天气被迫取消。通过这一事件，丘吉尔首相和美国新派往欧洲的艾森豪威尔将军认清了登陆作战的风险，决定取消这一行动计划。但是他们必须对主战派及苏联方面有所交代，怎么办呢？

经过一番协商，英国情报部门最后精心策划了一场好戏。武尔夫在这场戏中担任了重要角色，他把盟军将在法国登陆作战的情况传给了德国情报部门。

事实上盟军方面已经改变了作战计划，取消了大规模的三军配合登陆作战，决定只派英国战机对目标进行轰炸，造成将要登陆的假象。武尔夫告诉德国人，英军将进攻迪埃普。德国人得到武尔夫的情报后，既兴奋不已，又深信不疑，他们立即作了紧急部署。

到了8月19日这一天，英国的战斗机群空袭了法国迪埃普。根据武尔夫的情报，德国人早已作了准备，因此顺利地"击溃"了英国派出空袭迪埃普的飞行战机编队。大获全胜后，德军专门召开了庆功会。他们当然不会忘记此次获胜的功臣，为此武尔夫受到德国情报机构大大的奖赏，德国方面从此对他和他提供的情报深信不疑。他们哪里知道，英国方面一箭双雕，既顺理成章地取消了鲁特计划，又给了苏联一个合情合理的交代。

巧妙取信　获德勋章

从事间谍工作需要大量金钱作为活动经费，为了麻痹德国人，武尔夫经常向阿勃维尔要活动经费。德国间谍机关一直认为武尔夫是个优秀间谍，提供了许多有价值的军事情报，因此同意给他提供大量的金钱。但他们遇到了一个棘手的问题，那就是如何把经费给武尔夫，因为当时英国的谍报机关查得非常紧，一不小心会顺藤摸瓜暴露送钱的德国间谍。为了把经费寄到，德国谍报机构费尽心机，竟然让日本的高级外交官去帮忙做此事，但这一切都在英国安全局的监视之下。

武尔夫告诉德国人，他准备在英国建立一个间谍网。阿勃维尔方面向他提出更高的要求：要想方设法打入英国的要害部门，这样才能获得更多更有价值的情报。武尔夫回答说："已有目标，正在努力。"

武尔夫说的这个目标，其实是个虚构的目标。这是军情五处为了解决德国人给武尔夫出的难题，特意为他设计的。不久武尔夫在给德国阿勃维尔的报告中说，一次偶然的机会，他认识了一个叫玛丽的漂亮姑娘。随着他们交往的加深，才知道她现在在艾森豪威尔将军的司令部工作。武尔夫编造说："后来我们相爱了，玛丽的嘴不够严，无意间常常透露一些军事机密。"阿勃维尔指示他："紧紧抓住这条大鱼！"

德国人上当了，武尔夫决定把戏演下去。但是谍报战线容不得出半点差错，必须事事做得非常严密才行。为了防备德国人去调查艾森豪威尔司令部有没有这样一个叫玛丽的姑娘，避免武尔夫过早露馅，军情五处特意安排了一名年轻漂亮的姑娘到艾森豪威尔司令部工作，她的名字就叫玛丽。英国方面把工作做得这么细致，是想保护好武尔夫，以便在盟国开始大规模进攻西欧之前，德国人不会发现武尔夫提供的是假情报。

德国人并不傻，对自己的间谍也要小心翼翼，毕竟战争时期的双面间谍太多了！他们发来电报，要求武尔夫汇报他与玛丽相识的经过。武尔夫编造说，这个姑娘原在政府部门的密码部工作，因为周末常到武尔夫居住的农场去玩，因此与武尔夫相识。他们相恋之后，她被调到艾森豪威尔司令部工作。

德国人最终相信了武尔夫。

德国阿勃维尔方面的档案里对武尔夫的描述是这样的:"武尔夫抵达英国后不久就积极为我方异常勤奋地工作。除按时发给我们气象预报以外,他发来了有关机场及其他战略目标的情报。所有这一切,柏林主管当局均予高度评价,认为极有价值。"

武尔夫在向英国情报机构投诚后,在接下来的五年中,对德国来说仍然是一名安插在英国的间谍;而对英国来说,他又替英国情报机构骗取纳粹政府的钱财,并提供德国方面的情报。

武尔夫只身在英国从事间谍工作,时间一长,难免想念自己的家人,特别是空闲下来的时候,单调、孤独的生活更会令他思乡与思亲。思乡难熬的时候,他会在给德国情报机关的电文中询问自己家庭的情况。阿勃维尔认为,一个间谍不能有太多的情感,应该具备铁石心肠才行。因此,从一开始,阿勃维尔就对武尔夫问家里的事故意不予以答复。他们越是不说,武尔夫就越是要问。后来汉堡方面担心失去这位谍战奇才,才不得不在回电中告诉他一些家里的新情况。

尽管武尔夫的英语说得不怎么地道,口语蹩脚,但绝大多数英国人都不会怀疑他的"英国公民"身份,当然也就不理解这位德国人内心的伤楚。好在英国人中还有了解武尔夫的人,哈罗德·迪尔登博士就是其中的一位,他对武尔夫十分关心,经常会来看望这位投到自己门下的"学生",不时带他出去散心。

有一次,武尔夫和哈罗德·迪尔登博士去哈福德郡的一个农场里游玩,在逛商店时,武尔夫碰见了一位美丽漂亮的女工,她是来买生活用品的。虽然彼此互不相识,但当两个人目光无意对视时,他们都没有把目光移开,而是欣赏地看着对方,真正称得上是一见钟情。武尔夫先走到商店门口,在那里等她出来。见她笑着走出来,武尔夫主动上前作了自我介绍,他们开始攀谈起来。分手时,双方留下了联系方法。在此以后,他们频频约会,成了一对幸福的恋人。

不久,武尔夫与这位漂亮的农场女工结了婚,三年后他们喜得贵子。在这个过程中,武尔夫曾向阿勃维尔报告自己结婚生子的情况。但德国谍报机关对他的私人生活一点也不感兴趣,只是提醒他切莫乐不思蜀。或许德国间谍头子以为,和他结婚的是艾森豪威尔司令部的玛丽呢!阿勃维尔感兴趣的,只有他提供的英国方面的情报。

在武尔夫长达五年的间谍生涯中，阿勃维尔并不是一次都没有怀疑过他。有一次阿勃维尔质问武尔夫："你既然身在英国，为什么没有被征募去服兵役？"这一点确实是英国军情五处的疏忽，因为英国法律规定，一般情况下每个男子都要服兵役。对此武尔夫机警地回答："你们不懂英国的法律，在英国农场的工人是不用服兵役的，我正是为了躲避服兵役才暂时在农场工作。"他这么一说，德国方面对他不再怀疑，反而对他能成功潜伏表示赞许。

阿勃维尔一直把武尔夫作为优秀的间谍人员看待，这种看法随着战争的继续愈加坚定。他提供了在德国人看来非常有价值的情报，比如克洛里在企图逃跑未遂之后不再从事间谍活动、德国空袭的目标损坏程度等等。远在战争结束前很久，里特少校就已提议授予武尔夫一级铁十字勋章。因为早年武尔夫移民丹麦，应该算是丹麦人。为了使他得以授勋，阿勃维尔方面通过无线电报特准他重新加入德国国籍。

铁十字勋章历史悠久，是由普鲁士国王腓特烈·威廉三世设立的德国军事勋章，于1813年3月10日首次颁发。在拿破仑战争、普法战争、第一次世界大战和第二次世界大战等多次战争中，都曾被颁发，已经成为德国三军通用的标志，是崇高荣誉的象征。铁十字勋章分为数级，武尔夫获得的是一级，非常难得，而且他是在战争还没有结束就获得授勋，还使用了宝贵的无线电通报时间，这在世界谍报史上是绝无仅有之举。

武尔夫的德国主子已对他的忠诚和能力给予了充分肯定，英国必定会以一种心理上很体面的方式对待他。得到铁十字勋章，可能会使一些谍报人员认为背叛祖国是一种罪恶。然而对于武尔夫来说，却是受之即忘，毫不在乎。武尔夫可以粗鲁地对待主子们，甚至当他收到他们给的钱时，他竟然说："今晚要狂饮一通。"他还曾说："我想，现在是我休假的时候了。"表面上看，他对德国人好像一点也不在乎。这反倒使德国情报机关更加相信，只有自己人才能这样率真，毫无忌讳。

登陆大战　群谍争艳

在英国，军情五处对武尔夫较为信任，但双十委员会对他就不是完全放心。本来武尔夫有一双谁也替代不了的手,他发报又快又准,但双十委员会却给他配了一名报务员,目的不言而喻。报务员发报的风格,与武尔夫自己发报显然是不同的,收报一方很快就会发觉。为了避免德国情报机构产生怀疑,双十委员会让武尔夫谎称自己的手指受了伤,在短时间内不能有效发报,只有请手下靠得住的人发报。为此,他不得不向德国人请求原谅。德国方面知道后,并没有更多地责怪他。

在稍微休息了一阵子后,武尔夫去一家地方报纸当了记者。消息传到德国情报机构,他们非常高兴,认为自己的间谍已经进入上流社会,在这种重要的部门工作,更容易搞到情报。阿勃维尔还发来电文,对武尔夫的业绩表示嘉奖。

1943年1月,英、美、苏三国在卡萨布兰卡召开会议,决定在欧洲西线开辟第二战场,以减轻苏联军队在东线的压力。随后,英美两国组成联合参谋部,开始了代号为"霸王行动"的登陆作战筹划。同年11月,三国首脑又在德黑兰举行会议,任命艾森豪威尔将军为霸王行动的最高统帅,并最终确定在法国诺曼底登陆。

1944年春,盟军方面集结了大量兵力,决定发起诺曼底登陆战役。

当时德国人分析,盟军可供选择的登陆地点有两个,一个是诺曼底,另一个则是加莱,他们不清楚盟军会选择哪一个地点登陆。为了误导德国人,英美的间谍机关部署了一大批双面间谍,制订了欺骗敌人的战略计划,演了一场真正的群英会。

英美盟军假造了许多不存在的部队,其中最大的一支是第一集团军。1944年1月26日,艾森豪威尔在伦敦接见巴顿将军,煞有介事地任命他为第一集团军的司令官。这样做都是为了迷惑德国人,使他们相信这支部队是存在的。

双面间谍达斯克·波波夫于1944年2月向德国发送了三支虚构军队的情况,其中美国"第一集团军"战备登陆的情况达到以假乱真的效果。与此同时,被英国收买的双面间谍珍宝也积极配合这一行动。珍宝是个有着俄国血统的法国女人,她也不断给德国人报告有关"第一集团军"的信息。代号为"塔特"的双面间谍武尔夫,向德国人提供了一份8月份第一集团军机动至进攻出发港口的铁路输送计划表。化名为"布鲁斯特"的双面间谍波尔告诉德国情报部门，他进入巴顿司令部工作，担任美国第一集团军和波兰最高统帅部之间的联络官。每天半夜，他都向德国人发一份关于第一集团军备战的情报。

还有一个起到关键作用的双面间谍是西班牙人加宝，他是英国收买的重要间谍。1941年，他两次要求加入英国情报机关均遭拒绝，一气之下于这年7月加入了德国情报机关。被德国派往英国潜伏的过程中，他在葡萄牙靠收集的英国报纸、杂志进行分析推测，编造一些情报，谎称这是他在英国搜集的情报，发给德国人。这些情报居然很大一部分都是真的，因此深受德国情报部门的器重。这次来到英国后，英国情报部门主动拉他加盟，他被巨大的名利诱惑，成为"碟中谍"。德国人让他查明盟军登陆计划，站在正义一方的他按要求向德国人报告了盟军虚拟军团的兵力部署情况。

促成诺曼底成功登陆的幕后英雄，还有波兰人罗曼·切尔尼亚夫斯基。

这位波兰人早年加入波兰空军，后来调到波军司令部工作。第二次世界大战爆发后，他被派到法国军事院校学习。不久波兰被德军占领，他加入了法国的反法西斯抵抗运动团体。1940年6月法国沦陷后，他留在法国继续斗争，成立了一个情报网，为盟军收集军事情报。在与法西斯作对的过程中，他不幸于1941年底被捕。德国情报部门发现了他的谍报才能后劝降，他考虑了一下，答应了德国人，将计就计成为双面间谍。

德国人把罗曼·切尔尼亚夫斯基派到英国，他借机摆脱纳粹的魔掌。到达后就和波兰最高司令部在伦敦的负责人取得了联系，把自己的情况如实作了汇报。接着他又和英国军情六局取得联系，并把自己的计划告诉了他们。1943年1月，在英国军情六局的支持下，切尔尼亚夫斯基以波兰最高司令部军官的身份频繁出没于各种场合。与此同时，他给在法国巴黎的德国莱勒上校发报，声称自己已经获得了英国人的信任，正在为德国搜集情报。果然没过多久，他在英国秘密情报局（即军情六局）的支持下，发回了一些英军和在英国的美军的情况。

到了1943年9月，切尔尼亚夫斯基已经完全取得了德国人的信任，很多作战计划的制订都要参考他提供的情报。诺曼底登陆前，切尔尼亚夫斯基告诉德国人，种种迹象表明盟军将选择在加莱地区登陆。

选择在加莱地区登陆，有着独特的优势。因为这里离英国本土只有33公里，比诺曼底近很多，便于后方支援。德国人知道，当年英法联军的敦刻尔克大撤退就是在这里进行的。这里离德国的工业中心鲁尔区也很近，从此登陆既可以给德国造成巨大威胁，又可以一雪前耻。因此在综合其他间谍提供的情报后，德国的情报部门相信了切尔尼亚夫斯基情报的准确性。

诺曼底登陆大战一触即发，战争双方的间谍倾巢出动，一时形成谍影重重的迷局。在这个决定二战发展进程的关键时刻，"笑面虎"武尔夫同时接到了德国和英国情报部门的指令。尽管双方的具体任务不同，但都与诺曼底登陆有关。

助战设局　潜艇迷魂

就在盟军做着诺曼底登陆的准备工作之时，德国的间谍机构让武尔夫去调查一下盟军的兵力集结情况。在双十委员会的指示下，武尔夫来到怀城。他按盟军方面的要求，告诉德国谍报机构说，自己结识了一位铁路局职员，从他那里了解到美国的第一集团军正在港口待命。

利用无线电欺骗敌人，也是常用的手段之一。临近战争结束的时候，无线电骗术已发展到颇高的水平。除了由一些特种小组播送一些假东西迷惑敌人，英国还架起电话线，末端接在无线电收发报机上，以此来假冒间谍所在的位置。所以武尔夫在哪里，德国人无法从他所发的电文上测出来。

盟军的欺骗行动还在不断进行。除了双面间谍的协助，他们还上演了一场欧洲版的"真假美猴王"。在诺曼底登陆前，他们找了一个长得非常像蒙哥马利将军的替身，进行了一系列掩人耳目的活动。比如这个替身代表蒙哥马利将军到直布罗陀和阿尔及利亚视察，造成蒙哥马利将军在非洲的假象，让德国人相信盟军在非洲集中优势兵力，要从法国南部登陆的印象。此外，盟军还有意向亲德的中立国透露一些相关情况，从多方面迷惑敌人。

德国情报机构和军事机构对来自各方面的情报分析后认为，如果武尔夫真的在怀城，他得到的美军消息又是真的，那么盟军在诺曼底登陆的可能性就极小，而加莱则是盟军的主要进攻方向。德军相信了武尔夫提供的假情报，把防守重点放在了加莱。希特勒中计了！

第二次世界大战转折的关键性战役——诺曼底登陆战开始了！从1944年

6月6日至7月初，美国、英国、加拿大的百万军队，17万辆车辆、60万吨各类补给品，成功地渡过了英吉利海峡，在法国的诺曼底强行登陆。就这样，20世纪最大的登陆战役，也是战争史上最有影响的登陆战役之一爆发了。到7月24日，战争双方约有24万人被歼灭，其中盟军伤亡12.2万人，德军伤亡和被俘11.4万人。至8月底，盟军一共消灭或重创德军40个师，德军的3名元帅和1名集团军司令先后被撤职或离职，击毙和俘虏德军集团军司令、军长、师长等高级将领20人，缴获和摧毁德军的各种火炮3000多门，摧毁战车1000多辆。德军损失飞机3500架，坦克1.3万辆，各种车辆2万辆，人员40万。诺曼底登陆成功，美、英军队重返欧洲大陆，使二战的战略态势发生了根本性变化。这其中，自然有武尔夫一份功劳。

诺曼底登陆后，武尔夫继续为盟军效力，为盟军取得最后的胜利贡献自己一份力量。1945年春，二战临近结束时，武尔夫还"导演"了一场最后的骗局，加速了德国法西斯的失败。

面对越来越不利的战争局面，纳粹德国还想作最后的挣扎。在正面战场处于劣势的德国人，想利用他们在潜艇上的优势给盟军以沉重的打击。据统计，当时各国参加二战的潜艇总共为2100多艘，而德国一个国家就占了一半，有1188艘。德国潜艇技术先进，战术多样，曾给盟军带来很大的麻烦，造成盟军3500艘包括航母在内的舰船被击沉，45000多名将士阵亡。

德国军队作战非常依赖潜艇，行踪不定的潜艇对盟军构成了巨大的威胁。特别是在对盟军运输战略物资的商船的攻击上，潜艇发挥了巨大的作用。德国人采用这种战术的目的，是试图延缓盟军的进攻速度，为他们争取喘息的时间，以图日后的反攻。

当时德军推出了一种新的潜艇，它比原来的潜艇更先进，水下航速由原来的7节增加到16—18节，这样它在水下的潜伏时间更长，下潜也更深，更不容易暴露目标。那时盟军已经搞清楚，德国的潜艇已不必再浮上水面充电，这给搜索潜艇造成巨大困难。对付这种潜艇的唯一办法，就是在其可能出现的深水区域布上水雷。但海洋如此广阔，哪有那么多的水雷呢？盟军指挥部研究之后，认为对付潜艇的最好办法只能用假情报来迷惑它。

通过假情报来迷惑德国潜艇这一任务，再一次落到了武尔夫头上。

武尔夫通过与盟军方面联系，拟定了一些深水区域，告诉德国方面那些区域已经布满深水雷,提醒德国潜艇想方设法绕过去。其实他所说的这些海域的布雷情况,都是虚构出来的,目的是造成假象,限制德国潜艇的活动区域。为了让德国人相信他提供的情报,他还编造了一个根本不存在的英国海军布雷舰舰长,告诉对方正是通过这个"嘴巴不严"的布雷舰长,他了解到布雷的秘密情况。

由于诺曼底战役后德国常吃败仗,军事上变得更加小心,也更加依赖于情报。他们得到武尔夫的情报后如获至宝,对其深信不疑,几乎完全按照他提供的情报行事。他们相信在盟军战略运输通道的海域布满了深水雷,是极其危险的区域,不敢往那里航行。这样盟军的战略物资运输就有了更大的保障,武尔夫用假情报减少了盟军方面的损失。

在为盟军服务的五年间谍生涯中,武尔夫立下了不朽的功勋。军情五处的约翰·马斯特曼将武尔夫视为他的双重间谍杰作。他赞誉说:"他成为我们最可信赖的无线电谍报员之一,而且保持了长距离的通信记录,从1940年10月到1945年5月,他始终为我们从汉堡收报或发报。他的工作具有巨大的价值。最初是为了反间谍目的,后来是为了欺骗敌人。他帮助我们从德国人那里搞来了大笔金钱。直到二战末,他仍然被德国人视为间谍中的'明珠'。"

战争结束后,克洛里被送回了他的祖国瑞典。约翰·马斯特曼爵士说,当时克洛里如果逃跑成功,军情五处的一切策划都可能毁掉,英国双重间谍计划将完全落空,德国可能因此全面改变间谍方案,武尔夫的情报将会被质疑,英国的空军基地、海军基地乃至布雷海域范围的情报将会完全落入德国的目标之中……如果这样,战争的进程、方式都可能发生种种变化。由此可见,武尔夫从事双面间谍活动冒着多大的危险。

武尔夫却丝毫没有回德国的意愿。经申请,他获准留居英国,军情五处和双十委员会也一直替他的身份保密。就这样他永远留在了英国。不过,他曾几次去德国看望他的亲属。后来,他与他的战时妻子离了婚。再后来,他成为一名优秀的摄影记者,生活在伦敦郊区离伦敦塔三里以内的一个居所里,过着体面而谨慎的生活,直到他去世。

神秘『007』天生风流间谍

　　作为一名超级特工，他风流倜傥，据说他喜欢同时与两个女人上床，享有"三轮车"的绰号。在纳粹德国那里，他的代号是"伊凡"；在英国军情五局，他的代号是"侦察兵"。在第二次世界大战中，他转战欧美，斗智斗勇，欺骗敌人，成为谍报战线的传奇人物。被他策反的德国间谍曾称他为"元首的最好特工"，英国将军皮特里则称他一个人牵制了7—15个德国步兵师，差点儿改变二战的进程。这个传奇人物，就是007系列谍战电影主人公詹姆斯·邦德的原型——双面间谍达斯科·波波夫。

第六章 神秘"007" 天生风流间谍

卖船诡计　博士成谍

1939 年第二次世界大战爆发后，英、德等参战国纷纷加强了谍报工作。德国间谍机关四处物色特工人员，狂热的纳粹分子想以情报打赢这场战争，从而统治整个世界。

通过各种手段，德国情报机关网罗了一大批间谍人员。一位德国间谍向德国间谍机构阿勃维尔秘密推荐了一个叫达斯科·波波夫的人，说他"天生就是块做间谍的好材料"。阿勃维尔的头子听了这话之后，立即对波波夫产生了兴趣："既然你和他的关系非同一般，请你谈谈波波夫的情况，尽量介绍得详细些！"

推荐者介绍说："达斯科·波波夫是我大学时期的好友，1912 年 7 月出生于南斯拉夫贝尔格莱德市塞尔维亚族的一个富商家庭，他的父亲是工商业巨子。由于家境富裕，他从小受到良好的教育。加上他天资聪慧，又非常好学，学业上一路顺风顺水，中学毕业后进入德国南方著名的弗莱堡大学法律专业学习。在大学期间，波波夫显示出多方面的才能。一方面他风流倜傥，是一个极善交际的活跃分子，结交了一大批校友；另一方面他善于学习，学业也很不错。他不但精通多国语言，而且后来还获得了博士学位。"

"后来呢？他后来又干啥了？"

"他博士毕业后，回到南斯拉夫，最初主要从事律师工作。就在今年，波波夫进入南斯拉夫一家大财团工作。"

德国间谍机关的头子点点头："这个花花公子善于交际，还懂多国外语，条件确实不错。不过他的实战能力如何,我们还得先考验考验他!"

话分两头,再叙波波夫的情况。就在波波夫到这家大财团工作不久,财团的高层找他谈话,要派他到葡萄牙的里斯本任职。此时欧洲大陆战火正浓,所幸的是,当时的葡萄牙还是中立国,是一块难得的净土。波波夫接受了财团高层的派遣,稍做准备便踏上了前往里斯本的征程。里斯本虽然没有战火,但弥漫着看不见的硝烟,很快成为交战各方的间谍活跃的中间地带。此时,一双神秘的眼睛,早已盯上了波波夫。

1940年2月初的一天,波波夫正在南斯拉夫的家中度假。忽然听到邮递员在楼下喊他的名字:"波波夫先生,有你的电报!"波波夫感到非常奇怪:自己离开里斯本回到家乡休假,公司不可能这么急着催他回去,别人怎么知道他回家乡了?接过电报一看,是从德国柏林发来的:"急需见你,2月8日在贝尔格莱德的塞尔维亚大饭店见面。"发电报的人落款为:"你的挚友约翰尼·杰伯逊。"

看过电文后,波波夫只说了一句:"原来是这家伙!"约翰尼是波波夫在弗莱堡大学就读期间的要好朋友。战云密布的四年前,两人在奥斯兰人俱乐部里相遇时,都禁不住被对方性格和谈吐所吸引,很快成为好朋友。

波波夫不会忘记,大学期间自己惹事被关进监狱,是约翰尼将他保释出来的。打那以后,他们的交情更深,都把对方看作自己最亲密的兄弟。约翰尼突然发来这样一封电报,他到底有什么急事呢?波波夫来不及多想,稍微准备了一下,便驾驶BMW牌汽车,匆匆赶往塞尔维亚饭店与约翰尼会面。

波波夫来到塞尔维亚饭店时,约翰尼早已等候在那里。"嘿,伙计!你怎么啦?"波波夫刚坐下,就看出苗头有点不对劲。一向开朗活泼的约翰尼,此时看上去忧心忡忡。他抽着闷烟,还独自一人先喝起了白兰地。波波夫一问才知道,原来约翰尼碰到了一桩生意上的难题。

"伙计,我急需你的帮助,需要立即行动。现在有五条德国货船被封锁在特里斯特,其中一条船是我的。真是急死人了!我已设法搞到许可证,请帮忙把它卖给某个中立国家。"

特里斯特是一座忙碌的贸易城市,靠近意大利东北岸和原南斯拉夫西北岸,上空充满着大海的气息。在20世纪初,特里斯特是奥匈帝国排在维也纳、布拉格之后的第三大城市,是民族大熔炉。特里斯特港是奥地利的主要出海口,当时是世界第七大港,在地中海地区仅次于马赛。二战中,这所城市被纳粹军队占领，但又被同盟国封锁。

当时正处于战争期间，船只成为特别重要的运输工具。约翰尼说："为了确保这些船只不被抢走，你必须利用有利的社会关系，帮我尽快做成这笔生意，而且绝不能引起别人的怀疑。"

波波夫明白，约翰尼说他的"有利的社会关系"有两层意思，一是当时南斯拉夫还是与德国亲善的中立国，约翰尼想借波波夫祖国的特殊地位为他办事；二是约翰尼深知波波夫交际甚广，可利用的关系很多。

从约翰尼的话中，波波夫已经敏感地猜到了他的身份。他意识到约翰尼要他做的事，绝不是像他说的仅仅为了几条船那么简单。"约翰尼卖船的背后，肯定有别的图谋！"波波夫是一个坚定的反纳粹主义者，对战争狂人希特勒的所作所为非常痛恨。当他意识到德国间谍盯上自己后，开始还有一点点紧张，但他很快就镇定下来。他决定将计就计，与约翰尼周旋，利用他来为反法西斯斗争做点有益的事情。

"这些船想找什么样的卖主？每艘大致要卖多少钱？"

约翰尼给了波波夫一个底价，并对他说："少卖一点钱没关系，关键是要尽快出手，以免节外生枝。"波波夫立即行动，通过关系寻找卖主。他灵机一动，想到了一个特殊人物——斯德雷克，英国驻巴尔干国家的商务参赞。他知道此时英国最需要船只，便找到斯德雷克，开门见山地说："参赞先生，我想和您做一笔买卖。我想英国现在很需要船只，以增强战时运输能力。我手头就有五艘货船想出手。"

德国与英国是交战国，不能直接进行交易。斯德雷克便问："这笔交易怎么完成？"波波夫回答说："这个问题我早就考虑好了，我假借某个中立国之名，以中间商的身份来完成这笔交易，将五艘德国商船卖给英国。"

斯德雷克在确认波波夫不是德国间谍后，同意了这笔买卖，并向上级汇报此事。英国急需船只运送战略物资，很快就批准了这笔交易。又过了几天，伦敦方面汇来购船的巨款也到账了。斯德雷克立即发电报给波波夫："钱已汇来，速来交易！"接到斯德雷克的电报，波波夫立即与约翰尼取得联系。约翰尼迅速带着卖船所必要的文件从柏林赶来与老友会面。波波夫与斯德雷克在文件上签字后，五艘德国货船的买卖宣告彻底完成。

"生意"做成了，约翰尼特别高兴，他请波波夫到一家酒店喝酒，以示感谢。

酒桌上，约翰尼说："老朋友，今天我特别高兴，因为我赚了一大笔钱。"波波夫也说："我也很高兴，因为帮了朋友的忙。"其实他心里高兴的是，帮助了反法西斯的英国，削弱了德国的运输力。

"伙计，喝酒！痛痛快快地喝！"

"喝酒。来，为我们的成功干一杯！"

两人一杯又一杯，越喝兴致越浓。酒过三巡之后，约翰尼终于露出真实身份。他告诉波波夫，他是阿勃维尔的人，并说他的上司非常赏识波波夫的才华，邀请波波夫加入他们的组织。约翰尼接着对波波夫说："请你帮忙卖船，也是我们的头儿示意我做的。他对你的能力非常满意，希望能跟你好好谈谈。"

波波夫假装生气地说："我不认识你们的头儿？他凭什么指挥我?！"

约翰尼压低嗓门说："请老同学息怒。我们的总头叫威尔希姆·卡纳里斯。我在我们的头儿面前极力推荐你，他听我多次说起过你，很欣赏你的才能，想给你施展才能的天地。"

约翰尼继续说："因为我一再推荐你这个谍报天才，于是我们的头儿便想试一试你，卖船只是想考验一下你的办事能力。没想到你干得这么漂亮，结果令他非常满意！我想，你一定对我的建议感兴趣吧?"

对于加入纳粹间谍组织这个建议，波波夫当然感兴趣。尽管此事十分危险，但他一心想为反法西斯战争出力，此建议真是求之不得。波波夫心里这么想，嘴上却不露声、脸上不露色，装着一头雾水地说："我对做间谍一窍不通，不知道你们要我干些什么。"

约翰尼见他没有拒绝，脸上露出高兴的神情："特工也是人，不是你想象的那么神秘。你刚加入这一行，我们不可能要求你干惊天动地的事，一开始只需要搞些英、法方面的小道消息就行了。你在政界和外交界有很多熟人，这些事情对你来说并不太难。关键是你愿不愿意跟我们干，给不给老同学一点面子。"

波波夫装出无奈的样子："既然你都这么说了，那好吧，看在你我往日的情分上，我就试试吧。"

"很好，我们一定会合作愉快的！从现在开始，你就要注意搜集身边有用的东西，给我们提供情报。在合适的时候，我会安排你和咱们的头儿见面的。"

就这样，英俊风流的波波夫被德国情报部门发展成为一名德国间谍。

出师遇险　美色诱惑

答应加入德国间谍组织后，波波夫马上就去英国驻南斯拉夫大使馆，再次找到了英国商务参赞斯德雷克，把约翰尼要他加入德国间谍组织的情况向他一一说明，并提出要和英国的间谍组织合作。这位矜持的英国佬只是淡淡地说了一句："很有意思，继续与那个家伙保持联系也许是件好事。把狼套住吧，你所需要的情报我会派人送给你的。"

过了半个月左右，约翰尼安排波波夫与他的顶头上司见面。见面后，约翰尼给双方作了介绍。"这位是德国使馆的门津格少校，这位是波波夫博士。都是自己人，你们好好聊聊。"不用多说，波波夫也能猜得出门津格的真实身份。

波波夫与门津格相互问好之后，约翰尼便离开了。武官出身的门津格说话直来直去："我们在英国有不少精干的情报人员，但他们都只是在某些方面特别能干。我们还缺少一个能处处通行无阻的人，需要一个全才，就是在方方面面都能畅通。你的社交关系广，可以为我们打开许多门路，你可以成为这样的全才。我们需要你帮忙，搞重大情报。"一番夸奖，弄得波波夫不知如何回答才好。

门津格见波波夫不吭声，把话说得更直白："有些情报别人搞不到，但以你的家庭背景和交际，可以帮我们完成任务。当然，我们不会让你白干，一定会付给你高额报酬，保证让你感到满意。"

"钱是好东西！"波波夫装出对钱很感兴趣的样子，他毫不犹豫地答应了下来。

第二天大清早，他就跑到英国大使馆通报了这个消息。又过了一天，英国大使馆为波波夫安排了一场见面会。这次与他接触的是英国军事情报第六处（简称军情六处，代号 MI6）驻巴尔干的头目，化名"史巴雷迪斯"，是个老牌间谍。

英国的军情六处成立于 1909 年，后来发展成英国陆军情报六局（简称军情六局），这是一个秘密情报局，一直在极度机密的情况下进行工作。他们对外称"政府电信局"，主要负责在国外搜集政治、经济和军事情报，从事间谍情报和国外反间谍活动。

波波夫对史巴雷迪斯讲了自己的经历，直截了当地提出，自己想打入德国情报机关内部。听了波波夫的报告，史巴雷迪斯指点说："德国人很快要把你派上用场了。从门津格与你的谈话分析，我估计他们可能派你到伦敦去，当然也可能让你去某个中立国家，但去英国的可能性最大。我们不妨设个圈套让德国人钻，你设法放风出去让他们知道，你在伦敦认识一个当外交官的朋友，这个人目前急需用钱。而且你可以告诉门津格，这个外交官朋友可以通过外交邮袋来传递情报。门津格懂得其中的门道，他会上钩的。"

天才间谍波波夫心领神会，准备约门津格少校见面。谁知在这一紧要时刻，却发生了一件意想不到的事。一个神秘电话，使波波夫顿时陷入了困境之中。

打电话的是波波夫父亲的专职司机杜卡，他跟踪波波夫有一段时间了。看见波波夫进入英国驻南斯拉夫大使馆，就守候在不远处，等他出来时拍下了他走出大使馆的照片。杜卡是个赌徒，手头缺钱又急于去赌场扳本，就想敲诈波波夫，发一笔横财。于是他打电话对波波夫说："我已经知道了你的秘密，还拍下了你在大使馆门口的照片。如果你给我一大笔钱，我就什么也没看见，否则我就把照片交给德国人。"

"这个可恶的家伙！"波波夫恨不得立即杀死他。

对于杜卡这一手，波波夫真有点害怕，自己现在是个双面间谍，一旦身份泄露，将性命难保。本想好好干一场，没想到出师不利。波波夫想：为了顾全大局，就拿些钱打发这个家伙吧！可他转念一想：像杜卡这样生性好赌又嗜酒如命的人是靠不住的，有了第一次就会有第二次，一旦他没钱了敲诈就会没完没了。再说，万一他为了捞更多的钱，真去找德国人怎么办？无奈之下，波波夫将此事告诉了哥哥伊沃，请他想对策。

伊沃也是个反纳粹人士，正在为反法西斯做事。听了弟弟的叙述后，他也非常气愤，坚决主张，"干掉这家伙，一了百了"。波波夫想了片刻，觉得没有比这更好的办法了，便同意了这一做法。

"那个家伙长得那么壮实，下手时必须有十足的把握才行。否则，打草惊蛇就坏大事了。"为了确保成功，兄弟俩决定再找一个帮手。波波夫想到了他的同学鲁卡斯，他也是个具有正义感的青年。他们立即与鲁卡斯取得联系，鲁卡斯毫不犹豫地答应了。三人约在一起，商量出了一个引蛇出洞的除奸计划。

一天晚上，波波夫给杜卡打电话："杜卡，我决定答应你的条件，但具体的数目我要与你商量。"杜卡要钱心切，没预感到会有什么危险，便一人来到约定的地点。波波夫兄弟俩和鲁卡斯一起动手，将这个贪婪的家伙掐死了。

处理好这件棘手的事后，波波夫很快与门津格取得联系，约他见面："少校先生，我认识一个急需钱用的外交官，我觉得这位朋友对我们或许有用，请您指点一下如何采取行动。"

听说发现了一条"大鱼"，刚一见面，门津格少校就急切地追问道："你那个在伦敦当外交官的朋友叫什么名字呀？是哪个国家的外交官？"

波波夫沉着应答，他故意卖关子："我的这个老朋友，在驻外使馆干了那么多年，也是个行家里手，他手里有不少你们需要的东西。不过，他现在还不让我把他的姓名告诉你们。但请你们放心，此人我了解，绝对可靠。"

按照间谍行规，门津格不再多追问。他拉开公文包的锁扣，取出一个金属小瓶，说："瞧！这是特制的密写剂，你把它交给你的朋友，让他把情报密写给我们。"波波夫接过那个小瓶子，对门津格说："这东西怎么用呀？"门津格不耐烦地说："这是特工必须学会的技能。这样吧，我让约翰尼教你如何使用密码、如何接头联系等具体事项。"

分手时，门津格还给波波夫取了个代号叫"伊凡"，他告诉波波夫："记住，从今以后你就是我们的伊凡。"

一切准备就绪，波波夫开始了表面为德国、实际上为英国服务的间谍活动。为了加强谍报力量，波波夫发展了两名可靠的情报员：一个是他的哥哥伊沃，另一个是大学同学尼古拉斯·鲁卡斯。于是，英国在南斯拉夫的情报网壮大起来。

就在这个时候，德国人制订了海狮行动计划。几星期后，英国方面的史巴雷迪斯在约定的地点向他下达了一项重要任务——搜集海狮行动计划的所有情报。

海狮行动计划是由德国法西斯头子希特勒亲自制订的一份战略方案，旨在利用空中绝对优势一举征服英国。1940 年 7 月 6 日，这份计划被下达到德国空军司令戈林手中。战争狂人戈林立即调集大量战机，准备炸平英国。没过几天，戈林又被希特勒提拔为元帅，他更加卖力，准备加紧实施这一罪恶的轰炸计划。

为了实施海狮行动，德国的情报机构也准备发挥波波夫的作用。门津格和约翰尼来到波波夫家里，向他传达重要的指示。门津格告诉波波夫，即将派他前往英国，要求他搜集有关英国的城市地貌、人口分布、政府机构、军事设施等情报。搜集这些情报干什么？轰炸！波波夫顿时明白，派他去英国的任务是为海狮行动提供轰炸目标。

正当一切准备就绪、即将动身前往英国之时，波波夫接到了德国人与他接头的通知。他按事先约好的暗号，在接头地点——意大利罗马维亚芬尼多街的巴黎咖啡馆，与一个学者打扮的人接上了头。然后他们一起坐马车来到国家公园。对方交给波波夫 2000 美元，然后告诉他，下一个接头人马上就会到。

波波夫没想到，下一个接头人竟然是约翰尼，他带来了上峰的指示和海狮行动的变动情况。他对波波夫说道："海狮行动计划暂时搁浅了。空军总司令戈林元帅要亲自指挥战鹰狂轰伦敦和英国的港口，因此你的原定行动不变，希望你能马到功成！你的领导人是卢道维柯·卡斯索夫少校，真名叫欧罗德。他是阿勃维尔驻里斯本的负责人。"

按照约翰尼告诉的接头办法，波波夫很快就与自己的新上司卡斯索夫接上了头，并且遵命在德国人控制的阿维士饭店住了下来。见面后，卡斯索夫亲自教波波夫使用密码、投寄信件，还给他一架莱卡照相机和一本使用说明书。与此同时，老奸巨猾的卡斯索夫又指派阿勃维尔三处驻里斯本的头目克拉默上尉，对波波夫进行严格的审查。

波波夫住在德国人指定的饭店，遇到一件怪事：几次到餐厅用餐时，一个漂亮姑娘都对他频抛媚眼，暗送秋波。波波夫根本不认识这个女人，心里嘀咕：这是个什么人呢？她为什么要挑逗我？想来想去，没有找到答案。有天晚上，波波夫在电梯里又一次与她发生奇遇，她再次用眼神对波波夫频频挑逗。波波夫想，她也许是个高级妓女吧。

当晚回到房间后，波波夫关好门，去冲凉洗澡。当他洗完澡从卫生间出来时，简直不敢相信自己的眼睛：那位漂亮姑娘已经躺在床上了。她身上穿着透明的丝织睡衣，诱人的乳峰和胴体朦胧可见。波波夫见状，禁不住有点心猿意马，想入非非。天上掉下个美女，波波夫认为自己交桃花运了！

见到波波夫，姑娘大大方方地坐起来，倒了一杯白兰地，对他说道："来吧，美男子，咱们喝一杯。你一定对我从哪里来很感兴趣吧？在此之前，先谈谈你的身世，好吗？"说着便在他脸颊上吻了一下。有意无意之中，她的乳房摩擦到了波波夫的胳膊。

波波夫尽管风流，但保持着警惕。他先按这个漂亮女人的要求，编造了一份人生经历。这个女人接着问："你到里斯本来干什么呀？"波波夫便谈到了自己在里斯本的打算，说的没有一句是真话。波波夫一边谈一边观察这个女人，她对他的故事非常感兴趣，似乎越听越投入。波波夫开始还打算与这个送上门来的女人风流快活，渐渐地却发现不对头：这个女人不像是风尘女子！因为还没等他全部讲完，她就渐渐失去了先前那种勾引男人的风骚劲。波波夫认定她不是真正的浪荡女，也不是为钱而来，而是一名德国女间谍！她此行是为了考察自己对希特勒的忠心，也考验他作为一个间谍的警觉性和自制力！

第二天，波波夫向德国上司卡斯索夫谈到这一"艳遇"时，故意提醒卡斯索夫说："这是敌人放出的美女蛇，我一定要查查她是哪个国家的特工。"谁知卡斯索夫把脸一板，非常严肃地对他说："关于那个姑娘的事，到此为止，不要自找麻烦了！"由此更加证实了那个性感女郎的身份——果然是德国人派出考察他的间谍。卡斯索夫还说："你的警惕性高，领袖对你很满意。现在他要你立即去伦敦，到那里开辟谍报战场，他期待着你在伦敦为帝国立功。"

"三驾马车" 双面取信

波波夫搭乘荷兰皇家航空公司的班机飞抵伦敦。没想到他刚下飞机，就被英国情报部门盯上了。一个自称是军情六处的"乔克·堆斯福尔"的健壮男子迎上来，不由分说，开车将他送到他下榻的萨瓦饭店。原来英国MI6处总部已经接到了史巴雷迪斯的通知，派专人来接待他。正当波波夫填写住客登记表时，又一个精神抖擞的英国军官走上来："你好，波波夫！我叫罗伯逊，是 MI6 处 BA1 科的科长，我的工作名称叫'塔尔'，希望能对你的情报搜集任务有所帮助。"

塔尔告诉波波夫："有位重要人物要见你。"但他并没有说出这位重要人物的名字。接着塔尔把他带到了一幢公寓式建筑里，原来这是军情六处所在地。在这里，波波夫开始并没有见到什么重要人物。接下来的四天里，军情六处十多个官员向他问这问那，实际上是轮番对他进行严格的审问。正当波波夫有点不耐烦时，第五天他又被带到一间摆设考究的办公室里。"这位是我们的头儿孟席斯少将。"带他去的人给他作了介绍。在这里，他才见到了塔尔所说的重要人物——赫赫有名的 MI6 处负责人斯图尔特·孟席斯少将。波波夫仔细打量了一下这位谍报战线的名人，他看上去约 50 岁，军人打扮，身材略显瘦弱，但显得格外精神。

斯图尔特·孟席斯，1890 年出生，曾任英国情报局局长。他早年就读于著名的伊顿公学，毕业后任皇家近卫步兵团和近卫骑兵团军官，参加过第一次世界大战，获上尉衔。1915 年 12 月开始从事情报工作，1919 年起供职于英国军情六处。1939 年起，出任该处处长，代号"C"。军情六处升格为军情六局后，他就任该局局长。在整个二战期间，主持对德情报战和反情报战。

孟席斯对波波夫说："很高兴见到你！希望你能够适应我们的工作方式。"他的言下之意是，对你审查了这么久，不要见怪。作为一个特工，波波夫对这种做法表示理解。孟席斯表扬了波波夫一番之后，热情邀请波波夫到他家去做客："希望你和我们一起，度过一个美好的周末。"此时此刻，波波夫才看到孟席斯充满人情味的一面。

初来乍到，主人如此热情，真是盛情难却，波波夫岂有不允之理。很快就到了周末，波波夫和罗伯逊一起来到了孟席斯家。经热情好客的孟席斯太太介绍，波波夫认识了一个名叫嘉黛·沙利文的漂亮姑娘。

嘉黛是奥地利一个纳粹头子的女儿，但她对纳粹非常反感，因此与父亲的信仰背道而驰，一怒之下便逃到英国来。嘉黛见了英俊潇洒的波波夫，就像是久别重逢的朋友，一点也没有陌生感。她的大方与大气，令波波夫折服。她似乎对波波夫也很感兴趣，因为她那双迷人的大眼睛总是对波波夫充满了柔情蜜意，这使本来就风流倜傥的波波夫不禁有点非分之想。

休息几天后，军情六处让波波夫先向塔尔学特殊技术。塔尔专门负责编造与鉴别假情报的工作。在他的协助下，波波夫到一些重要部门进行了大量假"重要情报"的搜集工作，他以此提供给德国，迷惑敌人。没过多久，他用莱卡照相机拍了一个飞机场照片，连同记录的飞机和军舰的数目与型号，发给德国情报机关。其实，这些都是塔尔伪造出来的杰作。德国人发来贺电，表彰波波夫。接着，波波夫又送去他描绘的重要地区的地形图，还拍了许多海军方面的"情报"……这些"情报"不但交给了阿勃维尔，波波夫还与英国军情六处相配合，让德国人完全相信它是真的。对此德国人不但没有发觉，还对波波夫赞赏不已，认为这些情报非常宝贵。

要搜集各方面的情报，就得经常出入交际场所。一个人的力量是有限的，波波夫准备壮大队伍。嘉黛开朗大方，又善交际。在进一步了解嘉黛之后，波波夫坚信她是一个反纳粹的同志，把她发展成了自己的战友。在这个过程中，两个本来就互有好感的年轻人，很快就变成恋人同居。嘉黛温柔多情，成为波波夫生活上的甜蜜伴侣。不久他们又把狄克·梅特卡夫作为发展目标，进行了严密的考察。确认狄克可靠之后，让他也加盟进来。英国情报部门对嘉黛和狄克进行审核，认为他们没有问题，就让他们组成三人行动小组。MI6将波波夫这个情报小组命名为"三驾马车"：波波夫的代号是"侦察兵"，嘉黛的代号为"胶水"，狄克的代号为"气球"。

情报小组活动频繁，"三驾马车"发挥着越来越重要的作用。嘉黛带着波波夫一个接着一个地参加宴会，把他介绍给所有值得拉关系的名流，并且帮助他配制密写剂，编写密码信，起草给转信人的明文信。在嘉黛的帮助下，波波夫用密写的方式为卡斯索夫提供了大量的伪情报，并谎称由于情报太多、体积太大、分量太重，不宜邮寄，必须回里斯本当面转交。实际上，这是为了尽快地回到德国情报机关，刺探他们的内部组织而设置的一条妙计。

德国上司同意波波夫去里斯本，嘉黛依依不舍地将波波夫送到机场。遵照事先制定的联络办法，波波夫很快在中立国和德国上司接上了头。

在一所别墅里，波波夫先向德国上司卡斯索夫汇报了在英国开展间谍工作的情况。卡斯索夫凭借间谍职业特有的小心谨慎，对波波夫进行了一番非常严密的询问。他是一个经验老道的特工头子，对情报的每个细枝末节都要从不同角度进行反复盘问，追根究底，以便从中发现疑点。当听到波波夫在英国又发展了一男一女两名特工时,他紧皱眉头,不断追问新加盟的嘉黛·沙利文和狄克·梅特卡夫的情况,进行审查把关。

听说嘉黛·沙利文是一个漂亮女人,卡斯索夫十分谨慎地说:"在谍报工作中,一定要做到绝对的了解和控制。一个出色的间谍,绝不会把自己的安全与色情混为一谈。这么漂亮的女人干什么不可以,为什么偏偏愿意当我们的特工?"波波夫回答说:"嘉黛的父亲是个纳粹党党员,她受父亲影响,出于爱国的动机,为德国充当间谍。"相信信仰产生的力量,卡斯索夫也就相信了波波夫的说法,但他又问:"狄克这个家伙当间谍的动机又是什么呢?"

"狄克本身是德国人,对钱财特别贪婪,想不受累又能过上快活日子,当间谍可以满足他的要求。"许多人当间谍都是为了钱和享受,卡斯索夫心里很清楚这一点。波波夫最终说服了这只老奸巨猾的狐狸!

获得卡斯索夫的信任后,卡斯索夫把最尖端的特工技术交给了波波夫。他透露说,柏林方面发明了一种特别的技术,可以把一整页的材料缩小到只有句号那么大的微型胶片上。这种新技术一般人是不会知道的。那么小的东西,只能通过显微镜才能看清楚。这种技术因此被称为显微点。波波夫一听,立即意识到这一技术将取代外交邮件等情报传递方式,必须学会它。

他向卡斯索夫提出,要学显微点技术,卡斯索夫答应了。后来波波夫学会了这一重要技术,并将它的具体原理教给了英国方面。这种先进的显微点特工技术,使英国有效地破获了许多情报,也使英国的情报更方便、更安全地进行传送。

通过波波夫上报、得到德国方面的认可后,嘉黛和狄克也成为英、德双重间谍。他们是英国谍报机关和波波夫自己挑选的,不是从德国间谍中收买过来的,因此用起来更放心。嘉黛专门利用她的社会关系去搜集政治情报和机密,以及新的军事司令员和其他新的任命等情报。狄克也装着贪婪,向德国谍报部门频频输送"准确"的情报,以猎取他们的信任。有了这两名双重情报员,波波夫开展情报工作更是得心应手,送出的"重要情报"也越来越多,他在阿勃维尔的同行中的地位越来越高了。

为了让德国方面安全地为间谍提供活动经费,波波夫制订了一个名叫"迈斯德方案"的洗钱方法,上报给德国间谍机构。过去阿勃维尔付给"逆用"间谍的情报费通常是用外汇支付。这种付外汇的做法,常常给人带来不安全感。因为英国的法律规定，外国人带外汇进入英国，都必须换成英镑才行。出于国家安全考虑，英国有关部门在换钱时会将每张英镑上的号码登记下来。如果外国间谍在英国使用这些钱，只要初来乍到时有一个人露馅被捕，同一情报组的其他间谍就很容易被一网打尽。长期以来，德国人没有好办法来解决这个棘手的问题。为了避免被英国情报机关"发现"，以波波夫为首的"三驾马车"找到了一个有钱的戏院老板，和这位老板谈妥一笔业务。戏院老板同意，由他出面兑现英镑，这样就不会引起注意。事后只要付给这位老板少量报酬，老板再用他账上其他钱来支付给"三驾马车"。此方案增强了潜伏在英国的德国间谍的安全性。波波夫将此方案上报，立即得到批准，并赢得德国情报机关的赞赏。

阻止毒战　拯救英伦

此时，希特勒的闪电战术在欧洲战场上频频奏效，英法联军正节节败退。英国的情报部门通过特工获悉，德国准备对英国实施毒气战，促使该国早日投降。希特勒采用这一战略，是吸取了以往的经验。

早在第一次世界大战中，德军就使用毒气来对付英法军队。那是 1915 年 4 月 21 日，德军开始进攻依普尔。法国间谍吕西托早已把他们使用秘密武器的消息告诉了法军总司令约瑟夫·霞飞。第二天深夜，天空阴云密布，东北风微微吹起，德军各部接到参谋总长的命令：立即起身，饱食，戴好防毒面具，准备在黎明时分发动进攻。天刚蒙蒙亮，随着一阵隆隆的车轮声，英法联军突然发现黑压压的 100 多辆德军军车向阵地开来，便立即使用各种炮火还击。接着，德军出动几十架飞机投放毒气弹，飞机刚刚飞过，位于西北面高地的德军又不断发射毒气炮弹，大量毒气笼罩着大地。短短五分钟，德军投放了 180 吨毒气。很快，英法联军就有 1 万多人死亡，其余人则丧失战斗能力。这时，头上裹着防毒纱罩的德军从四面八方冲向联军阵地，10 公里长的防线已无人防守，德军轻松地占领了这段阵地。

德国过去尝到了毒气战的甜头，现在希特勒决定加以效仿。早在 1936 年，希特勒为了实现称霸世界的狂妄野心，就密令德国的一流化学家研制灭绝人性的化学毒剂。到 1939 年初，德国化学家终于研制出了两种威力巨大的神经错乱性毒剂：一种叫塔崩，一种叫沙林。它们可以使人体的全部肌肉缩作一团，个人则窒息而死。这两种毒剂都有巨毒，只要稍微吸入或接触一点，便会中毒死亡，尤其是沙林，比塔崩更厉害10倍。希特勒得知毒气研制成功后欢喜若狂，于1939年9月正式下令建造一个能每月产出1000吨沙林和塔崩的工厂，准备在关键时刻发动一场大规模的化学毒气战。希特勒还暗中下令，在柏林等地建立世界上最大的细菌研究所，制造细菌悬液炸弹和鼠疫菌、斑疹伤寒以及灵杆菌等生物武器。1940年初，希特勒还公开暗示，德国已经掌握了几种令人恐惧的新武器，是任何敌国都无法防御的。

各国情报部门通过自己的间谍获得了德国将进行毒气战的情报，美国总统罗斯福、英国首相丘吉尔、苏联最高领导人斯大林等都开始了紧张而认真的应对工作。

为了阻止德国人采用毒气战，各国采取了相应的措施。英国MI6指示刚成立不久的波波夫的"三驾马车"，想尽一切办法阻止德军使用毒气。

接到命令后，波波夫通过"气球"（狄克）给德国人送去一份报告，告诉德国人，英国已经对毒气战作好了一切准备，防毒措施非常严密，发动毒气战达不到应有的效果，浪费弹药还授人以柄。看到自己的特工送来的报告，德国认为，毒气战达不到效果还会遭到国际舆论谴责，最终完全打消了发动毒气战的念头。此举帮助英国免遭毒气战之害。

阻止了毒气战，并没有彻底解除英国的战争危险。德国法西斯以强大的军事力量在欧洲所向披靡。法国只抵抗了一个月，就被法西斯占领了。法国沦陷不久，德国向英国提出所谓的和平建议，这个建议实际上与要求英军投降没有多大区别，不愿意投降的英国人对此加以拒绝。希特勒决定继续实施他的海狮行动计划，他们要在飞机的空中掩护下，派舰队登陆英伦三岛。

1940年5月10日清晨，德军136个师在3000多辆坦克引导下，绕过马奇诺防线，以A、B两个集团军群进攻比利时、荷兰、法国、卢森堡等国。德军的主攻方向选在左翼的A集团军群，指挥强大的装甲部队，在马奇诺防线的北端——曾被视为是坦克无法通过的崎岖而且森林密布的阿登山区发动进攻。这一军事行动让正向比利时进军、准备迎战德军右翼B集团军群的英法联军大出所料，仅十多天时间，德国装甲部队就横贯法国大陆，直插英吉利海峡岸边。北部的联军事实上已经被包围在法国北部的佛兰德地区。5月

28日比利时军队投降，40万英法联军开始全部集中向敦刻尔克撤退。这样一来，西面的英吉利海峡成为联军绝处逢生的唯一希望。

英法联军防线在德国机械化部队快速攻势下崩溃之后，英军在敦刻尔克这个位于法国东北部靠近比利时边境的港口城市进行了历史上规模最大的军事撤退行动。这项代号为"发电机计划"的行动，使英国最终得以利用各种船只撤出了大量的部队。虽然这次大规模的撤退行动成功地挽救了大量的人员，可是英国派驻法国远征军的所有重型装备都丢弃在欧洲大陆上，损失了大量的武器装备，造成英国本土地面防卫发生严重的问题。

有资料显示，在敦刻尔克大撤退之后，英军仅剩下500门火炮、200辆坦克和1300多架飞机，海陆空三军根本不是德军的对手。英伦三岛危在旦夕，一旦希特勒不顾一切强攻英国，其后果不言而喻。

此时，"三驾马车"继续扮演着双面间谍的角色。他们提供给德国人许多政治情报，这些情报有的是真实的，但对战争没有直接影响，目的是为了提高他们的威望。其中大部分通过"胶水"（嘉黛）送过去的政治情报，在反对最高统帅部的心理战中起了作用。面对德国人要继续实施的海狮行动计划，英国最高统帅部和情报部门共同制订了一个马基雅维里计划，并交波波夫他们去实施。

种种迹象表明，德军实施海狮计划进攻英国的登陆地点极大可能选择在东海岸。马基雅维里计划的核心是要给德国人送假情报，让他们相信东海岸是个布满水雷的危险区。但德国人不是傻子，如何才能使他们上当呢？军方交给"三驾马车"的任务，是要他们设法把虚构的布雷图送给德国人。为此，"三驾马车"绞尽脑汁，导演了一出戏。

波波夫他们获悉英国海军参谋总部人员中有一个叫伊文·蒙太古的，是个犹太人，就从他身上打起了主意。因为德国人杀了不少犹太人，而且手段特别残忍，许多犹太人既恨德国人又怕德国人。这个叫伊文的人，听了许多关于集中营的可怕故事，就对屠杀犹太人的纳粹德国恨之入骨。波波夫找到他，让他为反法西斯出力，他欣然同意。波波夫乘机和此人结成好友，利用他的犹太人身份为反纳粹服务。

伊文非常诚恳地问波波夫："我能为你们做些什么？"

"你表面上要装得胆小怕死，找到德国情报人员假装叛变，对他们说愿意以获得自己的人身安全为条件，为德国人提供军事情报，获得他们的信任后，再把那些绝密的海防图给他们。"

伊文按照波波夫的指点，秘密找到了德国情报部门的人，他装出一副可怜巴巴的样子说："德国军队如此强大，已经占领了大半个欧洲，占领英国指日可待。我不得不考虑后路！如果你们能保证我和我家人的人身安全，我可以向贵军提供英国海军的'海防布雷图'，以及你们需要的其他资料。"德国情报部门的人对伊文此举进行了认真分析，推断他投诚的真假性。他们对这位"怕死"的犹太人深信不疑，许诺保证他的人身安全，由此得到了伊文这位在英国海军参谋部任职的人提供的"海防布雷图"。德国谍报机关如获至宝，将"海防布雷图"作为最高绝密情报上报给希特勒。

希特勒认为，既然英国人在东海岸将水雷布置得如此周密，那就没有必要把军队送去当炮灰。于是他打消了从东海岸进攻英国的想法，决定单纯以空中进攻来迫使英国投降。这一计划的改变，使英国得到了喘息的机会，为日后的反攻保存了实力。

风流构怨 错失天机

1941年3月的一天，阿勃维尔突然通知波波夫，要他与上司卡斯索夫会面。事发如此突然，波波夫意识到，可能有重要任务需要他去执行。

果然不出所料，见面之后卡斯索夫直截了当地对他说："日本可能要同美国开战，无论从哪方面考虑，我们都不能坐视不管。"波波夫心想，你们也管得够宽了吧！卡斯索夫好像看出了波波夫脸上的疑惑，解释说："美国人老是在我们的背后捣乱，他们给我们的敌人英国和苏联提供大量的军事物资援助，使我们在战场上牺牲很大，我们一直想出这口恶气。我们也要给美国佬一点厉害看看，但打美国佬必须先发制人！"

波波夫装着不明就里，他问卡斯索夫："如何才能先发制人？"

"搞情报！"卡斯索夫说，"我们要和美国人打一场情报战，只有及时掌握大量的重要情报，才能争取主动，才能先发制人！"

"这和我又有什么关系呢？"

卡斯索夫说："我们在美国的组织被美国联邦调查局搞得一塌糊涂，这帮家伙都成为美国反间谍机关的笼中之鸟，等待着束手就擒。因此，卡纳里斯将军将重新组织一个与德、美联盟没有任何联系的全新的前哨情报站。很走运，他选中了你做开路先锋。"

卡斯索夫向波波夫转达了阿勃维尔的命令：到美国去，协助卡纳里斯将军，重建美国的间谍网，搜集美国海军备战的军事情报，包括搜集美国海军基地珍珠港的情报。

在征得英国情报当局的同意和支持后，波波夫以南斯拉夫新闻社驻美国特派员的身份飞往纽约，开始了他的美国之旅。作为双面间谍，英国方面也赋予他重要使命，那就是使德国在美国的间谍无法密告由美国开往英国的货船离港日期及其船上所载的武器资料、军用物资等情况。此外，向美国联邦调查局及时通告日本入侵美国的消息，也成为此行的重要任务。

在向嘉黛和狄克交代完工作后，波波夫依依不舍地与战友惜别。

几天后，波波夫和英国情报官员佩珀一同来到美国，他们一出海关，就有人将他们引到已经预定好的旅馆房间处。在那里，他们秘密和联邦调查局纽约办事处的头子——福克斯沃思见了面。经过一番例行公事般的审问，这位特工头目确认他们的身份后便告辞而去："先生们，祝你们在美国玩得尽兴。"

想到自己重任在身，看到美国的情报官员对他并不当一回事，波波夫有点心急。他找到美国联邦调查局，直言要提供重要的情报，并说日本很可能进攻美国。但联邦调查局的负责人并没有立即接见他，接待他的人对他的话半信半疑。

波波夫在纽约住下来后，开始建立关系网。他搜集了一些无关紧要的情报发往德国，以此稳住德国人。但是，到了美国后，波波夫的公子哥习气依然不改，他住在纽约最豪华的华尔道夫大酒店，常去高级娱乐场所和女人调情，生活极为奢侈。

其实联邦调查局早就注意到波波夫的行动了。这位"南斯拉夫新闻社驻美国特派员"已经是纽约社交圈里的明星。到美国没几天，他就碰上了过去的情人——一位来自法国的电影明星，她当时正好在加州拍一部电影。他乡遇故人，波波夫立即旧情复发，与这位美女打得火热，他们经常出去游玩。他与明星女友约会，在爱达荷州的太阳谷滑雪，在佛罗里达海滩晒太阳，后来还在纽约富人区买下一套高档住宅。在十几个月的时间里，波波夫已欠下了8.6万美元的债务。

有一天，他和法国明星情人在迈阿密沙滩游玩时，被联邦调查局的特工盯上了。正当他们在房间如胶似漆时，有人来敲门。来人出示了联邦调查局的证件，说胡佛局长要和他谈论公事。波波夫被叫了出来，在外等待的另外两名特工一起动手，不由分说把他带上防弹轿车后直奔首都华盛顿。

波波夫觉得，胡佛这家伙架子挺大的，但终于肯露面了！他早就听说过胡佛，但一直无缘会面。今天倒要看看，这位胡佛到底是个怎样的角色。

埃德加·胡佛是个不简单的人物。

胡佛是一个创造了美国历史和美国联邦调查局神话的传奇人物，他在FBI的局长宝座上一坐就是近半个世纪。1895年1月1日，胡佛出生在华盛顿特区的一个家庭中。1917年，胡佛从乔治·华盛顿大学毕业，获得法学学位。1921年，他成为调查局的副局长。1924年，当时还是一名司法部年轻律师的胡佛被任命为FBI局长。没有人会想到，他在这个位子上一坐就是48年。在这期间，美国换了8位总统、16位总检察官，但FBI局长却始终名叫埃德加·胡佛。他拥有的权力是之后任何FBI头儿无法超越的。他是美国历史上最有权势的人物之一，也是最富争议的人物之一，同时也是一个令人恐惧的神秘人物。

现在，波波夫终于在议事大厅里见到了胡佛。见面之后，胡佛一点也不客气，怒气冲天地指责波波夫："你到美国来不是花天酒地，就是泡女人搞明星。像你这样的花花公子，给我滚得越远越好！"

面对山姆大叔的当头一棒，波波夫也不甘示弱："我到美国，是为了帮助你们备战。我以各种方式给你们带来了严重警告，确切地提醒你们，在什么地点、什么时间、什么方式和什么人将向你们国家发动进攻，但你的手下根本不相信。"波波夫告诉胡佛，日本可能会袭击美国在太平洋上的军事基地，并且是不宣而战，搞偷袭。"据我们获得的情报，届时德国也会在太平洋上予以配合。"他还根据掌握的情报，推测日本可能发动偷袭的时间、地点和参战部队，并提醒美国人予以高度重视。

对于波波夫的情报，胡佛并不十分相信。因为在第一次世界大战中，英国人曾向美国人提供过虚假情报，从此以后美国人对英国人的情报总是半信半疑。现在波波夫提供如此重要的情报，胡佛依然不信。他批评波波夫说："你是从哪里到这里来的？你到美国六个星期，一直不务正业，一味追逐女明星，哪里像个真正的特工？"一向做事严谨的胡佛看不惯整天花天酒地的波波夫，他不但怀疑波波夫的间谍身份，还怀疑他是个为了金钱而从事情报买卖的无耻之徒。对此，波波夫非常恼火。话不投机，两人吵了起来，一番争执之后，波波夫满脸不高兴地离开了胡佛的办公室。对于他提供的日本要偷袭美国的情报，胡佛自然也就没当回事。

尽管对胡佛一肚子怨气，出于工作需要，波波夫还是请求英国方面协调他与美国情报部门的关系，希望美国联邦调查局对他给予配合支持。但美国方面总是敷衍了事，他们提供了一些次要的情报，如一些飞机坦克生产的情况和1941年、1942年军备预算的数字，而没有真正提供有益的帮助。这一切使波波夫感到非常沮丧。就在这时，德国人开始催他提供有用的情报。他不能拒绝，只有硬着头皮想办法去搞情报。

无奈之下，波波夫来到了纽约时报大厦，他找来最近的一批报纸，从报纸提供的数据中整理出一些数字资料，伪造成几份绝密情报发给德国人，用以交差了事。不久，波波夫接到里斯本来的邮袋命令，让他从纽约乘泛美航空公司的飞机去里约热内卢和纳粹在美洲的情报网接头，波波夫大喜过望，立即行动，他因此又掌握了纳粹在北美的新谍报情况。

美国人过于自信，导致了他们自食苦果。波波夫说的"日本可能袭击美国在太平洋上的军事基地，并且是不宣而战，搞偷袭"，此话不久全部得到验证。1941年12月7日清晨，日本海军的航空母舰的舰载飞机和微型潜艇突然袭击了美国太平洋舰队在夏威夷基地珍珠港以及美国陆军和海军在欧胡岛上的飞机场。从六艘航空母舰上起飞的183架飞机，穿云破雾，扑向珍珠港，发动第一攻击波。太平洋战争由此爆发！当天7时53分，日本飞机从前方发回"虎、虎、虎"的信号，表示偷袭成功。此后，第二攻击波的168架飞机再次发动攻击。仓促应战的美军损失惨重，8艘战列舰中，4艘被击沉，1艘搁浅，其余都受重创；6艘巡洋舰和3艘驱逐舰被击伤，188架飞机被击毁，数千官兵伤亡。日本只损失了29架飞机、55名飞行员以及几艘袖珍潜艇。在此后的六个月中，美国海军在太平洋战场上无足轻重。

波波夫推测到日本将进攻美国珍珠港，差点儿改变二战进程。可惜美国人没有相信波波夫的情报，导致错失良机，五个月后事发，最终被日本重创，到了这个时候他们后悔已经来不及了。事发的第二天，波波夫在巴西开往美国的船上，听到了珍珠港事件这个不幸的消息，心里有股说不出的滋味。后来胡佛为了面子，在他的自传中居然说波波夫是"用日本袭击珍珠港作诱饵"，来套取美国的飞机生产和飞行员情况等军事情报，并且说"不管他是为谁效力，我都要把他从美国踢出去"！这就令人有点费解了。

英国方面曾要求美国人对波波夫在美国的活动给予配合协助，但美国人表面应承，没有实际行动，以致波波夫在美的情报工作开展得很不顺利。再后来，波波夫的情报源不仅被掐断了，而且他发现自己房间的电话也有人窃听。德国人经常催他提供情报，他无法交差，对他越来越不满。英国军情六局了解他的处境后，派了一个化名"雀斑脸"的人前往美国协助他工作。然而，由于美国方面不予以配合，他们的工作依然进展不大。

1942年德国西线战事再起，德国情报部门决定将他调回欧洲。波波夫向英国军情六处汇报，征得同意。接到同意指令，波波夫迅速离开美国纽约，重返欧洲谍报战场。

借尸迷敌　中枢除奸

回到欧洲，波波夫面临的第一个问题是如何恢复德国情报组织对他的信任。由于美国方面不合作，他在德国情报部门心目中的地位不断下降。为了扭转这一不利局面，波波夫要重新取悦德国上司。他主动面见卡斯索夫，向他解释自己在美国的情况。

波波夫诚恳地说："这次在美国真是太糟了，根本就不该派我去！阿勃维尔在美国已经瘫痪，我长期处在孤立无援的境地，您可以想象得出，一个人如何能对付强大的敌人。尽管如此，我还是通过努力找到了不少有价值的情报。"卡斯索夫半信半疑地看着波波夫。

波波夫早有准备，因为在纽约时"雀斑脸"给了他一些数据材料，比如从美国发往英国的物资数字，特别是飞机供应情况，还有英美联合进攻北非的"火炬战役"等等。这些都是"雀斑脸"编造出来的，但编得合情合理。波波夫不失时机地把这些重要军事情报奉上，卡斯索夫也觉得价值不菲。末了，波波夫强调说："由于阿勃维尔在美国的谍报机构被破坏殆尽，这些重要情报我早就想送出，但无法安全地传送出来。"

听到波波夫叙述的这么多"有价值的"情报，卡斯索夫顿时对波波夫另眼相看。卡斯索夫认为，德国的间谍组织在美国被破坏殆尽，波波夫孤身一人做到这些确实不易。他安慰波波夫说："你的情况我们都清楚，确实不容易。我们一直对你充满信心，过去的事请不要在意了，还有更重要的任务等你去完成呢！"

波波夫听说"有更重要的任务"，赶紧问是什么任务。卡斯索夫低声说："我们准备把你再次派到英国去，那里的情报人员需要你去统一领导！"

1942年11月，波波夫奉命再次踏上英伦三岛的土地，开始他作为一个双面间谍的新征程。

一到英国，波波夫就秘密会见了英国军情六局的人。英国方面指示，要尽快查清德国人安插在英国的间谍网。不久，德国人把三名自己人塞到波波夫的间谍网里来。为了不引起怀疑，他只好积极地接收。但当他们来到英国后，波波夫便通过英国警察当局拘捕了来人。为了避免嫌疑，英国方面机警地掩护了破案的真实动机，并把其中为英国谍报机关服务的双面间谍也抓进去了一个。

1943年4月，波波夫接到英国军情六局下达的一项特别任务：调查德国最新研制的V-1火箭弹的研发情况以及它的秘密研制地点。V-1火箭又叫战车式火箭，是一种杀伤力极强的武器。接到任务后，波波夫和他的小组成员立即利用回德国汇报的机会，对该武器的有关情况进行了侦察。经过侦察，波波夫等人了解到，这种武器是由德国格哈德·费思勒股份有限公司的工程师罗伯特·吕塞尔领导的设计小组开发研制的。他们了解到，这个小组是在皮尼蒙德附近的两家生产小型飞机的工厂研制V-1火箭的发射装置的，并了解到他们还批量生产一种无人驾驶、能运载一吨重的炸弹的单翼飞机。得到确切的情报后，英国皇家空军马上用轰炸机群对皮尼蒙德地区进行了地毯式的密集轰炸。此举使德国人的研制、生产一度趋于瘫痪，使德国人的"战车"生产瘫痪达半年之久，有效地削弱了纳粹德国的军事力量。

在这期间，波波夫还策划了针对德国空军的"斯塔基行动"。在这次行动中，他们向德国情报机关提供了点点滴滴的情报，使其相信在加莱港地区正准备发动一次大规模的两栖登陆。这就诱使德国空军进行侦察，并把轰炸机群引诱到英国皇家空军的后院，使之处于易受攻击的境地，使德国空军遭到打击。

波波夫重返英国后，他领导下的谍报网空前壮大。这时，他们的战术谋略主要转向了发出假警告和策反上。他的同学约翰尼由于工作关系和波波夫的关系密切起来。波波夫认为，约翰尼是个受过大学教育的知识分子，对于正义与非正义的战争，他应该是有鉴别能力的，所以决定做他的策反工作。发假警告和做策反工作的目的，在于使德国人混淆视听，加重战争失败的心理压力，同时使德国军队在西线保持最大的数量，从而减轻苏联前线的压力。

经过一段时间的努力，1943年夏天，波波夫将当年招募他成为纳粹间谍的约翰尼·杰布森策反，使他为英国人服务，代号"艺术家"。约翰尼此后向英国人提供了大量情报，也成为一名反纳粹的双面间谍。

在约翰尼的帮助下，波波夫不动声色地捣毁了德国安插在英国的一个间谍组织，削弱了德国情报机关在英国的力量。事后，德国人为了加强在英国的情报工作，要求波波夫增派人员代替被捣毁的这个间谍组织。波波夫趁机扩大自己的谍报队伍，他悄悄地从南斯拉夫将一些有关系的人偷渡到英国来，并电告德国方面，他的组织已经扩大到了几十人。他还发展了几个下线，他们的间谍网被称为"南斯拉夫小组"。间谍职业要大把大把地花钱，人多了自然要追加经费，波波夫因此让德国方面破费不少。

波波夫经常往返于伦敦和中立国葡萄牙的里斯本搜集情报。为了应付德国人，他的组织也经常性地给纳粹提供情报，但德国人得到的情报总是半真半假。德国人根据这些情报去行动，要么无功而返，要么受到损失。而在最后的关键之时，波波夫总会提供准确无误的情报，但此时为时已晚。波波夫的这种做法，既应付了德国人，又使纳粹当局没有对他的能力产生丝毫怀疑。

1943年夏天，盟军在取得阿拉曼战役和突尼斯战役的胜利后，将战线推进到轴心国控制的地中海沿线。为争取主动，盟军决定在意大利的西西里岛登陆，以迫使意大利墨索里尼政府投降。

为了确保西西里登陆计划的实施，盟军事先作了周密部署：用飞机对意大利各大机场、港口进行了大规模的轮番轰炸。同时，为了不让敌军发现盟军的登陆意图和登陆地点，还决定向德、意军队传递假情报，以迷惑敌人，确保盟军在西西里登陆成功。

传递假军事情报的艰巨任务，自然又落到了波波夫等人身上。

波波夫为了完成这一任务，和英国皇家海军情报处 17F 科的负责人伊凡·蒙塔古少校制订了一个出奇制胜的肉馅行动计划。在这个计划中，波波夫他们想出了一个主意，让英国海军把伪造文件和书信放到一个叫马丁的英国军官的死尸上，然后让这具死尸随着海浪冲到西班牙海岸去，表面上看来这好像是一次飞机失事，目的是给敌人输送假情报。

波波夫、蒙塔古知道，当时的西班牙佛朗哥政府表面上保持中立，暗中却与纳粹德国交往密切，因此他们将马丁的尸体抛在西班牙的加的斯湾。西班牙人发现这具尸体和其随身携带的文件，很快交给了德国驻西班牙情报机构的负责人威尔海尔姆·连兹。德国人因此从尸体上找到了盟军准备向希腊和撒丁岛进攻的绝密宗卷。

盟军将进攻希腊和撒丁岛，此事是真是假？德国人立即指示情报机关进行调查核实，波波夫也接到类似的指令。没过几天，德国人就接到波波夫传来的情报。波波夫报告中说，有许多英美军人应召在苏格兰接受跳伞训练，另外英国方面对最近一起飞机失事事件顾忌重重，等等。这些消息，使德国人开始相信盟军进攻希腊的结论。柏林当局立即派增援部队去希腊、撒丁岛，德国海军潜水艇也奉命开往克里特。结果，西西里的防御力量削弱了。

由于波波夫等间谍助推，欺骗战略成功。1943 年 7 月 10 日，当盟军进攻西西里岛时，德国人认为那是盟军在声东击西，没有及时救援，从而使巴顿将军得以兵不血刃地冲进巴勒莫城，使盟军以很小的代价攻占了意大利的西西里岛。

1943 年，反法西斯战争各主要战场形势发生根本转折，盟国已经取得战略进攻的主动权。为商讨加速战争进程和战后世界的安排问题，美、英、苏三国首脑罗斯福、丘吉尔和斯大林于 1943 年 11 月 28 日至 12 月 1 日在德黑兰举行会晤。这就是著名的德黑兰会议，会上盟军决定转入反攻，在欧洲进行一次大规模的登陆行动。

然而，这么重要的军事情报却很快被人出卖给了德国人！有一次，波波夫在无意之间，帮英国人挖出了一个大内奸。那是在一次提供情报之后，波波夫向卡斯索夫要活动经费。卡斯索夫对他说："你别老抱怨给的钱太少了，再抱怨我近期也没办法解决。请你相信我，我已经替大家尽力了！"波波夫埋怨说："没钱怎么搞情报？尤其是那些重要的机密情报，都要花大价钱才能弄到！"卡斯索夫不小心说漏了嘴："钱也不是没有。只是上面把大笔大笔的钱给了一个特殊的情报员，这个人出身清贫、地位低微，但他向我们提供了许多难以置信的超级情报。"

波波夫立即意识到问题的严重性，但他装着不以为然的样子："是吗？我不相信在英国会有人得到比我提供的情报还重要的情报！"

"你太自信了吧？人家提供的可是德黑兰会议记录和盟军将要进行一次大规模登陆的情报！"

"哦，真有这么厉害呀！这人真是了不起！"波波夫话锋一转，"不过，我不相信。一个地位低下的人不可能搞到这么重要的情报。他必定是一个地位很高的人，他究竟是谁呢？"

卡斯索夫严肃地说："不该打听的不要打听，这是干我们这行的纪律！不过，可以稍稍透露一点点给你，事实上他是你的同乡，离杜布罗夫尼克不远。"

波波夫立即将这一紧急情报告诉了英国情报部门。这个消息立即引起英国MI6处的高度警觉。英国的反间谍机构感到问题的严重性，紧急进行排查。他们从各方面推测认为，此人很可能是阿尔巴尼亚人，因为杜布罗夫尼克离阿尔巴尼亚边境最近。MI6将参与德黑兰会议记录的几个人过筛，最后锁定了一个嫌疑对象——西塞罗，此人是英国驻安卡拉大使馆的一个阿尔巴尼亚工作人员。经过审讯，在事实面前西塞罗只得如实招供。挖出了德国在英国中枢机构的特工，波波夫为英国铲除内奸立下一大功，为诺曼底登陆计划的顺利实施扫清了情报方面的障碍。

间谍斗智　鹿死谁手

1944年3月，波波夫向德国人提供了盟军在法国登陆的详细兵力表，其实这是代号为"坚韧行动"的战略欺骗行动的重要组成部分，意图是分散希特勒的注意力。拿到这份情报，德国人如获至宝。约翰尼在德国了解情况后，写信给波波夫说："我祝贺你成为元首的最好特工，他对你笃信不疑。"

就在英国人频频发起强大的间谍攻势时，一场特殊战线的较量悄然展开。德国人感到必须加强谍报组织内部的建设，阿勃维尔拟订了一个在它掌管的双重间谍中进行的代号为"太上皇行动"的计划，以期提高谍报人员的素质，挫败盟军的情报攻势。

于是，在阿勃维尔内部展开了一场评价间谍的活动，这实际上是间谍机构的内部自查行动。

波波夫为了不让德国人对自己的活动进行深入调查，以免从中发现纰漏，也为了能打入敌人的核心计划——"太上皇行动"中去，通过约翰尼的牵线搭桥，他认识了阿勃维尔手下一个至关重要的人物。此人叫卡姆勒，是阿勃维尔一处的中尉情报长官。他的部分工作是对潜伏在世界各地的间谍搜集到的情报作出评价，并转送到柏林，也是谍报界中层人士中最有可能接触"太上皇"计划的人。于是波波夫想方设法地和他搞好关系，想从他那下手。

要打开卡姆勒这个缺口，必须了解他的个性和喜好，然后投其所好。据波波夫了解，卡姆勒在谍报界确实是个能干之人，他因此恃才，从不把那些特务组长放在眼里，这就使得大权在握的间谍头子对他不满。间谍头子越是对他不满，他就越不把他们当回事，有时甚至故意干扰这些间谍头子的工作。久而久之，他与卡斯索夫、克拉默等间谍头子的结怨不小。因为与上司的关系非常不好，升迁自然没他的份，怀才不遇的他经常发泄不满，骂他的"混蛋上司"。

掌握了卡姆勒这一特性后，波波夫故意经常在他面前发牢骚。他对卡姆勒说："中尉，我真替你抱不平。我常与卡斯索夫打交道，知道他根本没有什么才能，比你差远了！但是，他很会吹嘘自己，只有嘴上这点本事。他靠这种本事保住自己高薪舒适的职位。如果没有咱们替他卖命，他什么功绩也没有，一文不值！"

卡姆勒觉得波波夫说得太对了。波波夫请卡姆勒吃饭，喝酒谈心，两人把内心不满一吐为快。时间一长，卡姆勒把波波夫当成真正的知己，和他推心置腹，几乎无话不谈。到了这个时候，波波夫开始有意无意地去套他的情报，在不经意之间他就偶尔会透露给波波夫一些重要的消息和特工内幕。

正当波波夫探测自己参加"太上皇行动"的可能性有多大时，他从卡姆勒处得到一个惊人的情报：在里斯本还有一个叫"奥斯特罗"的特殊间谍网，深受阿勃维尔的器重。这个间谍组织隐藏得很深，因为卡姆勒的秘书费罗琳充当过他们的交通员，他才知道有这个间谍网。波波夫以此推测自己的安全系数，意识到潜在威胁不小。这个发现一度使他有些紧张，因为他原本以为自己的间谍网是纳粹德国在西欧的唯一一张牌，内部非常安全。现在看来，德国人可能对自己产生了怀疑，或者是想通过"奥斯特罗"来审察自己。无论从哪方面考虑，都必须端掉这个组织！

从哪里下手呢？波波夫想到了约翰尼。通过约翰尼的大力协助，波波夫终于揭开了"奥斯特罗"的部分面纱。原来，这个间谍网直接归一个叫卡迈普的人领导，他们只听命于柏林方面，连间谍头子卡斯索夫和克拉默都不能掌握其动向。卡迈普手下共有三名间谍：分别为"奥斯特罗1号""奥斯特罗2号"和"奥斯特罗3号"。其中的"1号"和"2号"潜伏在英国，而"3号"潜伏在美国。阿勃维尔让这个间谍组织长期蛰伏，把它当成藏在暗处的一张王牌，关键时候才拿出来。

波波夫在侦察"奥斯特罗"的同时，立即将这个间谍网的情况通告了军情六处。MI6对此事十分重视，召开专门会议。会上，MI6高层很快达成共识："奥斯特罗"已经对"三驾马车"构成潜在威胁。因为德国情报机关对它的信任超过任何一个间谍组织，这使波波夫参加"太上皇行动"的可能性极小；有它存在，波波夫他们迟早要暴露。意识到"奥斯特罗"存在的危害性，军情六处上报英国情报当局，决定清除这个组织。当局批准后，他们专门派得力人员来里斯本协助侦察。

为了不危及英国方面的双重间谍网，同时又不使德国方面怀疑波波夫小组，军情六处采用了"软刀子杀人"的办法来除掉"奥斯特罗"。英国人制造了许多重要的假情报送给"奥斯特罗"，"1号"和"2号"不知是计，立即发回德国情报部门。与此同时，"三驾马车"向阿勃维尔发出许多真实情报。同样的事情，一真一假，如此再三，使"三驾马车"与"奥斯特罗"在情报战上形成鲜明的对比，从而败坏"奥斯特罗"的声誉。

波波夫非常感谢英国方面的配合，给他们提供了很多真实情报。因此，在一段时期内，"奥斯特罗"送去的情报都是假的，波波夫送去的情报绝大多数都是真的。这样一来，"奥斯特罗"在德国情报机构中渐渐失信失宠，而对波波夫小组则信任日增。这样一折腾，"奥斯特罗"最终失去了威慑作用。

波波夫扫清了"奥斯特罗"障碍，信心十足，准备打入敌人的核心机构，从而插手"太上皇行动"。就在这时，约翰尼从柏林又传回一个意想不到的坏消息：德国人还有一个由老牌特工组成的双重间谍网，目前活动频繁；并且该间谍网已经对波波夫产生了怀疑。危险再次逼来，波波夫急忙向约翰尼了解这个间谍组织的详细情况。

约翰尼告诉波波夫，新发现的这个德国间谍网由三位双重间谍组成，已经打入英国情报部门。最不可小视的是这个谍报组织的头子——奥地利骑兵军官出身的科斯勒博士。科斯勒是个精明的犹太人，又读过博士，智商远超一般人。现在他就职于阿勃维尔在布鲁塞尔的情报中心，摇身一变，已是德国间谍机关一名高级军官。

此时，科斯勒通过英国皮特公司驻欧洲大陆分公司的经理范托，已经建立了与英国方面的联系。他对英国情报部门的人说："我是个犹太人，是被纳粹迫害最深的种族，我愿意帮助你们。"他就这样轻易骗取了英国人的初步信任。此后他诈称帮助英国向德国将军们说明战争的真实进程，以便说服他们向盟军求和，进一步骗取英国方面的信任。

英国情报当局认为科斯勒说服德军求和之事，可以使双方许多士兵免于成为炮灰，挽救成千上万人的生命，便轻信了科斯勒的话，把他和范托接纳为双重间谍。英国方面给科斯勒的代号为"哈姆莱特"，给范托的代号叫"木偶"。获得英国方面的信任后，科斯勒放手大干，后来又发展了一名代号叫"鲻鱼"的情报员。为德国服务的这三个双面间谍，向阿勃维尔提供了工业和军事上的大量绝密情报。对此，过于轻信而麻痹大意的英国人一直蒙在鼓里。

"这太危险了！"波波夫立即向英国情报机关作汇报，详细说明了自己的危险处境。但鉴于上次清除"奥斯特罗"的行动已经受到德国人怀疑，英国情报部门只能对此小心提防，不能将之连根拔去。这样一来，就意味着"三驾马车"最终丧失了打入"太上皇行动"中心的机会。

为了阻挠德国人的反攻策略——"太上皇行动"，英美决定尽快实施反攻计划——"海王星计划"。为了保证反攻计划的顺利进行，MI6要求波波夫按照既定谋略计划行事：首先要使德国情报机关相信，反攻将在加莱海峡开始，而且在第一批部队登陆之后，紧接着就有第二批实力更强的部队在同一地区登陆。同时，在波尔多地区可能也有一股部队登陆。此外，还要像虚设假情报员那样，制造假军队。波波夫按要求虚构了三支军队，上报给德国人：一支名叫美一军，一支番号叫英国集团军，第三支是美国第14集团军。他把情报发给德国人，借助这些根本不存在的"影子部队"迷惑敌人。

为了完成任务，波波夫等人如同猎狗追野兔的追逐游戏那样，设置了一些细小的标记，引诱德国情报机关去追逐根本不存在的军队。他们向阿勃维尔提供了有关师团的驻地、部队的调动、物资的供应、仓库的所在地、修理车间等诸如此类的大量情报。为了使这些假情报更能迷惑敌人，他们又掺入点滴真实情报加以佐证。

为了愚弄纳粹的窃听机构，波波夫又派人建立了一个高频电台，24小时连续工作，模仿虚设的部队转移情况，不停从师团向司令部发报；为了欺骗德国空军的侦察机，根据波波夫的建议，英国军队在波波夫提供给德国人的假地址上还营造了伪装好的假军营，使德国人对飞机拍下来的照片深信不疑；为了使德国人更加相信他们汇报的情况，他们又向中立国的大使馆泄露有关方面的消息，再由其传到阿勃维尔的耳朵里去。

由于间谍战的辉煌业绩，同盟军以极小的代价顺利完成了"海王星计划"，使德国人的反攻阴谋遭到彻底失败。正当英国人沉浸在胜利在望的狂热和乐观情绪之中时，"三驾马车"又奉命回到里斯本的"狼穴"中，等待他们的，将是更为严峻的考验。

再遭艳遇　血浆测谎

由于德国谍报部门在"海王星计划"中损失惨重，组织遭到严重破坏，急需休养生息，因此，在初到里斯本的一个多月中，波波夫轻松得简直没事可干。其实，德国情报部门并不甘心失败，他们决定对组织成员进行一次更加严厉的审查，波波夫自然也在审查的范围之内。

没事可干的波波夫经常到赌场里散心，不时玩一种赌注不限的"百花乐"打发时光。一天，波波夫在赌场碰上一群朋友，朋友介绍他认识了白肤棕发碧眼的比利时姑娘露易斯。露易斯天生丽质，长得太漂亮了，波波夫一下子就被她迷住了。

这个姑娘很大方，主动伸出手来与他握手，其热情程度使天性风流的波波夫禁不住多瞄了她几眼。她心领神会，回以含情脉脉的一笑。被一种莫名的欲望驱使着，波波夫玩了两把赌钱后，请露易斯到酒吧去喝酒，她欣然接受邀请。以后的事都顺着波波夫的意愿发展，他把露易斯带回房间共度良宵。一场男欢女爱之后，波波夫疲惫地睡着了。在清晨三四点钟时波波夫才醒来，他发现床上只剩下他一人，原本关着的通向客厅的门却大开着。波波夫警觉地听了听客厅的动静，他听到办公室抽屉推拉的声音。此时他再明白不过了：露易斯是阿勃维尔派来监视他的，正在查找不利于他的证据！波波夫心里说：好家伙，打起我的主意来了！

幸好波波夫从来不在房间里放重要文件，所以他索兴装睡，让露易斯翻了个够。露易斯搜查完毕后，又轻轻地爬上床来，躺在他的身旁。波波夫问她去找什么了，她自知露馅，先说是去找支烟抽，接着又说是想找点钱花。波波夫质问她：“到底为谁工作？”但她很不老实，拒绝回答，波波夫给了她一个耳光。这个女人哭了，一边哭还一边撒娇。波波夫怜香惜玉，心里明白是怎么回事后也不再追究，继续和她欢度良宵。

经过这件事，波波夫清醒地意识到自己处境危险，看来德国人对他还是不放心。他预感到这不是德国人对他的最后审查，还有新的花招等待他。果然，只过了几天，约翰尼突然从柏林赶回来，对他说：“我从密码处搞到确切的内幕消息，明晚反间谍处的施劳德和纳森斯坦将对你发动突然袭击。他们会派一个人，从柏林来，用特殊手段专门审问你！”

经过多次考验的波波夫自信地表示：“放心吧，我不会有问题的。”

约翰尼提醒说：“他们可能使用测谎血浆，很多人过不了这一关。”

波波夫听说过，美国中央情报局用机器对特工进行测谎，但“测谎血浆”四个字还是第一次听到，因为没有测试过，他不免有些紧张，追问约翰尼：“这到底是什么玩意儿？怎么个测谎法？”

约翰尼告诉他：“测谎血浆实际上是一种叫‘硫喷妥纳’的药，是新研制出来的。服了这种特殊的药后，人的意志会遭到破坏，神志有点迷糊，回答问题时往往跟着别人的思维走，问啥答啥，不会说假话。”

波波夫想，如果这种怪药真有这么神奇，那可就麻烦了。约翰尼看出他有点紧张，提醒他说：“你应该先试验一下，看看你的抗药力有多大。这样心里才有底。”据约翰尼透露，阿勃维尔驻里斯本情报站最近运来了一些硫喷妥纳。波波夫决定马上动手试一下,他让约翰尼去搞点这种药来。

下午约翰尼弄来一包药,还带来一名懂行的医生。医生建议皮下注射25毫克硫喷妥纳,因为"这个剂量足以使神经系统处于半麻痹状态"。波波夫遵照医嘱进行了试验,几分钟以后,便感觉头晕、恶心、舌头膨胀、想睡觉。当他昏昏沉沉有一种醉酒的感觉时,他对约翰尼叫道:"来吧,开始提问吧。你就从我们在弗莱堡大学戏弄那几个盖世太保的笨蛋那儿开始。"

看来25毫克药剂对波波夫没有多大作用。他保持头脑清醒,约翰尼问他的家庭、童年时代以及大学时代的情况,他能够对答如流。当约翰尼把话题转到英国,问到与间谍生活有关的人和事时,波波夫对要害问题要么装傻回避,要么坚决否认,甚至还撒谎骗人。尽管药物作用令他说话有些困难,但他回答问题却怎么也不会落入提问者的圈套。约翰尼说:"你的头脑很清醒,看来你不用为测谎血浆担心。"

波波夫做事非常执着,他要进一步试验自己对测谎血浆的承受能力。到了晚上,他主动对医生说:"请把测量加大到50毫克。"医生闻声吃惊不小,50毫克,可不是一般的人能受得了的!但波波夫坚持要这样做,医生只得照办。这次大剂量产生的麻醉,几乎把波波夫整垮了。昏昏沉沉之中,对约翰尼所问的问题,他有的作了回答,有的不知道是否做了回答。不知不觉中,他稀里糊涂地睡着了。这一觉睡得真长,直到第二天下午5点左右,波波夫才被约翰尼摇醒:"吃晚饭了,晚上你还要接受更严峻的考验。"

看着眼前摆着的丰盛食物,波波夫一时还没有食欲。他急于知道自己在大剂量药物下的表现。当他听到约翰尼说"一点儿情况都没从你的嘴里泄露出来"时,紧张的心情立即松弛下来。

第二天晚上,柏林来的审讯专家米勒少校约见波波夫。他带着特别任务来审查波波夫,但见面后他说话非常客气,总是面带微笑,使人即使在受审,也没有压迫感和紧张感。因为有了心理准备,波波夫从容应对米勒闲聊式的提问。米勒先从无关紧要的问题入手,不用任何威胁的口吻,意在麻痹对方,使之放松警惕。而后,米勒巧妙地涉及要害问题,想从中发现什么。但六个小时下来,波波夫居然滴水不漏,让他毫无所获。

米勒不得不使出最后一招,他温和地对波波夫说道:"不知不觉过了六小时,你一定非常疲倦。但抱歉的是,我们还有一些情况必须了解。我这里正好有些柏林朋友送的上等吗啡，咱们一人来点提提神吧，有了精神才好把这讨厌的公事搞完。"说完，米勒转身把军医叫进来，吩咐他去拿吗啡。不一会儿，军医拿来了两瓶药水，米勒对他说："先给我自己注射吧。"

波波夫一看就知道他们在演双簧。显然，给米勒注射的不过是蒸馏水，而波波夫注射的却是测谎血浆。不注射是不可能的，既然如此，波波夫表现出十分高兴的样子，让军医注射了30毫克血浆。这个剂量对他来说，应该问题不大，他完全能够抗住药力。但是，由于波波夫此前连续注射了两次，体质较弱，不一会儿他就开始感到头昏目眩，两只脚像是悬在空中，十分飘渺。他提醒自己：药性上来了！

米勒见波波夫昏昏欲睡，开始提问。这次他不再问那些皮毛之事，而是直奔有关"太上皇行动"和德国双重间谍网被英方侦破等方面的问题。波波夫事先作了准备，回答得轻松自如，没有露出一点破绽。米勒最终于打消了对波波夫的怀疑，笑着说："我们等待你给出更多的好消息。你最好让你的助手现在就将最近搜集到的情报发过来。"

经过这番考验，波波夫分析德国人对他会恢复信任。果然没过几天，他接到德国反间谍处指令，离开里斯本，尽快回到伦敦，领导那里的间谍小组。波波夫大喜过望，既然是接受新任务，就得有活动经费，临行之前他狠狠宰了德国人一把，要了一笔数目相当可观的奖金和经费。

进入1944年5月上旬，战局对德国越来越不利。为了争取战场上的主动，德国情报机关不断地要求波波夫他们提供新情报。波波夫忙于编造假情报应对，他在军情六处的配合下，假戏真做，做得天衣无缝。谁也不曾料到的是，老牌双面间谍约翰尼这时却出了个低级错误，导致波波夫领导的双面间谍网遭到了灭顶之灾。

孤身脱险　千古流芳

1944年5月，约翰尼开始倒卖黄金。就在这个月中旬的一个深夜，约翰尼突然被盖世太保逮捕。起因是由于他有来历不明的收入而被盖世太保盯上，后者跟踪发现他倒卖黄金。此事非同小可，盖世太保侦缉队将他查获，接着又去搜查他家。搜家时除了黄金，还搜到了不少秘密文件，这些文件足以证明他是双面间谍，而且在为英国服务。就这样，约翰尼被捕了。

约翰尼被捕，波波夫危险！军情六处的人得到约翰尼被捕的消息，十万火急地赶来告诉波波夫："达斯科，告诉你一个坏消息，艺术家（约翰尼的化名）已被捕。情况非常危急，赶快回里斯本，通知与他相关的人员转移！"军情六处的人还告诉他："听说约翰尼被捕与金融走私有关。但德国人已经查到了他的通信录，并在通信录中查出了你们所有的人。总部希望你们乘敌人还未开始抓捕，赶快离开这里！"

听到这个如同五雷轰顶的消息，波波夫岂敢怠慢，立即动身转移。然而他本能地想到，他这一走不要紧，潜伏在德占区的其他一大批谍报人员都会有生命危险。德国法西斯的残暴，从他们杀害犹太人之事上可见一斑。他仿佛看见谍报战线的战友一个个倒在敌人的屠刀下……想到这些，波波夫不顾个人安危，星夜兼程地赶到里斯本，进行营救和组织逃亡工作。英国方面也在想方设法，尽可能多地营救出谍报精英。然而一切都为时太晚，波波夫赶到里斯本时，法西斯正在全城大搜捕，"三驾马车"发展起来的一大批优秀谍报人员被纳粹军队抓获，几乎没有漏网的。波波夫在营救战友的过程中，几次遇到险情，差一点也被敌人抓获，无奈之下他只好逃离里斯本。

波波夫一直想营救约翰尼，因为自身难保，他想了不少办法也没成功。约翰尼最终没能被营救出来，被盖世太保杀害于奥拉宁堡集中营。波波夫命大，他历尽千辛万苦，才得以保全性命，最终在比利时获救。

1944 年 6 月 6 日，盟军在诺曼底登陆。德国人轻信了波波夫等人提供的假情报，准备不足，盟军很快取得了这一关键战役的胜利，使之成为第二次世界大战的转折点。

很快，纳粹的统治在大炮声中土崩瓦解，作为插入敌人心脏的"三驾马车"的工作也彻底结束了。二战结束后，英国情报机关为波波夫及其"三驾马车"小组举行了盛大的庆功宴会，波波夫被授予大英帝国勋章。1947 年，波波夫被英国授予英帝国官佐勋章，但波波夫拒绝了英国向他提供的公民资格。

波波夫退役后，定居在法国一个小镇上，开始写回忆录《间谍与反间谍》。谍战生涯中有很多事值得回忆，也有很多遗憾令人感叹。他常常感慨，1943 年侦察到德军的"战车式"火箭生产地，英国空军没能将其彻底摧毁，以致 1944 年 6 月德国人将其投入战争，对英国南部造成很大破坏，有近三万人伤亡；他回忆与美国情报局长胡佛的恩怨，慨叹一人武断带给多少人灾难……他要将这些都写入他的书中。

1974年，他的谍战生涯回忆录《间谍与反间谍》出版。书中详细记载了他作为双面间谍的一生，其中有句经典名言："要使自己在风险丛生的环境中幸存下来，最好还是不要对生活太认真。"

在这本书中，波波夫披露了间谍生涯中不少鲜为人知的故事，包括一些生活琐事。其中提到，那种充满危险而高度紧张的工作，使波波夫决心要在非工作时间内尽量过舒适的生活。他在伦敦最豪华的酒店之一——莎威有一个常住套间，经常在高级餐厅开饭，在伦敦最贵的俱乐部打桌球，到最炫的夜总会跳舞至凌晨。他的生活被形容为"被香槟滋润着"。英国情报总部这样描述他这一部分生活：闲时他会在巴黎住上一两个月，他是那么喜欢"花都"那"美女环绕"的社交场。

波波夫一直拒绝接受英国情报机构付给他的报酬，他罗列了两个理由："我非常乐意为一个我全心崇敬的国家服务；德国人付给我的薪水已经够我花了"。但似乎英国军情六处要时不时"搭救"他。一份档案这样记录了一件趣事：1941年3月14日，星期五，在莎威的餐厅，达斯科·波波夫发现口袋中的钱不够支付午餐的账单，不得不向总部求助，看来他在前一天夜里花了不少钱。

波波夫的书问世后，世界上的许多读者对他的故事感兴趣。有鉴于此，作家伊恩·费莱明根据其经历创作了系列谍战小说，其小说中的詹姆斯·邦德就是以波波夫为原型。比起邦德来，波波夫间谍生涯的紧张性和危险性更大，更加激动人心，充满着罪恶与仁智的殊死搏斗。波波夫看过之后，他对詹姆斯·邦德的招摇过市、引人注目颇为不满。间谍怎能这样生活？他说："如果一个间谍像他这样，他最多活不过48小时。"

波波夫被西方谍报界誉为最勇敢、最快乐的谍报天才，具有巨大魅力和个性吸引力，连前英国情报机关的头子斯图尔特·孟席斯少将也对他赞叹不绝，说他"太诡计多端"。

在这以后的一段时间里，在英国海德公园的公墓群旁，天真烂漫的孩子总能发现一位鹤发童颜的老人不分春夏秋冬、不管雨雪风霜，经常在星期天的黄昏，在这里安详地坐上那么一两个钟头。他就是波波夫。面对如血残阳，他是在垂悼亡友，抑或是在眷念往事？

　　1981 年，达斯科·波波夫在法国南部的奥比奥去世，享年 69 岁。他的传奇经历被改编成故事，以他为原型的 007 系列谍战类电影相继问世，风靡全球。波波夫一生风流倜傥，业余时间与一位离婚的法国伯爵夫人保持着亲密联系。据说英国上司知道他有这个爱好，索性睁一只眼闭一只眼，后来干脆将他的代号改为"三轮车"，据说这是因为他喜欢同时与两个女人上床。

　　2002 年 5 月，英国公共档案室解密了英国军情六局的部分秘密档案，人们知道了更多有关波波夫的故事，他也因此与间谍 007 一起流芳千古。

险些引发世界核战的情报官

1962 年 10 月，围绕古巴导弹危机，美苏两国剑拔弩张，世界核战一触即发。正在此时，一个名叫奥利格·潘科夫斯基的苏联情报官被克格勃秘密逮捕。次年 5 月，潘科夫斯基被克格勃处死。世人都说潘科夫斯基这个人很不简单，引发古巴导弹危机、险些导致世界核大战，实际上有他一半的"功劳"。但也有很多人认为，如果没有潘科夫斯基的自我牺牲，一场世界核大战也许就爆发了，那将造成无数无辜的生命被剥夺。

对于那场牵涉美、苏和古巴三国领导人并且险些发生的核战争，以及双面间谍潘科夫斯基的是是非非，长期以来众说纷纭，相关看法甚至截然相反。这到底是怎么回事呢？潘科夫斯基的功过是非又该如何评说？

第七章 险些引发世界核战的情报官

政坛新星 仕途遇阻

奥利格·潘科夫斯基生于 1919 年 4 月，父亲是一名企图复辟沙皇政权的白俄军官，和苏联红军打过仗。潘科夫斯基四个月时，他的父亲在战场上被红军击毙。此后，潘科夫斯基由他的伯父抚养长大。他的伯父是一位苏联将军，红色家庭环境对他的成长影响很大，他从小接受了苏联的爱国主义教育，满怀爱国热情。1937 年，18 岁的潘科夫斯基考入基辅第二炮兵学校，炮校是军队建制，他从此加入苏联红军。

在炮校的两年中，潘科夫斯基学习非常刻苦，掌握了过硬的军事技能，并加入了苏联共产主义青年团。1939 年第二次世界大战爆发，年轻的潘科夫斯基正好从炮校毕业，被分配到乌克兰某炮兵部队担任指挥官。

在部队的实战中，潘科夫斯基一天天成长起来。这年 11 月底，潘科夫斯基率部参加了苏联与芬兰的战争，表现得非常勇敢，四次负伤都坚持战斗，成为战士们的榜样。与芬兰的战争历时四个月，苏联方面取得了胜利。战争结束后，潘科夫斯基受到上级的表彰。随后，他又率领部队参加了与德国法西斯的战争。

1940 年潘科夫斯基加入了苏联共产党。第二年 6 月，德国法西斯进攻苏联，苏联人民奋起抗击侵略者。在保卫祖国的战斗中，潘科夫斯基英勇无畏，冲锋在前，多次立功受奖。他的军衔官阶也一再晋升，到二战结束前，他已升任为第 52 近卫坦克歼击炮兵团团长。

由于潘科夫斯基在第二次世界大战中的杰出表现，战后他被送到著名的伏龙芝军事学院深造。伏龙芝军事学院校址在莫斯科，是苏联培养诸兵种合成部队军官的高等军事学校，是研究诸兵种协同战斗和集团军战役问题的科研中心。这所学校创办于 1918 年，是苏联十月革命后的第一所高等军事学院。当时苏维埃共和国革命军事委员会根据列宁指示创办该校，旨在工农中培养具有高等军事文化程度的指挥干部。该校最初称为工农红军总参谋部军事学院，1921 年改名为工农红军军事学院，1925 年起称为工农红军伏龙芝军事学院。

伏龙芝军事学院在世界上享有很高的声誉，这是因为它在 80 年的历史中培养出了很多出类拔萃的军事人才，如苏联赫赫有名的朱可夫元帅、科涅夫元帅、崔可夫元帅，中国的刘伯承元帅、左权将军、刘亚楼上将等都是该院的毕业生。能进入伏龙芝军事学院这样的名校，意味着潘科夫斯基前途无量。

从伏龙芝军事学院毕业后，潘科夫斯基进入苏军总参谋部管辖的外交学院深造。这显然是上级有意培养他，为其将来担任要职作准备。外交学院的毕业生，很多将来到外事部门工作。潘科夫斯基当然清楚这一点，他不负众望，扎扎实实地学习，并和一些领导建立了不错的关系。

春风得意马蹄轻。1950 年，刚过而立之年的潘科夫斯基双喜临门：他晋升为大校，同时结婚成家。值得一提的是，他的妻子是莫斯科军区政治指导委员会主任的女儿。情场仕途皆得意的他，意气风发，感到前途一片光明。

转眼到了 1953 年，潘科夫斯基从外交学院毕业。他被留在了参谋总部任职，出任首席情报指挥官，从此正式进入苏联的军事情报机构（即格鲁乌），成为一名情报官。

1955 年，潘科夫斯基被外派到土耳其的安卡拉，担任苏联驻土耳其大使馆的副武官，同时兼任苏军总参谋部的常驻高级助理。但不知什么原因，他与自己的上级合不来。出于工作上的考虑，第二年的 11 月，他被上级调回苏联国内任职。

上级将他调回国内并非责怪他，也没有对他产生不良影响，还准备任命他担任更重要的职务——苏军总参谋部常驻印度代表。此时的潘科夫斯基是一位满腔赤诚的爱国者，是苏联政坛上颇有前途的一颗新星。从个人素质上看，他有着过人的胆识和机智；从社会关系上看，他的伯父是一位苏联将军。因此潘科夫斯基平步青云，不断得到升迁，这也是情理之中的事。事实也是如此，无论是在苏联军队还是在情报机关里，他都是一个令人羡慕嫉妒恨的人。从土耳其的总参高级助理，到印度的常驻代表，官职明显升迁了。但不幸的是，在从土耳其回国后，情况发生了出乎意料的变化，潘科夫斯基的仕途急转直下。

原来苏联情报机关对从事谍报工作的人员审查特别严格，非常强调家庭出身，目的是为了尽量避免日后出现叛变投敌者。对于担任重要职务的情报官来说，这一点就显得更加重要，也查得更加严格。潘科夫斯基的家庭出身上，有一个不光彩的地方，即他的父亲参加过白俄军队，和苏联红军打过仗。潘科夫斯基过去一直担心这一"污点"，不久还是被他的上级发现了，因此他去印度任职的事情就成了泡影。

这是否意味着自己的事业就此画上了句号？一生曾获得五枚勋章、八枚奖章的潘科夫斯基非常沮丧，他不得不开始考虑自己的前途问题。事后证明，潘科夫斯基并没受到特别的对待，他依然在重要部门任职，只不过升迁多少受点影响。从 1958 年到 1960 年 11 月，他在很多部门担任过重要职务，先后在总参谋部、军事外交学院和国家委员会任职，而且职位并不低。这些部门可以接触到许多国家机密，说明苏联方面对他还是信任的。

然而，潘科夫斯基却不这么想。他认为自己受累于父亲，仕途已经到顶了。出身问题在苏联非常重要，这一点他是清楚的。因此，他认为自己在苏联不可能有更大的发展。不仅如此，他还想到了苏联在 20 世纪 30 年代的"大清洗"，当时搞扩大化，斯大林杀了不少担任要职的苏联军政要员。升官没指望不说，万一再来一次这样的"大清洗"运动，像他这样出身不好的人，说不定连小命都难保。想到这些，潘科夫斯基不禁有些后怕。

在情绪低落中度日的潘科夫斯基，心情一天比一天更坏。再后来，他竟然对苏联产生了一种从未有过的憎恨。自己在战场上出生入死，屡立战功，难道这还不能证明自己对苏联的忠诚吗？想来想去，他觉得在苏联这样一个集权专制的国家，他的问题不可能得到解决，他的抱负也不可能得到实现。潘科夫斯基心中的天平开始倾斜了，不想坐着等死的他要另谋出路。

对自己的未来想了很多，但潘科夫斯基一时却没有找到好的解决办法，这使他情绪更加低落。

间谍出轨　四处投石

到了 1955 年，潘科夫斯基那颗不安分的心开始骚动了。为了给自己找条后路，潘科夫斯基决定投靠西方情报机关，他为自己设计好了一条路：先当双面间谍，用情报获得对方信任，到迫不得已时再叛逃。经过考虑，他选定投靠的对象是英美情报机构。

有了这种想法后，潘科夫斯基像变了个人似的，不再像过去那样消沉低落了。摆在他面前的问题，是如何与西方情报机构取得联系。很快他便开始投石问路，经常出现在咖啡馆里。但西方情报机构了解他的背景，对他保持警戒，没有将他列为策反对象。因为潘科夫斯基的伯父和岳父都是苏联高官，他从小又受到红色教育，美国中央情报局的高层告诫下属：潘科夫斯基的家庭以及行为都表明他不适合策反，他接近我们很可能是个圈套。因此，中央情报局的人一直对他敬而远之。

1960 年 8 月 12 日晚，一位神秘的苏联男子在夜色中的莫斯科街上一边走一边张望着，他在搜寻自己的目标。功夫不负有心人，他终于等来了他的目标。当迎面走来两个美国人时，他拦住了他们："请帮忙将它们交给美国大使馆，拜托了！"他将一份文件和一封信塞在美国人手中，匆匆离去。

两个美国人头一次碰上这样的事，不敢怠慢，当天就将信送到了美国驻苏联大使馆。使馆中的美国情报人员打开信一看，原来是一个叫潘科夫斯基的苏联上校要求充当美国间谍，信中还说，他会在这里等七天。美国人开始害怕其中有诈，没有作出积极的反应。

信抛出去后，没有一点消息回馈，等待中的潘科夫斯基非常着急。

1960 年 11 月，潘科夫斯基接到调令，被派往国家委员会协调科研工作。这份工作看上去不咋地，但可以接触武器研制方面的核心机密。还有一个优势，就是有更多与外国人打交道的机会。换了单位后，潘科夫斯基继续寻找机会与西方情报机构接触。

不久，加拿大纸浆和造纸行业的一个代表团来莫斯科访问，潘科夫斯基所在的国家委员会负责其行程安排。在工作过程中，潘科夫斯基主动与加拿大代表团成员接触，很快就和他们中的一些人混熟了。他找到一位年轻代表，请他帮忙带一封信。出国前，这些代表都受到有关教育，这个代表担心带信给自己惹麻烦，拒绝了他的要求。据说回到加拿大之后，这个胆小的代表主动把这件事向上级作了汇报。加拿大情报机关获悉，询问有关情况，并将这一重要信息通报给了英国情报机构。

加拿大代表团没有接下他的信，令潘科夫斯基感到非常失望。比较心急的潘科夫斯基又想试探一下美国方面。他知道莫斯科郊外有个美国人俱乐部，在苏联的美国人喜欢在那聚会，就主动出击，到那里去寻找机会。终于，他逮住了一次机会，参加了这个俱乐部举行的一次招待会。会上，潘科夫斯基仔细观察着每一个到会的人。他非常心虚，害怕有苏联特工在场。确认不存在危险之后，他瞄准了两个年轻的美国留学生，把一封信塞给了他们，拜托他们交给美国驻苏联大使馆。

这两个留学生把信带到了美国大使馆。尽管潘科夫斯基多次投石问路，但美国人还是不相信他是真的来投诚。美国人非常犹豫，担心他是苏联情报部门抛出的诱饵，因此这次依然没有给他答复。潘科夫斯基有点记恨美国佬，心想，这帮家伙怎么搞的，送上门的肥肉不敢要？

加拿大没反应、美国佬更扯淡，几次碰壁之后，潘科夫斯基不由得想到了英国人。他知道二战时期英国人对情报工作特别重视，现在是冷战时期，情报依然重要，他们肯定会重视的。东方不亮西方亮，也许英国人会重视我！想到这些，他决定投奔英国情报机构。他试探着给英国女王和当时的英国首相哈罗德·麦克米兰写了一封信，表明自己要当一名"英国女王的士兵"的心迹，而后他请一位英国商人将信带给英国军情六处。

英国情报机构早就知道有这么个想投靠西方的苏联间谍，现在又主动找上门来，他们不得不考虑如何处理这件事。英国秘密情报局（即军情六局）一向非常重视发展双面间谍，二战中他们利用双面间谍发布假情报，从中受益匪浅。这次军情六局经过研究，决定冒险和潘科夫斯基联系，看看这个家伙到底是真投诚还是对方抛出的诱饵。

潘科夫斯基终于接到了英国方面的联络信，高兴得几乎要跳起来。英国人说他们将派一个中间人与他见面，先了解一下他的详细情况。其实，这个所谓的中间人，就是军情六局的探子。他们派出的是格雷维尔·温以及另一位间谍，表面上的身份是商务代表。两位"代表"前往莫斯科和潘科夫斯基见面，探探这位苏联人的虚实。

格雷维尔·温打扮得非常得体，西装革履，与商务代表的身份十分相符。见面后，格雷维尔·温发现，面前这位苏联人并不是他们想象的那样荒唐，从闲聊中他了解到潘科夫斯基确实在苏联情报部门干过较长时间，并且掌握了苏联一些重要的情报。也就是说，潘科夫斯基对他们还是有价值的。潘科夫斯基对两位英国人的印象也不错，通过交往他们建立了初步的友谊。

1960 年 12 月 8 日，这是个不错的日子。这一天，潘科夫斯基与格雷维尔·温又约在了一起。经过几次接触和聊天，他们不再像过去那样拘束，而是像老朋友侃侃而谈。见面不久，两人一起去了莫斯科机场，迎接即将抵达的英国代表团。在机场等待的时候，潘科夫斯基向对方提出，下一步他想带一个代表团去格雷维尔·温代表的几家公司考察。其实，他是想借机直接和英国的情报机构接上头。为了让对方同意这一行动，潘科夫斯基还暗示说，他可以给英国政府带去意想不到的礼物。

心照不宣的格雷维尔·温没有立即答复，他的未置可否实际上给了潘科夫斯基机会。潘科夫斯基不愿意放弃这一难得的机会，想方设法讨好这位英国人。因此，为了表明他的诚意，当天晚上他就送了一份不菲的"礼物"给格雷维尔·温。潘科夫斯基的"礼物"用一个信封装着，英国特工打开"礼物"一看，是装有苏联火箭位置的说明材料和苏共中央委员会的会议材料。这份"礼物"确实不轻，格雷维尔·温似乎看出了潘科夫斯基的诚意。他当即表示，同意安排潘科夫斯基到英国进行考察。

经历了一次次的失败、碰壁后，总算找到一家愿意收留自己的间谍机关，就像一大堆陈货找到了买主，潘科夫斯基长长地舒了一口气。

英伦投靠　疯狂卖国

在格雷维尔·温的安排之下，潘科夫斯基的英国之行终于成行了。1961年 4 月，他率领一个苏联商务代表团开始了对英国的考察。到英国后，潘科夫斯基装模作样地敷衍了一下商务上的事，从而避免他的苏联同行对他产生怀疑。而后，他于 4 月 22 日正式与英国的情报人员见了面。英国情报部门早已将此事通报给美国谍报机构，两国携手应对潘科夫斯基。秘密见面时，还有美国中央情报局懂俄语的特工乔治·斯基瓦特尔在场。

"欢迎您投奔我们的大家庭，上校先生！"英美情报机构的人对潘科夫斯基非常热情，使他有一种找到归属之感。他情不自禁地连说几声"谢谢！谢谢！"

热情过后，接下来就要谈实质性问题了。英美情报机关的人问："上校先生，您可以给我们提供什么样的帮助？另外，需要我们给您什么样的支持？"

潘科夫斯基说他可以为对方提供重要的军事情报，比如新式武器研究。他同时提出，必要的时候，希望能给他提供政治避难。

为了进一步表示诚意，同时展示自己具有强大的能力，潘科夫斯基当面交给英美情报部门一些重要情报，其中包括苏联最新导弹说明书这种绝密情报。英美谍报机构大喜过望，除了答应给他活动经费，还承诺必要时为他提供避难保护。

在以后的几天中，潘科夫斯基晚上总是外出，偷偷地与英美情报部门的人会面。在一次会面中，英国秘密情报局表示可以授予潘科夫斯基上校军衔，美国中央情报局也作出同样的承诺。这使潘科夫斯基非常高兴，因为一个人在三个国家被授予上校军衔是绝无仅有的事情。高兴之余，潘科夫斯基提出，想看看英国和美国的军服。英军制服不难搞到，美国人不得不在最近的美军驻地搞来一套满足他。潘科夫斯基穿上两国的军装之后，还拍照留念。

从此，潘科夫斯基正式加入英美情报机构，成为一位双面间谍。为了便于日后相互联系，也是为了安全起见，他们给潘科夫斯基一个代号——亚历克斯。接下来，双方商定了接头的地点和暗号等。末了，英国情报局的人说："亚历克斯先生，希望我们今后合作愉快！"潘科夫斯基表示，他一定会令他们满意的。

有一天，潘科夫斯基和格雷维尔·温在散步时看见了英国女王，他一时冲动，想去拜见一下，但格雷维尔·温没有同意，他不想让女王和间谍搭上关系，从而损害她的形象。但出人意料的是，中情局的人听说这件事后，却慷慨地答应，让他去见美国总统肯尼迪。

一天后，潘科夫斯基在中情局特工的陪同下飞往华盛顿，肯尼迪总统在白宫热烈欢迎他，这使他受宠若惊。肯尼迪总统与潘科夫斯基进行了半个小时的亲切交谈，鼓励他为世界和平多作贡献。

回到英国后，英国军情六局和美国中央情报局派出20多个曾经叛逃的间谍与潘科夫斯基会面，声称不是他一个人在战斗，还有一大批人与他并肩战斗。实际上这是给他鼓气，告诉他这些叛逃的人不是活得好好的吗，没什么可担心的。

5月6日，潘科夫斯基结束了在英国的"商务"考察，率团回到莫斯科。此后他开始疯狂地搜集苏联情报，源源不断地提供给西方情报机构。间谍出身的他懂得哪些情报有价值，也知道如何去猎取情报。因此，从投靠英美成为双面间谍到身份暴露的短短一年多时间里，他向苏联的敌人秘密传送了至少5000多份绝密情报。这些情报有的是文件，有的是照片，涉及苏联的军事、政治和经济各个领域，给苏联造成了难以估计的损失。

潘科夫斯基搜集的情报不仅内容丰富、数量多，有的还是成套的文件原本。他利用职务和工作之便，为英美情报机构搜集到了他所在的国家委员会业务手册、情报程序守则以及苏联地面导弹部队现行的战术条例等，他还通过手段搜集了不少其他部门的重要情报。

5月27日，他的"老朋友"格雷维尔·温再次来莫斯科找他。潘科夫斯基二话没说，把自己搜集到的一批重要材料和大约20个已经冲洗好的小胶卷给了他。格雷维尔·温非常高兴，代表英国情报部门口头表扬了潘科夫斯基，夸奖他具有出色的谍战工作能力。得到新主子的表扬，潘科夫斯基也十分高兴，兴奋之余，两人一起喝酒相庆。

自从发现潘科夫斯基的价值后，英美情报部门就决定紧紧抓住这位间谍，多搞苏联的情报。这次格雷维尔·温与他接头，给他带来新任务。潘科夫斯基没有推托，平静地接受了西方情报机构的指令。在短短的时间内，他凭着自己的渠道就搞来了英国方面需要的情报，出色地完成了任务。

随着科技的发展，用于情报方面的科技也日臻发达。英国方面为了培训和提高潘科夫斯基的谍报水平，提出让他到英国接受短期培训。潘科夫斯基接到这一讯息，开始寻找去英国的机会。同年7月，他终于争取到再次出访英国的机会。到英国后，他接受了一些专业间谍新技术的训练，其中包括如何使用米诺克斯微型相机、如何使用长波发报和编辑密码等技术。有的技术他过去学过，现在经过短训，便得到进一步提高，为日后开展间谍工作提供了更大方便。

为了保护潘科夫斯基，英国军情六局与美国中央情报局想了许多办法，使他能够更安全、更快捷地传送情报。同年 9 月，潘科夫斯基出席在巴黎举行的一个商品交易会，中央情报局特工抓住这个难得的安全机会，向他提供了十几位美国外交官的姓名和电话，这些美国外交官实际上都是从事间谍工作的。中情局的人告诉潘科夫斯基："你可以采用'藏包'的方法进行情报传递，具体的做法是你将东西藏在一个安全的地方，然后打这些外交官的电话，让他们去指定地点取。"潘科夫斯基觉得这是个不错的办法，操作起来较为安全。

英国人与潘科夫斯基接头，用的又是另一种方法。英国驻苏联大使馆有位军情六局官员的妻子叫珍妮特·奇泽姆，32 岁的她经常带着她的三个孩子到莫斯科的一个公园去游玩，军情六局让潘科夫斯基在公园里与珍妮特接头传递情报。自从英国秘密情报局为潘科夫斯基开通这条特别的情报传递专线后，人们经常会看到这样一幕：莫斯科一公园里，珍妮特带着孩子在那里散步，被潘科夫斯基偶遇，潘科夫斯基觉得珍妮特的孩子特别可爱，于是逗孩子玩。在逗孩子的过程中，潘科夫斯基把藏有情报的胶卷偷偷地放在孩子身上，有时则是两人交换装有情报的糖果盒。为了避免频繁接头让人产生怀疑，他们有时干脆让孩子充当传递员。

就这样，潘科夫斯基通过多种渠道，用不同的方式向英美情报机构传送出了数以千计的重要情报，给苏联方面造成不可估量的损失，使苏联在政治、军事和经济等领域都处于十分被动的局面。有些情况苏联方面的领导人刚知道，英美的情报机关就了如指掌，有时甚至出现同步知道的情况。克格勃知道内部出了问题，但一时查不出"鼹鼠"到底藏在哪里。

核弹部署　鼹鼠泄密

正当克格勃开始清查"鼹鼠"时，美苏之间的核危机爆发了！当时世界上拥有核武器的国家并不多，因此美、苏两个超级大国的这场核危机，从某种意义上说是世界核战危机正悄然逼近。

20 世纪五六十年代，正是世界反殖民主义浪潮风起云涌的时代。美洲的古巴人民也奋起抗争，1959 年 1 月 1 日，亲美卖国的巴蒂斯塔政权被起义军推翻。第二天，古巴宣布成立革命政府，卡斯特罗担任政府总理。巴蒂斯塔政权倒台之初，美国试图拉拢古巴新政权，使其继续走半殖民地的道路，以维持其在古巴享有的特权。但是,古巴人民想要建立的是一个独立自主的新国家,坚决不上美国人的当,拒绝了他们的要求。

1960 年约翰·肯尼迪当选美国第 35 任总统,这位当时美国历史上最年轻的总统雄心勃勃,立志要干一番大事业。一向在世界上称王称霸的美国见拉拢不成,便采取种种卑鄙手段,试图颠覆古巴新政权。1961 年 4 月美国中央情报局策划的 1400 多名雇佣军在吉隆滩(又称猪湾)登陆入侵古巴,被古巴击败。

到了 1961 年 1 月,美国与古巴断交,苏联取得了打入美国在西半球势力范围的机会,向古巴提供经济、军事援助。美国情报部门不甘心失败,继续从事颠覆古巴的活动。与此同时,卡斯特罗宣布古巴将进行社会主义革命。古巴人民要建立社会主义国家,但弱小的古巴军队装备落后,显然无法抵挡美帝国主义的入侵,因此只好求助于苏联老大哥。

当时,美国和苏联都在发展核武器,两个超级大国的核竞赛正在暗中较劲。总的来看,美国在这方面占较大的优势:美国核弹头数量是苏联的六倍,核运载工具数量则是苏联的五倍,核能力处于绝对优势。而且,美国的军事基地包围着苏联,可以威胁苏联的心脏地区,而苏联的大部分导弹只能威胁欧洲而不是美国本土。面对美国的核优势,当时一直热衷于发展火箭核武器的苏联领导人赫鲁晓夫指示,要加速发展核武器来与美国抗衡。

接到古巴的求援后,苏联向古巴提供了大批武器装备,并决定在古巴秘密部署中程弹道导弹。此举对苏联和古巴可谓双赢:如果古巴的中程弹道导弹计划获得成功,苏联就可以改变被美国核武器包围的被动地位。而在古巴看来,苏联的导弹正好可以帮助自己平衡美国的军力优势,打击美国的嚣张气焰。为了抗击美帝国主义,苏联和古巴开始频繁接触。

潘科夫斯基敏锐地观察到苏联与古巴之间的频繁接触。此前他已经将苏联核导弹的最机密情报泄露给了美国中情局,此时他又发送了苏联与古巴联合部署导弹的情报。他的情报显示,苏联的远程核导弹没有能力抵达美国本土,赫鲁晓夫很有可能悄悄将一些核导弹用船运往古巴,布置在美国后院,用来制衡美国在英国、意大利和土耳其等国部署的瞄准苏联的核导弹。

到了 1962 年初,随着古巴危机的形成,美、英和苏联的间谍活动更加频繁,反间谍机构也四面出击。潘科夫斯基一如既往地为英美提供情报,但他隐隐约约地觉得，自己可能已经处在克格勃的监视之中了，因为经常有人莫明其妙地跟踪他。作为一个职业间谍，这点敏感他还是有的。

为了安全起见，他减少了和接头人直接见面以及见面的次数，更多地使用"藏包"方法传送情报。同时打电话时也格外小心，为的是防止被人窃听。他还和接头人商定，将库图佐夫瞭望台作为联络中介点。接头之前，先到瞭望台某根路灯柱下，看看有没有要求接头的黑点，如果有，再紧急接头或将潘科夫斯基藏在某处的情报取走。

事实上，克格勃确实开始怀疑潘科夫斯基。那是一次偶然的机会，克格勃人员在莫斯科公园里发现潘科夫斯基与一名外国妇女有交往。潘科夫斯基怎么认识外国妇女？职业敏感让正因查不出"鼹鼠"而愁眉不展的克格勃开始跟踪他，发现他与这位外国妇女的相遇并不是偶然。克格勃注意到：在每周的同一天，潘科夫斯基都会到莫斯科公园散步，而英国驻莫斯科大使馆一名情报官的妻子珍妮特·奇泽姆，也总是在这个时候带着孩子到莫斯科公园玩耍，两人多次邂逅。克格勃监视着他们的一举一动，结果有了重大发现。当潘科夫斯基与珍妮特相遇时，他总是喜欢去逗她的孩子，有时抱起孩子，有时掏出糖果塞进孩子口袋里……

从此，克格勃开始全方位跟踪监视潘科夫斯基。3月31日这一天，英国驻苏联大使馆在莫斯科举行了庆祝英国女王生日的招待会，潘科夫斯基应邀参加聚会。克格勃也派人参加，并盯上了潘科夫斯基。

在此后的几个月里，古巴国防部长劳尔·卡斯特罗多次飞往苏联，与苏联领导人赫鲁晓夫秘密会谈。在苏联和古巴两国进行密谈之时，苏联克格勃深知此事的重要性，为了确保密谈内容不外泄，他们加大了反间谍力度，布下了一张天罗地网。

赫鲁晓夫是个铁腕人物，1894年4月17日出生于俄罗斯，24岁加入布尔什维克党。由于他具有高超的政治工作才能，逐渐从基层党务工作者中脱颖而出。1935年，赫鲁晓夫已成为莫斯科州委第一书记兼莫斯科市委第一书记，1952年在苏共十九大上他被选为中央主席团委员兼中央书记。1953年9月，赫鲁晓夫被任命为苏共中央第一书记。赫鲁晓夫执政后，为肃反扩大化所造成的冤假错案平反昭雪，并试图突破斯大林模式的经济体制，改善国家的经济状况，同时发展军事力量与美国抗衡。

经过双方协商，1962 年 6 月苏联和古巴签署了部署导弹协定，拉开了古巴导弹危机的序幕。

苏联和古巴秘密签订的军事合作协议，核心内容是苏联在古巴部署中程导弹。这些导弹每一枚都带有一个威力相当于广岛原子弹 20—30 倍的核弹头，其威力不言而喻。协议还涉及苏联向古巴提供常规武器和军事技术指导，具体内容包括苏联向古巴提供 28 架当时最先进的喷气式轰炸机，苏联还派遣 3500 名军事技术人员提供技术指导。

协定一签署，古巴和苏联立即实施合作战略。7 月 4 日，明知有暴露危险的潘科夫斯基，在莫斯科参加美国大使馆为庆祝独立日举办的招待会，与此同时，苏联第一批导弹开始秘密运抵古巴。当时美国有先进的侦察机和侦察技术，情报机关很快嗅到武器味，但美国人认为这些是萨姆－2 防空导弹。苏联方面考虑得比较周到，这批导弹中的确有萨姆－2 防空导弹，但其任务只是建立掩护中程弹道导弹的防空网。

8 月 10 日，美国有关部门在国务院七楼会议厅召开紧急会议，商讨古巴核弹危机的对策。美国总统肯尼迪、国务卿腊斯克、国防部长麦克纳马拉和中央情报局长麦科恩，这些美国的大腕人物都参加了会议。会上有人提出采取极端手段，"解决"卡斯特罗政权最高层人士。这里所说的最高层人士，包括卡斯特罗兄弟菲德尔·卡斯特罗和劳尔·卡斯特罗，前者是古巴最高领导人，后者是古巴国防部长。当时，劳尔刚刚完成了一项特别使命——采购军火，并从苏联回到古巴。美国人对他俩恨之入骨。中情局长麦科恩觉得采用暗杀之类的极端手法，不但无助于事情的解决，反而可能因为矛盾激化带来更大的危机。他觉得美国现在要对付的不是卡斯特罗兄弟，而是苏联可能已经运交给古巴的核武器。

8 月 21 日，肯尼迪总统问麦科恩，中情局能否佯攻关塔那摩湾美军基地，为美国制造入侵古巴的借口。麦科恩面有难色，第二天私下告诉肯尼迪总统，入侵可能是个致命的错误。此外，他首次提醒总统，他认为苏联可能正在古巴安置中程弹道导弹。倘若如此，美国偷袭可能会引发核战争。

8 月底，美国根据潘科夫斯基提供的情报，派出 U-2 侦察机到古巴高空侦察，发现了苏联设在古巴的导弹基地。U-2 侦察机拍摄到了古巴安装苏联提供的导弹的情形以及向古巴运送导弹的苏联船只。这个正在建设中的地对地导弹发射基地距离美国边境只有 145 公里，与防空导弹基地具有明显差异。美国人断定，苏联很可能在古巴部署核弹。

此后，美国又发现苏联船只满载武器秘密抵达古巴，货船的货箱尺寸也远远超过了萨姆-2 防空导弹。这些迹象越来越引起美国情报局的怀疑，他们开始确认，苏联人运往古巴的是核弹而不是萨姆-2 防空导弹。通过照片分析，美国军方确信，苏联人至少在古巴部署了 16—32 枚带有核弹头的中程导弹。这样一来，美国人受惊不小，因为他们无法承受几十枚苏联核弹的打击，无法容忍苏联人把核弹部署在他们的家门口。

嗅觉敏感的新闻媒体也发现了苏联对古巴进行军事援助的线索，美国的报刊纷纷进行报道。尽管他们没有提及核弹内容，但美国与古巴毗邻，也给美国民众造成很大的恐惧，同时也给政府带来一定的压力。

9 月 4 日，美国政府发表一份声明，肯定了媒体关于苏联对古巴进行军事援助的报道是属实的，从美国自身安全出发，白宫对苏联提出抗议。但古巴核弹危机之初，苏联方面不想暴露这一重大军事秘密，矢口否认他们在古巴部署了导弹和核弹头。

危机升级　白宫寻策

就在美国发表声明的第二天（9 月 5 日），潘科夫斯基出席了美国大使馆召开的一次例行记者招待会。他本想在这次记者招待会上与中情局的人接头，但对方的接头人并没有出现，到会了一些不明身份的人。他觉得自己可能暴露了，不得不紧急发报给中情局，将自己的情况和处境作了汇报。

9 月 8 日，一架美国海军飞机在执行侦察任务时，拍到苏联货船"鄂木斯克"号正驶往哈瓦那港口。9 月 9 日，一架 U-2 高空侦察飞机在中国大陆境内侦察时被击落。两年前的 5 月 1 日，已经有一架 U-2 飞机在苏联侦察时被击落。由于 U-2 侦察机连续在苏联和中国被击落，9 月 11 日，肯尼迪总统下令，禁止 U-2 飞越古巴领空。一向极力主张派 U-2 飞机进行侦察的中情局局长麦科恩此时刚刚二婚，他带着老婆到国外度蜜月去了。

四天后的 9 月 15 日，第一批苏联中程导弹停靠古巴马里埃尔港，但美国没派飞机侦察，使拍摄相片在这个历史关键时刻出现盲点。10 月 4 日，就在美国情报部门放松警惕之时，苏联趁机又将核弹头导弹偷偷运进了古巴。

原以为行动神不知鬼不觉，没想到"鄂木斯克"卸货后被古巴的一名会计发现，他看见了那些货物中的导弹。9月20日，这名会计出现在中央情报局的一个接待站，告诉美国人实情。紧接着，一封秘密信发来，说古巴哈瓦那西南50英里的地方已经成为军事禁区，居民要迁出去。中情局的人这一下清楚了：苏联人在古巴部署导弹。

10月5日，结束蜜月回到美国后的中情局麦科恩来到白宫，认为国家安全系于U-2侦察古巴行动，要求恢复对古巴的高度侦察。在麦科恩的坚持之下，10月14日拂晓时分，由战略空军指挥部理查得·海泽少校驾驶的U-2侦察机从佛罗里达起飞。侦察机飞过古巴西部，6分钟内便拍下928张照片。24小时后，中情局的专家和分析人员望着前所未见的最大型苏联武器瞠目结舌。比较U-2所拍照片和每年劳动节莫斯科阅兵时所拍的苏联导弹照片，再查对前一年由潘科夫斯基所提供的规格说明书手册，美国人认为，苏联在古巴境内的导弹基地已经完工。

到了10月15日傍晚，中情局专家和分析人员已经知道，苏联人确确实实在古巴修建了导弹发射场，而且总共有9个，他们配备的导弹既有短程的，也有中程的。U-2所拍照片中的SS-4中程弹道导弹，携带1兆吨弹头，具备从古巴西部打到华盛顿的能力。中央情报局将此情况紧急汇报给美国总统肯尼迪，五角大楼为此专门召开会议，商讨对策。

看着飞机拍摄到的照片，肯尼迪简直不敢相信，赫鲁晓夫怎么会如此大胆？不，简直是胆大包天！从照片上，肯尼迪看到了苏联建在古巴的24座中程弹道导弹发射台和16座中远程导弹发射台，他问中情局局长："古巴现在有多少苏联军队？又有多少核弹？"

中情局的人回答："大约有1万苏联军队，核弹30余枚。"

其实他们低估了苏联提供给古巴的援助，当时已经有4.2万苏联军队进驻古巴，运去的核弹已达162枚之多。

肯尼迪接着问了"苏联的导弹发射装备有多先进""他们要多久才能发射"等问题，麦科恩回答说："不知道，因为我们不知道核弹头在哪。"对这些关键问题一问三不知，肯尼迪当即训斥了中情局的工作。无奈之下，他找来弟弟——美国司法部长罗伯特·肯尼迪商谈对策。

为了替总统分忧解难，中情局秘密行动负责人比斯尔提出，派一批特工到古巴沿海，把苏联的船只炸毁。肯尼迪总统认为这是一个愚蠢的计划，不仅不能达到最大目的，一旦暴露，还将造成不良国际影响。

讨论来讨论去，最终肯尼迪总统提出五种方案供选择：一是侵占古巴；二是轰炸古巴；三是封锁古巴；四是要求联合国出面调解；五是不闻不问，任其发展。他让大家讨论，哪种方案更可行。

中情局主张轰炸古巴，但肯尼迪不同意这样做，因为用武力解决的方式过去不是没有尝试过，效果不大。他主张一边封锁古巴，一边跟苏联谈判来解决目前的危机。

在制定对策的同时，肯尼迪通过外交手段向苏联提出强烈抗议。

对于美国人的强烈抗议，苏联方面置之不理，继续加快在古巴的核弹基地建设。美国情报部门紧急给他们的间谍下达任务，弄清苏联核弹部署及相关情况。潘科夫斯基也接到了这一任务，他加快了窃取情报的行动步伐。正是这一行动，使他的身份彻底暴露。

10月18日，苏联外长葛罗米柯受苏联领导人的委托，在白宫同美国总统肯尼迪进行会谈，向美国总统阐述苏联对古巴事件的立场。但苏、美在古巴的利益决定了双方的意见相差甚远，这次谈话没有取得任何成果。葛罗米柯后来回忆说："48年来，我曾同九位美国总统谈过话，这次同肯尼迪的谈话大概是最难谈的一次了。"

10月22日，美国总统肯尼迪发表电视演讲，告诉美国人民，苏联在古巴部署了攻击性核弹，美国绝不能容忍这种挑衅！他宣布武装封锁古巴，命令海军对所有开往古巴的轮船实施隔离检查。同时，他还要求苏联撤走导弹。肯尼迪还宣称，任何从古巴发射的核导弹都将视为苏联的袭击，美国将以牙还牙，用核弹袭击苏联。一石激起千层浪，肯尼迪总统的讲话使全美国受到震撼，苏联也受到震动。此时此刻，美、苏到了最危险的战争边缘。

在决定采取强硬措施对古巴进行海空封锁的同时，为了应对危机和反击苏联，美国军方也被迫开始迅速部署核武器。美国总统肯尼迪在电视讲话中还说："为了组织部署进攻性武器，我们将禁止一切进攻性的军事装备运往古巴。我已经命令武装部队，随时准备应付各种不测。"

潘科夫斯基随即向美方提供了苏联部署在古巴导弹的详细清单，美国确认对手至少在古巴部署了 16—32 枚导弹核武器。为了应对核战危机，五角大楼经常灯火通明。美国高层多次召开紧急会议，商讨应对方案。

经过紧急部署，短短 13 天内，美国已经作好了核战准备：战略轰炸机带核弹升空，进行战略巡航飞行；战略核潜艇全部出海，进入一级战备状态；遍布全球的美军军事基地也紧急行动起来，处于核战备状态。

千钧一发　谍枭化解

美军全面备战的同时，苏联也毫不示弱：不仅击落了古巴上空的一架 U−2 高空侦察飞机，还试爆了一颗原子弹。这两大事件促使美国人警醒：苏联的核实力并不比自己小多少！

两个超级大国之间因为核弹问题，终于爆发了古巴危机。在这场核较量中，肯尼迪和赫鲁晓夫各不相让，僵持不下。掩体中伸出的枪口和瞄准远方的炮筒，预示着美、苏之间将进行一场核攻击。

10 月 24 日，一批苏联船队驶近封锁线，准备在古巴继续卸"货"，美国海军舰船向他们发出警示，但没有动武迹象。发现美国实施封锁政策后，苏联船只有的停驶，有的掉头往回开。

局势的恶化，使核战危机升级。美国总统肯尼迪召见国防部长，将启动核弹的钥匙交与他，并授权给他："一旦苏联向我们发射核弹，我们可以立即启动核弹，坚决予以反击！"核战一触即发，一场核灾难将危及人类！美国的民众都知道面临的这一危险，但苏联方面对民众消息封锁得很严。据说了解当时核战灾难临头的，包括潘科夫斯基在内还不到十人。

在苏联方面，此时的赫鲁晓夫认为，美、苏之间不可避免地要爆发一场大规模的战争。苏联的中小学生已经开始每周学习如何躲避飞机的轰炸等防护知识。而在美国，小学生都在学习紧急避险措施，孩子们手捂后脑趴在桌子底下。

一天，潘科夫斯基八岁的儿子放学回到家里，把学校和在附近看到的情况告诉他。他这才知道，学校附近有许多工人在挖地道，老师已经在教孩子们如何躲避核战危险了。儿子对他说："爸爸，不是要发生什么吧？我很害怕！"

　　儿子的这番话给潘科夫斯基敲响了警钟。核战一触即发！他为儿子的安全担心，也为苏联老百姓的生命担忧。此时的他被良知战胜了一切，已经忘了自己的身份，心里想到的只有一件事，那就是一定要制止这场核战争。

　　潘科夫斯基决定阻止这场核战争。那么，如何才能有效地制止呢？潘科夫斯基一时拿不出什么好办法，陷入了苦闷和深思之中。从苏联方面下手，那是绝对不可能的，好战的赫鲁晓夫不可能听他的；再说他这样做，身份将彻底暴露无遗。既然不能打苏联方面的主意，留给潘科夫斯基的路就只有美方这一条。他知道，美国人把命看得比金子还贵重，只有将美国佬重新拉回谈判桌，这场危机才有可能彻底化解。

　　潘科夫斯基立即付诸行动。就在核战一触即发之际，他向美方提供了一份重要情报。上千份苏联军方秘密文件被他拍照后传给美方，他以此来证明，苏联的核武器并非像赫鲁晓夫所声称的那样"苏联制造核武器就像生产香肠一样容易"。潘科夫斯基用确切的军事情报告诉美国人，赫鲁晓夫的话简直是一派胡言，他过分夸大了苏联的核实力。整个苏联的导弹屈指可数，射程也没有吹嘘的那样远，更别说打到美国本土了。得到这份秘密的情报后，美方也大大松了一口气，肯尼迪总统选择通过和平谈判的方式来解决这场战争危机。

　　掌握了苏联核武器内幕后，美国人一方面采取强硬态度对苏联施加压力，另一方面主动提出，就核弹问题与苏联进行谈判，争取在有利于美国的前提下解决这一重大危机。

　　据赫鲁晓夫后来说，古巴革命者卡斯特罗强烈要求苏联向美国发射核弹。但赫鲁晓夫一时下不了决心，想到核战的后果，换上谁也不敢轻易动手。

　　卡斯特罗为何要苏联向美国发射核弹？可以说国恨私仇都有。菲德尔·卡斯特罗 1926 年 8 月 13 日生于古巴东方省比兰镇。他的父亲安赫尔·卡斯特罗原是西班牙军人，定居古巴后以种植甘蔗起家，成为当地有名的种植园主。卡斯特罗从小同情劳苦大众，13 岁时曾组织蔗糖工人进行反抗父亲的罢工。1945 年考入哈瓦那大学法律系，1950 年获得法学博士学位。后来他成为律师，专为贫苦大众充当辩护人，同时把更多的精力投入到政治活动。1955 年他流亡美国、墨西哥，筹划七·二六运动。第二年卡斯特罗回到古巴，进入山区开展游击战争。1959 年 1 月，他率领起义军推翻了巴蒂斯塔独裁政权，出任政府总理和武装部队总司令。1961 年 4 月，他向全世界宣布"古巴实行社会主义革命"。1962 年起他担任古巴社会主义革命统一党第一书记。

卡斯特罗作为一个弱小国家的领袖，不畏美帝国主义的强暴，在捍卫民族独立方面表现出英勇的气概，不仅赢得了古巴本国人民的拥戴，也赢得了拉美人民的钦佩，赢得了世界各国人民的声援。美国为了维护在古巴的特权，逼古巴继续走殖民道路，遭到拒绝后多次策划颠覆古巴新政权的活动，但都以失败告终。于是他们又对卡斯特罗实施了无数次暗杀，如派黑手党成员刺杀他、收买医生下毒等。据说美国刺杀卡斯特罗的方法达 638 种之多，但却一直没有得手。因为卡斯特罗身边有一群能人，还有一支武艺高强、特别精干的女子保镖队。美国人如此对待古巴和卡斯特罗，卡斯特罗自然与美国势不两立。

卡斯特罗希望苏联用核弹打击美国，但赫鲁晓夫冷静下来后却没有这样做。赫鲁晓夫意识到，在核武器方面，苏联没占美国的优势，一旦真正开战，必定是两败俱伤，后果不堪设想。最终，他决定同美国谈判，选择一条两国都能接受的道路。于是赫鲁晓夫写信给肯尼迪，表明自己同意谈判。回到谈判桌上之后，美国与苏联两个超级大国展开了一场外交战和心理战。

10 月 28 日，苏联终于答应了将核弹从古巴重新运回，史上最严重的一场核危机就这样被化解了。美苏紧张地对峙了一个礼拜后，苏联宣布从古巴撤出导弹。美国作为回应，承诺不入侵古巴，同时秘密撤走了部署在土耳其、意大利和英国的核武器，古巴导弹危机有惊无险地得到了解决。

后来有人嘲笑赫鲁晓夫在古巴导弹问题上的软弱，赫鲁晓夫不以为然，他对儿子说："先眨眼的人并不一定是个弱者，有时他是个智者。"

信号惊魂　叛国受审

古巴核战危机解决了，但此前忙于应付这场危机的中央情报局却无暇顾及潘科夫斯基。早在 9 月初接到潘科夫斯基的情况汇报后，美国方面随即开始制订营救他的计划。但他们的行动被核战危机耽搁，落在了克格勃的后面。

克格勃早就在监视英国情报官的妻子珍妮特了，所以当潘科夫斯基经常和她接触时，克格勃官员感觉一头雾水，但他们并没怀疑他已叛变，而是认为潘科夫斯基可能在执行格鲁乌部门的合法间谍任务。9月4日美国发表声明，声称掌握了苏联在古巴秘密部署导弹的确凿证据，以此指责苏联，令克格勃知道苏联内部出了奸细，疑点最终聚集在潘科夫斯基身上。

把潘科夫斯基作为嫌疑重点后，克格勃趁他外出时秘密搜查了他的公寓，搜到了大量伪造的护照，还有微型照相机、用来与英美情报机关联络的密码本，以及一些外国情报部门的电话号码和已经冲洗好的微缩胶卷等。克格勃特工看到这些叛国证据，对他恨得咬牙切齿。

克格勃高层下达命令，密切监视潘科夫斯基的一举一动，随时准备逮捕他！

此时的潘科夫斯基已经无法脱身，他的对外联络方法等也成为了不是秘密的秘密。因为从他公寓中搜出的无线电通信密码编译法、接收情报总部无线电发报的程序、藏包的选址方法和技巧，以及有关应用的说明文件等，均已被克格勃掌握。对于克格勃来说，潘科夫斯基成了一个透明的间谍。

苏联撤走了部署在古巴的42枚导弹，重新运回苏联，世界重新恢复了平静，潘科夫斯基却遇到了危险。当年10月12日，潘科夫斯基终于被克格勃秘密逮捕了，但这一消息直到12月才公开，那时候，古巴导弹危机已经结束了。

被捕后，潘科夫斯基开始并不老实，他以为谍报部门知道的情况不多，只交代一些鸡毛蒜皮的事。然而鲜为人知的是，就在肯尼迪10月22日发表电视演讲的当天，潘科夫斯基正好在莫斯科接受克格勃特工的审讯。据英国广播公司拍摄的纪录片《核秘密》披露，潘科夫斯基被捕后知道自己在苏联罪大恶极，克格勃不会留他的小命，于是装作坦白交代，故意告诉克格勃他和中情局上司曾约定有"特殊信号"，想以此和苏联同归于尽。

原来，在潘科夫斯基被捕前，即在美苏爆发核战的边缘，他和中情局上司秘密见面，一起商讨了对付苏联发动核战的紧急办法。中情局上司和他约定了一个紧急情况下发送的"特殊信号"，这个信号只有他俩知道。上司特别告诫他："如果你预先得知苏联向美国发射核导弹，可以在'倒数计秒'的千钧一发之际通过无线电向我发出这个紧急信号。我们美国一旦收到这个'特殊信号'，会在第一时间毫不犹豫地向苏联发射核弹，通过部署在欧洲的核弹基地，摧毁莫斯科和其他城市。记住，不到千钧一发之时，'特殊信号'不能轻易发出!"

潘科夫斯基求生无望,在绝望之际将向中情局上司发送"特殊信号"的方法,毫不隐瞒地告诉给了审讯他的克格勃人员。潘科夫斯基故意隐瞒了这一"特殊信号"的意义,还对克格勃谎称:"这是普通的联络方法,你们不信可以试试,保证可以布网抓住我的上司。"

克格勃的人开始并不知其险恶用心,他们想通过发送这一信号抓获与潘科夫斯基联络的中情局上司。因此克格勃官员按照潘科夫斯基说的方法,让一组克格勃特工将这一紧急信号试探着发送出去,同时安排另一组克格勃特工迅速查找信号接收方。

话说那名中情局联络官收到紧急信号,大惊失色,一时吓得不知如何是好。核战马上要爆发!他不知道这是克格勃特工发出的,还以为是潘科夫斯基发的。当时这位中情局官员本人也在莫斯科,他心里清楚,一旦核战爆发,美国向苏联还击,自己也只有一个结局——死无葬身之地。怎么办?要不要向美国总部发出"苏联核袭倒计时"的警告?就在他犹豫不决、还没来得及作出决定时,克格勃特工及时准确地查到了信号接收方,破门而入,将这位中情局联络官一举逮捕。千钧一发之际,危险终被解除。好险啊!

事后多年,每每回想此事,还令人心有余悸。当时潘科夫斯基的中情局上司乔·布利克认为,潘科夫斯基当时发出特殊信号,显然是想在临死时拉一批垫背的,试图让美国先发制人,对苏联进行毁灭性的核打击。

回头再说与潘科夫斯基间谍案相关的情况。1962年11月2日,在匈牙利首都布达佩斯,最初与潘科夫斯基接头将他发展为双面间谍的格雷维尔·温正在这里举行商品展览会。通过审讯潘科夫斯基,克格勃已经掌握了他的间谍证据,大批特工跟踪到此。本想利用这场商品展览会来联络其他间谍,进而实施营救潘科夫斯基计划的格雷维尔·温,在展览上特意藏了一辆特制的专门用于营救潘科夫斯基的车。谁知展览会刚一结束,克格勃就将他逮捕了。

接下来,苏联方面继续清理与潘科夫斯基案有关的人员。他们先后宣布除格雷维尔·温之外的八名英美外交官为不受欢迎的人,将他们驱逐出境。同时,苏联方面还清查国内与潘科夫斯基案有牵连的人,对玩忽职守者进行追究。

1963年5月12日,苏联政府在莫斯科公开审理潘科夫斯基一案,并且破例允许外国记者到场，共有 2000 多人参加了旁听。莫斯科法院军事法庭指控，从 1961 年 4 月到 1962 年 8 月，潘科夫斯基向西方情报机构传递了约 5000 份有关苏联军事、政治和经济的绝密文件照片。他借职务之便，常常出入格鲁乌的机密档案馆，为西方情报机关，特别是苏联的头号敌人美国搜集情报。在他向苏联的敌人所提供的重要情报中，不仅包括苏制武器的性能和训练方式，还有被称作军事思想的战略计划。潘科夫斯基不仅提供了对美方很有价值的军事情报，还把赫鲁晓夫的政策走向悉数告诉了英美情报机构。

法庭上，法官出示了一盘录音磁带，这是潘科夫斯基和加拿大商人范佛里特的谈话。尽管当时他们故意将谈话地点安排在浴室里，而且打开水龙头干扰，但克格勃窃听来的谈话录音还是很清楚。与潘科夫斯基间谍案有关的当事人格雷维尔·温也被公开审判。见到对方后潘科夫斯基不再作更多的狡辩，承认所犯罪行。

经过公开审理，法庭最后给潘科夫斯基做出定论："他是个机会主义者、野心家以及道德败坏的人。"他因为受雇于帝国主义国家，替西方窃取情报，走上了背叛祖国的道路，最终法庭认定他犯有叛国罪和泄密罪，数罪并罚被判处死刑。

尸首成谜　褒贬不一

公审五天之后，潘科夫斯基于 1963 年 5 月 17 日被处以极刑。

潘科夫斯基的下场是悲惨的，但死亡的方式有不同的说法。有人说是被枪毙的，一颗子弹穿过了他的后脑；也有人说他是被活活送进了一个正在熊熊燃烧的炼钢炉。最可怕的一种说法是，克格勃将这名叛国者用钢丝绑在了一块木板上，活活焚烧而死。但纪录片《核秘密》援引一些前克格勃官员的话称，潘科夫斯基更可能是被枪毙。不过他的尸体一直没有被找到，成为一大谜团。由于找不到潘科夫斯基的尸体，各种谣言开始流传，甚至有人说潘科夫斯基没有被苏联处死。

格雷维尔·温被苏联法院判处八年有期徒刑。但他比潘科夫斯基幸运得多，只在苏联蹲了一年大狱，后来苏联和英国方面达成协议，让他与被俘的苏联间谍朗斯代尔进行交换，回到英国。

因受潘科夫斯基案牵连的人在苏联国内还有不少。据苏联政府报纸《消息报》后来报道，炮兵主帅谢尔盖·瓦连佐夫由于袒护间谍潘科夫斯基而被解除高级职务，并被降级。另外两名军官——波佐夫少将和布齐诺夫上校因为给潘科夫斯基看了与他们工作有关的材料也受到了惩处。

瓦连佐夫因为在前线认识潘科夫斯基之后，就相信了潘科夫斯基说他被非法地赶出苏军的怨言，设法重新审查潘科夫斯基在军队中的不良表现，最后帮助他在国家科学研究工作协调委员会内找到了一个职位。另有报道说，潘科夫斯基利用自己与苏联炮兵部队、陆军导弹部队司令瓦连佐夫的关系，窃取了不少军事情报。事实查清后，瓦连佐夫因此被由元帅降为少将。苏军总参谋部侦察局长谢罗夫则被撤职，还被调离了莫斯科。科学工作协调委员会的另一个官员彼得罗钦科由于未经许可向潘科夫斯基泄露消息，受到了惩处。

在审讯潘科夫斯基之后，有些苏联公民产生了这样的印象：潘科夫斯基几乎把有关苏联军事技术和国防的全部秘密都交给了敌人。对此审讯潘科夫斯基的检查官、司法部的戈尔内伊中将在接见《消息报》记者时说，这种说法是没有事实根据的。他说："潘科夫斯基交给英美情报机关的情报不会给苏联的国防造成任何严重危害。"

在接受记者采访时，戈尔内伊还澄清了潘科夫斯基没有被处死的传闻。《消息报》记者向戈尔内伊提出了一个问题："促使潘科夫斯基从事间谍活动的动机是什么？"戈尔内伊回答说："潘科夫斯基被外国情报机关所收买，是由于他道德败坏、追求名位和他的利己主义思想。他痛恨一切事物，痛恨一切人，因为他被清除出苏联军队，因为没有让他长期在国外工作，潘科夫斯基就把自己出卖给了外国情报机关。"

潘科夫斯基为他的背叛行为付出了沉重的代价，人们对他的评价褒贬不一。

潘科夫斯基作为一名苏联人，本来不能对任何人吐露苏联核武器数量这一惊天的秘密，但他又深知一旦美、苏核战争打响，遭殃的不仅仅是苏联人民或是美国人民，而是全世界人民。从这一点说，许多人对他出卖核情报来平息核战争这一点表示理解，甚至认为他的间谍活动有其积极的一面。潘科夫斯基死后一年，美国政府给予了他很高的评价，称其以牺牲自我的方式制止了一场核灾难，是史上最伟大的间谍，但苏联政府却对此不予回应。

也有人认为，潘科夫斯基从当上双面间谍那一刻开始，就是个可耻的叛徒。核战尽管没有最终爆发，但他提供的情报在引发这一危机中起了重要作用。被克格勃逮捕后，他还差点用"特殊信号"引发核战争。因此他的死是罪有应得，不值得同情。

很多年后，英国广播公司拍摄的纪录片《核秘密》，向人们揭示古巴核战危机一些鲜为人知的真相。作家杰罗尔德·谢克特以他为原型，创作了《拯救了世界的间谍》一书。在此书中，谢克特充分肯定潘科夫斯基发挥的重要作用，把他排在世界十大间谍的第一位。美国总统约翰·肯尼迪的弟弟、当时的美国司法部长罗伯特·肯尼迪写了一本回忆此事的书《十三日》，在该书中他有夸大自己功劳之嫌。根据罗伯特的书改编的电影《惊爆十三日》上演后，票房也很不错。

一些研究者将潘科夫斯基称作"拯救了美国的间谍"，称他是肯尼迪总统在古巴导弹危机中战胜赫鲁晓夫的绝密武器。而在众多学者看来，假如这场核大战爆发，那无疑就是第三次世界大战。对于全人类来说，那将是比前两次世界大战更可怕的毁灭性大灾难。

还有不少人怀疑，潘科夫斯基事件本身就是苏联谍报部门设计的一个陷阱。就连英国军情六局和美国中央情报局的人中，也有人认为这是苏联策划的一场阴谋。因为从越来越多的解密资料中，他们了解到：自从潘科夫斯基踏进美国驻莫斯科大使馆的大门开始，他的谈话就被窃听；第二年与加拿大商人范佛里特碰面，他们的谈话也被窃听；还有他和奇泽姆的夫人接头地点、邮局都被监控。既然这么早就知道他是双面间谍，为何不逮捕他？后来，潘科夫斯基提供的众多情报绝大多数都被证实是真实的，而且大部分还是原件。让出卖国家军事机密的人继续走下去，这种做法使人费解。有人分析，当时赫鲁晓夫不顾一切地搞核武器，1960 年 10 月曾发生一次大悲剧，苏联发射导弹失败，当场使 100 多人死于非命，其中包括发射台上的 160 名宇航科学家。有鉴于此，莫斯科的很多高官想阻止赫鲁晓夫冒险，他们采取的行动是让西方人了解苏联的真正军事实力，同时也让赫鲁晓夫了解西方的实力，从而有所收敛，潘科夫斯基因此充当了这枚中间的棋子。

如果潘科夫斯基真是苏联方面布下的棋子，为什么他在事发后又被苏联方面处死？

与古巴核战危机相关的两位领导人，结局各不相同。潘科夫斯基被处决的同年（1963 年）11 月 22 日，美国总统肯尼迪遇刺身亡。苏联领导人赫鲁晓夫在古巴导弹危机发生两年后，被克格勃联合一批反对派整肃赶下台，罪名之一就是处理古巴导弹危机不当。1971 年 9 月 11 日，赫鲁晓夫病逝于莫斯科。

1966年10月22日晚，英国伦敦北部的斯克拉布监狱传来阵阵刺耳的警笛声。与此同时，大批英国皇家警察紧急出动，在伦敦进行了一场大搜捕。事后人们才知道，这所监狱里的一位重要犯人越狱逃跑！这个重要犯人不是别人，正是具有"间谍之王"美誉的乔治·布莱克。

布莱克是个双面间谍，使用过"钻石"这一代号，他的存在令英国秘密情报局丢尽了脸面。

其实这已经不是布莱克的第一次越狱，此前他成功地从荷兰的纳粹集中营逃出。

那么，神通广大的布莱克到底逃到哪里去了呢？

第八章 秘密战线上最神奇的红"钻石"

抵抗战士 语言奇才

乔治·布莱克，原本姓贝哈，1922 年 11 月 11 日出生于荷兰的鹿特丹。父亲艾略特·威廉·贝哈是出生于埃及的土耳其犹太人，后来加入英国国籍。母亲是荷兰贵族后裔，信仰基督教。因为宗教信仰的缘故，父母的婚姻受到重重阻力，双方家长都反对他们的婚事，无奈之下他们只有私奔。他们成功地私奔到英国，并于 1922 年在伦敦结婚。婚后母亲回到荷兰，再后来生下了乔治·布莱克。

俄国十月革命胜利后，各国共产党异常活跃。布莱克 13 岁时，父亲因病去世，他前往埃及的姑母家寄居。在开罗，布莱克与他的叔叔、后来成为埃及共产党领导人的亨利·库里尔朝夕相处了三年。年轻的布莱克受叔叔的影响，在耳濡目染之中接受了早期的共产主义教育，对共产主义有了初步的了解。

布莱克学习成绩很优异，但他不喜欢与身边的人交往，性格很内向，成为独行侠。由于与周边的人格格不入，他有了独立的活动空间。他在语言上很有天赋，外语学得很好。小时候他还有一大嗜好，喜欢模仿各种各样的人。例如他有时喜欢打扮成英国海军上将，有时又化装成修道士，有时甚至装扮成阿拉伯的著名间谍劳伦斯。这些与众不同的举止，让老师和同学都觉得他有点怪。

1939 年，16 岁的布莱克回到荷兰上中学。不久，第二次世界大战爆发，德国人的铁蹄声惊破了他的求学梦。为了躲避战火，他想回到英国去。可是德国人的狂轰滥炸阻断了道路，他想回英国已经不可能了。1940 年 5 月，荷兰被德国占领。战争期间，德国法西斯四处搜捕进步人士，同时迫害犹太人。布莱克自然而然地成为纳粹迫害的对象，盖世太保逮捕了年轻的他，把他关进了戒备森严的集中营。布莱克不甘心就这样等死，不断寻找机会，想逃出去。

凭借犹太人的聪明才智，他终于逮住了一次机会。在一个看守困乏的深夜，他翻过高高的围墙，从守卫森严的集中营逃了出来，顺利地逃到外地的叔父家。受风起云涌的反法西斯抵抗运动的影响，他也想为反法西斯作出自己的贡献，不久加入了荷兰流亡政府组织的游击队。抵抗组织让他充当传递情报的信使，这是一份非常危险的工作。但布莱克初生牛犊不怕虎，多次出色地完成了传递情报的任务。二战结束后，荷兰女王授予布莱克四级拿骚十字勋章，表彰他在反法西斯斗争中作出的贡献。

由于多次替反法西斯的抵抗组织传递情报，不久布莱克身份暴露，上了纳粹盖世太保的黑名单。德国法西斯布下暗探，四处查找他的下落，要把他缉拿归案。与此同时，他所在的抵抗组织也被德国人渗透，没过多久就被德国人打垮了。在这种情况下，无处藏身的布莱克为了躲避盖世太保的追捕，渡过英吉利海峡，来到了没有被德国人占领的英国。

布莱克到英国后，怀着对法西斯的仇恨，报名参加了英国作战部队。通过了英国军方的安全调查后，他被分配到英国皇家海军某部，当了一名普通水兵。此后他被安排到一艘扫雷艇工作，再后来又被派到朴茨茅斯接受潜艇训练。不知为什么，他对潜艇一点也不感兴趣，在一次训练中居然晕了过去，这令战友对他非常担忧。

在海军某部没干几个月，他接到上级的命令，要他到一个新部门去报到。他到新部门报到后，才知道这是一个情报部门。间谍机构找我干什么？布莱克不知道，就在他参军没多久，他的上级就盯上了他。原因是上司在交往中发现布莱克精通英语、荷兰语、法语和德语。这样的语言天才，正是间谍机构所需的，让他当普通水兵太屈才！于是，间谍机关开始对布莱克进行考察，确认他不存在任何安全隐患后，将他吸收进海军情报部门，并立即将他送到英国军官学校进行培训。

1944年，布莱克成为英国军情六处特工，开始了他的间谍生涯。布莱克接受军官培训时，因考试成绩出色，被晋升为皇家海军后备队的中尉。接受完培训，布莱克先在海军情报部门工作了一段时间。然后转到特别行动委员会荷兰分部，在那里主要从事密电码的截收和破译工作。这对于他来说，是一个很好的机会，这个部门的前任因为"北极行动"中的耻辱而被革职，这让布莱克有了更多的表现机会。这些工作尽管较为平常，但是训练了谍报的基本功，对他日后的间谍工作有很大的帮助。后来，他又到盟军远征军司令部翻译德国人的文件，甚至还审讯德国俘虏。就在战争结束之前，布莱克被调到蒙哥马利将军的司令部工作。

由于布莱克工作非常认真负责，给上级留下了极好的印象。到第二次世界大战快结束时，年仅 23 岁的他就已经晋升为海军上尉，被派往驻德国汉堡的英国军舰上担任情报官。在这个职位上，布莱克继续忘我地工作，他整日忙碌于报告与备忘录中，工作井井有条，同事们对他印象非常好，上司对布莱克也非常赏识。

布莱克不愿意像有些同事那样虚度时光，他情愿多花一些时间在学习上。在汉堡，一个转机摆在了布莱克的面前。秘密情报局的官员肯尼思·科恩在一次检查工作的时候，发现布莱克正在看一本俄语的语法书。科恩早就知道，布莱克是个语言天才，精通英、荷、法、德四国语言，可他没听说过布莱克精通俄语。带着几分好奇，他问布莱克："俄语你也懂？"当他得知布莱克正在自学俄语的时候，不禁对布莱克欣赏有加，认为这么一个具有上进心的人肯定大有前途。

第二次世界大战结束前，布莱克还在盟军司令部做过一段时间的翻译。他参与翻译许多重要的文件，还参与审讯外国间谍，特别是还给盟军司令官艾森豪威尔将军做过一次翻译……这一切使年轻的布莱克变得有点狂妄，一度瞧不起身边的同事。

二战结束后，西方社会的资本主义阵营与社会主义的苏联形成了对立，他们害怕社会主义的火种在他们那里成为星星之火，开始了与苏联的敌对活动，为此需要派遣间谍搜集有关苏联的情报。英国秘密情报局的工作重心早就转向了苏联，急需精通俄语的谍报人员，便以外交部的名义对外招聘。

1947 年，由于特别情报处官员科恩的推荐，布莱克被英国外交部录用。没过多久，他被派到剑桥大学唐宁学院学习俄语。绝大多数国家的外交部其实都从事情报工作，显然英国外交部的此举是有针对性的。布莱克具有语言天赋，又是个特工，所以外交部很快就看中了他。

布莱克在唐宁学院的学习持续了一年，到 1948 年毕业的时候，布莱克宣布他已经精通俄语。外交部的负责人对他非常满意，将他分配到外事局九处一科，暂时代理领事。其实布莱克进入的是从属于外交部的秘密情报部，其真实身份是秘密情报局特工。对此外界人根本不知道。秘密情报局还多次让他执行任务，外交部的晋升名单上自然也是没有他的名字。

按常理，布莱克接下来要被派往苏联。然而布莱克的代理领事还没代上几个月，1949 年他就被英国外交部派往韩国首都汉城（现在的首尔）。谁也想不到，这次远东之行竟然彻底改变了布莱克一生的命运。

战争被俘　洗脑投苏

在韩国工作时，布莱克与同事关系非常融洽，他精力充沛，做事认真，还与当地的韩国人相处得很好。饱览韩国风光的同时，他也结交了五湖四海的朋友。

可是这种宁静的生活很快就被炮火打破。1950 年 6 月 25 日，朝鲜战争爆发。战争初期，朝鲜人民军奋勇作战，打得南韩的李承晚军队节节败退。李承晚军队为了自己逃跑方便，炸毁了汉江大桥，致使许多西方国家的外交使馆人员无法撤出。6 月 30 日，当朝鲜人民军攻进汉城后，布莱克所在的英国驻汉城公使馆被朝鲜人民军包围，包括布莱克在内的英国公使馆里的所有人都成了朝鲜人民军的阶下囚。被俘之初，英、法两国使团成员都被朝鲜拘留在鸭绿江边的满埔。

就在朝鲜战争即将分出胜负之时，以美国为首的联合国军出兵帮助李承晚，于是在飞机大炮的掩护下，南韩军队发起了疯狂的反攻。联合国军扔下的炸弹，将朝鲜的村庄炸成了一片片焦土，战火一度烧到了鸭绿江边。在这种情况下，为了保家卫国，中国人民志愿军出兵朝鲜。

随着战争的波折，布莱克和难友们被押送到朝鲜平壤的拘留营里。布莱克看得出来，朝鲜方面并没有加害他们的意思，于是想博得对方的好感，以图早日回到祖国。有了这种想法后，他表现得非常好，不仅照顾难友，还主动帮拘留营做其他事情。他所做的这一切，给朝鲜方面留下了极好的印象。

没过多久，苏联人来到平壤的拘留营里。苏联和朝鲜都在建设社会主义，他们信仰共产主义。对布莱克等来自资本主义国家的人，他们进行了洗脑。布莱克开始比较顽固，长期从事间谍活动的他已经不怕死，他说他不愿意背叛自己的国家。眼看着这些宣传起不了多大作用，苏联国家安全部政治教育部便专门派来了意识形态专家格列戈里·库兹米奇，试图策反这些战俘。

然而，格列戈里·库兹米奇也拿布莱克没办法。原因很简单，后来库兹米奇自己都叛逃到美国，投靠中央情报局，这种所谓的专家能起多大的作用，可想而知。

库兹米奇能说一口流利的英语，这使他凭此可以与布莱克私下进行交流。当他开始对布莱克进行洗脑时，布莱克一点也不买他的账，对他宣扬的社会主义采取完全抵制的态度。有时他们还会发生争执，唇枪舌剑，布莱克常常反驳库兹米奇。

本来，小时候的布莱克就受到叔叔亨利·库里尔的影响，受过共产主义思想的熏陶，因此他接受起来比其他人更快。但事情并没有那么简单，真正让布莱克转变的，其实是美国人帮的倒忙。

自从中国人民志愿军赴朝参战后，战局又一次发生重大转变。双方最后在三八线附近展开拉锯战，战争一时陷入僵局。美国人开始改变战术，把重点放在攻击志愿军的物资补给上。于是，联合国军每天出动大批飞机，不断轰炸朝鲜境内的城乡，造成废墟遍地，许多无辜者丧生。亲历美国飞机对朝鲜村庄的野蛮轰炸，布莱克的内心深受触动。他觉得以美国为首的联军对毫无抵抗力的百姓进行轰炸，太不人道了！他对西方列强参与的朝鲜战争的性质产生了怀疑，对西方政治渐渐感到失望。据布莱克说，他正是在看见美军轰炸"完全没有防御能力的朝鲜小村庄"时，平民百姓的惨状使他产生对西方社会的反感，进而"最后得出结论，对抗共产主义是错误的"。

在这种情况下，布莱克开始接受共产主义思想。通过一年多的战俘营洗脑，布莱克对共产主义有了进一步的了解。随着他对共产主义的认识加深，他的思想也发生了质的变化。在被捕一年零五个月后，1951年11月布莱克主动找到库兹米奇，告诉他，"我已经信仰共产主义，愿意为苏联效力，为共产主义奋斗。"他还说，自己已经对西方干涉朝鲜战争不再报有幻想，他甚至批评英国与美国。对于他的转变，苏联方面大喜过望。

但是，布莱克说他的投诚是有条件的，苏联方面让他把条件提出来。于是，布莱克提出了为苏联工作的三个条件：一是他只提供英国方面有关反对共产主义的情报；二是他自愿为共产主义事业奋斗，而不要苏联的分文酬金；三是为了更好地潜伏，也是为日后安全起见，不必提前释放他。

"我们接受你提出的条件。"克格勃没有理由拒绝。这样，从双方达成协议起，布莱克就是一名克格勃的间谍了。

1951年11月的一天，布莱克在拘留营消失了，拘留营里传出消息，布莱克已经逃跑。可是没过多久，他又被带回来，身上还有外伤，据说他在逃跑时被抓了回来。其实这是布莱克与苏联方面合演的一场戏，目的是让和他在一起的被俘人员相信，他是不与敌人合作的。

接下来是漫长的等待。在营救这些人的过程中，中情局、英国秘密情报局和苏联进行了长期的谈判和讨价还价。到了1953年3月，在朝鲜战争即将结束之际，双方终于谈判成功。布莱克和英国公使、领事及使馆的其他被俘人员在苏联驻北京大使馆的安排下，经北京、莫斯科、西柏林返抵英国。在那里他们受到英国外交部高级官员的热烈欢迎。此时的布莱克一副狼狈相，头发很长，满脸胡须，若不仔细辨认，亲朋好友一时还认不出来他。

回到久别的英伦三岛，布莱克等人没想到的是，第一件事就是接受秘密情报局的调查。秘密情报局要求回来的每个人，把自己在朝鲜的经历如实交代，并写一份有关自己经历的详细报告。秘密情报局的调查只是例行公事，同行们向调查人员反映，布莱克在平壤拘留所里"表现出了对苏联人的强硬态度，表现了大英帝国国民应有的大义凛然"。审查的结果是"所有人都没有背叛自己的祖国"。英国外交部对这些被俘后坚强不屈、具有高度民族气节的人不但不怀疑，而且给予表扬，很快给他们安排了工作。

没有人怀疑布莱克的朝鲜之行，因为没有人知道他是秘密情报局的人，只知道他是外交部的人。外交部部长亲自写了一封慰问信，让他好好休息。

经过短时间的休养，布莱克被分配到英国的军情六处克伦威尔街分部工作，专门负责窃听和秘密拆封外交邮袋。布莱克在朝鲜的经历，使他坚定了做一个身在西方阵营的"特洛伊木马"。他表面上为英国从事情报工作，实际上为苏联服务，是个典型的双面间谍。

为了让布莱克更好地潜伏，克格勃为他提供了不少有关苏联间谍的情况，使布莱克在秘密情报局大受重视。虽然这些情报是真实的，但对苏联方面构不成威胁。布莱克这个天生的工作狂，日日夜夜不停工作，为此他的妻子经常对他的健康状态表示担忧。但是布莱克耐心地解释说，他要会见自己的联系人，这样做迫不得已。妻子根本不知道布莱克的双重间谍身份，在她眼中，他只是一个非常敬业的英国情报人员。

"挖"出地道　英美出丑

成为双面间谍后，布莱克在秘密战线大显身手，他的第一个大杰作，是帮助苏联摧毁了英、美设在德国的地下窃听长城。这是布莱克最为得意的，也是给英美情报机构造成损失最大的情报，因为出卖了"柏林隧道"的秘密。

第二次世界大战结束后，德国被分为民主德国（东德）和联邦德国（西德）。最初东柏林由苏联占领，因此民主德国与苏联的关系非常密切。西德则被美国占领，成为西方与苏联对抗的桥头堡。1953 年艾伦·杜勒斯担任美国中央情报局局长之后，在全球范围内和苏联克格勃进行角逐。英国历来和美国走得最近，是美国人的忠实盟友，情报战线也不例外，他们在这方面建立了密切的合作关系，情报上经常互通有无。

美国中央情报局的官员从英国情报部门那里获悉，1949 年英国情报机构曾在奥地利实施过一个名叫"白银计划"的行动，具体内容是通过挖地道的方式从苏联驻奥地利的要害部门窃听苏联的情报。此举大获成功，使英国窃听到了大量的苏联绝密情报。美国人想借鉴英国的白银计划方式，也在德国挖一条地道，窃听苏联的绝密情报，他们把这一行动取名为"黄金行动计划"。

为了确保黄金行动尽快实施并获得成功，美国情报部门特地派人来向盟友英国取经。尽管此事非常秘密，但在情报部门工作的布莱克在 1953 年当年就得到了消息。此项计划还在实施之中，布莱克就向苏联情报部门透露，英国和美国情报机构计划挖掘一条地道，通往当时由苏军占领的东柏林，以窃听苏军司令部的地下电缆通信。

也有报料说，1953 年英国秘密情报局制订了黄金行动计划：从西柏林挖一条 450 米长的隧道通向东柏林，并在东柏林至莫斯科的三条地下电缆上，采用英国工程师设计的搭线方法，实施窃听。该线路除窃听苏联与东德之间的军政电话，还窃听东柏林到波茨坦的苏联军事管制总部，以及苏联驻德防区和华沙之间的电话。由于隧道要从美占区开挖，因而美国中央情报局也参加了这一秘密行动。

总之，不管是美、英两国谁先制订的，黄金行动计划都是英美两家的联合行动，是专门针对苏联的窃听战术。英美双方确定，地道从西柏林南郊的阿尔特格里尼克开始钻孔打洞。因为该地区大部分是低矮的棚屋和板房，这是来自民主德国的难民用旧材料和破砖瓦搭建而成，在这里钻孔打洞，完全可以避人耳目。他们还决定，由中央情报局中与苏联间谍打了多年交道的高级特工比尔·哈维负责，全面指挥柏林隧道的挖掘工作。

英、美双方商议后，进行了分工。中央情报局的工作是：首先选择场地，使隧道的位置正好处在苏联人的电缆线下面，然后录下收集到的电信信号，最后把所有的电信材料送到华盛顿处理。英国同行的任务是：建造通信管道，在苏联的电缆线上搭线，将有用的信号输送到隧道顶端的窃听室录音，在现场再建成一个处理录音材料的工作室。

苏联方面获得这一重要情报后，上上下下都高度紧张。克格勃高层召开紧急会议，制定应对策略。

英美情报机构为了确保隧道的挖掘工作万无一失，分工后双方分别做了试验和研究，一切准备就绪后，隧道工程正式开工。为了解决多出来的泥土等问题，比尔·哈维想出了声东击西的一招：他命令工兵部队先在两德交界处建立一个地下大仓库，用以吞掉挖隧道产生的几千吨泥土。从表面上看，从这个大仓库里进进出出的是装有电子仪器和泥土的车辆，会让人误以为这里将要建造一个无线电雷达拦截站。为了解决潮湿空气影响电子设备正常工作的问题，比尔·哈维将隧道与其毗邻的窃听室进行隔绝，使窃听室成为近乎封闭的独立小屋。英美联合行动，黄金行动计划悄然实施。

经过一年多的准备和七八个月的秘密施工，挖掘隧道与安装窃听设备历时一年，工程耗费了2500万美元，英美情报机构终于在1955年2月建成一条全长2.5公里的地下窃听长城。这条窃听线路上安装了当时世界上最先进的静音、防潮、防震设备，安放了数百个扩音器和窃听器，四通八达的网络确保它可以在第一时间窃听到苏联的最高机密。

地道挖成后，英美情报机构从中获得了不少军事情报。为了不放过任何蛛丝马迹，他们安排了50名精通俄语和德语的专家轮流值班，对付那一盘盘的录音带。尽管如此，由于民主德国的通信以及他们与苏联之间的联系太多，窃听录下的东西非常之多，这些人根本无法及时将窃听内容全部译出，只好加派人员和延期继续翻译。

1955 年春，布莱克被派往西柏林秘密情报局工作站任技术行动部副主任，他的特殊使命是研究驻东德的苏军情况，并在苏联军官中物色可以利用的叛徒，将其策反为自己服务。

地下电缆窃听情报确实使美国和英国掌握了不少苏联的动态，有些至关重要的情报甚至影响到英、美国家战略的制定。以美国为例，他们从窃听中获悉，苏联实际上夸大了其在民主德国驻军的实力，民主德国的铁路也处于多年失修状态。在这种情况下，美国情报部门综合其他情况后认为，苏联借道民主德国向欧洲其他国家发动进攻的可能性小而又小。此外，美国人从地下电缆中还听到了苏联人准备在民主德国秘密修建特殊武器库的情报，他们分析苏联很可能在民主德国部署原子弹。原子弹的事非同小可，美国军方得到中央情报局的报告后立即采取相应的战略措施。

英国秘密情报局和美国中央情报局都指望柏林地道能作为一个超级情报来源，在苏联采取军事行动前能获得一些预警时间。但是不久发生的一件大事，让西方两大情报机构大为不解。

匈牙利人民政权建立后，政府总理、党第一书记拉科西照搬苏联模式，经济上片面发展重工业，政治上制造个人崇拜，破坏法制，引起人民强烈不满。1956 年苏共二十大后，匈牙利各界猛烈抨击拉科西·马加什的错误。同年 7 月，格罗接替拉科西任党的第一书记，但局势依然不稳。10 月 23 日，布达佩斯近 20 万名大学生和群众举行示威游行，要求格罗辞职，纳吉上台。游行者推倒了市内的斯大林铸像，同保安部队发生武装冲突。第二天，纳吉·伊姆雷出任总理，匈牙利劳动农民党宣布戒严，并请苏联出兵干预。在匈牙利局势混乱之时，帝国主义国家派遣大批间谍进入匈牙利，国内反革命分子也乘机破坏，局势失去控制。10 月 30 日，一些群众被煽动，进攻布达佩斯市委大楼，市委书记和大楼保卫人员被杀害，各地发生了多起残杀共产党人和保安人员事件。同日，纳吉宣布结束一党执政。11 月 1 日，宣布匈牙利退出华约组织，实行中立。11 月 4 日，以卡达尔为首的匈牙利工农革命政府成立。同日，苏军再次开进布达佩斯，纳吉政府垮台……

在这次事件中，苏联两次出兵匈牙利，如此重大的军事行动，地道里的电缆为什么没有传出一点征兆？难道地道的秘密已被苏联人知道或已被怀疑。英美的情报部门分析来分析去，认为可能性不大。退一步说，如果有人出卖情报，那么这只"鼹鼠"又会是谁呢？

就在这时候，布莱克的上司发现他与苏联人有联系，差点惊叫起来！冷静下来之后，上司认为，他只是向苏联人传递假情报，不可能是出卖英国利益的"鼹鼠"。因为布莱克负有特殊使命，要去策反苏联间谍，因此与苏联人的接触是经过秘密情报局特许的。秘密情报局还打算让布莱克扮演双重间谍的角色，以便更好地为大英帝国服务。这位上司一时间找不到怀疑对象，甚至觉得是自己神经过敏，也许地下长城根本没有暴露，只是苏联人在出兵匈牙利一事上太狡猾，防范太严。

美国方面自认为从地道中受益匪浅，杜勒斯准备扩大自己的地下监听网。没想到在这个节骨眼上，却出现了一个意想不到的情况。1956 年 4 月 22 日，苏联通信工程兵在维修电缆时，一个通信兵突然掉进隧道，柏林隧道无意中暴露出来。苏联当即召开记者会，指责美国人入侵苏联管辖区，并让众多记者参观这条通向美占区的隧道，揭发英美的窃听丑闻。与此同时，美、英媒体也大肆宣传，说这条隧道三年来的窃听行动，是冷战中西方最大的成功。

其实早在隧道动工之前，布莱克就获知了黄金行动计划，并把这项绝密计划的相关文件泄露给了克格勃。苏联方面通过布莱克的情报，早就开始对这条窃听地道进行防范。他们将计就计，利用地道向美英传递假情报。美英方面对此浑然不知，还投入大量的人力物力去攻坚。据说黄金计划结束后，中央情报局的电缆录音还没译完，只得又派人用了 27 个月的时间，才最终将所剩的录音译完。然而苏联人早有防备，他们所译出的情报，真真假假，又有几条是真的呢？直至 1961 年布莱克间谍案曝光后，英美情报机构才意识到自己被苏联人要了。有人嘲笑说，"黄金行动"变成了"废料行动"。

苏联人为何要在这个时候揭出丑闻？为何不继续利用地道给西方敌对势力输送假情报呢？因为苏联人知道，地道传播了太多的假情报，英美情报机构已经怀疑它泄密，一旦成为公开的秘密，其价值不久将彻底丧失。在它丧失价值之前，利用它来让敌人出丑而失信于世界，何乐而不为呢！

清除鼹鼠　命案半百

中央情报局和军情六局一直在查找地道泄密事件，但一直找不到究竟哪个环节出了问题。就在窃听丑闻曝光的同时，英国潜伏在苏联的间谍还在一个接着一个地被苏联揪出，他们下定决心，非查出内奸不可。

出卖英国间谍的人正是布莱克。在军情六局伦敦总部工作时，布莱克将秘密情报局的"战斗序列"——全局工作人员名单和工作情况提供给苏联。美联社说，被布莱克出卖的英国间谍可能多达数百名。最重要的情报，还是在柏林任职的四年里，他向克格勃报告了英国秘密情报局布建间谍网的情况，其中包括在共产主义国家中招募的近 400 名间谍人员名单。这位后来被誉为间谍之王的荷兰人让西方人苦心经营的间谍网络遭到了毁灭性打击。据称，因为布莱克的叛变，42 名英国间谍死于他手。

被布莱克出卖而致死的重量级人物，第一位是东德国家安全局局长比亚维克中将。比亚维克与秘密情报局搭上关系后，于 1953 年叛逃到西柏林，要求政治避难。他改名换姓后，被秘密安置在西柏林的一个安全住处。也许是他命里该绝，比亚维克的房子与布莱克的住处正好在一个街道，他们经常相遇，但不打招呼。布莱克觉得对方神秘兮兮的，更加注意上了他。后来他发现，比亚维克受到特殊的照顾，知道他不是一般人。他把这个情况汇报给了克格勃上司，并描述了对方的相貌。不久克格勃方面返回信息：此人正是"失踪"了两三年的东德国家安全局局长比亚维克！克格勃在表扬布莱克的同时，要他密切注意比亚维克的情况，了解他的活动规律。

比亚维克叛逃，对社会主义阵营的苏联和民主德国是个不小的打击。从此苏联和民主德国都在寻找他，为了"杀一儆百"，必须置他于死地而后快。正因为如此，联邦德国和英国方面加强了对他的保护力度。因为知道克格勃对叛徒绝不会心慈手软，英国秘密情报局不仅为他配备了贴身保镖，还在他的公寓里安装了保险锁，装有与英国安全官员联系的报警器。据说还有英国特工对他进行专程保护，防范措施相当严密。有了如此的安保措施，因此他叛逃三年，才被英国内部特工布莱克发现他的行踪。

尽管布莱克发现了他的踪迹，克格勃一时也找不到下手的机会。然而，百密总有一疏，时间长了，比亚维克的警惕性就慢慢开始放松。1956 年 2 月的一天，比亚维克一时高兴，竟然在没有安全人员陪同的情况下私自出门散步。布莱克与比亚维克的房子相隔不远，当布莱克发现比亚维克走出来之后，立刻向克格勃汇报。就在比亚维克刚走到小巷子口时，从暗处闪出两个人，直接扑向比亚维克。他们身手不凡，三下五除二，就将比亚维克拖进一辆早已等候在此的小汽车。汽车飞奔而去，一下就没了踪影。

比亚维克再度"失踪"，英方知道肯定与克格勃有关。英国政府多次向苏联政府提出交涉，但苏联当局一口否认，声称不知道比亚维克的下落。英国人是"哑巴吃黄连——有苦说不出"。从此，比亚维克就从这个世界永远地消失了。这是布莱克成为双面间谍后，欠下的第一条人命。

另一个被布莱克出卖的重要人物是苏联双面间谍彼得·波波夫。彼得·波波夫出生于俄国的一个农民家庭，对苏联剥夺农民进行工业化的做法十分不满。这位苏联格鲁乌间谍，于1953年在维也纳暗中投靠了美国中央情报局，很快成为二战后为西方效劳的最有成效的间谍。苏联间谍机关一直在查找这个内鬼，克格勃和格鲁乌都想除掉他。

苏联军事情报总局格鲁乌，是一个由特种兵组成的机构，专门负责应付突发事件、执行敌后打击等特殊行动。格鲁乌成员个个身手不凡，除了擒拿格斗、极地生存，还能单独执行诸如炸列车、破坏导弹发射井等本领。这个机构保密措施非常严密，显得神秘莫测。美国和英国等西方国家一直想对它有更多的了解，但直到苏联解体后一些情况才对外披露。而在当时，有波波夫这样的格鲁乌官员投靠，美国人如获至宝。

事实也是如此，波波夫作为格鲁乌官员，手里掌握着重要情报。在维也纳工作的两年期间，波波夫给美国提供了不少重要情报。波波夫与CIA特工每月在秘密、安全的屋子里会面，畅所欲言。在他充当双面间谍的六年内，他向CIA提供了400余名潜伏在西方的苏联间谍人员的情报，其中包括一大批克格勃人员。除此之外，还有苏联武器的情况。这些对美、英来说都是弥足珍贵的，使克格勃损失惨重，还间接导致了克格勃时任主席伊万·亚历山大诺维奇·谢罗夫的下台。克格勃对这只"大鼹鼠"恨之入骨，要不惜一切代价将他除掉。

1958年苏联国家安全委员会主席亚历山大·谢列平上台后不久，立即命令克格勃第一总局成立一个专门负责在战略上策划和欺骗西方国家的D处。这个D处主要是通过发送假情报来迷惑敌人。发送假情报其实也非易事，要达到以假乱真，往往要格鲁乌、克格勃、外交部等部门配合。由于大量潜伏间谍的暴露，克格勃已经怀疑格鲁乌上层可能出现了泄密问题，于是谢列夫命令克格勃，务必加紧追查内鬼。

克格勃的大清查由此拉开序幕，彼得·波波夫自然也在清查对象之内。不知是不是被列为重点怀疑对象，他被调离了原来的工作岗位。当彼得·波波夫从维也纳调到东柏林后，暂时与中央情报局失去了联系。他心里非常着急，因为他不知道自己是否已被怀疑，很可能随时都会有危险，因此急于联系上中央情报局，一旦出现危险，便可溜之大吉。

好不容易等来了一次机会，那便是英国军事使团访问东柏林。于是他给联络人写了一封信，托正在东德访问的英国军事使团转交。按照工作流程，这封信应该首先交给秘密情报局当地情报站，然后由情报站与中情局联系。于是，他的信便被转到了柏林情报站布莱克的手中。已经接到克格勃铲除内鬼命令的布莱克不辱使命，如期把信交给了中央情报局。只不过在转交之前，他已经阅读了内容，并巧妙地把信息传给了克格勃。

就这样，没等中央情报局采取营救行动，格鲁乌方面立刻把波波夫召回莫斯科，秘密监视其行踪。由于频繁调动工作已经成了常事，对于这次的工作调动，波波夫开始还有所警惕，但观察一段时间发现没什么动静后，他便认为是自己多疑了，于是重操旧业，继续为中央情报局提供情报。1959年10月的一天，彼得·波波夫在莫斯科上了一辆公共汽车，被格鲁乌的便衣跟踪。一位美国驻莫斯科使馆的人员走上公共汽车，波波夫偷偷地与之接头，将情报传递给他。这位美国使馆人员是一名CIA特工，当他们进行情报交易时，格鲁乌便衣将他们当场抓获。

彼得·波波夫的下场十分悲惨，死时的惨状使许多知情者想起来就害怕。为了杀一儆百，苏联间谍机关当着众多格鲁乌同事的面，将他扔进熊熊烈火的炉子里。大家眼睁睁地看着他被活活烧死。

在被布莱克出卖的间谍中，还有40人被处死。在此不一一叙述。

险象环生　侥幸逃劫

苏联方面认为布莱克待在伦敦总部更有价值，建议他回去。布莱克也就立刻向英国方面提出申请，这个要求立刻被批准。就这样，布莱克在柏林工作四年后，于1959年调回伦敦秘密情报局总部工作。但是他待在伦敦的时间并不长，英国方面出于在阿拉伯世界的战略考虑，很快给他布置了一项新任务，让他去黎巴嫩学阿拉伯语。

事情缘起于苏伊士运河事件。1956年7月，美国和英国以埃及无法完成工程而且没有还贷的能力为由，正式退出埃及阿斯旺水坝的修建工程。埃及随即宣布苏伊士运河公司收归国有，运河的所有收入用在阿斯旺水坝的建设当中。8月5日，英法结成联合小组，拟订了对埃及实施军事打击的计划：先摧毁埃及空军，再空袭破坏埃及的经济和后勤基地，最后在苏伊士运河北端登陆，占领整个运河区。这个名为"火枪手"的计划很快得到英法政府的批准。不久，以色列加入英法联军。

当年10月29日，以色列从西奈半岛发起进攻，逐渐逼近苏伊士运河。10月31日，英、法出动了200架英国飞机和40架法国飞机，在48小时之内空袭了埃及的15个机场、兵营，以及开罗、亚历山大、塞得港、伊斯梅利亚、苏伊士等城市的重要经济、交通设施。11月5日，英、法伞兵开始进攻塞得港。次日，由150艘舰只组成的英法舰队到达塞得港外，8万海陆空军向塞得港发起进攻，可是遭到埃及军民的奋勇抵抗。纳塞尔下令，将装满石头和水泥的船只沉入苏伊士运河，阻塞河道。英法军队在与埃及军民苦战一天之后，被迫停火。

后来联合国大会一再通过决议，要求英、法、以三军停火撤军，给予埃及巨大的政治和道义上的支持。除了联合国，阿拉伯各国也坚定地站在埃及一边。英、法顶不住国际社会的巨大压力，终于在当年11月6日相继停火。

英国与法国、以色列发动战争，夺回运河的企图失败后，一直耿耿于怀。为了维护自己在产油国的利益，英国方面决定扩大在中东地区的间谍组织。秘密情报局认为必须派一个掌握多国语言的人到中东去，这个人可以在诸如约旦、科威特和其他波斯湾阿拉伯语国家中及时掌握相关的情报，保持英国应有的影响。于是，他们想起了语言天才布莱克，决定派他到黎巴嫩学习阿拉伯语。

就在布莱克前往贝鲁特之际，一场生死危机正向他悄悄袭来。

1959年3月的一天，美国驻瑞士大使馆突然收到一封信，写信人在信中表示，愿意提供苏联间谍在西方国家活动的情况。这封信不久便摆在了中央情报局的桌子上。中央情报局与写信者联系上后，这人又来了不少信件，源源不断地传来有关苏联克格勃的情况，其中就提到，苏联已经搞到了秘密情报局在波兰谍报机构的名单。

频繁输送情报给中央情报局的这个人叫霍斯特·埃特纳，他是布莱克在柏林期间发展的一名双面间谍。这个埃特纳一直是个情报贩子，曾经在西德情报局局长莱因哈德·格伦的谍报机构中任职。但他生活奢侈，欲壑难填，在挥霍了巨额公款后被西德情报部门解雇。

埃特纳没有什么过人的天赋，好吃懒做，喜欢奢侈舒服的生活，但是当时的境遇根本满足不了他的奢望。早在二战期间，他就加入了希特勒的纳粹组织，但他还算明智，认清德国的反动面目后就改过自新，脱离了纳粹组织。1950 年，埃特纳与英国秘密情报局取得联系，几年后逃到西德，又与西德的情报局联系密切。

埃特纳这个唯利是图的家伙，为了捞钱揭露出了几个为苏联工作的美国人。好在这几个人命不该绝，因为这个家伙太不知道检点，没有人理睬他。1956 年，他再次为秘密情报局服务。此时他因为过度挥霍常常欠债，又干起了向苏联及其他国家出卖情报的勾当。最可恶的是，在卖情报的过程中，老奸巨滑的家伙竟然把对方拍摄下来，并偷偷录下他们的谈话内容，然后再卖出去，或者讹诈对方钱财。

对于这样一个可恶的家伙，布莱克是非常厌恶的。但他的上司认为，这是一个难得的可以利用的家伙，因为他需要钱财挥霍，会替人办事。英国秘密情报局同意接纳埃特纳，让他在布莱克的领导下向克格勃提供假情报。上司让布莱克接近他，不过不让布莱克向他透露自己的真实姓名。布莱克一想，正好可以借助这个家伙来发送真情报，也就化名"范弗里斯"，开始与埃特纳交往。

埃特纳从事过间谍工作，有着一般人不及的狡猾。他通过交往发现布莱克竟然是一位双重间谍，于是暗生一计。他打算把这个消息存起来，说不定哪天能卖个好价钱。这样一来，他就成为埋在布莱克身边的一颗定时炸弹，随时都有可能爆炸。

就在布莱克到达黎巴嫩学习阿拉伯语的同时，埃特纳的家庭出现了危机，他的妻子怀疑他在外拈花惹草，埃特纳对此死不承认，态度还非常凶。因此，当埃特纳的妻子听到埃特纳让她滚蛋时，她气急败坏，向联邦德国保密局告发了他。得知埃特纳是个双面间谍，联邦德国保密局大吃一惊。没过几天，他们逮捕了埃特纳。埃特纳开始还想抵赖，很快他被指控向苏联提供情报，被判有罪，投进大狱。

为了求生，埃特纳在狱中承认了他的双重间谍身份。联邦德国的情报部门要他立功赎罪，交代他所知道的一切。埃特纳扛不住，供认他是在一个名叫"范弗里斯"的英国人领导下才为苏联人搜集情报的。审讯者逼他："快说，这个范弗里斯的真名叫什么？"埃特纳说他也不清楚，但他见了面，就能认出这个人。

联邦德国紧急联系英国秘密情报局，向他们通报了双面间谍"范弗里斯"投靠苏联的情况。英国情报机构当然知道这个"范弗里斯"就是布莱克，但他们根本没有当回事。一方面，布莱克同埃特纳接触是经过秘密情报局批准的；另一方面，他们认为布莱特向苏联提供的都是假情报。因此在他们看来，此事不必大惊小怪，也大可不理。布莱克因为英国谍报机关的麻痹，此次没有暴露身份，侥幸逃过一劫。

遭遇"狙击"　"钻石"露陷

刀锋舔血的间谍生活总是险情不断，不久布莱克又遇到麻烦，一位神秘特工出卖了他，这次他就没有那么幸运了。

再次给布莱克带来麻烦、险些要了他命的，是一名代号叫"狙击手"的波兰间谍，他是美国中央情报局发展的间谍。此人极善伪装，把自己隐藏得很好，行踪十分诡秘，总是躲藏在暗处攻击别人，因此有"狙击手"之称。在叛逃投靠美国之前，连中央情报局都不知道他的底细如国籍和身份等，但有一点很清楚，那就是他与克格勃有密切联系。正因为如此，美国人想利用他来搞苏联的情报。

成了为美国效力的间谍后，"狙击手"很快给美国人送来了一份贵重的见面礼，他告诉美国方面：通过搞到的一份英国秘密情报局文件获悉，克格勃已经搞到了英国在波兰的谍报人员名单。"狙击手"还透露说，秘密情报局内部有一个代号为"钻石"的克格勃间谍，此人已经潜伏在他们内部很多年。

此事非同小可，弄不好会把英国在波兰的情报机构连窝端。中央情报局不敢怠慢，赶紧把这个情报通知了盟友英国秘密情报局。秘密情报局的首脑们知道内部出了叛徒。真是怕什么就来什么，他们最担心的事情发生了。

"钻石"是谁？一定要把这只"鼹鼠"挖出来！秘密情报局根据美国方面提供的线索，对总部和波兰间谍站的所有特工，一个个进行秘密审查，结果却令人大失所望，他们对要查找"钻石"还是一无所获。

在英国方面紧急查找"钻石"的过程中，"钻石"也知道了对手"狙击手"的存在。这对自己是个严重的威胁，必欲除之而后快。很快克格勃接到"钻石"报告：波兰情报部有一个代号"狙击手"的间谍，此人已被美国收买，希望查清其身份。这样一来，"狙击手"与"钻石"都知道对方的存在，都明白对方是双面间谍，都清醒地意识到对方对自己的威胁，欲将对方置于死地。

克格勃接到"钻石"密报后，立即展开清查内奸的行动。据说克格勃历来把叛徒称作"猪"，这次他们把挖出"猪"的任务交由盟友波兰情报部门负责。波兰方面指派该国总参情报部副部长迈克尔·戈伦涅斯基负责此事。戈伦涅斯基是波兰情报部负责反间谍事务的直接领导，一直得到克格勃的器重。克格勃对他非常信任，可谁曾想到，他就是那位神秘的"狙击手"！戈伦涅斯基一看，查"猪"查到自己头上来了。他深知克格勃间谍网的厉害，眼见大事不妙，便于 1961 年初仓皇叛逃到美国。

就在戈伦涅斯基"突然"失踪后，克格勃开始意识到情况的严重性。戈伦涅斯基知道克格勃很多内幕，一旦叛逃，将对苏联谍报机关构成不小的打击。不久真相浮出水面，戈伦涅斯基确实叛逃到了美国，克格勃对他下达了追杀令。

英国军情六局得知戈伦涅斯基身份暴露、逃往美国，立即派专家前往盟国去调查那份名单的情况。戈伦涅斯基见到军情六局的人后，赶紧问："'钻石'是否被查出来？"得知"钻石"还没踪影时，戈伦涅斯基吓得话都说不出来。他直勾勾地看着找他了解情况的军情六局人员，生怕来审问他的人就是要置他于死地的"钻石"。好不容易缓过神来，他竟然忘记了自己此时的身份，大骂英美情报机构无能。他说克格勃要干掉他，而军情六局这么久没查出"钻石"来，要是眼前审他的人中就有"钻石"，那他早就没命了！

CIA 特工安慰他："你放心，'钻石'就是混进了中情局，他也奈何不了你。"英国同行对他说："你要保护好自己，最有效的办法是和我们合作。"在军情六局人员的劝说下，戈伦涅斯基慢慢冷静下来，最终选择了合作。他告诉军情六局的人，克格勃不是从秘密情报局总部和波兰获得的名单，而是从一个柏林情报站的情报人员那里得到的。这时，英国的情报部门才清醒过来，原来他们忽视了柏林情报站！"狙击手"戈伦涅斯基还补充说，1960 年以后"钻石"提供给苏联的机密文件突然中断了。

根据戈伦涅斯基提供情报中的两个关键点，军情六局很快理清了清查"鼹鼠"的头绪。为了飞快揪出"钻石"，他们找出秘密情报局柏林情报站的名单，一一进行查对，发现布莱克最有嫌疑。加上戈伦涅斯基所说的情报突然中断的时间，正好与布莱克被派往贝鲁特学习阿拉伯语的时间相吻合。于是他们认定，"钻石"的重大嫌疑对象就是布莱克。

军情六局联系上埃特纳一案，马上确认这名"钻石"间谍就是乔治·布莱克。他们急忙将布莱克紧急调回伦敦。这时布莱克还在学习阿拉伯语呢，如果他知道自己被列入怀疑对象，随时可能向苏联提出政治避难的要求，到时就更难处理了。为了不打草惊蛇，秘密情报局发了一个电报，让他回伦敦参加紧急会议，随即将他逮捕。

布莱克不知是计，立即从贝鲁特赶回伦敦。很久没有给苏联方面提供有价值的情报了，他认为在这次紧急会议上，肯定可以得到一些重要情报。谁知刚下飞机，他就被英国反间谍人员请上了早已等候在此的轿车，此时他才明白，自己中计被捕。从此布莱克被关进了大狱，接受无休止的审查。

一开始布莱克什么也不招供，故意装傻，与审讯人员周旋。然而情报部门的审讯严酷，就不怕你嘴硬。英国反间谍机关对布莱克上了手段，不断地用各种方式折磨他。经受不了一而再的折磨，最终布莱克供认了为克格勃进行的所有间谍活动。但他非常机智，要么避重就轻，要么招出的间谍活动都是已经过去的事情，所以没有对苏联造成多大损害。

被判重刑　神奇越狱

尽管布莱克被捕，英、美与苏联的情报战仍在持续。在柏林，这场地下情报大战也未结束。1961 年 8 月，苏联领导人赫鲁晓夫在冷战危机中下令，筑起柏林墙。但在西方情报人员眼中，这堵柏林墙倒成了间谍活动的掩体，因为苏联人发现的仅是隧道的一段，其他地下隧道一直未被发现，它们继续运作，直至柏林墙被推倒。这场惊心动魄的情报战也成为"现代间谍史上的奇迹"。

布莱克间谍案在英国引起了不小的轰动，民众纷纷指责秘密情报局无能，致使如此多的英国间谍遇害。为了平息众怒，英国法院不得不加紧对布莱克审判。

出卖了 400 多名间谍，害死了 42 名间谍，对于英国来说，布莱克犯下了不可饶恕之罪。案发几个月后的 1961 年 5 月 3 日，布莱克站在了被告席上。就在首席法官帕克进入法官席之后，英国王室的法律顾问布勒、秘密情报局局长怀特，以及第五军情局局长霍利斯也到了。

开庭后，检察总长代表控方首先讲述了布莱克的经历，并且指出，早在1951 年，布莱克就被苏联人策反，对共产主义制度坚定了信念，志愿为苏联人工作。为了实现自己的共产主义理想，他竟然将自己经手的情报送给苏联人。在过去的九年里，他吃着英国政府的饭，却为苏联人卖命。这位检察总长还说，好在国家并没有让他经手原子能的机密，否则后果不堪设想。检察总长最后说，布莱克给大英帝国造成巨大的损失，这是铁一般的事实，政府绝不能饶恕这样的罪犯，应当给予严惩。

在审讯中，法官指控布莱克，"几乎摧毁了第二次世界大战后英国建立的全部情报机构"，庭审持续了整整一天。结束时，法庭让布莱克作最后的陈述，布莱克发表了这样一段演讲："我有着坚定的共产主义信仰，希望能够为广大民众提供一个更为公平、公正的社会环境。我志愿为我向往的社会主义苏联工作，虽然我从英国政府获取薪水。如果有机会，我会继续为共产主义理想奋斗下去！"布莱克不承认自己是双面间谍，他说他只为社会主义苏联服务。

最终，伦敦中央刑事法院以违反《国家安全机密法》导致数十名英国在中东的间谍被斩首的叛国罪，判处乔治·布莱克 42 年徒刑。

对于英国司法当局判处布莱克 42 年徒刑，社会反应不一：有人认为，一条人命才判一年，判得太轻；也有人认为，对于时年 39 岁的布莱克而言，此刑意味着他将在牢中度过余生，几乎等于终身监禁，判得并不轻。秘密情报局的掌门人怀特对这一判决结果还算满意，他就是要让这个出卖国家利益的家伙终身监禁。

布莱克提出上诉。尽管辩护律师们慷慨陈词，但都是徒劳。法庭上，二审法官们无动于衷，他们早就对这种叛国者深恶痛绝，因此法院最终维持原判。

布莱克起初被关押在伦敦北部的斯克拉布监狱，被列为"特殊监护"的犯人，这是对可能越狱的犯人采取的特别措施。这座监狱关了不少像布莱克这样的间谍，还有其他方面的要犯。监狱的防范措施很不错，整个监狱建了四大排牢房，设施非常齐备，有车间、教堂和运动健身的场所。周围耸立着高20英尺的围墙，对于一般人来说，想要逃跑，太难了。

然而，仅仅过了四个月，秘密保安局局长罗杰·霍利斯爵士通知监狱负责人，对布莱克的调查已经结束，要求解除对布莱克的特殊监护。于是监狱长把布莱克安排到第四排牢房的一间普通单人牢房中，并且让他担任监狱的阿拉伯语函授教员。

据有关材料披露，布莱克入狱后，像在朝鲜被俘后那样，再次施展伪装术，积极配合监管部门工作，假装老实以麻痹英国政府，以此寻找机会逃走。他这一手还真见效，没过多久就打消了英国政府的疑虑，或许因此撤销了针对他的"特别监护"。布莱克喜出望外，开始为脱逃积极作准备。

在为犯人授课的过程中，布莱克广交朋友，暗中接近将来可能帮助他越狱的人。在斯克拉布监狱的犯人中，布莱克重点培养与四个人的感情：一个是因为诈骗和诬陷罪而被捕入狱的金融巨头肯尼思·戴库西，非常富有，可以提供金钱帮助；一个是犯有刑事案的爱尔兰天主教徒肖恩·伯克，他不是搞情报工作的，但为人非常仗义；还有两个是爱尔兰人，一个叫米歇尔·兰德，另一个叫帕特·波特尔，他们都具有同情心，认为英国司法当局对布莱克的判决过于严厉，因此对他寄予深切同情，愿意帮助他。对于布莱克的越狱，上述四人后来起了积极作用。

布莱克还结识了几个狱中同行。一个是朗斯代尔，他因为戈列涅夫斯基的告密落入英国安全局后，被判处25年监禁。布莱克用俄语与他交流，发现朗斯代尔过得还算不错。布莱克还得知，朗斯代尔正在等待苏联政府的营救。另一个是间谍瓦萨尔，他是一名具有同性恋倾向的小伙子，以前在苏联驻英国大使馆任职，误入谍报组织的圈套，被判处8年监禁。

布莱克非常看好伯克，生活上关心他，常常与他交往。不久他们便成了好朋友。

年轻机智又仗义的伯克，在布莱克越狱过程中起了关键作用。1965年的夏天，布莱克找到伯克说："请帮我办一件事情。"当伯克问是什么事情的时候，布莱克和盘托出："我想越狱，但需要你的帮助。"伯克毫不犹豫地答应了。接下来，他们商讨了出逃计划，并预算了一下，大约需要700英镑。此后伯克在假释期间，在商店里看见步话机，为了便于今后联络，他在出狱前为布莱克偷偷地买好了一对步话机。

1966年，刑满获释的肖恩·伯克获得了自由，他惦记着狱中的布莱克，开始为布莱克策划越狱行动。10月18日，伯克与布莱克联系，两人详细讲述了四天后的计划。真是老天相助，10月22日越狱当天，监狱围墙检修，铁丝网被剪开了一个大洞；另外，监狱当天播放电影，大多数人都去看电影了。天上还下着细雨，真是一个越狱的好天气。下午5点刚过，伯克就在监狱外面等待。

当晚放电影时，有人将一根铁棍偷偷塞进布莱克的牢房。布莱克知道，这是四名同情者给他的救命铁棍。趁看守麻痹之时，等待已久的布莱克用这根铁棍撬开了铁窗。他仔细听了听外面的动静，确信看守不在门口，迅速从房顶爬出来。也是老天相助，此时天色漆黑，突然下起了倾盆大雨，牢房外又没有人把守，布莱克快速奔向15英尺外的围墙，走近一看伯克早已在围墙上安放好了尼龙绳梯，他不顾一切地上了绳梯，翻过监狱的围墙，迅速逃走。由于逃跑心切，从墙头跳下时，布莱克的手臂不小心摔骨折了。尽管受了伤，他还是神奇地完成了这次的胜利大逃亡。

布莱克在伯克为他找的栖身点——伦敦以北的一个住所躲藏了两个月，避开了警察的追捕高峰期。布莱克经过考虑，决定去东德，并且让伯克着手去办护照。仅仅一天的时间，护照就办好了。后来，风声渐小，米歇尔·兰德把布莱克藏在一辆坐卧两用汽车的床下，经过多佛尔渡口，到达比利时。而后，他又经西德前往东德。布莱克在朋友迈克尔夫妇的陪同之下去东德，迈克尔夫妇应付检查，布莱克则乖乖地躲在车子里，一切都非常顺利。就在东德边防哨卡，布莱克向哨兵说明自己的身份之后，苏联军方立刻把他送到了克格勃情报站。在那里，布莱克受到克格勃官员的热烈欢迎，并且很快安排他乘飞机前往莫斯科。

布莱克从看守严密的斯克拉比斯监狱成功越狱，令英国方面丢尽了脸面。英国方面不得不承认，这是英国官方的麻痹大意造成的，监狱管理方和看守负有不可推卸的责任，有关人员受到了应有的处理。

布莱克越狱后，英国方面实行紧急追捕，但他的行踪一直非常神秘，就连给母亲的信中他都绝口不提自己在什么地方。但据英国军情五处引用1967年1月13日美国联邦调查局的一份报告，说布莱克当时逃往法国南部。有人写信给政府，称在百慕大看见过他。

但是军情五处判定，布莱克已经成功到达苏联，报告称："非常精确的情报来源已经证实，圣诞节前，一名男子在东柏林与克格勃副主管会面，他很可能就是布莱克。"但是三个月后，布莱克的母亲交给军情五处一封儿子的亲笔信，上面的邮戳显示，信是从埃及发出的。

英国内政部和军情六处后来解密了有关追捕布莱克的秘密文件，包括当时军情五处处长罗格·霍利斯的备忘录和布莱克写给母亲的信件。值得一提的是，布莱克在给母亲的信中解释了自己成为苏联间谍的原因，他说，当他看见美军不分青红皂白对"完全没有防御能力的朝鲜小村庄"狂轰滥炸时，他站到了正义的一方，成为反西方的一员。布莱克在信中表达了希望不久以后与家人团聚的想法。长久以来，我能够做到的就是，让你知道我很好，非常安全，不必为我担心。我早想给你写信，但我所处的环境非常特殊。即使现在，出于某些我不能控制的原因，我也不能告诉你我到底在哪里。"布莱克还写道："妈妈，不要为我担心，照顾好你自己，希望不久后我能看到你。"

布莱克的脱逃在英国再次引起轩然大波，爆发了新一轮抓捕潜伏间谍的行动。就连原英国军情五处处长霍利斯，都被怀疑是苏联间谍。据说，霍利斯因为"提供布莱克消息的'线人'有精神病病史，不能分辨出事实和虚幻"，曾设法让英国内政部不采取行动，加上此前他下令解除对布莱克的"特殊监护"，因而遭到怀疑。由此可见，布莱克逃脱事件给英国情报部门产生的巨大影响。这是继金·菲尔比之后，又一次给英国情报机关以沉重的打击。

最后，英国情报机构终于搞清楚，布莱克投靠了苏联。这一点出乎很多人的预料，连他妻子也感到意外。布莱克平时偶尔也会在妻子面前表现对苏联的向往，还炫耀自己看了多少有关苏联的书籍。他的妻子虽然表示理解，但是没有想到他会投靠苏联。

屡获勋章　无悔选择

乔治·布莱克抵达莫斯科后，受到苏联当局的热烈欢迎和热情接待。苏联人民把他当成英雄，苏联政府授予他列宁勋章和红旗奖章。所有这一切，使他在政治上享有很高的地位。此后，布莱克被安排在莫斯科世界经济和国际关系研究所上班。他的工作与搜集情报密切相关，他在这个岗位上继续为苏联工作，在情报战线的大后方无私地奉献一切。

顺便提一下帮助过布莱克的伯克。他的命运就没有布莱克那样好。据报道，他后来到达莫斯科投靠布莱克，不知为什么布莱克并不理他，也不愿意帮助他。最后在无奈之下，伯克只好找到自己的朋友凯文，回到了爱尔兰。在那里，他再次被捕，面对审判，伯克慷慨陈词："我愿意帮助一个为了共产主义信仰而不顾一切的人，不管他信仰共产主义还是信仰其他主义，他都是我的朋友。"他说他同情布莱克。爱尔兰最高法院拒绝了英国的引渡，只是判处他缓刑。1970年，伯克根据自己的经历写下《乔治·布莱克的出逃》一书，这本书非常畅销，使伯克获得了不菲的钱财。但是，由于他的放纵与挥霍，不久又身无分文。

在苏联平淡的生活中，布莱克不知不觉待了20多年。此后，他终于打破沉默，撰写《我的间谍生涯》一书。布莱克在这本书里披露了很多鲜为人知的情况，向世界读者展示了他不平凡的一生。

布莱克在英国育有三个子女，逃亡苏联后又在莫斯科组建了新的家庭。1991年苏联解体后，布莱克度过了一段难熬的日子：当时俄罗斯政府中的一些人主张，将他驱逐出境，但几个月后终于放弃这一想法。好事多磨，布莱克依然作为有功之臣在俄罗斯受到优待。

同在1991年，已经69岁的乔治·布莱克接受了法国《快报》周刊记者勒絮尔的采访。在记者的眼中，布莱克从外表上看，绝对不像个行迹诡秘的间谍，他带着几分激动和玩世不恭的表情，接受了记者的采访，讲述了自己的经历。

记者问："现在你是怎么生活的呢？"

　　布莱克回答："我在苏联世界经济和国际关系研究所工作，撰写有关阿以冲突的报告。此外，我还拿一笔养老金，但我并不富裕。我一直住在刚到莫斯科时克格勃提供的那套公寓里，有四个比较舒适的房间，离市中心不远，郊区还有一处别墅。我有一辆小车，妻子是苏联人，儿子19岁，是莫斯科大学物理系的学生。"

　　记者又问："你还为克格勃干事吗？"

　　布莱克点点头："给他们出点主意，提些建议。有时为将要派到国外工作的青年军官做报告，介绍西方情报机构。"

　　布莱克对他现在的生活感到满意。他有一份轻松的工作，在莫斯科郊外还有自己的别墅。他曾经和另一位同样来自英国的超级双重间谍金·菲尔比在他的别墅里相聚。别墅前的草坪中，两位老人坐在椅子上悠闲地交谈，不时发出爽朗的笑声，他们的妻子则在一旁烤着牛肉……他被誉为"间谍之王"，菲尔比被誉为"20世纪最优秀间谍"，他们有许多共同点，都是苏联列宁勋章和红旗勋章的获得者，因此有更多相同的话题。

　　2007年11月，布莱克迎来了自己的85岁生日。11月11日这天，俄罗斯总统普京亲自参加了布莱克的生日聚会，并宣布将授予他"友谊勋章"，这是俄罗斯的最高荣誉之一，以表彰他对苏联的贡献。11月12日晚间，一场特别的庆祝活动在俄罗斯对外情报局总部举行。俄罗斯国际文传电讯社援引对外情报局发言人谢尔盖·伊万诺夫的话说，对外情报局局长、前总理米哈伊尔·弗拉德科夫向布莱克颁发象征国家最高荣誉的友谊勋章，并宣读俄罗斯领导层发来的贺电。

　　伊万诺夫充分肯定了布莱克的功绩，认为他提供的情报的重要性再怎么高估也不过分。"布莱克提供的信息总是迅速、准确，极其重要。"伊万诺夫说，"如果像'柏林地道'这种现在广为人知的大规模情报行动取得成功，美国和英国就可以沉重打击苏联。也就是说，由于布莱克，苏联得以避免非常严重的军事和政治损失。"

　　无独有偶，就在此前五个月，英国女王伊丽莎白二世向1985年叛逃英国的前克格勃高官戈尔季耶夫斯基授勋。因此，美联社说，此次俄罗斯给过去的间谍布莱克授勋，不知此举是否是对英国的一种还击。俄、英关系近年来因接二连三的间谍案而持续紧张。尤其是俄罗斯前特工亚历山大·利特维年科中毒案发生后，英方要求引渡嫌疑人、前特工安德烈·卢戈沃伊，遭到俄方拒绝，英国因此于 2007 年 7 月宣布驱逐四名俄外交官。一些英国和美国官员认为，这个时候给布莱克授勋，表明俄罗斯正不断加大针对西方国家的情报工作力度。

众多的新闻报道，使布莱克再度成为人们关注的焦点人物。回忆自己的间谍生涯，布莱克至今依然认为，当初作出的选择是正确的。他在接受"今日俄罗斯"电视台记者采访时说："我本来可以离开情报工作，可以加入英国共产党，可以在街角出售《工人日报》(前英国共产党机关报)，对于许多人而言，那可能是更光荣的事业。但我觉得，如果抛开顾虑，我能够为这份事业做得更多，作出更大贡献。"

正如俄罗斯对外情报局发言人伊万诺夫所说，布莱克至今忠于社会主义理想，相信社会公正。布莱克自己也说："能活到现在这把年纪，身体健康，过着很有趣、很充实的幸福生活，我感到非常幸运。"

虎穴卧底 『千面手』 演绎无间道

2010 年 7 月 9 日下午，奥地利维也纳国际机场的跑道上，经过近两周的博弈，美国和俄罗斯完成了又一次的间谍交换。被美国司法部起诉的 10 名俄罗斯间谍，与俄方同意释放的 4 名在押美国间谍及其家人各自回家……

这一间谍交换场面，很容易使人联想起 38 年前的另一次美苏间谍交换事件。那是一次不同寻常的交换，苏联用他们击落的当时美国最先进的 U-2 高空侦察飞机驾驶员，换回了一名同样不同寻常的超级间谍，被称为"千面手"的鲁道夫·阿贝尔。

鲁道夫·阿贝尔是何许人？他当时是苏联克格勃上校，有当代王牌间谍之称。他深通谍术，善于伪装，装什么像什么，成功地扮演了不同角色。西方谍报机关称他为"千面人""千面手"。像他这样一个屡建奇功的老牌间谍，怎么会被美国人逮捕呢？他又是如何暴露身份被逮捕的？

第九章 虎穴卧底 "千面手"演绎无间道

假冒德侨 混进纳粹

1902 年 7 月，鲁道夫·阿贝尔生于苏联高加索地区，父亲是一位有名的外科医生。三岁时，阿贝尔随父亲移居东欧，后来在德国和波兰待过。阿贝尔从小聪明过人，在那里学会了德语和波兰语。另外，由于其父还结交了一个美国医生，经常和他打交道，从他那里年幼的阿贝尔又迷上了英语，并在他的影响下，考进一所美国教会小的学校。阿贝尔除了酷爱语言学习，对摄影艺术、绘画、音乐、文学也很感兴趣，尤其在摄影和绘画方面造诣颇深。

多才多艺的阿贝尔，在语言方面的天赋最为突出。20 岁时，阿贝尔就精通六国语言，其中包括德语、波兰语、希伯来语等。从长相上看，阿贝尔身材高大，相貌堂堂，风流倜傥。特别是那双明亮有神的眼睛，灵气十足，透出特有的机智；从性格上看，阿贝尔继承了高加索人那种特有的开朗和谦逊，真正是个人见人爱的小伙子。

1925 年，23 岁的阿贝尔回到莫斯科。"我年纪不小了，不能老靠父母养活。"阿贝尔心里这么想，应该出去找工作。他得知一所中学招外语教师，高兴得跳起来！他来到学校应聘。考官问他："你会说哪国语言？"阿贝尔把六种语言都秀了一遍，把在场的人都怔住了。"怎么样，我还行吧？"他带着得意的神情问校方人员，校方当场拍板，录取了他，让他在这所学校同时教英语、德语和波兰语。他的德语、英语都说得非常地道，如果他不说自己的国籍，很多人会把这个苏联人当成外国人。

阿贝尔志存高远，并不想当一辈子中学教师。在中学担任一两年教师后，爱国热情非常高的阿贝尔响应国家的号召参了军，成为一名光荣的红军战士。在部队里，他天性聪慧又上进好学，很快成为军中的无线电技师。

正当阿贝尔准备发挥自己的聪明才智为国效力时，忽然有一天，他被几个神秘人莫明其妙地带走了。

"你是鲁道夫·阿贝尔吗?"对方口气很强硬，"请如实回答我们提出的问题!"

阿贝尔一看就知道他们来头不小，但一时又弄不明白他们的真实身份，只得老老实实回答："是的。"

对方说："据我们调查，你懂得多国语言和无线电通信技术，是这么回事吗?"

阿贝尔点点头："是的，我懂六国语言。"

这时，对方才亮明身份："我们是国家政治保卫局的……"

阿贝尔当然知道国家政治保卫局（克格勃的前身）是干什么的，他心里说："我又没做什么背叛国家的事，你们找我干什么?!"

"国家需要你这样的特殊人才，希望你能够利用自己的语言特长为祖国服务，必要时用来保卫祖国。"见阿贝尔还不是太明白，对方开门见山地说："我们想让你加入政治保卫局，为国家的情报工作服务。"

阿贝尔这才明白了他们的意图。原来，当时苏联情报部门正在四处寻找特工人才，他懂得多国语言和无线电通信技术等这些特工所必须掌握的条件，使阿贝尔一下子引起了苏联情报部门的注意。苏联国家政治保卫局的人发现了阿贝尔的语言天赋，开始是准备招募他去培训那些即将到英语国家开展工作的克格勃间谍。与此同时，他们对显示出惊人的记忆力和其他方面良好素质的阿贝尔进行了秘密考察。结果发现，具有非凡才能的阿贝尔，正是他们理想的间谍苗子。

"报效国家是义不容辞的职责。"听说对方是要他利用自己的天赋来保卫祖国，身为军人的阿贝尔当即表示同意。这样，他便于1927年5月2日加入苏联国家政治保卫局，成为苏联情报工作战线上的一员。在正式从事情报工作之前，阿贝尔在情报部门接受了专门训练。苏联情报机关准备在他训练结束之后，将他派往国外从事谍情工作。

1939年，第二次世界大战爆发。不久，希特勒用闪电战术占领了波兰。

上级紧急召见阿贝尔，对他说："我们决定让你化装成德国人，潜入被德军占领的波兰，打入党卫军内部从事谍报工作。"阿贝尔表示："坚决服从上级指挥。"

接受任务后，他按要求改名为"约翰·利贝尔"，把户口从伏尔加地区迁往立陶宛的首都里加。在特意编造的户口簿上，写着他从事的职业是汽车修理工，父母在苏联双亡，于是只身迁往里加。这样做的目的，是为了更容易"接近"自己的第一个祖国——"伟大的德意志帝国"。

"利贝尔"到达里加后，立即加入了当时的德国少数民族俱乐部。当时盖世太保（即德国党卫军秘密警察）通过这个俱乐部，秘密建立起第五纵队，并且审查每一个新来的德国人的档案。阿贝尔对盖世太保早有耳闻，它原是法西斯头子戈林于 1933 年 4 月 26 日设立的。三年后，希姆莱任德国警察总监、盖世太保首脑和党卫队帝国长官，具体组织实施法西斯恐怖统治。而后盖世太保参与制造了 1938 年的"布洛姆贝格事件"和"弗里奇事件"，以及吞并奥地利和侵占捷克斯洛伐克等重大事件。第二次世界大战期间，盖世太保参加特别行动队，随正规部队进驻波兰和苏联，残酷杀害占领区的民众和战俘，是纳粹党对被占领国家人民进行恐怖统治的工具。

阿贝尔很清楚，要打入纳粹德国的重要部门，必须取得盖世太保的信任。于是他把自己打扮成狂热崇拜希特勒的德国侨民，经常发表纳粹言论，以便引起敌人注意。果然不久，盖世太保就注意到"利贝尔"这个严守纪律、忠贞不二的爱国者，还发现他对纳粹主义越来越有兴趣，便把他当成了自己的同志。

在里加，阿贝尔结识了年轻的工程师亨里希·施瓦茨科普夫。亨里希的父亲是某所大学里的电子学专家，受他父亲的影响，也懂一些电子方面的技术。阿贝尔有意接近他，加上两人有共同的爱好，很快就成了莫逆之交。

职业敏感驱使阿贝尔对亨里希的情况进行深入了解，发现亨里希的父亲在 1940 年初被人野蛮杀害，虽经调查，但是未能查出凶手和杀人动机。更为重要的是，阿贝尔还了解到亨里希的叔父维利·施瓦茨科普夫是柏林盖世太保的一个头目。阿贝尔觉得，这是一个可以利用的关系。

几周以后，亨里希同里加的一大批德国人得到了苏联当局同意迁居德国的签证。阿贝尔假冒具有日耳曼血统的难民，同他们一起乘火车西行，从苏联进入波兰境内。但是在越过被纳粹占领的波兰边界之后，他们不得不分手了。亨里希应他叔父之请，前往柏林任职。因为叔父帮忙，亨里希在党卫军帝国元首保安队里开始了情报生涯。而"利贝尔"以及其他一批年轻的德国人，都在罗兹被吸收进德国占领军。

阿贝尔主动找到德国党卫军的头子，对他说："我要加入党卫军，我要为德意志效劳。"一向多疑的法西斯党卫军军官开始自然不会相信他，只给他一个上等兵军衔，让他负责翻译工作。阿贝尔想：在这个位置上，怎么能接触到重要机密？情急之下，他不得不动用亨里希这个关系。他通过亨里希找到他的叔父维利·施瓦茨科普夫，请他帮忙"提携提携"。

在维利·施瓦茨科普夫上校过问和充当保人后，阿贝尔作为优秀的机械工和司机，被安排在军事情报部门——最高统帅部谍报局（盖世太保）的一个单位里开汽车。有了维利·施瓦茨科普夫上校的担保，党卫军对阿贝尔非常信任。阿贝尔干活非常卖力，屡获上司的好评。有了这些做基础，他向上级提出了加入纳粹党的要求。阿贝尔一向佯装成狂热的纳粹主义崇拜者，他的这一要求很快就被批准。他成为一名纳粹党徒，又打入了德军最高统帅部情报局，迈出了成为双面间谍的第一步。

舍命坦克　策反德谍

1941 年 6 月，德国进攻苏联后，阿贝尔随同一起集结在波兰的德军，来到苏联战场参战。冒充德国法西斯攻打自己的祖国，特殊的身份令他处在非常尴尬的地步。

就在这一年，阿贝尔所在的德国部队包围了一支苏军部队。苏军拼死抵抗，但寡不敌众，伤亡惨重。正当大家觉得苏军要被全歼时，战场上突然出现了令人吃惊的一幕：苏军集中剩余的全部火力，不顾一切地掩护一辆重型坦克突围。在场的德国军队谍报局头目施坦因格里茨认为，这辆坦克一定带着苏军的重要人物或文件，并且负有突围出去、寻求援助的使命。因此他命令德国炮兵："集中火力攻击，绝不能让它逃脱！"

"开炮！"指挥官一声令下，几乎所有的炮火立即飞向这辆坦克，很快击中了这辆坦克。与此同时，施坦因格里茨还下令，立刻选派优秀官兵组织突击队，冲上去拦截，到坦克上去搜取文件。然而，苏军很快就发现了德军的意图，发出强大火力保护坦克，德国方面派出的突击队一再受阻。在苏军的顽强阻击和猛烈的火力面前，德军突击队员在尚未接近的坦克面前一批一批地倒下了。面对损失惨重的局面，德军指挥官气得大骂下属是"一群废物"！

阿贝尔一直密切关注着战场。忽然，他发现坦克挣扎一阵后不动了，马上意识到里面的人可能牺牲了。当时正值最后一批突击队已溃退、新的突击队尚未组建之际，阿贝尔脑海中很快闪过一个念头，当即作出一个大胆的决定：冒死一搏！只见他端起枪、抱上炸药，挺身上前："请允许我去完成这项任务，我要用生命效忠元首！"看到不怕死的"利贝尔"主动请缨，德军指挥官对他投以赞许与期待的目光，立即批准他出击。

阿贝尔冒死出击，一方面是担心苏军重要文件落入德国人手中，另一方面他认为冒险一搏，可以取得德军谍报局的更加信任。

得到德军指挥官允许后，阿贝尔猫下腰，神速前进。在他身后，德国指挥官指挥部队，集中火力，掩护他向前。在密集火力的掩护下，他爬了两个小时才接近目标。靠近苏联坦克时，他又巧妙地利用苏军的射击死角，机警地爬上坦克，敏捷地打开盖子，钻进坦克里。

阿贝尔一看，里面的人果真不行了。一位苏军坦克手已经死去，在死者身上却未找到文件。另一个苏军坦克手倒在一边，也像是没有气了。他顾不了那么多，赶紧寻找机密文件。翻了几个地方，都没发现机密文件。这么重要的东西，会放在哪里呢？

正当他全心寻找机密文件时，身上突然被铁棍重重地打了一闷棍。还好没有击中头部，而是打在肩上。他回头一看，已经苏醒过来的苏联坦克手正准备向他发动第二次攻击。阿贝尔立即用俄语叫他："住手！我是自己人。"看到这个身穿德国军服的人，苏联坦克手不相信阿贝尔是自己人，继续与他搏斗。阿贝尔一边躲一边劝对方"住手"，劝说无效，他只好想办法制服他。对手已经负伤，经过一番搏斗，阿贝尔很快制服了他。

面对已被制服的坦克手，阿贝尔再次用俄语说，自己是苏联人，叫他交出文件："同志，赶快销毁机密文件，以免落到德国人手里！"苏联坦克手听他这么一说，才相信他的话。他俩一起动手，紧急销毁了机密文件。在处理完文件后，他们把坦克也炸毁了，然后在硝烟的掩护下分手，各走各的路。

在往回爬时，阿贝尔再次受到生死考验！愤怒的苏军将子弹一齐射向他，他的腿部中弹受伤。阿贝尔忍着剧痛，继续往德军阵地的方向爬行。再后来，他身负重伤，失去知觉。醒来时，他已经躺在德军的医院里。

阿贝尔的舍命一搏，收到了一箭双雕的效果。他保护了苏联的重要文件，使其免落敌人手中。从坦克中逃回去的苏联坦克手，将他的英雄事迹向上级汇报，苏联军方高度赞扬了这位无名英雄的勇敢精神。而在德国眼中，他也是一位了不起的英雄，盖世太保对他的信任大大增强，为此他得到了第一枚德国勋章：德军司令为他的英勇所折服，奖给他一枚铁十字勋章，并将他升任为情报官。

德国人不知道，几乎同时，阿贝尔被克里姆林宫授予"苏联英雄"称号并颁发勋章。因为阿贝尔充分利用纳粹给予的权力与信任，窃取了大量核心机密。他曾窃取盖世太保头子希姆莱的代表同美国间谍头子杜勒斯在瑞士的密谈内容，这属于极端机密的情报。

双方同时给予最高奖赏，这在世界间谍史上是史无前例的。

就在阿贝尔浴血奋战的同时，秘密战线上的工作也在紧锣密鼓地进行。从阿贝尔那里知道亨里希的一些情况后，苏联方面认为，亨里希身为德国情报人员，具有策反的价值；通过对各种情况的分析，认为他也具有被策反的可能，关键是找到能够说服他的要害。莫斯科总部仔细研究了里加时期阿贝尔同亨里希的友谊，决定全力以赴，调查亨里希父亲的死因。

功夫不负有心人。1942 年，苏联克格勃终于将亨里希父亲的死因弄了个水落石出。这年秋天，他们通过秘密渠道把有关亨里希父亲的一份档案材料交到了阿贝尔手里。阿贝尔看过后，大吃一惊！这份材料说，亨里希的父亲鲁道夫·施瓦茨科普夫是他的兄弟维利·施瓦茨科普夫下令打死的。

原来，维利·施瓦茨科普夫是个狂热至极的纳粹分子，想发展兄弟加入纳粹组织，但遭到鲁道夫的拒绝。不仅如此，鲁道夫还拒绝在里加参加第五纵队，并且不肯把苏联边境地区的无线电通信和电子学的某些重要材料交给纳粹分子。维利·施瓦茨科普夫让手下对兄长施刑，但他还是不肯屈服。身为盖世太保头目，维利觉得如果制服不了自己的哥哥，有损自己的威信，于是"大义灭亲"，下令杀害鲁道夫。维利·施瓦茨科普夫是个非常虚伪的家伙，杀害哥哥后，他假装关心，把侄子亨里希安排到希姆莱的党卫军帝国元首保安队，让亨里希继续为纳粹卖命。亨里希对此毫不知情，维利对他不断地灌输纳粹思想，想把他变成一个地地道道的纳粹分子。中了纳粹之流毒的亨里希，开始还以叔父为豪。

阿贝尔私下了解到，亨里希比较正直，对德国当权者及其侵略政策曾流露强烈不满的情绪。不仅如此，他还有过投靠苏联情报部门的想法。阿贝尔把这些情况向克格勃作了汇报，征得上级同意后，他给亨里希安排了一次同"苏联内务人民委员部代表"的会晤。

亨里希很重视这次会晤，按时来到约见的地点。时间到了，但没有见到苏联方面派来的人。正当他感到纳闷之时，却意外碰到了"利贝尔"。当他们两人"不期而遇"时，毫无心理准备的亨里希感到不安，想溜走。"你等等，亨里希！""利贝尔"把他叫住了。走到亨里希面前，"利贝尔"平静地说出暗号："莱茵河。"亨里希听了，眼睛一亮，不自由主地悄声回答："伏尔加河。"对上暗号接上头后，亨里希才知道"利贝尔"原来就是苏联方面的代表。两人不由得笑了，来到一处僻静的地方。

"利贝尔"拿出那份关于他的父亲被害的档案材料给他看。这份材料对亨里希来说，有如晴天霹雳。"天哪！真的是这样吗？"当阿贝尔用铁的事实让亨里希相信这一切的确是真相后，亨里希恨得咬牙切齿，对天发誓："我非杀死他不可！"亨里希心里滋生了对德国法西斯的深仇大恨。阿贝尔冷静地替他分析，告诉他不能蛮干，并把苏联方面希望与他合作的想法提出来。亨里希稍微思索了一下，便表示同意与苏联情报部门合作。至此，阿贝尔在党卫军帝国元首保安队最上层安插了自己的人。

因为在不同的部门工作，此后他们难得见上一面。过了一段较长的时间，阿贝尔在柏林碰上了亨里希。久别重逢，他们非常高兴，亨里希邀阿贝尔到他的住处喝酒，阿贝尔正想利用这个机会找亨里希谈谈，便欣然而往。

那天夜里，他们一边喝酒一边聊天。在酒精的刺激下，亨里希特别兴奋，越喝话越多，向阿贝尔透露了不少特别重要的情报。高兴之余，他甚至以嘲笑的口吻揭希特勒的老底和他不光彩的私生活。不知不觉，两人在一起度过了整整一夜。

从亨里希这天的言谈举止中，阿贝尔分析认为，亨里希对希特勒纳粹政权的看法正在改变，有了某种更深的变化。因此，要抓紧做他的工作，把他改造成一个坚定的反法西斯谍报人员。事后，阿贝尔指示自己间谍网的成员，密切注意亨里希的一举一动，并经常让一些有反希特勒情绪的年轻德国官员同他接触，对他施加更多的积极影响。这些具有反战情绪的德国官员同苏联情报机关保持着秘密联系，有的已经成为苏联的情报人员。在他们的影响下，亨里希的思想开始发生质的转化。

打入高层　阻挡"旋风"

1943 年秋天，德国情报部门的重量级人物瓦尔特·舒伦堡想找个得力助手。舒伦堡是德国党卫军头子希姆莱的副手、海外政治情报处主要负责人、党卫军准将。当时舒伦堡向军事谍报局提出，想要一名有特工经验、受过较好教育且禀性谦逊的年轻军官到他身边工作。除了上述基本条件，根据党卫军帝国元首保安队的各种标准，此人必须是纯雅利安人，具有正宗的德国血统；还有，此人必须是"对元首绝对忠诚并且是经过考验的纳粹党员"。实际上，舒伦堡要找人担任他的助手，归他直接指挥。因为此人将要从事特别的工作，所以条件特别苛刻：此人不能有任何亲人；必须精通几国外语；受过间谍方面的特别训练。

阿贝尔认为这是一次打入德国情报部门高层的机会，他完全符合舒伦堡提出的条件，因此积极争取混入敌人要害部门。

舒伦堡担任过党卫队旅队长兼警察少将、帝国保安局第六处国外政治情报处处长、军事安全部部长等职，是二战时纳粹德国最后的国外情报头目。阿贝尔查明了这个家伙的底细：1910 年 1 月 16 日出生于德国西南德法边境处的萨尔州首府萨尔布吕肯，1933 年加入纳粹党和党卫队并进入纳粹情报机构党卫队保安处，在纳粹情报机关工作长达 12 年，是最年轻也是晋升最快的官员。

德国军事谍报局根据瓦尔特·舒伦堡提出的条件，对他们的情报人员进行了筛选，结果阿贝尔被选中，因为所有这些严格的条件他都符合。得知自己被选中，阿贝尔非常兴奋，没有表露出来。他立即向克格勃作了汇报，等待苏联方面的指示。克格勃认为这是一个打入盖世太保情报部门上层的极好机会，不但同意他去，还简要地提醒了注意事项。

得到了上级的指示，阿贝尔胸有成竹。当德国上级向他宣布这个决定时，阿贝尔故意显得很平静，似乎还有点不太高兴。这就给德国人一种印象，他似乎不太愿意离开目前这个地方。德军司令官曾经因阿贝尔英勇而给他颁过铁十字勋章，知道他的态度后，特意找他谈话："对于你的前程来说，这是有决定性意义的。你要好好考虑。"其实阿贝尔心里清楚得很，舒伦堡准将现在是第三帝国最重要的人物之一，不仅是希姆莱的副手，而且德国的整个情报网都在他手里。打入敌人情报机关的高层，意义不言而喻。阿贝尔对德军司令敬了个礼："谢谢司令关照，我遵命就是了！"

没过多久，阿贝尔来到舒伦堡身边，当上了他的副官。背靠舒伦堡这棵"大树"，阿贝尔的军衔连升两级，升任党卫军中校。阿贝尔向莫斯科总部报告了自己的新职务，莫斯科方面只给他一份简短的回电："注意！约翰·利贝尔，现在你才开始你的第二次生命。"

从此，阿贝尔的情报活动进入一个最紧张的时期。战斗在敌人的心脏里，一方面使他面临着更为严峻的考验，另一方面也使他的间谍才华得到更为充分的发挥。

进入1944年，舒伦堡已是希姆莱手下统揽大权的幕后人物，深得德国党卫军头子希姆莱的宠信。与此同时，阿贝尔与舒伦堡的关系也在不断加深。

转眼到了这年初夏。有一天，舒伦堡给阿贝尔打了个电话，要他当晚到负责国外活动的特别作战部报到。原来，德国陆军参谋长克莱勃斯将军伙同情报部门制订了一个"旋风—南方"行动计划，核心内容是派人在苏联纵深后方进行秘密破坏活动。舒伦堡让阿贝尔参与这一行动。

根据"旋风—南方"计划，德国把在苏联后方首次打击的目标锁定在喀尔巴阡山地区。他们先是秘密在那里建立了一个据点，在那里集合好一支由30人组成的战斗小组，正在等待空投下来的德军指挥官施瓦茨堡上尉。在前往特别作战部的路上，阿贝尔在想：德国上司给自己的任务又会是什么呢？

当天夜里，阿贝尔来到负责国外活动的特别作战部，该部由马尔策和克莱茨领导。马尔策要他到柏林的前一站——措森火车站迎接一个人。克莱茨告诉他，他要迎接的那个人不久将被派到苏联后方去执行一项十分重要的任务，要求他好好接待。阿贝尔一下子就猜到了，要他去接的这个人肯定与"旋风—南方"行动有关。

阿贝尔立即开着一辆小货车，直奔措森车站。突然，车站遭到盟军飞机的轰炸，阿贝尔赶紧奔向四号车厢。进入四号车厢后，他看见一个身穿国防军上尉制服的人，手里拿着一只很大的黑皮包。他断定此人就是他要接的施瓦茨堡上尉。阿贝尔立即走上前，靠近对方后悄声对他说了声"旋风"！果然不出他所料，那人一听，站起身来，跟着阿贝尔下了火车，直奔那辆小型送货车而去。

盟军飞机还在不停地轰炸，时而俯冲下来对准目标扫射。阿贝尔开着车，加速离开危险区。等到离开遭到轰炸的危险区后，阿贝尔把车停下来，想看看坐在车厢里的上尉怎么样了。可当他打开小货车后门时，发现上尉已经被弹片击中，"昏迷"不醒！阿贝尔立即打电话给马尔策，告诉他："措森站现遭到轰炸，施瓦茨堡上尉不在这里。"

马策尔等人听到这一消息，显得惊惶失措。因为施瓦茨堡上尉的包里带着极为重要的"旋风—南方"计划，一旦泄密，后果不堪设想。那里没有人认识施瓦茨堡，手头又没有他的照片，这给寻找上尉带来很大的困难和混乱。但是，不找到他又是不行的。德国人立即派出帝国保安队的特务，迅速赶往出事地点，他们要设法弄清楚，从德累斯顿来的施瓦茨堡上尉到底发生了什么事。

阿贝尔要破坏德国人的"旋风—南方"计划，必须抓紧时间进行紧急处理，他跟帝国保安队的特务们在抢时间。他把小型货车径直开到柏林市效的一幢房子前，车停下后他找到房子的主人米歇尔。米歇尔是阿贝尔从事情报工作的助手，一见阿贝尔如此严肃，他就知道有要紧事情。

从上尉的黑皮包里，阿贝尔掏出了那份行动计划，他对米歇尔说："这是德国人的'旋风—南方'计划，赶快把它的内容记下来。然后我们再商量，怎么对付它。"

尽管米歇尔只有27岁，却是阿贝尔从事情报工作中为数不多的得力助手。阿贝尔和米歇尔即刻开始研究"旋风—南方"计划。这个计划的具体内容是：德国人准备让一个破坏小组冒充战俘，混在苏军的战俘队伍中进入苏联的后方，从事大的破坏活动。施瓦茨堡是这个小组的指挥官，在计划实施过程中他将身着苏军中尉服装，佯装押送战俘的苏联军官。皮包里还装有伪造的公务证，上面的名字是维利斯·杜蒂斯。此外还有其他证件及地图，地图上用几乎看不清的记号记下破坏小组的行军路线和准备在沿途破坏的铁路、桥梁的标记。

经过磋商，阿贝尔和米歇尔想出了破坏"旋风--南方"行动计划，把这个行动小组一网打尽的办法。

事情商量妥后，他们开车把"昏迷"的施瓦茨堡扔回轰炸现场，然后分头行动。阿贝尔先将截获的"旋风—南方"行动计划让以报贩身份作掩护的谍报员卡尔发往莫斯科，然后匆匆赶回向克莱茨和马尔策汇报。阿贝尔向他们叙述了措森车站发生的事情后，接着说："我认为，在混乱中，施瓦茨堡上尉肯定是未等到接他的人到达，就到柏林来了。我建议多派些人在市里各大餐馆旅店寻找。"两位法西斯头目表示同意。于是阿贝尔和克莱茨开车在柏林市寻找，足足转了一个小时，最后在大熊歌舞餐馆门口，他们居然找到了前来接头的"施瓦茨堡上尉"。

当他们找到"施瓦茨堡"上尉时，"上尉"非常高兴，向他们诉说措森车站遭轰炸时的惨状。"上尉"说，他好不容易搭上一辆卡车，凑巧这车是属于大熊歌舞餐馆的，因此来到这里。克莱茨告诉他，因为行动计划有改变，他必须立即离开餐馆，并要他和阿贝尔去领装备。

此时莫斯科方面已经收到卡尔发出的情报，知道了"旋风—南方"行动计划内容以及"行动将在明天开始"这一准确时间，他们张开口袋，等待德国人自投罗网。

临危应变　化险破敌

就在苏联方面收到卡尔发出的情报的同时，德军谍报部门也在互相联络。潜伏在苏联后方喀尔巴阡山麓的德国破坏小组临时负责人克里格尔中尉发回电报："我们已经作好一切准备，只等指挥官到来！"

两小时后，阿贝尔陪同克莱茨、马尔策在机场与"施瓦茨堡"上尉送行。

当飞机升空并慢慢消失在天幕之后，一行人才开着车往回赶。在返回的路上，克莱茨无意间说起，在喀尔巴阡山暂时负责行动小组的克里格尔中尉本人认识施瓦茨堡。阿贝尔不由得一怔：意外险情突然出现！怎么办？阿贝尔内心一阵紧张，但他毕竟久经沙场，很快就镇静下来，思考应对策略。

这时，在喀尔巴阡山麓一个偏僻的小村里，克里格尔中尉和他的行动小组人员正在一间房子里等候施瓦茨堡上尉的到来。但是约定的时间已经过去了，新指挥官还没有出现，他们难免有点着急。

行动小组的无线电报务员米科拉·斯克利亚尼奉命在外等候施瓦茨堡上尉，他钻进通向村庄的一条小路旁的丛林里，密切注视着来往的人。他一直在犯嘀咕，这么长时间了，怎么还不来？正当他若有所思地望着小路时，突然走来一个身穿苏军制服的人，他戴着苏军中尉肩章，背着一只挎包。斯克利亚尼赶紧从丛林中出来，朝对方迎了上去。

那个苏联军官看见斯克利亚尼，笑着问道："小伙子，你知道看林人谢苗·马卡罗维奇住在哪里吗？"这是接头暗号！斯克利亚尼心上的一块石头总算落了地。他回答说："谢苗·马卡罗维奇去里沃夫了，三天以后才能回来。"听到对方对上了暗号，苏联军官握住斯克利亚尼的手说："总算找到你们了！"

"你好，施瓦茨堡先生，我叫伊万，克里格尔中尉正在等你。"

听到对方叫自己施瓦茨堡先生，假冒的苏联军官显得有点惊讶："你怎么知道我的姓名？"对方回答说："克里格尔中尉说他认识你，你们一起打过仗。"

听了这话，"施瓦茨堡"心里猛地咯噔一下，脸上掠过一丝不易觉察的紧张。回过神来后，他仔细打量着化名为"伊万"的斯克利亚尼，微笑着说："好。你现在就可以看到，我们会使中尉感到意外的。"

他们来到村庄里，"施瓦茨堡"一走进屋，就看见着装与众不同的克里格尔中尉。见到"施瓦茨堡"，克里格尔惊讶地睁大了眼睛，看了又看：站在他面前的是一个陌生人。不，他是冒牌货！克里格尔一声不吭地跳到墙边，迅速操起一支自动步枪，将枪口对准了他，大喊起来："兄弟们，我认识施瓦茨堡，这个人不是施瓦茨堡！快，快把他绑了！"

大家这才明白，原来这位"施瓦茨堡"是个冒牌货！他正是阿贝尔的情报助手米歇尔。而真正的施瓦茨堡上尉，阿贝尔发现他早已被弹片击中而死。于是他和米歇尔商量，才有了现在的这位"施瓦茨堡上尉"。

行动小组的人将枪口全都瞄准米歇尔。面对黑洞洞的枪口，已有心理准备的米歇尔笑了笑："嘿嘿，没错，我不是原定要来的人。"他转身对着克里格尔说："安静点，中尉，'旋风'奉命去东方了！"

"旋风"是约定的接头暗号，要是没有听到这一暗号，克里格尔手里的家伙很可能就对米歇尔突突叫了。克里格尔把手一挥,示意大家把武器放下,但他自己却没有放下武器。米歇尔解释说:"我当然不是施瓦茨堡上尉。施瓦茨堡上尉有更重要的事,但我们的行动也不能耽误,所以总部决定换人。现在苏联非常厉害,总部担心他们是否把小组成员抓走了。如果他们把我们的小分队消灭了,再安插了他们自己的人,那是十分危险的……我们要对元首负责!"听了这话,克里格尔这才放下手中的自动步枪。

紧张的气氛得到缓解,米歇尔要求克里格尔立即把指挥权转交给他。如果是施瓦茨堡亲自来,也许克里格尔会主动交权。但面前这人不是施瓦茨堡,克里格尔对他有多大本事没有底,心里不服气,也不愿放弃指挥官的权力。他不客气地说:"先通报你的名字和军衔,再谈指挥权的移交。"

米歇尔行了一个纳粹军礼:"我是帝国军人,谍报局上尉弗里德里希·博勒。我来执行特殊任务,按照证件,现在我的身份是苏联内务人民委员部中尉维利斯·杜蒂斯。"米歇尔从口袋里掏出证件,递给克里格尔。

克里格尔仔细察看这些证件。在德国方面的证件上,贴的照片倒是面前这位自称博勒的人。但他还是不放心,转身对谍报员说:"伊万,你立即去问总部,核实一下。"说完后,他又把枪口对准了米歇尔。

如果让对方发报去问,米歇尔立刻就要露馅。但他又无法阻止对方,只得听天由命,作好冒死一拼的准备。

却说柏林的阿贝尔,自从得知克里格尔中尉认识施瓦茨堡后,一直在为冒名顶替的米歇尔想办法。在没有更好办法的情况下,他只好守在谍报局值班报务员托斯克身边,陪着他值班,以便应对随时发生的情况。时间在一分一秒地过去,阿贝尔不知不觉已在机器旁不间断地值了六个小时的班。突然托斯克听到"旋风"的呼号,他对阿贝尔说:"嘿,'旋风—南方'出现了!利贝尔,你准备记录。"既紧张又兴奋的阿贝尔丝毫不敢怠慢,立即动手,准备好笔和电报纸。

谍报员报了一组又一组代码,阿贝尔快速记下来。谍报员译出之后,又让阿贝尔记录:"'旋风—南方'请求证实行动是否有变,是否该把指挥权交给新来者?"记录完毕,阿贝尔拿起他记录的电报稿走到隔壁房间,对马尔策上校说:"'旋风—南方'出现了,这是他们发来的电报。"马尔策把电报看了两遍,一脸疑惑:"这电报是什么意思?"显然,阿贝尔篡改了电文。

　　就在马尔策感到纳闷时，阿贝尔开腔了："上校先生，在我看来，事情是清楚的。施瓦茨堡在路上跟我说过，他同克里格尔中尉的关系不是很好。因此，克里格尔不同意改变开始行动的时间，也不肯移交指挥权。我想，他肯定是没有作好准备。"

　　"哦，原来是这么回事！记下我的回复电报：一、全部权力移交小组新指挥官；二、立即开始行动；三、及时报告执行情况。"阿贝尔立即让谍报员将电报发出。他焦急地等待着对方的回复。半小时后，终于收到了回复电报："'旋风'已开始行动！第一份战报将于清晨发出！"

　　阿贝尔把收到的电报交给马尔策："看来克里格尔中尉已经执行命令，交权了。"马尔策看过电报也就放心了。

　　却说此时的苏联喀尔巴阡山地区，一场悄无声息的战斗正在运筹之中。担任苏联该地区内务人民委员会反情报部门负责人的麦尔尼钦科少校接到命令，要在晚上6点前消灭一股化装成战俘进入苏联后方搞破坏的德国人，他立即带领部队，设下埋伏。

　　等了一段时间，麦尔尼钦科少校从望远镜里看见，在通往前线的一条公路上，一位身着苏联军服的中尉押着一队德国战俘走过来，在他们后面，跟着一辆蒙着篷布的卡车。麦尔尼钦科少校提醒他的战士："注意，他们来了。准备战斗！"

　　当德国人来到面前时，麦尔尼钦科少校让队伍停下来，检查了一下指挥官的证件。检查完毕，他递给米歇尔一支烟。米歇尔趁机悄悄告诉他："谍报员在村子西南五公里的山洞里。"此后，米歇尔有意走在队伍的后面，他打开少校给他的那支烟，上面用俄文写着：在前面四公里处逮捕这批敌人。看完后，他赶紧把字条放好。

　　克里格尔没有看出异常情况，在队伍前面急匆匆地走着。从地图上判断，很快就要到隧道了。按照他们的计划，应当在那里留下第一批破坏分子，把经过隧道的列车炸飞，使交通起码中断10天时间。然后趁苏联反情报部门在这个地区进行调查的机会，他们将进行新的爆炸，把横跨德聂斯特河的大桥炸断。

　　然而，当他们往前又走了四公里时，路边的矮树丛中突然出现了一排手持自动步枪的苏联士兵："不许动，举起手来！"就这样，克里格尔中尉等人束手就擒。这批假冒俘虏的德国人，全部成了真俘虏。不一会儿，苏联军方把山洞中的谍报员斯克利亚尼也抓来了，德国人的电台也被缴获。自此，德军的"旋风—南方"计划宣告彻底失败。

特殊名单　罪恶计划

阿贝尔利用党卫军内部的矛盾，曾经将盖世太保派往国外的间谍名单弄到手，同时从中发现了纳粹分子的"医疗计划"。

有一天，舒伦堡别墅里的值日官给阿贝尔打来电话："请你马上过来，长官有重要事情要见你。"什么事这么急？他按要求把车一直开到湖边，停在两排高大的栗子树中间。刚往前走了几步，忽然听见有人叫他。他仔细一看，树林深处站着两个人：一个是舒伦堡，另一个是穿着考究制服的陌生人。舒伦堡挥手示意，让他过去。阿贝尔走过去才认出，那个是海因里希·希姆莱，他立即向希姆莱行军礼。

希姆莱于1900年10月出生，历任德国纳粹党卫队队长、党卫队帝国长官、纳粹德国秘密警察首脑、警察总监、内政部长等要职，先后兼任德国预备集团军司令、上莱茵集团军群司令和维斯杜拉集团军群司令。他今天亲自出马约见阿贝尔，肯定有特别的任务。

果然不出所料，寒暄之后，舒伦堡笑着说："利贝尔，党卫军全国总司令想认识你。我们把你叫来，是要交给你一项新任务。"舒伦堡接着说："盖世太保派了不少谍报人员到国外去，你必须把这份名单搞到手……"希姆莱担心阿贝尔没听明白，补充说："我要的是那些从事秘密工作的人员名单。"弄到盖世太保派往国外的间谍名单，正是阿贝尔求之不得的事，他高兴地接受了任务。任务下达后，阿贝尔立即起身告辞。舒伦堡非常客气地送他出来，一边走一边悄声对他说："党卫军全国总司令对你的工作表示满意，总司令希望你再接再厉，这一次不要让他失望！"

带着这一特殊任务，阿贝尔开始行动。没过多久，一天晚上，阿贝尔在一家小咖啡馆里意外碰到了过去的一位熟人——谍报局里的哈克中尉。哈克以前只是一个下级军官，在东线的某司令部当报务员。在两年前的一次战斗中，猛烈的苏军炮火击中他们的地堡，地堡被炸塌。躲藏在里面的哈克受了重伤，被卡在地堡倒下的几根横梁中间，动弹不得。绝望中的哈克，呼天不灵，呼地不应，只有等死。也许是哈克命不该绝，恰巧此时阿贝尔跟着一批党卫军高级军官视察前线，看见被卡的哈克后，奋力将他救了出来。

阿贝尔在解救哈克的同时，施展神偷功夫，把哈克背包中的密码本偷出来了：救出哈克后，他借口给哈克找水喝，用微型相机飞快地翻拍了密码本。哈克感激地只顾喝水时，他已经神不知鬼不觉地将密码本塞回了原处。事后，哈克对阿贝尔心存感激，见人就说"利贝尔"如何勇敢，如何仗义。

俗话说，"大难不死，必有后福"。两年之后哈克升了官，仕途还呈上升趋势。整整两年之后，他突然在咖啡馆遇到救命恩人。哈克一眼就认出了阿贝尔，他异常兴奋，一边问好一边拥抱他。阿贝尔发现，两年不见，这小子升官了，穿着盖世太保少校的制服。哈克毫不设防，告诉阿贝尔自己已经离开国防军，参加了盖世太保，并且受到上面的赏识。

旧友相逢，格外高兴，他们一边喝酒，一边叙旧。阿贝尔有意夸哈克："真不错，你现在是少校军官了！"哈克是个没有心计的人，听见阿贝尔夸他，更加来劲，大谈特谈自己在盖世太保中的功绩和地位。哈克说自己在柏林的盖世太保总部大楼工作，用化名住在柏林市郊一幢带有花园的房子里。快要分手的时候，哈克热情邀请阿贝尔到他家去做客。

几天以后，阿贝尔前去拜访哈克。在哈克家陈设豪华的客厅里，阿贝尔看到许多珍贵的艺术品，禁不住夸奖了几句："哈克，这些东西价值不菲啊！"哈克来劲了，夸耀说："亲爱的利贝尔，所有这一切，跟这个房间里的一样小东西相比，都算不了什么。"哈克拉着阿贝尔的手，把他带到客厅角落里的一只箱子前，告诉阿贝尔："在箱子里的档案中，有海德里希最机密的名单。"阿贝尔发现，箱子是用耐火材料做成的。哈克弯下腰，将箱子打开，里面出现了一叠整整齐齐的档案。哈克平静地对阿贝尔说："你随便看吧，海德里希的这些东西可能对你有用……"

听到海德里希的名字，阿贝尔立即像注射了一种兴奋剂。莱因哈德·海德里希是德国纳粹党党卫队的重要成员之一，地位仅次于希姆莱。他1904年3月7日生于德国下萨克森州的哈雷，他的祖先据说有犹太血统。第一次世界大战后德国经济崩溃，海德里希因为经济原因而中断学业，进入德国海军。在军中，海德里希迅速蹿升，1926年担任少尉，两年后便升至中尉，1931年

6月加入纳粹党与党卫军，第二年7月接掌党卫军安全部门（SD），成为希姆莱的得力助手。1936年起领导"安全警察"。1939年安全部门、安全警察与秘密警察"盖世太保"组织整合成为新设立的国家安全总局（RSHA），由海德里希出任局长。1941年他成为党卫队的全国总指挥。同年9月起，担任捷克斯洛伐克德军占领区摩拉维亚与波希米亚的副行政首长。海德里希巧妙地运用"糖果与鞭子"的方式，将捷克地区逐渐德意志化，在任期间杀人无数，被人们称作"布拉格屠夫"。恶有恶报，1942年5月27日，海德里希在布拉格郊外遇刺，6月4日不治身亡。

哈克告诉阿贝尔："海德里希在布拉格被打死以后，这份名单被收存起来并加上了铅封。你知道名单上有些什么人吗？"阿贝尔故意摇了摇头，然后一声不响地听着。哈克接着说："里面装有帝国首脑们的档案，从元首一直到缪勒，重要人物一个也没少。过去海德里希把它紧紧捏在手头，谁也别想接近它。"哈克笑着说："现在我成了这只箱子的主人。有了它，纳粹头子们的一切，我全都知道！"

阿贝尔知道了这只箱子的分量。他平静地对哈克说："如此重要的东西，留在身边，迟早会带来麻烦。你打算怎么办？"哈克郑重其事地说："你说的一点也不错，缪勒已经盯上它了。他想控制我，让我听命于他。我准备明天去见缪勒，告诉他我不干！"

"作为老朋友，我还是提醒你，有些人得罪不起。"

对于阿贝尔善意的提醒，哈克连声说："谢谢！谢谢！"他从口袋里掏出一把钥匙，递给阿贝尔："利贝尔，这个给你！除了我，这只重要的箱子还属于你。就算是我报答你的救命之恩！我知道这些东西对你很有用，真的很有用……"为了证明"很有用"，哈克从箱子里的卷宗中抽出一本大相册，打开相册，阿贝尔看到里面有一大批照片。

哈克翻开照片给阿贝尔看，阿贝尔看见相册上有一张张奇怪的面孔，有的照片上的人非常相像。哈克打开另一页相册，上面有三张照片。哈克将这些照片的次序打乱，要阿贝尔找出它们的特征来。阿贝尔紧盯着照片，若有所悟："最后一个和第二个相像，像是双胞胎。但是，第一个……"哈克向阿贝尔投来询问的目光："利贝尔，你现在知道这是什么东西了吗？"

阿贝尔猜到了八九分，他回答说："这会不会就是缪勒的'医疗计划'？"

哈克肯定地回答:"对。利贝尔,你猜对了!"哈克依次指着照片说:"第一张和第三张照片是同一个人,他是盖世太保一位有名的上校;第二张是另一个人,他是达豪集中营里的一个犹太人,已经不在人世。第三张照片上的这位上校,进行了整形手术,所以跟那个犹太人的面貌相像!"原来如此!

哈克说,缪勒这个"医疗计划",就是让那些与集中营中被消灭的犹太人长得相像的军官,接受专门的整形,然后冒充死去了犹太人潜伏下来。哈克又翻了几页,每一页上都有三张照片,随后合上相册,心满意足地说:"这里有 700 个,整整 700 个这种面貌相同的人。缪勒他们为什么要这样做?你明白这到底是怎么回事吗?"阿贝尔点点头,回答说:"缪勒在做冒名顶替的事,准备安排自己的潜伏人员。"哈克点头默认了。

接着,哈克问阿贝尔:"你认识京特尔少校吗?"阿贝尔点了点头。

哈克给阿贝尔讲了一件怪事:在柏林遭到轰炸后,哈克被告知"京特尔少校殉职",不久参加了他的葬礼。然而当天晚上,哈克到他家去,准备把留在他那里的嘉奖令送给他的家属时,却发现他的家人有说有笑,没有一丝悲伤的样子。尽管没有撞见京特尔少校本人,但哈克发现了留在烟灰缸里、还正在冒烟的雪茄。哈克知道,在他们全家中间,只有他一人抽雪茄,因此他明白了:葬礼上的棺材里是空的!阿贝尔听后明白,这是法西斯为方便间谍潜伏的遮人耳目之举。

分手的时候,哈克说:"利贝尔,如果明天晚上我不在家里,可能已经发生了什么事,后天你就可以把箱子打开!如果我再也回不来了,你把全部档案先保管起来,找机会交给你的上司舒伦堡。看到如此绝密的东西,他一定会奖励你的。"看来哈克已经意识到了什么。

第二天晚上,阿贝尔打电话到哈克家,没有人接。为了防止节外生枝,阿贝尔从哈克家提前把那只箱子拿了回来。他从箱子里取出贴有面貌相同的人的照片的相册,用缩微相机把照片依次拍下来。然后他撬开地板,挖了一个洞,把箱子放进去藏起来。他要保存好这批证明第三帝国最高领导们战争罪行的原始材料,作为将来审判他们的罪证。

第三天,阿贝尔开车到舒伦堡那里去交相册,顺便到接头人——报贩卡尔那里去,把传给莫斯科的缩微胶卷交给他。卡尔给他一张报纸,阿贝尔看到报纸头版刊登了盖世太保少校哈克的讣告,讣告中说哈克少校"由于车祸受伤，突然去世"。照片上有汽车相撞的场面，还有撞坏的汽车和哈克的遗体。阿贝尔想，哈克是否因为不愿意接受缪勒的指挥而被害死了，还是接受了缪勒的建议，改变相貌作为"犹太人"被派到欧洲某个国家去执行"新任务"了？这个问题于对阿贝尔来说，一直是个未解之谜。

挫败媾和　神秘失踪

在斯大林格勒保卫战中，苏联取得了最后的胜利，第二次世界大战发生转折。阿贝尔了解到，德国法西斯知道已经很难继续扩张了，一方面采取紧缩政策，另一方面法西斯头子们开始耍手段，试图在中立国与盟军代表和谈。为了争取主动，德国派遣大量间谍到中立国瑞典和瑞士等活动。阿贝尔认为这些情况对苏联来说也是很重要的，立即向莫斯科作了汇报，并且加紧收集这方面的情报。

有一天晚上，阿贝尔正要离开亨里希的住处，突然听见有人按门铃。开门后，进来一位德国军官。亨里希介绍说："这位是在国防军总司令部工作的克劳斯·冯·史陶芬柏格伯爵。伯爵现在的军衔是上校，他是我父亲当年的朋友。"接着亨里希又向伯爵介绍了"利贝尔"。而后亨里希补充说："伯爵在突尼斯前线受了伤，现在是后备军参谋长。"

坐了一会儿，阿贝尔听到他们谈的大部分内容是东线问题，就起身告辞。事后亨里希告诉阿贝尔说："史陶芬柏格了解到，希姆莱和鲍曼手下的人，以及缪勒的间谍都竭力想在瑞士同美国情报机关头子杜勒斯拉上关系。"亨里希还说："不只是史陶芬柏格，许多不久前的英雄都开始认识到，希特勒是一个妄想症患者，他正在把帝国引向灾难！他们想要他的脑袋。"

阿贝尔分析后认为，刺杀希特勒，是他们与西方列强和谈的资本。当晚，阿贝尔就向莫斯科报告了德国在瑞士采取的秘密和谈行动。莫斯科来电指示：不能让他们的和谈阴谋得逞，必要时揭穿美国私自与德国秘密和谈的嘴脸！

二战末期，早已看出德国必败的施伦堡利用希姆莱，企图背着苏联与西方单独媾和，形成对抗苏维埃的统一阵线。几天后的一个午夜，舒伦堡和阿贝尔从备用机场起飞，前往瑞典斯德哥尔摩。这次舒伦堡的任务是会见瑞典国王的侄子福尔克·伯纳多特伯爵，通过这位伯爵同西方建立联系。伯纳多特在名义上是瑞典红十字会会长，这一头衔使得他能够同各国代表进行接触。伯纳多特还是属于摩根财团的美国国际商业机器公司瑞典分公司的经理，与美国政府方面也有联系，美国政府授权他同希特勒纳粹分子进行秘密谈判。德国方面需要这样的人，舒伦堡终于找到了这座桥梁，与他秘密建立了联系。

阿贝尔秘密地伴随舒伦堡来到瑞典，同时注意不让缪勒或者鲍曼的代理人觉察。他们分开居住，他住在旅馆，舒伦堡住在德国大使馆。他总是等待舒伦堡的电话通知，然后才过去"陪伴"。正当舒伦堡与伯纳多特进行秘密会谈时，施伦堡得到消息，德国外交部长里宾特洛甫也在同瑞典人建立联系，他的一名使者将携带重要文件乘专机前往柏林。

老牌特工头目舒伦堡想弄清楚外长的葫芦里到底卖了什么药，他把阿贝尔约到酒吧，命令他随机同往柏林，务必将这份重要文件搞到手！舒伦堡还告诉阿贝尔："在这架飞机上，我们的人只有你和飞行员两人。驾驶员不一定靠得住，而且那名官员有外长里宾特洛甫手下的四名便服武装人员陪同。"

阿贝尔感到事情有点棘手。舒伦堡见他面露难色，语气强硬地说："要是飞行员在备用机场降落，就没有你任何事情了，别人会负责这件事；要是飞机不在我们的备用机场降落，而是继续飞往柏林，你就把携带文件的那名官员干掉，把文件拿到手，然后跳伞。"

得到具体指示后，阿贝尔向舒伦堡行了个军礼："我一定想办法完成任务！"

飞机起飞之前，舒伦堡的手下把阿贝尔送到机场。除了飞行员，飞机里连他刚好有六名旅客：里宾特洛甫手下一名官员，他拿着一只公文包，四名穿便服的武装人员保护。阿贝尔在舒伦堡手下的人给他指定的位置上坐下，然后开始考虑行动方案。

飞机很快就起飞了，穿过蓝天白云，直奔柏林而去。

那位官员就坐在阿贝尔的正前方，用无声手枪干掉他并不难。但不到万不得已，阿贝尔不想自己动手。采取哪能种方式结果他的性命，飞行员的行动是关键。

还有40分钟就到柏林，阿贝尔握紧无声手枪，作好了最坏的准备。如果飞行员不降落，他就准备动手了。正当他考虑采取行动时，他发现飞机开始降落。飞机降落的正是他们预定的备用机场，飞行员是靠得住的！他悬着的一颗心放了下来。

飞机刚刚在跑道上停下，就听到了骇人的一排枪声。枪声刚响，早有准备的阿贝尔就趴下了。因为舒伦堡此前说过，在备用机场降落，会有别人干这事。飞机上的其他人还没站起来，子弹就准确地击中他们所坐的地方，几个人立即身亡。阿贝尔知道这是舒伦堡精心安排的，因为狙击手对飞机乘客的位置了如指掌，所以弹无虚发。仅仅几秒钟后，阿贝尔迅速从那位官员的位置上拿起公文包，走下飞机。

飞机舷梯两旁站着手持自动步枪的士兵，一人客气地向阿贝尔指了指停在离飞机不远处的一辆汽车。阿贝尔心领神会，径直上了那辆车。按照原定计划，车上的人直接把阿贝尔送到希姆莱的防空隐蔽所。

希姆莱的防空隐蔽所戒备森严，周围布满了保卫他的人。因为舒伦堡早有安排，派专人接送，阿贝尔才比较顺利地来到这个隐蔽的地方。一名党卫军军官给他打开一扇很大的钢门，进去以后才发现，里面有一间陈设舒适的大房间。阿贝尔进来时，希姆莱和舒伦堡正坐在安乐椅上聊天。见阿贝尔进来后，舒伦堡满脸堆笑，向他走去。阿贝尔把从飞机上拿来的公文包递给舒伦堡。舒伦堡满意地说："我向党卫军全国司令保证过，你机智英勇，肯定会来的！"事后，阿贝尔及时把纳粹德国内部的争斗情况上报了莫斯科。

由于种种原因，德国人想和美国私自和谈一事，最终没能成功。

1945 年 1 月至 3 月，希姆莱出任德国维斯杜拉集团军群司令，率部与苏军作战，进行垂死挣扎。同年 4 月初，苏联红军逼近柏林，第三帝国的崩溃近在眼前。4 月 20 日希特勒度过了最后一个生日，纳粹头子们都参加了他的生日宴会。两天后，苏联红军兵临柏林城下，接着双方展开了最后的厮杀。在攻克柏林的隆隆炮声中，"约翰·利贝尔"神秘地失踪了。舒伦堡发现"利贝尔"失踪了，紧急上报希莱姆。因为"利贝尔"掌握着第三帝国的大量机密，纳粹情报机关派人四处查找他。

4 月 30 日，苏联红军攻克柏林，罪魁祸首希特勒战败自杀。纳粹德国土崩瓦解之后，希姆莱改头换面，身着陆军士兵制服，剃去短胡子，左眼贴上眼罩，准备潜逃。5 月 21 日，希姆莱被英军俘虏。5 月 23 日，希姆莱在检查口腔时，咬破藏在口腔的氰化钾胶囊而自杀。

1945 年 6 月，在丹麦安排好投降事宜的施伦堡被盟军逮捕。在战后纽伦堡审判中，施伦堡出庭做证，指控包括卡尔登布鲁纳在内的其他纳粹战犯。1949 年他被判处六年有期徒刑，成为同级别纳粹战犯中处罚最轻微的人，这也要归功于他在战争的最后岁月里尽最大努力解救集中营囚犯的生命。

那么，神秘消失的约翰·利贝尔，到底去哪儿了？

就在他"失踪"的几天后，一架军用飞机在莫斯科的伏努科沃机场降落。舱门打开，从飞机上走下来一名旅客：约翰·利贝尔。到机场迎接他的只有两个人：他的妻子和在整个战争期间与他一直保持无线电联系的莫斯科总部一位负责人。"约翰·利贝尔"已经完成他的使命，从此彻底地从第二次世界大战的谍战舞台上消失。

战后潜美　硬币出疑

第二次世界大战的硝烟刚刚熄灭，阿贝尔接到克格勃下达的新任务，作好准备，潜伏美国。从此阿贝尔的间谍生涯又翻开了新的一页，他摇身一变，成为美国公民安德烈·卡约蒂斯。

1946 年，阿贝尔扮作从欧洲回来的美国人，先抵达毗邻美国的加拿大做适应性热身，他的身份是画家和艺术摄影师。加拿大也讲英语，本来英语就不错的他，口语和听力得到进一步提高。

在加拿大适应两年之后，1948 年 11 月 15 日，阿贝尔拿着美国公民安德烈·卡约蒂斯的护照在美国的纽约登岸。尽管这是他第一次来到美国，但他貌似很熟悉纽约，因为在两年的适应期里，他已经对美国的方方面面作了深入了解。他的英语讲得很地道，没有什么能使人怀疑他不是美国人。

到达纽约后，阿贝尔在百老汇附近的一家便宜旅店里安顿下来。他这么做的目的，是避免引起美国情报部门的怀疑。作为一个刚从被战争破坏的欧洲回来、收入微薄的美国人，他必须生活俭朴，并尽快挣钱。他的长笛吹得很好，吉他弹得也很出色，舞也跳得不错，因此他充分利用自己的文艺天赋去"谋生"，很快就在百老汇和布鲁克林找到一份当杂耍游艺场演员的事做。

阿贝尔来到美国之初，并没有明确的情报搜集任务。苏联内务部给他的指令是当一个坐探，并有条件地发展间谍网络。一旦美国和苏联开战，这个间谍网可以立即派上用场，如搜集情报、在美国国内搞破坏、制造混乱、干扰美国的战争措施等。内务部是把这个间谍网当作一枚定时炸弹来使用的，不到时机，不会轻易引爆。

阿贝尔有一种特殊的才能，善于接近人，直率开朗，对人宽厚宽容。时间长了，他和这家旅馆的老板、员工都混得很熟。没人叫他安德烈·卡约蒂斯，大家都习惯地称他为"艺术家"。就这样，他在这家旅馆里不受干扰地慢慢地建立起自己的情报网，并同情报网里的间谍建立了无线电联系，进而把情报网逐步扩大到美国各地。不久，他就成为苏联情报机构在北美的主要负责人。

随着情报机构的扩大，阿贝尔决定挪地方。一天，这位惹人喜爱的艺术家和旅馆的朋友们告别，退掉了旅馆里的房间。朋友们有点舍不得他走，问他："为什么要离开大家？"他解释说，现在不想再在百老汇挣这点辛苦钱，想试一试当个艺术摄影师，因为他有这种能力。等他到了新的地方，适当的时候还会和朋友们联系。

就这样，阿贝尔于1952年搬进了法尔顿街第252号，从事新的职业，改名叫埃米尔·戈德富斯，身份是画家和艺术摄影师。阿贝尔在五层楼上布置了一个工作室兼画室，这个地方实际上是他们的情报联络点。在工作室的马路对面，就是美国司法部大楼，他从工作室的窗口，可以直接观察到出入这幢大楼的美国最有地位的一些人。

1952年，阿贝尔告诉莫斯科，他已经"定居"（站稳脚根）下来，可以正式开展工作，但需要一名助手。不久，克格勃推荐了一个叫雷诺·海哈南的人来做他的助手。海哈南在芬兰干过间谍，也得到过组织的赏识。同年10月，海哈南原来的妻子作为人质留在了苏联，克格勃安排了一个女人当他的"妻子"，跟他一起来到纽约，掩护他的行动。

10月22日，海哈南到纽约中央公园散步，准备与上司联系。他在格林餐厅的酒店旁边找到了一个路标，又在栏杆上按上了一个不显眼的红色图钉，这是莫斯科给他规定的联络信号。一个多月后，阿贝尔在指定的地点给他投下了第一封信，信中阿贝尔祝贺他的到达，同时向他下达第一次指令。

说来奇怪，海哈南始终没有收到这封信。此后他们几次接头，都没有成功。此后因事耽搁，他们一直没有合适的机会见面。

在新环境中，阿贝尔又结交了许多新朋友，大家都很喜欢他。他的邻居柏特·西尔伯曼是一位画家,更是特别喜欢与他交往。西尔伯曼的工作室紧挨着他的工作室,可以说是门挨着门。他们过从甚密,常常交换颜料,有时候还请同一个模特儿。阿贝尔不愿出售自己的作品,主要靠当艺术摄影师来挣钱,而且似乎从来都不担心生意的好坏。

阿贝尔会不时地离开纽约。出门之前,他总会对西尔伯曼说,他要逃避纽约这个"牢笼",到大自然里为自己的作品寻找景色。有时候,他一离开就是个把月。其实,他是借机去视察各个情报活动点,并从手下的特工那里收集对莫斯科有用的各种情报。

在美国期间,阿贝尔发回了大量有价值的情报,克格勃方面对他的成绩予以了充分的肯定。然而,百密之中难免出现一疏。由于他手下人多又杂,到美国五年之后一个小小的疏漏,使他的间谍活动引起了美国情报部门的注意。

1953年6月的一天,年仅十三四岁的报童詹姆斯·鲍扎德在纽约街头卖报,这天的生意不是太好,卖完一份报纸后,顽皮的鲍扎德把刚得来的一枚硬币在空中抛来抛去。一不小心,这枚5美分的硬币没接住,掉在了地上。鲍扎德走过去,想捡起来,没想到硬币一直在滚动,他追上去,用力一脚踩住。他拿起这枚硬币时,发现这个硬币中间裂开了,似乎还有一个小东西滚了出来。他觉得好玩,就把那个像小盒子一样中间可以关上的硬币连同里面掉下来的小东西一起带回家。

詹姆斯把这枚硬币给他姐姐看了,他姐姐觉得很奇怪,也弄不清楚掉下来的是什么玩意,就把未婚夫叫了过来。无巧不成书,她的未婚夫正好是警方的一名特工人员,于是这枚硬币就这样到了当地警察局。经过鉴定,纽约当地警方发现硬币里藏着的东西是缩微胶卷。他们把那卷微型胶卷冲洗出来,发现上面密写着一系列数字,不过警方根本无法解读。按照规定,联邦调查局负责美国国内的司法调查,国际间谍案由中情局负责,于是这枚奇怪的硬币通过联邦调查局纽约布鲁克林分局,再辗转到了华盛顿的总部,放在了侦探罗伯特·兰菲尔的办公桌上。

两年前,这个兰菲尔破获了苏联的原子弹间谍案,一时成为局里的风云人物,人们指望兰菲尔能够看懂缩微胶卷上的密码。但这次难倒了兰菲尔,他别无所获,只查出了那组五位数字是由一种苏联生产的西里尔打字机打出来的。虽然一时没有线索,兰菲尔还是根据自己的判断写了一份备忘录,认为这个潜在的间谍是通过这种方式与莫斯科联系的。他建议，调动一批特工，严密监视苏联驻美国的各个官方机构，以便尽快找出充当信使的嫌疑人。不知出于何种原因，备忘录递上去后犹如石沉大海，不久兰菲尔也离开了联邦调查局，此案因此成为一桩悬案。

这枚奇特的硬币，正是阿贝尔与海哈南联络藏信的那枚5美分镍币，不知怎么搞的，落到别人手里并当真钱花了出去。硬币到了联邦调查局手里，阿贝尔本人对此全然不知。一枚小小的硬币，引出了联邦调查局的警觉，也为阿贝尔日后埋下了祸根。

酒鬼出卖 "画家"斗智

几经周折，直到1954年8月的一个晚上，阿贝尔与海哈南才头一次见面。海哈南给阿贝尔的感觉和几年后美国使馆人员对他的感觉一样：五短身材，醉醺醺的，说话吐词不清。总之，阿贝尔对海哈南的第一印象不怎么好。

1954年夏天，阿贝尔命令海哈南将潜伏在联合国秘书处的一位苏联间谍的报告放进死信箱，以便克格勃驻纽约的公开情报站能取走这份报告。但海哈南竟然没有完成任务，报告没有送到！这是一起严重的安全事故，于是那位间谍向克格勃提出要求，请求与克格勃脱离关系。此事让克格勃总部大为震惊。

阿贝尔对此事并没有多想，更没有怀疑莫斯科推荐的人，他想努力把海哈南培养成一个可造之才。为了不引起美国情报部门的注意，阿贝尔让海哈南在新泽西开一家照相馆作掩护。但是海哈南的照相技术太差，他那种烂手艺是不会有顾客上门的。事已至此，阿贝尔只好帮助海哈南租店铺，还把他带到自己的住处，去取照相器材，准备手把手教他。教了一个多月后，马马虎虎总算可以开业了。但阿贝尔此时获准回国探亲半年，他走了以后海哈南只顾吃喝玩乐，把照相馆开业一事抛到九霄云外去了。

海哈南是个酒鬼，整天在外吃喝玩乐，喝醉了就回家打骂"妻子"。有一次他喝得酩酊大醉，和"妻子"打架，邻居赶来一看，海哈南的脚正在流血，赶紧喊来警察。作为一个间谍本应避人耳目，与警察挂上钩，这是犯了大忌。

1956年初，阿贝尔从莫斯科回到纽约，发现海哈南在半年前就应该开张的照相馆还不见踪影，把他臭骂一顿。他终于明白，海哈南是糊不上墙的烂泥，他通过秘密通信请示克格勃，建议让海哈南回莫斯科，同时向总部要求，换一位助手。几个月后，莫斯科来电，同意海哈南回国休假，同时将其军衔晋升为中校。

莫斯科给海哈南的晋升，反而使他起了疑心。无功不受禄，自己在纽约没立什么功，何况还如此讨嫌于上司呢！海哈南觉得，肯定是阿贝尔在背后告了他的黑状，回去克格勃不会给自己好果子吃。于是他找各种理由拖延时间，但阿贝尔出于工作和安全考虑，坚持让他立即回国。

无奈之下，1957年4月24日，海哈南终于登上了开往巴黎的"自由"号轮船，启程回国。到了法国的勒阿弗尔，他与当地苏联领事馆取得联系，骗得200美金。此时的海哈南有一种不祥之兆，他感觉不能再往前走了。如果他回了莫斯科，等待他的极有可能是监狱，甚至可能是子弹。保命要紧！此外，美国纸醉金迷的生活也对他产生了不小的诱惑。几经犹豫后，他终于决定：一不做二不休，干脆到美国大使馆自首，同时供出阿贝尔，让他也没好果子吃。

4月26日，一个五短身材的家伙走进巴黎的美国驻法大使馆。他操着一口带着芬兰口音的英语，径直求见大使馆负责安全事务的官员。他自称名叫雷诺·海哈南，是克格勃派驻美国的间谍，现在要求政治避难。使馆负责安全事务的官员打量了他一番，根本不相信面前这个呆头呆脑的人会是间谍。来人一下子急了，他大叫起来说："我确实是一名克格勃的间谍，我有重要情报要提供。我们还有一个人在纽约，以画家身份作掩护，他可是个大家伙！"为了保险起见，大使馆决定先把这个家伙送回美国，让联邦调查局对付他。

押回美国后，联邦调查局先把海哈南交给了检验所，让精神病医生对他进行鉴定。鉴定结果表明，这个家伙是个带有自杀倾向的酒鬼。结果一出来，联邦调查局的人当即就要把海哈南扫地出门。情急之下，这家伙说他会破译密码，并从身上拿出一枚空心镍币，掏出了里面的微缩胶卷。这一举动令联邦调查局的人十分吃惊，他们由此联想到了四年前出现的那枚空心硬币，还有里头无法破译的微缩胶卷。于是他们从档案中找出硬币和微缩胶卷，让这家伙把胶卷上的数字破译出来。

克格勃这位叛徒成功地译出了那封信。他告诉美国同行，这是他的上司祝贺他的到达，以及向他下达的第一次指令。联邦调查局的人终于相信他是个克格勃特工，然后让他把知道的事都说出来。接着，这个自称海哈南的人对调查人员结结巴巴地讲了他的经历。事后证明，海哈南的履历全是伪造的，但他是如何骗过了精明的克格勃审查人员的眼睛，至今还是个谜。从他的供述中，美国情报部门终于相信有一个大间谍潜伏在美国，名字叫鲁道夫·阿贝尔，是个克格勃上校。

根据海哈南的供述，美国情报机关逮捕了几个苏联情报部门安插在美国的特工。得知有几位苏联特工同时被捕，阿贝尔意识到出了叛徒。他不敢回原来的住处，立即伪造了一个身份证，在雷瑟姆酒店住下，观察情况。

6月21日，六名FBI特工来到纽约市东28街4号雷瑟姆大酒店。他们上到第8层，在839号房间门前停了下来。"哒，哒，哒！"一个特工叩响了房门。一会儿，里面有人答应："等一等。"当门刚露出一条缝隙，三名特工就迫不及待地挤了进去。"穿上衣服跟我们走一趟，马丁·科林斯先生！"一个特工命令道，"我们是联邦调查局的，希望你同我们合作！"

海哈南一去无音讯，未按计划回到莫斯科，引起了克格勃和阿贝尔的警觉。为了避免出事，阿贝尔伪造了另一个身份，也就是他在这家酒店登记的名字马丁·科林斯。

原来，联邦调查局的人一直在追查那位"画家"，但从海哈南提供的地址上已经找不到他。特工们四处排查，最后锁定了这家酒店的一名旅客。他们从旅客登记簿上发现，住在这里的"马丁·科林斯"很可疑，这个住店男子的证件号为31024，而这个号码属于一个叫伊米莉亚·弗曼的女人，且已经在六个月前去世。

阿贝尔处乱不惊，故作傲慢地说："我没犯法，凭什么跟你们走？"

FBI特工已经认出，面前这位男子正是他们要找的人。"你涉嫌非法入境！其实我们已经知道你的情况，是否可以好好谈一谈？"他们谈了30分钟，但没有任何结果。最后，其中一个人出示了逮捕令，这是纽约移民局签发的，理由是阿贝尔非法居留美国，未向该局登记。联邦调查局的人当初还想策反阿贝尔，让他充当双重间谍。按事先的方针，他们开始并不想把此事弄得满城风雨，因此以"非法入境"这个微不足道的罪名找他的麻烦。

阿贝尔知道自己的身份已经完全暴露，就利用特工们表面上的客气虚与周旋，寻机处理密码。他想到抄写的电报收录纸还放在一团白纸下，于是不露声色，突然看到了画板上那幅他还没有画完的油画，灵机一动，以遗憾的口气说："留着它还有什么用呢？"随手将那团白纸连同电报纸揉成一团，用它将油画全部抹掉。这团纸很快被颜料浸透。由于天热，他还光着身子，于是他以穿衣服和上厕所为名，敏捷地将密码本投入抽水马桶，并踩下了放水钮。联邦调查局的特工发现后，已经无法捞出，只好给他戴上手铐。

上了汽车之后，阿贝尔又寻思着如何销毁领带别针中一块很薄的相机底片，里面拍有一个重要问题的报告。他灵机一动，装着整理领带把别针拿下来，他身边的特工立刻拿走别针，当特工打开别针时，那一小块底片便悄无声息地掉到车厢里。那个特工看了看别针，没有找到什么东西，就把它还给了阿贝尔。处理了密码本和微型底片，阿贝尔长长地松了一口气。

阿贝尔被带走后，几名FBI特工开始搜查他住的房间。由于事发突然，阿贝尔对房中的东西来不及处理，因而FBI特工此行收获不小：他们从一支空心铅笔里找到了18卷缩微胶卷，里面有阿贝尔的妻子从莫斯科写来的信件，还有一卷是他与莫斯科联系的时间表。搜到这么多重要的东西，特工们脸上乐开了花。

紧接着，联邦调查局派人搜查了阿贝尔在法尔顿街的公寓。进去之后，他们发现这里已经建设得相当完善，除了平常的无线电联系外，FBI还在他的公寓屋顶发现了秘密架设的天线，经测试其信号能覆盖整个北美地区。这一切足以证明，这里是苏联在美间谍的情报交换据点。

阿贝尔被抓之后，先被联邦调查局安排到移民局受审。美国人这么做，也是为了掩人耳目，因为他们还抱有幻想，指望阿贝尔接受招安，成为双面间谍。两个超级大国情报大战经常是你中有我、我中有你，美国人有这种想法是再正常不过了。

宁死不降　天降生机

在移民局受审期间，联邦调查局特工不忘给阿贝尔指点迷津：若与联邦调查局合作，不仅可以免于起诉，还可在局里任职，拿到1万美元的年薪。这可是一个大价钱，当时一个在联邦调查局辛辛苦苦干几十年的特工，也未必能拿到那么多年薪。

阿贝尔拒绝了联邦调查局的招降，他态度坚决地表示："我愿意以间谍罪论处，哪怕被处死！"

"你还记得罗森堡夫妇吧？他们的下场你是知道的。"美国特工又以几年前他所联络的罗森堡夫妇被电椅处死一事相威胁，对此阿贝尔全无畏惧。

美国方面见他软硬不吃，只得让他暴露间谍身份。

抓到阿贝尔后，美国方面认为他是至今为止捕获的职务最高、意义最大的苏联间谍，因此大造声势，想在公众面前暴露这个间谍网对美国的危害。但是在秘密审讯中，阿贝尔坚决不吐露半点实情，叛徒海哈南也讲不出更多有价值的东西，结果联邦特工明知他是"原子间谍网"的总负责人，却拿不出多少具体证据，甚至对其工作方式和联络手法都始终搞不清。美国人拿不到击中要害的东西，无法大做文章，便对阿贝尔大为恼火。

无奈之下，美国方面决定公开审讯，想以此丑化苏联并引起公众警惕"共产党间谍阴谋"。法院开庭之前，法院为他指定了一名叫丹诺万的辩护律师。这个丹诺万既是一名律师，也是一名间谍。他对自己的当事人阿贝尔不放过任何策反的机会。他多次提醒阿贝尔，如果选择同美国方面合作，做双面间谍，美国人每年可以付给他11万美元的好处费。这在当时是天价。面对如此大笔钱财，阿贝尔丝毫不为所动。有人认为这是因为阿贝尔不是为钱而活，也有资料披露苏联方面给的报酬是这个数目的10倍。

1957年8月13日，鲁道夫·阿贝尔以涉嫌间谍罪的罪名，被美国联邦调查局押解到布鲁克林的联邦法院。同年10月14日，美国联邦法院开庭审理阿贝尔间谍案。

在当天的庭审中，主要证人海哈南出庭做证。他戴了一副墨镜，染了头发，看上去很像个侦探片里的反派角色。他神情鬼鬼祟祟，显得非常紧张，似乎受审的不是阿贝尔，而是他自己。法庭上，他再次用结结巴巴的英语叙述了阿贝尔的间谍活动。

阿贝尔站在法庭上，大义凛然。他利用自己熟悉美国法律的长处，在答辩时援引一些条文反唇相讥，引得旁听者大笑不已，使当众指控他的人狼狈不堪。

在宣判之前，律师丹诺万给主审法官尔斯写了一封信，信中指出，为了美国的利益，不应判鲁道夫·阿贝尔死刑。他的理由是，美国有许多公民在国外，在苏联的相应级别的美国人很有可能被捕，到时候可以拿阿贝尔交换美国人质。信中还提及，他把这一建议同有关部门已经谈过了，司法部的人也有同感。

美国联邦法院采纳了丹诺万的意见。经过审判，大陪审团认为对阿贝尔间谍罪的指控成立，但阿贝尔没有被判处死刑，也没有被驱逐出境，而是被美国法院判了30年监禁。

已经55岁的阿贝尔，在听到这个实际上对他来说等于终身监禁的判决时，表现出出奇的镇定。阿贝尔当场表示，愿意在监狱里度过余生，服完刑期。他这种坚定从容的态度是被捕间谍中少见的，赢得了许多听众的同情。对此，他的律师十分惊讶："这名职业间谍的自控能力给我留下的印象，实在是太深刻了。"美国中央情报局局长艾伦·杜勒斯也发感慨说："为什么美国培养不出这样大师级的优秀间谍？"

从此，阿贝尔开始了他的铁窗生活。在监狱中，阿贝尔想到长达30年的监禁，开始有些焦躁，但久经考验的他，情绪很快平静下来。他不想等死，一面等苏联方面来营救，一面作好逃出去的准备，为此他积极锻炼身体。阿贝尔接受智力测试，在监狱的人中得分是"最优"。如此高智商的人，开始运用他的智商处世。他平时按时参加正常劳动，表现出认真服刑的样子，博得监狱方面的信任。他与周围的人相处得很好，特别注意与狱吏们搞好关系，狱吏们对他都很尊敬，称呼他为上校。阿贝尔始终相信，一有机会，苏联一定会营救他的。

尽管世界媒体大肆报道此事，但阿贝尔一案在苏联未引起任何反响。一直到11月14日，即阿贝尔被判刑那一天，苏联《文学报》才用"欺骗"这个字眼提到了这次审判，同时否认阿贝尔是苏联公民。该报这样写道："联邦调查局气势汹汹地在阿贝尔的画室找到了密码报告和其他东西。没有这些东西，侦探小说就不值得一读。这篇犯罪小说的作者把那位摄影师变成了一个间谍的首脑，而这个间谍集团自然又是依靠莫斯科的黄金而存在的。"

在大牢中受苦的阿贝尔，回顾了自己走过的人生历程，想到了可能出现的结局，也做好了为信仰献身的准备。尽管此前有斯大林时期放弃红色间谍佐尔格的事，但他觉得现在是赫鲁晓夫时代，他对苏联的营救还是抱有一线希望，他觉得自己为苏联出生入死，克格勃不会不管他的。

日子一天天过去，在痛苦的等待中，终于出现了一个非常难得的机会。从某种意义上说，这个机会真是从天上掉下来的。

特殊谍战　特别交易

1960 年 5 月 1 日，正值美、苏、英、法四大强国政府领导人会晤的前夕，美国报纸的国内版报道了一条简短的消息：美国一架 U-2 型气象飞机迷失航向，进入苏联上空，因而被击落，驾驶员佛朗西斯·加里·鲍尔斯失踪。对此消息，苏联方面一直不作任何表态。

5 月 5 日，美、苏、英、法四国领导人在联合国会晤。在此期间，苏联领导人赫鲁晓夫宣布了一条消息，一架美国的 U-2 侦察飞机在苏联领空执行间谍任务时被击落，飞行员鲍尔斯被俘。第二天，苏联《劳动报》上发表了被击落的飞机的照片。莫斯科宣布美国飞行员鲍尔斯还活着，他已经交代了 U-2 飞机执行间谍任务的许多情况，并披露飞机是在斯维尔德洛夫斯克地区被击落的。

当时艾森豪威尔总统十分尴尬，他当然知道、也是赞成 U-2 执行飞行任务的。这架飞机与后方失去联系后，美国正在全力搜寻它的行踪，没想到出了这种岔子。由于飞行员鲍尔斯被活捉，华盛顿方面"死无对证"的计划落空。最后美国发表了由国务卿赫脱签署的一份新闻公报，公报披露了总统批准 U-2 飞机搜集情报，包括在苏联上空飞行的事实，被迫承认 U-2 飞机是从事间谍飞行的。

第二次世界大战结束后，美国人投入巨资，着手研制了一种高空侦察机——U-2 侦察机，想以高科技手段来战胜苏联。

这种由美国洛克希德公司负责研制投产的尖端飞机，1956 年正式交付中央情报局使用。U-2 侦察机有"黑寡妇""空中蛟龙"的绰号，它可以持续飞行 10 个小时，最长航程约为 7242 公里。最大的优势还在于它的飞行高度可达 27000 米。这样的高度，当时任何国家的防空高射炮都拿它没有办法。U-2 侦察机上安装的相机也是当时最先进的，在 2 万米以上的高空拍出的照片，竟然可以看清高尔夫球场上的球洞。U-2 的反雷达技术也是当时世界上无可匹敌的，甚至能骗过美国人自己的防空雷达。为了隐藏这一秘密，中情局对外宣称 U-2 是美国空军专用于气象研究的飞机，还煞有其事地因其黑色外表而给它起了一个"黑小姐"的绰号。

美国人利用 U-2 侦察机，在接下来的四年当中拍摄了大量的照片，包括苏联的重要军事设施、军力分配、重要工业分布、重要的铁路和公路干线路线等。

飞机和高射炮都打不下 U-2 侦察机，苏联人对此恨之入骨。克格勃的负责人谢列平提出在 U-2 身上做点手脚让它"掉"下来，而且他坚信克格勃可以做到。无奈之下，赫鲁晓夫批准了克格勃的这一行动计划。谢列平在受命之后马上成立了一个特别小组，制订了一系列的行动方案。很快，克格勃查明美国 U-2 侦察机都是从位于美国阿拉斯加的空军基地，以及在挪威、联邦德国、土耳其、日本和巴基斯坦的基地出发进入苏联进行侦察的间谍飞机。

鉴于其他地方防范特别严，谢列平最终选择美国在巴基斯坦白沙瓦空军基地的 U-2 侦察机作为行动的目标，派出得力人手制订出详细的计划。

1960 年 5 月 1 日早上 6 点 25 分，一架由鲍尔斯中尉驾驶的 U-2 侦察机，准时从位于巴基斯坦白沙瓦美国空军基地起飞。鲍尔斯是一名经验丰富的飞行员，多次执行驾驶 U-2 侦察机飞越苏联上空的任务。他这次的飞行路线依旧是经过阿富汗进入苏联境内，最终在挪威的布德机场着陆。他这次除了例行的侦察之外，还有一项非常特别的任务，就是对斯维尔德洛夫斯附近的苏联火箭基地进行侦察。因为美国情报部门得到情报，苏联人正在那里研制一种新型火箭。

鲍尔斯的飞机一进入苏联境内，被苏联的防空雷达跟踪到了。当鲍尔斯到达咸海东部的丘拉坦人造卫星和宇宙飞船发射场上空进行拍照的时候，他发现在自己的下方有一架飞机正跟自己进行同方向的平行飞行。鲍尔斯知道那是正在监视自己的苏联飞机，但他一点都没有惊慌，因为他知道苏联飞机对自己构不成任何威胁。后来又有三架米格战斗机从下方向他冲来，鲍尔斯很快就将米格甩得无影无踪了。

鲍尔斯扬扬得意地吹起了口哨，开着 U-2 继续完成他的侦察任务。突然一道亮光在他眼前一闪，紧接着听到一声闷响，机身随即晃了一下。"不好，飞机中弹了！"鲍尔斯随即感到飞机开始下垂，这下他确信 U-2 被击中了。他赶紧检测飞机的操纵系统，结果令他失望至极，飞机完全失控！怎么办？此时他可以引爆自毁系统与飞机同归于尽，也可以选择开启弹射架逃生。在生命安全受到严峻考验的一刹那，求生的本能使他选择了后者。事后据说，在飞机起飞前克格勃做了手脚，使 U-2 没有飞到 2 万米以上的高度，自己的零件出问题掉下来了。不管情况如何，苏联方面当时就活捉了跳伞的鲍尔斯，很快找到了坠毁的 U-2 残骸，对它进行了精心研究。

如此先进而且重要的东西，美国人当然不想让其落到苏联人手里。美国国家安全局一直试图要回鲍尔斯，他们决定用手中的苏联间谍和对方进行交换。对于交换问题，一开始，美国的两大情报机关意见不一。联邦调查局的人希望苏联间谍阿贝尔最终会与美国合作，反对交换。中央情报局的人则想把自己的飞行员要回来，以便了解 1960 年 5 月 1 日在离斯维尔德洛夫斯克不远的苏联上空到底发生了什么情况，苏联人到底凭什么秘密武器击落当时世界上飞得最快、最高的间谍飞机。

美国方面的意见统一后，他们开始和苏联人谈判。在此之前，苏联方面也没有进行过如此重大的交换，他们研究了 U-2 飞机残骸后，最终同意了这桩交易，但是提出，他们要换回的人，只能是三年前被美国所抓的千面间谍鲁道夫·阿贝尔。

交换事宜提上议事日程后，美、苏双方围绕交换的具体事项展开了多次谈判。正在狱中服刑的阿贝尔获知此事，心里有说不出的高兴，因为他已经看到了走向自由的一线曙光。

间谍交换　大师回归

经过长久的交涉，美、苏双方就间谍交换问题基本达成一致意见。1962 年 2 月，阿贝尔被联邦调查局转押到联邦德国西柏林的监狱。2 月 12 日，是双方最后商定的交换人质的日子。这天早晨 6 点钟，阿贝尔的辩护律师丹诺万来到了柏林监狱。他告诉阿贝尔，他在柏林已经好几天了，一直在同苏联大使馆代表进行会谈，现在已经商定一小时后进行间谍交换。双方确定，交换将在波茨坦附近的苏占区和美占区会合处进行。

临行前，跟阿贝尔一起从美国来的联邦调查局官员提出一个问题："上校，难道你不担心他们会把你送到西伯利亚去？你再考虑考虑，现在还不晚！"美国人不死心，仍在争取阿贝尔的合作。阿贝尔笑着说："为什么？我问心无愧，没有什么可担心的。"

就在美国人试图做阿贝尔工作的同时，交换前的准备工作也在紧张进行。

同是2月12日清晨，在民主德国和联邦德国交界处波茨坦市的格林尼克大桥两端，全副武装的军警如临大敌般对峙着，空气中弥漫着一种紧张的气氛。过了一会儿，两队士兵分别从桥的两端跑出来，在桥身中部的一道白线处停下，持枪肃立。他们分别是美国海军陆战队宪兵和苏联克格勃特警。

又过了一会儿，美、苏两国代表的车辆也缓缓地从格林尼克大桥的两端驰向桥中央。桥头有一块很大的牌子，上面用英文、德文和俄文写着："你现在进入美占区。"汽车停下，走下来一个美国人，他同站在那里的一个人交流了几句，然后示意，让美方人员过去。阿贝尔认出来了，那是他过去的一位老同事。在另外两人中间站着一个个儿高高的人，他就是美国飞行员鲍尔斯。

约定的时间到了，苏联代表用英语和俄语大声喊道："交换仪式开始！"

首先由苏联代表宣读苏联最高苏维埃主席团签署的特赦令，证明鲍尔斯已经获释。接着，美国代表威尔金森也从公文包里拿出一份文件宣读，这是由肯尼迪总统亲自签署的特赦令，证明阿贝尔已经获释。接着，两人分别从原来的队伍走向了另一方，他们就是这次交换的主角——阿贝尔和鲍尔斯。阿贝尔跟威尔金森握握手，然后与丹诺万话别，从容走过两个地区交界处的白线。

走到苏联同志的身边，阿贝尔立即有了一种安全感。苏联同志热情地拥抱了阿贝尔，随后他们一起走向苏联那边。回到了自己人中间，阿贝尔如释重负。苏联方面早已安排好一切，阿贝尔坐上汽车，飞驰而去，来到一幢不大的房子面前，他见到了等候在此的妻子和女儿。阿贝尔百感交集，亲人紧紧地拥抱在一起。

从这一刻起，阿贝尔彻底获得了自由，他在美国14年的情报生涯终于画上了句号！在美国的监狱里待了两年多后，他的30年刑期就此终结。

被捕过的克格勃间谍回国后，一般都不再得到重用，阿贝尔却是一个例外。回到苏联后，为了表彰阿贝尔的卓越功绩，苏联最高苏维埃授予他一枚列宁勋章，并授予他"苏联英雄"的称号。阿贝尔从秘密战场的第一线退下来后，没有待在家里休养，而是积极从事间谍的培训工作，把自己几十年从事情报工作的经验传授给后人。没过多久，他的军衔又提升了一级，成为克格勃少将局长，专门负责向外派人员讲授隐蔽行动的专业知识。他在掩护自己的间谍身份方面所取得的成功，一直被视作教育和培养间谍新手的教材。

阿贝尔的气节确实在情报人员中堪称楷模，与那些因贪图金钱而出卖情报的变节者不可同日而语。他有一段发人深省的名言："敌对的一方都喜欢对方营垒中的叛徒，也需要他们，然而任何时候也不会信任这些叛徒，对他们有的只是鄙视。"这也许是对他坚贞不屈的最好诠释。

1971 年，阿贝尔病逝于莫斯科，享年 69 岁。这位世界谍战史上最具传奇色彩的间谍，走完了他惊险、刺激的一生。阿贝尔去世后，克格勃为这位间谍将军建起了一座塑像，让他与国际红色特工佐尔格享有同样的待遇。

克格勃干将　生死线上大逃亡

　　间谍过着刀锋舐血的日子，总是生活在生死线上，因此越来越多的特工对此产生厌倦。1978 年前后，克格勃间谍中先后有赫尔曼、舍甫琴科、列夫琴科等人叛逃至美国。

　　这些克格勃干将的叛变，给苏联带来巨大的损失。为了严惩叛徒，杀一儆百，克格勃发出了一次又一次的追杀令，一时间这些叛逃者处于高度紧张之中。然而，叛逃现象依然没有被遏制，20 世纪 80 年代中期，克格勃中还有尤尔琴科、维克多·甘达瑞夫等人叛逃。

　　人们不禁要问：克格勃干将为何前仆后继地大逃亡？他们逃往何方？最终结果又如何？

第十章　克格勃干将 生死线上大逃亡

前仆后继　生死成谜

　　1977年5月的一天晚上，从加拿大移民美国不久的摄影师鲁道夫·赫尔曼接到一个叫马丁的陌生客户的电话，声称有一项广告业务要和他商谈。因为不认识对方，赫尔曼想把情况了解得更清楚些，以免上当。他问道："马丁先生，你能不能具体说一下，需要我拍摄的是什么方面的广告业务？"对方马上回答说："我们刚刚研制出一种新型蒸汽浴室产品，久闻您的大名，希望您能够帮我拍一系列有关产品说明的照片。"赫尔曼答应了对方的要求，并约定了第二天见面的时间和地点。

　　第二天，马丁开车来接赫尔曼。没想到的是，这位自称是建筑师的马丁先生并非真正的建筑师。他所说的业务也是子虚乌有，他开着车，直接将赫尔曼带到了美国联邦调查局。

　　"马丁先生，你怎么把我带到这地方来了？"

　　"不要着急，赫尔曼先生，一会儿你就会明白的。"

　　……

　　在联邦调查局待了几天后，赫尔曼最终还是被放出来了。而后，他在美国继续从事他的影片制作和广告拍摄工作。

　　不知不觉又过了两年。1979年10月的一天，在日本东京，一个身穿便装的神秘男子，开车从公寓出来，漫不经心地在东京的街头转悠。过了一会儿，他把车开到了新闻俱乐部，下车后，在俱乐部待了一会儿。有人认出，此人叫列夫琴科，是苏联《新时代》杂志驻东京的记者。

　　从新闻俱乐部出来后，列夫琴科开车来到国会。他在里面待了很长时间，直到下午 2 点多才出来。他在国会里面干些什么，谁也不清楚。出来后，他把汽车停在一个角落里，在几条较窄的街道上步行。看到一个书店，列夫琴科走进去，但没待上几分钟又出来了。接着他进了一家商店，没买任何东西，很快又出来。在以后的几个小时里，他总是在书店和商店中进进出出，并不时地回头看看。

　　好不容易挨到了晚上，列夫琴科开始行动。大约 8 点钟，他开着车来到美国驻东京大使馆附近的一家名叫"山王"的旅馆。他早就听说过，几乎每天晚上都有美国官员来此聚会，这里简直就是美国人的俱乐部，可以找到各种各样的美国人。他走进去，里面非常热闹，全是美国人，他们正在举行鸡尾酒会。

　　在众多的美国人中，列夫琴科找到了一位穿军官制服的人，告诉他："我要找你们美国的情报官。"对方仔细打量了他一番，说："我是美国海军中校，你是干什么的？"列夫琴科将他拉到一旁，小声说："我是克格勃情报人员，我有要事找你们的情报官。请尽快帮我联系，不管是中央情报局的还是联邦调查局的，都行，要快！"

　　这位海军中校不敢怠慢，立即向大使馆作了汇报。不到半个小时，一位自称罗伯特的美国情报官出来接待列夫琴科，将他带到一间空房间里。见到了这位更高级别的官员，列夫琴科吐露真情。他说自己是一个克格勃上校，想向美国寻求政治避难。

　　罗伯特没有立即答复他，在证实他的身份后，罗伯特立即向华盛顿汇报。华盛顿批准了他的请求，列夫琴科高兴得几乎跳起来。

　　两天后，列夫琴科从日本神秘"失踪"。又过了两三天，克格勃东京站找不到列夫琴科，怎么都联系不上，感到大事不妙，分析他很可能已经叛逃。当时美苏两个超级大国处于冷战时期，双方的情报战正酣，克格勃认为他叛逃到美国的可能性极大，于是布置在美国的克格勃机构紧急查找列夫琴科。一旦确定他已经叛国，立即追杀。

　　这年 10 月底，克格勃查明列夫琴科已经叛逃美国的情况。与此同时，摄影师赫尔曼也接到了苏联克格勃的指令，要他协助清查这名叫列夫琴科的克格勃叛徒的情况。原来，赫尔曼也是一名克格勃间谍人员。

　　此时的赫尔曼，已经不是过去的那个赫尔曼。两年前的 5 月，他被美国联邦调查局"请"去接受审查后，已经投靠美国情报机构，成为一名双面间谍。美国人早已控制了赫尔曼，而赫尔曼心中对苏联社会制度的愤恨也在与日俱增，对美国自由社会的好感在不断增加。他对列夫琴科的叛逃深表理解，自然也不会追杀他。

在赫尔曼投靠美国情报机构的第二年，即列夫琴科叛逃美国的前一年，苏联驻联合国的官员、身为联合国副秘书长的舍甫琴科，于1978年叛逃美国。而后，神秘失踪。

正当克格勃四处活动查找舍甫琴科、列夫琴科等叛将时，1979年11月赫尔曼突然又和克格勃失去了联系。克格勃方面判断，赫尔曼肯定也叛逃了。面对这一个个前赴后继加入叛逃行列的特工，克格勃高层的头都大了！

克格勃对叛徒从来不手软，一道道追杀令通过电波发往克格勃下属各站。

那么，赫尔曼到底到哪去了呢？他和列夫琴科等人已经加入美国情报机关，为何又会神秘"失踪"呢？

根正苗红　相中为谍

鲁道夫·赫尔曼原名鲁德克·泽莫内克，1929年出身于捷克斯洛伐克的苏台德地区（现在归属于捷克共和国），小时候他是在动荡不安的战乱中度过的。第一次世界大战之前，苏台德地区长期归属于奥匈帝国。第一次世界大战之后，战败的奥匈帝国被划分为奥地利、匈牙利和捷克斯洛伐克三个国家，苏台德地区被划给了捷克斯洛伐克。

因为当地人大多会讲德语，希特勒上台后一直想将它占为己有。1938年9月，鲁德克九岁那年，德、英、意、法这四个国家的首脑在德国慕尼黑签署了臭名昭著的《慕尼黑协定》，强行将本来属于捷克斯洛伐克的苏台德地区割让给了纳粹德国。苏台德地区的人民对此非常痛恨，私下组织力量进行反抗。

鲁德克的父亲泽莫尼克就是这些反抗组织中的普通一员，他参加过第一次世界大战，在长期的夜晚伏击战斗中患上了慢性风湿病。从战场上回到家乡后，泽莫尼克开了一家照相馆，以此来养家糊口。值得一提的是，泽莫尼克对儿子的思想教育抓得很紧，从小对他灌输爱国思想，希望儿子能像他一样，成为一个忠于国家的人。

泽莫尼克虽然没有到过社会主义国家苏联，但他非常敬佩苏联，对苏联充满了向往，经常和鲁德克谈起苏联。泽莫尼克并不理解马克思主义，也说不清什么是共产主义，但他感觉得出，苏联人搞的那一套是对的。

《慕尼黑协定》签署之时，泽莫尼克带着儿子鲁德克从收音机里听到了这一消息，气得大骂四国首脑："希特勒、张伯伦、墨索里尼、爱德华·达拉都是一些无耻的家伙！"

当时不满10岁的鲁德克，对父亲所说的英、法以牺牲第三国利益为代价来换取自身的和平并不是很理解，但他一直认为父亲是个正直的人，看到父亲如此气愤，自己也握紧了小小的拳头。事实确实如此，他们牺牲捷克斯洛伐克的利益来讨好希特勒，不但没有换来真正的和平，反而助长了希特勒妄图吞并整个欧洲的野心和嚣张气焰。不久纳粹德国发动了第二次世界大战，把整个欧洲拖进战火之中。

第二次世界大战初期，德国法西斯用闪电战术在欧洲占据了优势。1941年进攻苏联后，也一度处于有利局面。那时候，泽莫尼克非常关注苏联的战事，对苏联人民的处境寄予深切同情。在父亲的影响下，鲁德克对苏联的社会主义产生了兴趣。稍大之后，他找来马克思、恩格斯和列宁等人的书阅读。当时的鲁德克对书中描述的共产主义充满向往，决心为之奋斗。

上中学时，16岁的鲁德克建立了一个共产主义学习小组。在他的影响下，不少青年加入到这个小组中来。当地的共产党组织发现了他，和他建立了联系。由于他组织的共产主义学习小组活动积极而且卓有成效，第二年当地的党组织就破例吸纳他，使他成为一名年轻的共产党员。

第二次世界大战结束后，德国一分为二，欧洲被划分为东、西方两大阵营。西欧国家与美、英关系密切，走资本主义道路；东欧国家则与苏联关系密切，大多走社会主义道路。捷克斯洛伐克和许多东欧国家一样，跟苏联老大哥搞起了社会主义建设。

1949年，20岁的鲁德克以优异的成绩考入了首都布拉格的查理大学，开始了新的生活。查理大学创办于1348年，以罗马和波西米亚国王查理四世的名字命名，是原捷克斯洛伐克和中欧最古老的高等学府。查理大学也是继梭尔邦大学之后成为阿尔卑斯山脉以北、莱茵河以东中欧地区最古老的大学之一，捷克和斯洛伐克历史上许多著名人士都毕业于查理大学。

在查理大学读书期间，鲁德克非常刻苦，成绩名列前茅。当时查理大学的学术氛围和各种思潮都比较活跃，办了不少内部报刊。鲁德克积极参加进步活动，担任了《红色政权报》的校对工作。1953年，鲁德克圆满完成了大学学业，毕业时获得了学校给毕业生的最高荣誉。

大学毕业后，鲁德克被派到捷克斯洛伐克边境的偏僻农村去当一名边防战士。当时，部队的条件非常艰苦，很多人恨不得早点离开。但鲁德克不这么想，他有一种强烈的责任感，觉得这是对自己的一种考验。空闲的时候，他经常帮一些军官写政治材料。由于他的功底不错，军官们对他写的材料很满意，他也因此深得上司的喜爱。

1955年3月的一天，鲁德克突然接到上级的通知，让他到布拉格去接受考察。原来，克格勃到军队中来招聘人才，他所在部队的一位熟悉的军官推荐了他。

对于这次考察的目的，鲁德克一开始并不是很清楚。他来到指定的一间会议室后，八位克格勃官员对他进行了长达两个小时的考察。考察的内容很繁杂，有智力方面的，也有思想方面的，还有信仰方面的。他对每项考察内容都认认真真地应对，一时非常紧张。不过他的努力没有白费，考察的结果是克格勃方面对他非常满意。

考察快要结束时，主考官突然对他说："你有坚定的共产主义信念，这很好！我想问你，如果是为了共产主义事业，你愿不愿意去从事秘密情报工作？"

鲁德克这才明白，原来是要他去当间谍！对共产主义一腔热忱的鲁德克想都没有想，立即回答："我愿意。"

"那好，你回部队等我们的通知，做好从事情报工作的准备。"

大约两个月后，这年的5月初，鲁德克接到了再去布拉格的通知。这次负责接待他的是一位叫简达的军官。简达将他带到市中心一套古老的公寓里，告诉他，接下来他将接受间谍的各项训练。鲁德克对间谍很感兴趣，听到自己将成为克格勃的一员，变得异常兴奋。

克格勃派来的资深间谍对鲁德克进行了各种间谍必备技能的训练。开始他接受的是一些常规训练，比如怎样使用发报机、如何运用密写技巧、如何选择联络地点等。后来，克格勃又让他学习德语，还要求他掌握日耳曼民族的风俗习惯等。他意识到自己很可能被派往德国。

负责教鲁德克德语的是一位年轻漂亮的姑娘，她叫英伽·尤尔金，同样出生于苏台德地区。她的父母都是信仰共产主义的，对法西斯有着无比的愤慨。受父母的影响，尤尔金思想也很进步，她和鲁德克一样，有着崇高的共产主义信仰。共同的信仰使这对年轻人走到了一起，他们相爱了。

对于克格勃要求的各种特工技能，鲁德克训练得十分认真，测试的结果令考官非常满意。有了爱情作动力，他的德语水平也进步神速。他期待着能为共产主义事业出力，期待着这一天能够早日到来。

伪造身份　潜伏西德

根据克格勃的规定，特工恋爱和结婚必须上报并得到批准才行。鲁德克如实向克格勃进行了汇报，希望得到上级的批准。克格勃对尤尔金的各个方面进行了认真审查，认为她也是根正苗红的人，就批准了他们的恋爱。

当各项特工技能都练得差不多后，克格勃决定派鲁德克到联邦德国去从事谍报工作。为了更好地掩护他的身份，同时也是为了更好地协助他工作，克格勃希望尤尔金与鲁德克一同前往西德。对于这一决定，相恋中的鲁德克和尤尔金都欣然接受。

为了打赢情报战，苏联派了不少特工潜伏西德。例如，英、美两国于1955年2月在柏林建成了一条全长2.5公里的地下窃听长城，但后来被苏联红色间谍布莱克获得情报而摧毁。又如，被苏联改造的原纳粹党徒、柏林人纪尧姆加入苏联情报机构后，1956年被派到西德，他由一个普通难民，最后成为联邦德国总理勃兰特的政治秘书。在20世纪70年代初暴露之前，纪尧姆为克格勃提供了大量有价值的情报。在苏联的这些大牌间谍面前，鲁德克当时还只是个刚出道的人。

在鲁德克去西德之前，克格勃对他进行了"包装"。上级对他说："我们将很快派你去执行任务。为了安全起见，请记住：从今天起，鲁德克·泽莫内克已经从这个地球上消失了！你的新名字叫鲁道夫·赫尔曼。"克格勃不仅给他伪造了名字，还从克格勃掌握的一大堆档案中找了一个已经死去的人，让鲁德克"借尸还魂"。真实的鲁道夫·赫尔曼是一名普通工人，曾在德国辅助劳动部队做工，1943年在苏联不幸死去。

经过克格勃的处理，鲁道夫·赫尔曼的履历被篡改了不少：他的父母都是德国人，母亲和祖父在战争中死去，叔叔和婶母在战争中离散。他的出生地被改为捷克斯洛伐克的苏台德地区（这样与鲁德克相吻合），出生时间改成了1925年；1942年从一所职业学校毕业，不久到托德公司当了一名货运司机；1945年2月因盟军的轰炸而受伤，随后送到一个德国空军医院治疗。伤好后，他在德累斯顿的一家罐头厂找到了工作；1951年至1956年在一家书店当店员。随后，他加入了民主德国（东德）的难民大军。

为了不使别人对尤尔金的身份产生怀疑，克格勃同样给她伪造了一份简历。他们给她找的替身是一个叫英格丽·摩尔克的女人，她死于1944年的一次大轰炸中。这样一个普通的女人，生前就没有谁会注意她，死后更是被人们忘得一干二净。尤尔金正好借她的身份来作掩护，从事情报工作。

在去西德之前，鲁德克和尤尔金被安排在东德工作一段时间，目的是使他们的身份更加令人相信。1957年初，以"赫尔曼"身份出现的鲁德克被一家经营汽车零配件的公司雇用了，以"英格丽"身份出现的尤尔金则被克格勃安排在一家设计所里担任秘书。为了叙述方便，以下就直接称呼他们为"赫尔曼"与"英格丽"了。

1957年1月16日，赫尔曼和英格丽在市政厅领取了结婚证，并于同一天举行了简单的婚礼。在人们的眼中，他们是一对普普通通的小夫妻。他们每天上班下班，和平常人没什么两样。然而，他们却比别人多了一个心眼。

赫尔曼发现，他的公司老板是个地地道道的新纳粹分子，这个家伙除了教他偷税漏税，还时常向他灌输纳粹思想。赫尔曼将这个人的情况向克格勃作了汇报。为了使他们今后能更好地开展工作，克格勃决定推迟他们去西德的时间。克格勃指示：利用这个人，与新纳粹分子接上线，更好地伪装自己。

同年10月，赫尔曼与英格丽的儿子出生了。夫妻俩非常高兴，给儿子取名叫彼得。有了孩子，家庭更像模像样了。克格勃认为，派他们去西德的时机已经成熟。克格勃下令，让他们随民主德国的难民大军进入联邦德国。

就这样，赫尔曼一家来到了西德，在斯图加特市住了下来。赫尔曼一边找工作，一边游览德国的名胜古迹。有一天在游览时，他碰到了一个叫奥托·西菲尔德的老人。两人越谈越投缘，赫尔曼就热情地邀老人共进晚餐。

通过交谈，赫尔曼了解到，西菲尔德没有生育儿女，自己独自经营着一家大型纺织厂。由于对赫尔曼很有好感，当老人听说他正在找工作时，就让赫尔曼到他的企业中来任职。西菲尔德对他说："看得出来，你是个能干又可靠的人。我的企业正需要你这样的人！我年纪大了，很多事情力不从心，等你熟悉了业务之后，我准备把它交给你来管理。"原来老人要找接班人。

赫尔曼听他这么一说，心里非常高兴。分别时，他和老人交换了电话号码。回到住处后，他立即把这一情况向克格勃作了汇报。但出乎意料的是，克格勃不同意他到西菲尔德的企业去任职。一来这家企业较大，事务繁多，会影响他从事间谍工作；二来抛头露面的场合太多，容易暴露身份，不利于秘密工作。无奈之下，赫尔曼以经验不足为由，婉拒了西菲尔德的好意。

尽管没去西菲尔德那里工作，但赫尔曼一直和他保持联系。在老人的指导下，赫尔曼开了一家小小的邮购商店。在商店的业务走上正轨后，他将它交给别人代管，自己又开了一家照相器材店。他从日本引进优质照相器材，商店的生意一度很不错。有了这两个小店，赫尔曼不仅身份得到了掩护，一家人的生活费用也不成问题，他们在西德站稳了脚跟。

站稳脚之后，赫尔曼开始按照克格勃的要求，搜集一些有用的情报。当时的西德，和西方资本主义国家的关系非常密切。英国、美国等西方资本主义国家和苏联等东欧社会主义国家的情报战，在东德与西德看不见的战场上紧张地进行着。赫尔曼加入其中，成为情报战中的一员。

克格勃没有给他下达具体的任务，但是特别提醒他，注意隐蔽好自己。赫尔曼在这个过程中，有意发展各种社会关系，广交八方朋友，为日后开展情报工作作准备。潜伏是为了更好地战斗，对于他在西德时期的工作，克格勃方面表示满意。

1961年初，赫尔曼接到上级命令，要他作好准备，前往加拿大工作。

转战北美 控制特谍

经过一年的语言学习及其他方面的准备，1962年赫尔曼带着妻儿举家来到加拿大。

到枫叶国不久，赫尔曼夫妇便在加拿大广播公司总部旁边开了一家熟食店。英格丽有着高超的烤面包技术，烤出来的面包特别好吃，所以他们的生意特别好。加拿大广播公司的员工经常光顾他们的店。久而久之，赫尔曼夫妇和他们中的许多人成了朋友。

1963年12月，赫尔曼的第二个孩子迈克尔出生了。因为要照顾小孩，英格丽没时间烤面包。于是，他们关闭了这家面包店。英格丽专心带孩子，赫尔曼则在加拿大广播公司一位摄影师朋友的介绍下，进入广播公司从事音响效果方面的工作。聪明的赫尔曼对电影产生了兴趣，利用业余时间钻研电影制作。不到一年时间，他竟然成为当地小有名气的电影摄影师和制片人。

在从事其他工作之余，赫尔曼一直没有中断与克格勃的联系。他按时接受克格勃下达的任务，总是尽心尽力，完成得让上司满意。为此，他被任命为克格勃北美小组的特工头子。

在加拿大待了整整五年后，1967年初，赫尔曼夫妇同近百名外国移民一起，被允许加入加拿大国籍，正式成为加拿大人。

就在他加入加拿大国籍不久，赫尔曼接到克格勃的指令，要他加强对一名叫休·乔治·汉布里顿的克格勃特工的控制。克格勃方面称，这个汉布里顿对组织非常重要，但他本人一直想洗手不干，必须做好他的思想工作，让他继续为克格勃效力。

汉布里顿是何许人？克格勃为何要揪住他不放呢？

1922年5月，汉布里顿出生于加拿大渥太华，他父亲是英国人，母亲是爱尔兰人。汉布里顿的父亲是一名出色的记者，是加拿大新闻协会在欧洲的第一位长驻记者。许多年来，他的父亲一直在欧洲和北美之间穿梭往返，他和母亲、姐姐则一直住在法国。1954年汉布里顿决定到法国的大学攻读博士学位，他想当个经济学家。在巴黎，一个偶然的机会，他认识了一个叫阿列克赛的苏联人，是一名克格勃军官。

正是这个叫阿列克赛的克格勃军官，改变了汉布里顿的人生历程。1956年初，他们聚在一起，谈到汉布里顿获得博士学位后的出路问题。不知为何，阿列克赛再三鼓励汉布里顿到北约总部去工作。汉布里顿对在军事机关任职并无特别的兴趣，只是顺便给北约总部发了份求职申请，随后就把这事抛在了脑后。没过多久，他在巴黎大学的表现引起了伦敦经济学院的极大兴趣，该校决定授予他博士后研究奖学金。

　　谁知，事情就有那么凑巧，汉布里顿的一个同学在北约工作，看到他的求职报告，便开始热心地为他张罗。北约代表在与他见了一面后，对他非常满意。很快，北约总部提出了比伦敦方面更优厚的条件，汉布里顿抵挡不住诱惑，接受了北约，成为一名分析东方集团国家和北约各国的经济情况的分析员。因为最高机密触手可及，汉布里顿常常感到自己置身于世界的中心，扮演着主宰世界的角色。他越来越感觉到，自己这次是选对了。

　　然而，克格勃盯上了他，要他提供相关的情报。汉布里顿开始没有在意，随便给阿列克赛一些无关紧要的材料。1957 年夏天，克格勃感到应该向汉布里顿施加一点压力，让他弄点真货，便向他提出了要求。汉布里顿知道，如果拒绝他们将意味着什么。再次接头时，他乖乖地拿出三份秘密文件加一份绝密文件。于是克格勃总部特地在巴黎成立了一个小组，专门负责与汉布里顿联络。

　　那么，身在北约的汉布里顿为何会与身在加拿大的赫尔曼扯上关系呢？

　　1958 年，汉布里顿与其妻子宣告离异，取得了自由身的他并不快乐。在阿列克赛的建议下，汉布里顿偷偷学习密码与莫尔斯电码。第二年 6 月，克格勃为汉布里顿配备了一台大功率的无线电收音机，这台拥有苏联最新技术的收音机有一个特别频率，可在适当的时间接收莫斯科总部的指示。

　　到了 1960 年春天，阿列克赛告诉汉布里顿，为他准备了一套新的联络办法。克格勃专家为汉布里顿制造了一部无线电台，它看上去像一台普通的录音机，而且是标准的法国产品。汉布里顿只需在特定的时间移开录音机部分，调到特定的频率，指令便被录制下来了。

　　从那时起，汉布里顿按照克格勃的要求，经常将资料拿回家中拍摄下来，然后按指示将胶卷放入克格勃指定的秘密邮箱里。在一段时期内，他为克格勃提供了不少重要的情报。

　　后来，他担心事情败露，开始盘算如何摆脱克格勃的控制，然后洗手不干。1960 年 5 月的一天，在一家咖啡店里接上头后，汉布里顿对阿列克赛说："北约总部正在对我进行忠诚审查。"这其实是他撒的谎。汉布里顿煞有介事地说："我在渥太华的姐姐偷偷去了一趟古巴。有些西方情报组织发现了她的行动。"

　　一周后，他们再次接头。阿列克赛让他去苏联工作，并通过莫斯科电台向全世界公布北约破坏和平的罪行。"非常感谢你们的好意，"汉布里顿说，"不过我认为，我留在西方工作，对苏联更加有益。伦敦经济学院对我的邀请还有效，我想在他们改变主意之前拿到这份奖学金。"

汉布里顿从来没要过克格勃的钱，他决意不干，对方拿他也没办法。分手时，阿列克赛说，以后如果想再联系，在巴黎一条街拐角的地方，在每个月第三个礼拜三中午，汉布里顿都可以在那里找到接头人。

平静地过了一年，汉布里顿忙着学业。1962 年 5 月的第三个礼拜三，错过了车次的汉布里顿抱着好玩的心态去了接头地点，没想到真有克格勃的人在那里等他。他告诉他们，他要两年后才能拿到博士学位，获得学位后想到加拿大的大学中当经济学教授，近期不要打扰他。1964 年暮春，在巴黎的一次接头中他告诉克格勃，自己已经被加拿大魁北克的拉法尔大学聘为教授。克格勃于是加强了与他的联系，建议他到加拿大外交部工作，还让他在学校发展克格勃间谍。

对于克格勃的要求，汉布里顿没有照办，甚至索性停止了接头。克格勃对此岂肯罢休，让北美小组头子赫尔曼亲自出马，找到汉布里顿。因为还没有反目成仇，赫尔曼对汉布里顿十分友好。汉布里顿发觉赫尔曼知识渊博、头脑灵活，觉得他是个和蔼可亲的人。经过多次交往，他们成了好朋友，常常在一起讨论拉美艺术、中国的马克思主义实践等，甚至还讨论过"怎样把漂亮的娘们弄到手"。

在赫尔曼的努力下，汉布里顿重新积极地为克格勃服务。苏联谍报机构为重要情报员也配备无线电设备，这通常是一台高性能的无线电接收机。赫尔曼作为汉布里顿的控制人，上级也配备了一台收音机给他，以便于联系。就这样，一个本来竭力想离开克格勃的间谍，被赫尔曼牢牢掌控在自己手中。

移民美国　中计被捕

克格勃一直想将赫尔曼安插进美国，让他在加拿大工作只是一个跳板。因为美国人最信任加拿大人，移民也方便些。克格勃告诉赫尔曼："美国人最认可技术移民，所以你最好掌握电子技术。"赫尔曼谨记这一点，加入了加拿大电影和电视工程师协会，业余时间不断地钻研电子技术。获得加拿大国籍不久，克格勃便指示他，尽快打入美国。

于是，赫尔曼申请技术移民。1968 年初，他终于拿到了美国的签证，一家人从加拿大来到了美国。

到美国后，赫尔曼继续控制着汉布里顿。克格勃给汉布里顿的指令，往往都由他来下达。有一次他们在一家酒店碰头，他问汉布里顿："你知道休斯敦学院吗？"汉布里顿说："知道。"

"你的一个长期任务是：进入休斯敦学院。"

汉布里顿问他："怎样进入？"他回答说："这就是你的事儿了。我能告诉你的就是：进入休斯敦学院并准备一份有关中国经济的详细报告。"

"可是我从哪里搜集有关中国的数据呢？在这个酒家吗？"赫尔曼只说了几个字："发挥你的想象力。"汉布里顿只有自己想办法。他写信给台湾地区驻加拿大的机构，要求对方帮助他研究中国经济。台湾方面寄给汉布里顿一大堆花花绿绿的反共宣传品。要从这些宣传品中找出一些事实来真是太难了。但汉布里顿别无选择，于是闭着眼睛用里面的"事实"写了一篇论文，交给赫尔曼。莫斯科认为这篇文章"漂亮极了"，因为文章里满是苏联人爱听的东西。

1968 年 5 月，为了与克格勃接头，赫尔曼来到法国巴黎。克格勃官员巴甫诺维奇·鲁基扬诺夫要求他在美国建立自己的秘密情报网，一旦组织需要他，便可发挥大作用。接受任务后，赫尔曼回到美国加紧工作，通过自己在拍摄电影、广告方面的才能，认识了不少人，关系网很快便铺开了。

转眼到了 1970 年底，赫尔曼因为工作出色，被克格勃晋升为中校。

美国是个花花世界，许多人在美国生活一段时间后，都会在不知不觉中喜欢上这里的生活，赫尔曼也不例外。他渐渐喜欢上了这里相对自由开放的社会环境，接受了美国轻松自由的生活方式。他本来想完成美国的任务后，回到自己的祖国捷克斯洛伐克生活。然而现实矛盾总是难以回避，他的大儿子彼得已经十多岁了，如果不对他进行共产主义教育，时间长了，将来肯定会被西方思想异化。

他决定让儿子也走自己的红色道路，尽早对他进行思想教育。他深思之后，决定将自己的真实身份向儿子公开。彼得听了他的话，开始有点惊讶，当赫尔曼问他愿意不愿意成为一名克格勃情报员时，他勉强表示"愿意"。克格勃知道此事后，也参与到对彼得的培养中来，有时甚至绕过赫尔曼直接与彼得联系。

纽约州有一个叫托瓦克的小村，曾被赫尔曼与克格勃用作联系地点。接头时，他把车子停在村外的路边，彼得把一根暖气管放进一棵大橡树的底部，管里塞有一张纸，上面写着下个月前往巴黎和维也纳的日程与飞机班次，供克格勃造假护照用的彼得的照片，还有一份情报。做完这些事，赫尔曼继续向前行驶一公里，在另一棵大树底下放上一个可口可乐瓶子，表示在无人交接点已经放了东西。随后他们在一个小咖啡馆喝咖啡，接着开车到第三个指定地点，看见有一块橘子皮，表明克格勃已经派人把管子里的东西取走了。

克格勃为彼得设计了一条通往政坛的大道。先是将他送到加拿大著名的麦基尔大学学习法律，然后转回美国最好的一家法学院继续深造。1976年彼得被送到华盛顿的乔治城大学学习，目的是获取这里独特的政治资源。

赫尔曼对克格勃在他儿子问题上的许多做法不满。许多重要的事情绕过他，令他这个做父亲的非常恼火，他甚至在维也纳和克格勃接头时，与克格勃官员大吵了一架。赫尔曼对克格勃还有一点不满的地方，就是他们要求他加入美国著名的研究机构——哈德森研究所。因为进入这个研究机构的都是些著名科学家，他不具备顶尖科学家这一条件，因此根本办不到。但克格勃方面不管三七二十一，坚持要他加入，他未成功则认为他没有尽最大努力。对此他心生怨气，甚至产生了不想干的念头。

让赫尔曼产生不想干的还有一个原因，那就是最近他发现，自己被人盯上了。他意识到，也许是自己身份暴露了。如果真是这样，再干下去就很危险了。怎么办？他不得不考虑自己的退路。

本文开头提到，1977年5月的一个夜晚，赫尔曼接到一个自称马丁的建筑师的电话，说他刚刚研制出一种新型蒸汽浴室产品，久闻赫尔曼摄影大师之名，希望他能够帮自己拍一系列有关产品说明的照片。赫尔曼本来就是干这一行的，没有多想就答应了，并约好第二天见面的时间和地点。

第二天上午，马丁亲自开车来接赫尔曼。汽车一路狂奔，直接开到了一间事先安排好的公寓里。赫尔曼感觉有点不对劲，两个陌生人出现了，他们开门见山地告诉赫尔曼："我们是联邦调查局的，你这几年的秘密活动我们早已完全掌握。希望你配合我们的工作！"

赫尔曼不吭声，还在判断他们是不是在使诈。可是，对方马上给了他一个下马威，把他近年来与克格勃接头的一大批时间和地点说了出来：包括他什么时间与谁接头，什么时间去巴黎、维也纳、莫斯科等。赫尔曼这才知道，自己早被联邦调查局的特工盯上了。他想，这下完了！

联邦调查局的特工要求赫尔曼，把他所知道的克格勃在美国的情况全部说出来。他开始不想说，不回答他们的问题，想当一个英雄。在这种情况下，联邦调查局特工给他指出：

"你面前摆着两条路：一条路是你不交代任何情况，你将被判以间谍罪在美国长期监禁，你的妻子和大儿子也不能幸免；另一条路是你与我们合作，背叛克格勃，或许可以减轻对你的处罚。选择哪条路，你可以考虑，但最迟在今天下午3点，给出答案。"

这实际上是美国人给他的最后通牒，如果不按他们说的办，赫尔曼和他的妻子英格丽、大儿子彼得都将被捕，失去人身自由。他不愿意背叛自己的共产主义信仰，美国特工所指的两条路，无论选择哪一条，都是他不愿意的。可是不服从又怎么办？赫尔曼陷入痛苦之中……

效仿前辈 蜕变投美

在痛苦的思索中，赫尔曼不知怎的想起了一个克格勃的前辈，卡洛·图米。从图米的经历中，他似乎得到了一点启发。

1917年，卡洛·图米出生于美国密歇根州，在那里度过了自己的童年和少年时代。父亲死后，不满17岁的他随母亲迁往苏联。1937年他的继父在"大清洗"中被秘密警察抓走，从此消失，他不得不去当了一名伐木工人。第二次世界大战爆发不久，他应征入伍，当了一名士兵。

二战结束后图米退伍，1946年考上了基洛夫师范学院。他一心想当英语教师，学习特别刻苦。大学期间，他爱上了合租一套房子的妮娜。当时妮娜的母亲守寡，带着两个女儿也租房。图米和妮娜认识不久，两人便闪电般地结了婚。

当时图米还是在读大学生，没有经济来源。婚后，两人的生活非常拮据。没办法，他只好去做一份送面包的兼职。1947年12月的一天，他将多出的

100块面包占为己有；1948年的冬天，他又从公家的仓库中偷了一卡车干柴。这两次贪污行为，都被克格勃发现了。在物资非常紧缺的当时，这是要被判重刑的。1949年克格勃把他找去，他准备接受审判，但克格勃却救了他，条件是要他加入克格勃。

图米最早从事的间谍活动，是按照克格勃的要求密切观察基洛夫师范学院师生的政治思想动态。为此，毕业后他被克格勃安排留校任教。一晃很多年过去了，1957年初的一天，他被克格勃官员召见，告诉他，要派他去美国从事间谍工作。

克格勃下达任务，不去是不行的。图米只有老老实实地接受原定为期三年的专业培训。在此期间，他从克格勃转到苏联另一情报机构格鲁乌。随着美苏关系的恶化，他于1959年初提前来到美国，开始了新的间谍生涯。

没想到，图米才到美国两个多月，就被联邦调查局盯上了。1959年3月9日早晨，他被两名美国特工"请"到了联邦调查局，联邦调查局的人逼他当双面间谍，他虽然极不愿意，但又别无选择。因此他假意答应同联邦调查局合作，然后想寻找机会逃走。

自从当上双面间谍后，图米一直提心吊胆，他担心自己的事情被苏联情报机构发觉，害怕事情败露后被杀。所以他对联邦调查局的人说，要设法让苏联方面信任他。联邦调查局方面给予了帮助，提供了一些情报让他交差。同年4月21日，苏联方面寄来了贺信和活动经费，他一颗悬着的心才放了下来。

苏联方面指示图米，尽快融入美国社会。为了达到目的，他报考了当地的一所商业学校。学习半年后，他于当年10月在曼哈顿的蒂芙尼珠宝公司找到了一份工作。实习期三个月过后，他成为正式工，工资也加了。渐渐地，他在美国站稳了脚跟。

美国方面为了收买图米，给他租了房，联邦调查局还专门派杰克和史蒂芬这两名资深特工与他联系。在这两名美国特工的建议下，他驾车到美国各地游玩。在这个过程中，他渐渐地喜欢上了美国。

1961年2月，图米收到苏联格鲁乌寄来的一份新密码本，他想都没想就交给了联邦调查局的杰克。同年6月，格鲁乌又让他查明美国的军事基地、军备情况以及军舰活动等情报，他把此事全告诉了美国人。美国人为了帮他，提供给他一些相关情报。格鲁乌收到他的情报后，对他的工作表示满意。

1962 年 9 月 18 日晚，他接到格鲁乌的密件，通知他，五天后有人从苏联到美国来与他碰头。他带着这份情报，心里不安地来到了联邦调查局。通常情况下，总部是不会千里迢迢派人来美国与特工联系的。一路上他都在想：难道苏联方面已经发现了自己的所作所为？他非常担心身份暴露，害怕作为叛徒被苏联方面处决。

在指定的碰头地点——纽约州维斯特切斯特县格雷斯通火车站对面的哈德逊河畔，美国联邦调查局派特工暗中保护图米。这些特工有的装着在那里钓鱼，有的装扮成游人。有了这些人保护，图米心里的担忧减轻了不少。在接头地点，图米见到了自己在莫斯科培训期间的主任教官加尔金，他是来检查图米工作的。听了图米的汇报，加尔金对他大加褒扬。

在 20 世纪 60 年代的古巴导弹危机中，身为双重间谍的图米通过纽约的四个密藏地点，不停地给苏联传送情报。在这个过程中，联邦调查局通过监控，掌握了苏联在美国的庞大的间谍网。从苏联方面获得的情报，使美国在导弹危机中处于有利地位。因此导弹危机的解决除了双面间谍潘科夫斯基的情报，图米也功不可没！

图米在 1963 年 1 月接到了格鲁乌让他返回莫斯科作短期休假的通知。距离回去还有一段时间，格鲁乌让他在回苏联之前，搞清楚美国佛蒙特州富兰克林县是否有导弹基地。这年 4 月底，在杰克和史蒂芬的陪同下，他们去了一趟富兰克林县，搞到了一张经过修改的导弹基地的地图。但是图米将地图放到秘密藏点后，直到 6 月 8 日才被人取走。

原来导弹危机使苏联叛谍潘科夫斯基暴露，不但他本人被处极刑，格鲁乌的负责人和一些官员还受到牵连。从潘科夫斯基身上，图米意识到形势不妙，他不敢回苏联。于是经过一番考虑，他于 1963 年 6 月 28 日宣布叛逃美国，寻求政治避难。

……

图米的事一晃过去十多年了，现在轮到赫尔曼作抉择了。何去何从？经过思索，赫尔曼决定也像图米那样，先做双面间谍，捞足钱财和政治资本，迫不得已的时候再与苏联分道扬镳。

赫尔曼想到克格勃惩治叛徒的手段，心里就有点发虚。潘科夫斯基的死，他是听说过的，据说死得很惨很惨。但他转而想到，克格勃出了那么多叛徒，不是也有不少人活得好好的吗？并不是每一个叛徒都被杀掉，图米不是活得好好的吗？这么一想，他心里就坦然了许多。

赫尔曼在经历了痛苦的抉择后，最终选择了向美国人投诚。联邦调查局要求他合作，赫尔曼只有服从。当他把这一切告诉妻子时，同样信仰共产主义的英格丽大哭了一场。生死大权掌握在别人手上，为了将来的自由，英格丽也不得不服从美国人。从此，赫尔曼一家成为双面间谍。

克格勃没有发现赫尔曼的背叛行为，还在不断地交给他任务。尽管他们有时还会获得克格勃的表扬，但是他们总是担心一不小心会暴露身份，加上克格勃要求他们完成的任务越来越难办，于是赫尔曼开始筹划脱离克格勃的事情。到了 1979 年的秋天，一切准备就绪。

后继有人　叛谍接力

就在赫尔曼一家紧锣密鼓地准备逃离间谍圈，摆脱克格勃与联邦调查局的控制时，1979 年 10 月，又一个克格勃丁将斯坦尼斯拉夫·亚历山德罗维奇·列夫琴科叛逃到了美国，成为美国中央情报局的一员。

列夫琴科有着什么样的背景，他为什么要叛逃美国呢？

列夫琴科 1941 年 6 月 28 日出生在莫斯科，父亲是一位科学家，在苏联某部队研究所担任化学研究室主任。满腔爱国热忱的父亲，经常对列夫琴科讲述苏联的历史文化，有意识地培养他的爱国情怀。受父亲的影响，列夫琴科从小便热爱自己的国家。但命运不济，他的母亲很早就离开了他，1954 年他的父亲又不幸患癌症去世。父亲去世后，继母对他很不好，不是打就是骂。终于有一天，列夫琴科离家出走。直到后来考入著名的莫斯科大学，列夫琴科才算彻底逃离了不幸的家庭。

莫斯科大学全名为"国立莫斯科罗蒙诺索夫大学"，是苏联规模最大、历史最悠久的综合性高等学校，校址在莫斯科，1755 年由教育家 M.B. 罗蒙诺索夫倡议并创办。该校曾培养出不少杰出的人才，如教育家 K.D. 乌申斯基、诗人 M.U. 莱蒙托夫、作家 I.S. 屠格涅夫、A.I. 赫尔岑、文学批评家 B.G. 别林斯基等。许多科学家，如俄罗斯航空之父 N.E. 茹科夫斯基、实验物理学奠基人 A.G. 斯托列托夫等，都曾在该校从事教学和科研活动。1917年十月革命胜利后，学校成为苏联国立大学并得到迅速发展。1940年，该校获列宁勋章，并以罗蒙诺索夫的名字命名。1955年获劳动红旗勋章，在苏联科学教育界占有重要地位。

在莫斯科大学读书期间，列夫琴科主修的是东方语言。靠着自己的刻苦努力和聪明才智，列夫琴科精通日本历史、文化、语言、风俗等知识，并对日本人的心理有着透彻的理解。毕业之后，列夫琴科又考取了日本政治方向的研究生，成为一个日本问题专家。课余时间，他自愿在日本海的巡逻艇上工作了三个月，帮助苏联海军审讯日本渔民。1964年，研究生毕业的列夫琴科被聘为苏共中央国际部的翻译。1965年之后，他又先后被调到苏联和平委员会和亚非团结委员会工作。但是，此时的列夫琴科早已被苏联的情报机构注意上了，他们觉得列夫琴科是派往日本从事间谍工作的最佳人选。

1966年春，列夫琴科突然接到一个的电话，一名自称是格鲁乌上校的人约他见面，说有要事相商。列夫琴科知道格鲁乌是干什么的，他不敢怠慢。见面后，对方开门见山地说，打算对他进行训练，派到英国去。尽管自己的研究对象和专长在东方国家，列夫琴科稍微想了一下，便很快就答应了下来。

然而到了1968年，克格勃第二总局将列夫琴科借调过来，准备派他潜伏日本，搜集情报。列夫琴科的优势很快显现出来，这又引起了克格勃第一总局的注意，又把他转到第一总局去。1971年7月，列夫琴科又被派到国外情报学校接受更为专业、更为系统的训练，由于他较好地完成了受训任务，不久被苏联军部授予上尉军衔。

时光如梭，转眼到了1973年底，克格勃第一总局的人事处负责人见列夫琴科已经成熟，准备派他到东京担任苏联《新时代》杂志驻日记者。这份杂志其实是由苏共中央和克格勃主管，为其布置在东京的情报网作掩护的。为了帮助列夫琴科更好地潜伏下来，在前往东京之前克格勃让他接受了记者方面的专业训练。这些训练包括记者采访技巧、新闻写作及其他训练，同时还强化学习了不少新闻理论和新闻史方面的知识。

一切准备就绪，1975年2月列夫琴科以《新时代》杂志驻日记者的身份来到了东京，开始了他的间谍生涯。

刚来东京的时候，列夫琴科对环境还很陌生。原本以为在二战中战败的日本在承受巨额的战争赔偿后，经济会一蹶不振，但他看到的却是一个繁华的日本。日本人在短短的时间内，已经迅速修复战争带来的创伤并崛起了。

为了排遣内心的孤寂，痛苦之中的列夫琴科拼命地工作。他首先晋见了克格勃东京站站长叶罗辛少将和二把手普洛尼科夫中校，并在莫斯科大学一位名叫皮洛夫的同学的陪同下参观了东京站的情况。随后，列夫琴科着手制订工作计划，步步加以实施。

为了让自己的记者身份不受怀疑，列夫琴科必须一展他的新闻才华。为此他接二连三地采访日本国会议员、政府官员等，并出席了很多外交招待会和新闻发布会。他要当名记，这样才更有利于掩护间谍工作。他采访了日本各政治派别的领导人物，甚至短时期内就跟日本最大的政党——自民党建立了联系。不仅如此，列夫琴科还采写了大量的社会新闻，成功地加入了当时在日本很有声誉的新闻俱乐部。这一切都毫无异议地表明：列夫琴科已经成为一名公认的著名记者了。

尽管通过自己的努力，列夫琴科成了名记，但又有谁知道，此时的列夫琴科内心其实充满了痛苦。从小受到父亲的爱国思想影响，一开始他是信仰共产主义的。可是后来他的世界观发生了变化，他信奉了基督教。共产主义信仰与宗教信仰是不相容的，但这事除了他自己，没有人知道，克格勃组织和他的家人都不知道。在来东京之前的一个夜晚，他还到东正教堂里，跪在祭坛前请求上帝宽恕他的罪恶。

其实，在莫斯科大学期间，列夫琴科就对苏联的方方面面产生了怀疑，后来甚至对苏联的制度也产生了怀疑。他来日本之前的 1968 年，日本国民生产总值跃居世界第二位。70 年代，日本经济依然保持高速发展之势。正是目睹了日本的高速发展，进一步加深了他对苏联社会模式的怀疑。思想上的变化，成为了他后来叛逃的基础。

"国王"落阱　大谍复活

在东京站稳脚跟之后，列夫琴科很快接到了克格勃下达的第一项重要任务。他的上司要他将一名代号叫"国王"的重要人物拉下水，加入克格勃的阵营。这个重要人物是日本社会党的领导人物，"国王"是克格勃给他取的代号。克格勃盯上了"国王",是因为他的身份和职位极具价值。一旦控制了"国王",克格勃就能在日本社会党内部建立起足以控制整个政党的小集团。

列夫琴科从克格勃提供的资料中了解到,"国王"曾经是一位共产党员,信仰马克思主义,并且是一位受人尊敬的知识分子。他有着不低的薪水,为人正直,几乎没有什么个人欲望。正因为这样,克格勃多次打他的主意,都难以逼他就范。克格勃要求列夫琴科利用记者身份的便利条件接近他,想方设法将他"俘虏"过来。

为了完成这一重要任务,列夫琴科绞尽了脑汁。最终他设下了一个圈套,一步步地引"国王"上钩。

列夫琴科找理由去采访"国王",不知道列夫琴科真实身份的他欣然接受采访。本来在采访完毕后,习惯上是采访对象请记者吃饭的,但列夫琴科总是请"国王"吃饭。跟"国王"一起吃饭时,列夫琴科总是说他最爱听的话,尽可能让他高兴。

彼此熟悉之后,"国王"便把列夫琴科当成了好朋友。有时,他会向列夫琴科提一些问题,列夫琴科一一作答。列夫琴科还主动向"国王"透露说,其实《新时代》杂志是由苏共中央主办的一份政治简报。他还告诉"国王"苏联政策即将发生的一些变化,或者是苏联《真理报》马上将要发表的文章。

这些信息不会对苏联造成不良影响和损失,但让对方感觉到列夫琴科消息灵通,能耐不小。另一方面,"国王"比别人早知道这些消息,也使别人对他刮目相看。就这样,"国王"更加信任列夫琴科,渐渐步入他设下的陷阱。

"国王"想出版一份以政治评论为主的新闻通信,这是他多年来一直未实现的梦想。一次,他在跟列夫琴科聊天时提及此事,列夫琴科立即大唱赞歌:"这是很有意义的事情,您真是太有政治头脑了!""国王"叹了一口气:"唉,想法再好,也只能纸上谈兵。因为缺乏资金,这个梦想是永远不可能实现的。"

列夫琴科一听大喜,很快就将此事反映给克格勃总部。总部立即将钱交给他,由他出面赞助"国王"。多年的梦想马上可以实现,"国王"无法拒绝列夫琴科。从此,列夫琴科跟"国王"建立起了一种秘密关系,按"合作"的要求,"国王"要向他提供一些情报。

1975 年 12 月，列夫琴科向克格勃总部建议：收编"国王"进入东京情报网。这个建议很快得到总部的批准，从此"国王"成为克格勃的一员。"国王"在日本的政治资本是巨大的，克格勃做成了一桩大赚的"买卖"。因为招募"国王"有功，列夫琴科获得了克格勃总部的嘉奖，被晋升为上尉、高级专案官。

成功招募"国王"后不久，列夫琴科再立新功，他瞄上了一位在日本《读卖新闻》工作的高级记者，费尽心机地拉拢他，最终又成功地将他招募进克格勃。

正当列夫琴科春风得意之时，克格勃东京站内部的斗争也日趋激烈。没过多久，东京站的副站长普洛尼科夫中校向克格勃总部告了站长叶罗辛少将的黑状，导致叶罗辛被解职召回莫斯科。列夫琴科认为，这完全是普洛尼科夫的诬陷，是他想取而代之，成为东京站的一把手。结果出人意料，普洛尼科夫中校也被调回莫斯科克格勃总部，主管日本情报的第七处任副处长！此事让列夫琴科感到十分寒心。

值得庆幸的是，新上任的东京站站长奥列格·古里扬诺夫是个非常不错的人。他在上任的第一天就发表声明称，组织内部的互相倾轧是绝对不能容忍的。在他的直接领导下，东京情报站的情况好多了。内部不再钩心斗角，心灰意冷的列夫琴科又振作起来。

1976 年 9 月 6 日，苏联防空军某兵团军事飞行员维克多·别连科上尉驾驶着一架苏联当时最先进的"米格-25"歼击机，从索科洛夫卡机场起飞，在执行飞行任务时叛逃日本。发生如此严重的事件，苏联当局当然想知道日本政府的态度以及其他情况。克格勃认为，过去的克格勃间谍"阿瑞斯"可以弄到这些情报。事件发生的当月，列夫琴科就接到上级下达的任务——让"阿瑞斯"复活。

阿瑞斯是克格勃安插在日本的一枚棋子，早在十几年前就被招募了。他向克格勃提供过大量有关日本的情报。只是最近五年来，不知出于何种原因，阿瑞斯开始不受克格勃的控制了。

根据克格勃提供的情况，列夫琴科找到了阿瑞斯。见面后，他开始通过闲聊来了解对方。经过几次会面，列夫琴科觉得阿瑞斯似乎对很多东西都已丧失了兴趣，尤其是他对政治表现出来的异常冷漠，让人吃惊。他意识到，让他重回克格勃确实有一定难度。不过，列夫琴科注意到了阿瑞斯对金钱和女人所表现出来的欲望，他认为这是这个人的缺点。于是列夫琴科决定从此寻找突破口，利用它来重新招募阿瑞斯。

在以后的交往中，列夫琴科投其所好，经常跟阿瑞斯聊女人。有一次列夫琴科吹嘘说，自己在莫斯科的时候搞女人很有一套，只是现在没有这个机会了。阿瑞斯听到这里接话说，他最喜欢那些受过高等教育、具有优雅气质的女人，并劝列夫琴科，只要努力就有机会。搞女人当然得有钱，阿瑞斯问列夫琴科有什么法子可弄到一大笔钱，列夫琴科答应，想想办法。

当天晚上，列夫琴科伪造了一份时任克格勃首脑尤里·弗拉基米罗维奇·安德罗波夫（后任苏共中央总书记）对阿瑞斯的嘉奖，并指示他说，务必在两个月之内搞到一份日本政府对"米格－25"歼击机事件最后态度的权威性报告。列夫琴科告诉他："如果完成了任务，你将得到一大笔钱。你想享受各种风情的女人，都能得到满足。"

事情果然不出克格勃所料，阿瑞斯在金钱、女人的诱惑下，成功地在两个月之内查明，"米格－25"歼击机事件是西方间谍机构精心策划的一次策反事件。阿瑞斯与列夫琴科见面时将情报给了他，但列夫琴科故意只给一个月的薪水，而不给他前两个月的薪水。这使得阿瑞斯很不满，列夫琴科装出一副什么都不知道的样子，说可能是出现了技术差错，要回去问一问。实际上，这是列夫琴科的钓鱼计，他故意不付清报酬，以此来拖住阿瑞斯。在列夫琴科的努力下，大牌间谍阿瑞斯满血"复活"。

列夫琴科返回大使馆后，立即跟古里扬诺夫共同拟写了一份电报稿发往莫斯科，汇报了"米格－25"歼击机事件真相。第二天他们就收到了克格勃总部的批示，批示对列夫琴科所做的卓有成效的工作表示赞扬，并要求他继续跟阿瑞斯保持联系。在接下来的三个月时间内，阿瑞斯向列夫琴科提供了大量的重要情报，甚至还介绍来一个代号为"帅克"的人。

再三作嫁　郁闷叛逃

阿瑞斯和帅克向克格勃东京情报站传送了大量的情报，列夫琴科和古里扬诺夫便建议总部，对这两个人进行正式招募。然而克格勃总部的答复却说，

有必要对阿瑞斯和帅克再进行一段时间的考察，下一步的工作将移交给 KR
科负责。列夫琴科认为，这个答复肯定是普洛尼科夫发出的，这是明目张胆
地剥夺他的功劳。自己辛苦得来的功劳，成了为他人做的嫁衣，他因此非常
憎恨普洛尼科夫，同时对苏联的制度和管理体制强烈不满。

古里扬诺夫劝他说，这不是制度的问题，而是内部出现了几个坏人。列
夫琴科对古里扬诺夫的劝说一点也听不进去，他越来越不相信苏联的制度。
回到家里，心情不好的他对妻子也不理不睬，使妻子误认为他对自己产生了
厌弃，夫妻关系开始恶化。

1978 年 8 月，列夫琴科返回莫斯科，在郊外《真理报》的疗养院中休假。
在这段时间里，他想到了很多事情，思考了很多问题。他觉得自己为克格勃
提着脑袋当间谍，到头来却遭到如此不公平的待遇，实在太不值得了！想到
此前叛逃的克格勃干将，他终于下定决心——效仿他们。打定主意后，他心
里反而变得轻松了许多。就在休假快要结束、即将回到东京的前一天晚上，
列夫琴科又一次来到东正教堂祈祷。不过这次完全是公开化的，他已经不在
乎别人是否会看到。他心里明白，自己这次离开莫斯科，很可能永远不会回
来了。

回到东京，列夫琴科开始谋划叛逃之事。他的内心并非没有痛苦，因为
他并不想背叛自己的祖国和人民，但苏联的制度使他压抑得喘不过气来，让
他感到绝望。正因为这样，他陷入一种深深的矛盾和痛苦之中。这种日子长
了，列夫琴科便患上了心动过速症。医生当然查不出什么问题，只能给他开
些镇静剂。列夫琴科知道这种药服多了有依赖性，不敢服用，就用拼命工作
来打发时光。这样做的好处，还可以使他不至于受到克格勃总部的怀疑而被
调回莫斯科。

1979 年初，日本社会党一个代号为"拉姆西斯"的人向列夫琴科介绍了
一个名叫山田晃一的新闻记者。这个人曾经是一名共产党员，后来创办了一
份名为《知情者》的外交事务新闻通讯。另外，山田晃一在外务省有很多关
系亲密的人，能够很容易地搞到包括日本、美国、中国在内的很多国家的有
用信息。列夫琴科决定招募他。

列夫琴科以新闻业同行的身份给山田晃一打了电话。他对山田晃一说：
"山田先生，请允许我自我介绍。我是《新时代》杂志记者列夫琴科。本人对

您办的《知情者》这份新闻通讯很感兴趣，想约见您并请教一些问题。"

得到同行的夸奖，山田晃一非常高兴，爽快地答应了列夫琴科的请求。约见当天，两人聊得很投机。列夫琴科让山田晃一给他提供一些情报，不知为何，山田晃一竟然也爽快地答应了。

在此以后，每个月列夫琴科跟山田晃一都要秘密会面三四次。列夫琴科通过山田晃一获得了许多极有价值的情报。通过这些情报，苏联掌握了日本在20世纪80年代出售军火武器和军工发展的动向，掌握了美国军队在冲绳部署的秘密突击部队的基本情况等。这些重要情报的获得，让苏联方面感到很满意。由于工作出色，1979年5月9日列夫琴科被克格勃总部晋升为少校。

到了1979年夏，山田晃一俨然成为克格勃东京站编外人员中最具价值的情报人员。

根据克格勃的规定，没有正式加入克格勃组织的人，其业绩不能完全算在他的操控人员头上。因为山田晃一还不是东京情报站的正式成员，所以列夫琴科和古里扬诺夫就向莫斯科方面建议，招募山田晃一。然而回复仍然让人失望，克格勃总部表示，还要对山田晃一继续进行考察。列夫琴科想到此前的阿瑞斯和帅克就是这样，他的心又一次变得消沉。

列夫琴科在东京情报站的任职马上就要到头了，10月份就要调回莫斯科。这样的话，招募山田晃一的功劳又要归普洛尼科夫或其他人所有，列夫琴科还是得不到奖赏和晋升。列夫琴科感到无比气愤，心里愤愤不平地说：老子不干了！

眼看离开东京的时间越来越近，列夫琴科开始做自己在东京站的收尾工作。他减少了在《新时代》杂志社的活动，并将他负责的所有情报人员和关系网都交付给了继任者。10月24日这天，列夫琴科还见了阿瑞斯最后一面。他告诉阿瑞斯，以后再也没有机会联系了。此时的列夫琴科并没有把他将叛逃的计划告诉阿瑞斯，但他清楚，不久阿瑞斯就会知道。

回到东京寓所，列夫琴科开始思考如何叛逃。整整一个晚上，他都睡不着。他已下定决心，叛逃美国，但他并非没有一点顾虑。列夫琴科害怕美国中央情报局内部潜伏有克格勃的间谍。如果真是这样的话，他会面临被举报的巨大危险，而一旦被克格勃抓住，后果将不堪设想。即使中央情报局内部没有克格勃间谍，也不能保证中央情报局一定会接纳。要是苏联人或者日本人出面干涉，又该怎么办？美国人会把他送出去吗？对于这一切，列夫琴科都不知道。不过，他还是决定赌一把，因为他已经没有回头路可走。

第二天白天，列夫琴科先是到新闻俱乐部里待了一会儿，随后驾车驶向国会。等到下午 2 点半左右，他才从国会出来。此后列夫琴科在东京几条较为狭窄的街道上兜起了圈子，在这几个小时内，他还总是在书店和商店中走进走出。列夫琴科深知克格勃的厉害，他这样做的目的，是想借机看看有没有人跟踪他。经过反复测试，确信没有被人跟踪，列夫琴科才松了一口气。

当天晚上，他来到美国驻日本大使馆附近的"山王"旅馆，找到了美国情报局人员，要求政治避难，于是就出现了开头的一幕。

神秘消失　殊途同归

两天后的 10 月 26 日，在罗伯特的带领下，列夫琴科来到了东京成田机场，打算乘飞机飞往美国。没想到，在这个时候却出现了节外生枝的事，列夫琴科被两个日本反间谍人员认了出来，当即被扣留。美国中央情报局的陪同人员立即向上级汇报，经过美国大使馆跟日本外相的交涉，列夫琴科终于获得了离开日本的资格。登上飞机的一刹那，列夫琴科有一种如释重负的感觉。

飞机穿破云层，飞越太平洋，终于降落在美国的机场上。

来到美国的列夫琴科首先要接受中央情报局的审查，对方必须弄清楚，他是真投靠还是假投诚。过了审查关后，还要过真诚关，他必须把所知道的情报告诉中央情报局。刚开始，列夫琴科只说了普洛尼科夫的情况，对于苏联，他不想出卖太多。

列夫琴科在东京神秘消失，使克格勃和他失去了联系。东京站紧急向克格勃总部作了汇报，同时派出特工四处寻找。苏联克格勃总部通过无线电设备，向各地情报机构发出寻找列夫琴科的指令。

苏联谍报机构为重要的情报员都配备了无线电设备，通常是一台高性能的无线电接收机。收音机上有一个特别频率，可在适当的时间接收莫斯科总部的指示。如 1961 年，克格勃在英国国防部招募了一个名叫弗兰克·博萨德的间谍，他在指定的夜晚打开收音机，收听莫斯科的广播。克格勃用《伏尔加船夫曲》《天鹅湖》《莫斯科之夜》《马刀舞曲》《卡林卡》这几首乐曲编制的密码向他下达情报指令。鲁道夫·赫尔曼也配备了一台这样的收音机，他会按时打开收音机，接收上级指令。

过了几天，克格勃通过间谍网打探清楚，列夫琴科已经叛逃至美国。对待叛徒，克格勃一向不手软，还要株连家属。很快，列夫琴科在苏联的家人就被克格勃抓起来。

中央情报局本来还想让列夫琴科当双面间谍，得知他的身份已经暴露，只好作罢。他们把家人被抓的情况告诉了他，目的是断了他的后路。本来不想出卖苏联太多情报的列夫琴科，当听到家人被克格勃控制、遭遇不幸的消息后，横下心来，决定报复克格勃。

你们不仁，别怪我不义！列夫琴科把克格勃在东京花了几十年时间苦心经营的情报网毫无保留地告诉了中情局，甚至把克格勃跟苏联政治局等部门的关系也告诉了中情局。后来证实，这些情报使苏联损失惨重。

克格勃总部向世界各地的下属机构通报了列夫琴科叛国的情况，要求在美国的情报机构不惜一切将他缉拿，然后押解回国，接受审判。身在美国的双面间谍赫尔曼也接到克格勃的相关指示，要他查找叛徒行踪。

赫尔曼心里清楚，在美国惩治克格勃叛将可不比在苏联和东欧国家，谈何容易！作为一名为美国服务的双面间谍，他对此事只是应付了事。然而，从列夫琴科的事情上他也想到了自己的处境。不断有克格勃间谍叛逃到美国，不时也有美国间谍被苏联收买。自己身为双面间谍，虽然现在没有被苏联方面发现，长期干下去，暴露身份只是早晚的事情。换句话说，等待克格勃的追杀也是迟早的事。想到这些，他不免有点害怕。

为美国联邦调查局卖命的赫尔曼，已经厌倦了提心吊胆的生活。经过周密的策划，就在列夫琴科叛逃至美国不到一个月，1979 年 11 月 23 日，赫尔曼一家神秘消失。据知情人说，他们一家退出间谍江湖，到一个没有人发现的地方开始了普通人的生活。

1981 年 8 月，在列夫琴科缺席的情况下，莫斯科组成一个审判他的特别军事法庭。在特别军事法庭上，苏联方面指控列夫琴科犯有重大叛国罪，他被判处极刑。但是，这跟列夫琴科有什么关系呢？他早已像赫尔曼一样，追求自由的生活，在美国"失踪"，再也找不到了。

赫尔曼一家以及列夫琴科的"消失"，并没有为克格勃干将的叛逃行为画上句号。他们为了自由而大逃亡的行为，成为后来不少克格勃间谍效仿的对象。几乎与他们同时，便有 1978 年身为联合国副秘书长的舍甫琴科叛逃；在他们退出间谍江湖之后，又有 1985 年尤尔琴科的叛逃和 1986 年维克多·甘达瑞夫的叛逃。

克格勃干将在生死线上大逃亡，对于克格勃来说是个巨大的打击。然而，对于那些不愿意提着脑袋过冒险生活的人来说，这些人却是他们的楷模。此后，各国又有不少间谍效仿他们，脱离间谍生涯，走上自由之路。

　　1978 年 4 月 6 日，一辆白色小轿车从美国纽约出发，抵达宾夕法尼亚州的波可诺斯，从车上匆匆走下一个神秘的中年人，直奔美国中央情报局的一座安全楼。五天后的 4 月 11 日，美国《纽约时报》在显著位置刊登一条特大新闻："苏联公民、瓦尔德海姆的助手在联合国叛逃！"联合国秘书长瓦尔德海姆的助手叛逃！一时间整个世界为之震惊。谁会想到：联合国副秘书长舍甫琴科竟然叛逃美国！更令人意想不到的是，这位苏联政坛的重量级官员两年多来一直是美国间谍。顷刻间，舍甫琴科成为举世瞩目的人物。

　　舍甫琴科担任联合国副秘书长，身居要职，为何还要叛逃？叛逃之后又会落个什么样的下场？

第十一章 联合国高官的蜕变人生

贵人相助　平步青云

舍甫琴科的全名叫阿尔卡季·尼古拉耶维奇·舍甫琴科（又译作谢夫钦柯），1930 年出生于乌克兰东部的煤矿城市戈尔洛夫卡，父亲是一名医生，是该市一所结核病疗养院院长，同时也是一名苏联共产党员。在这样的家庭中成长，舍甫琴科从小受到的是一种苏联式的社会主义和爱国主义教育。他的母亲是医院护士，具有犹太血统。也许是受到母亲的影响，他从小对犹太人就非常同情。

小时候的舍甫琴科兴趣非常广泛，他打篮球、下棋、集邮，还学开汽车；他喜欢旅游，想周游世界，因此有过当外交官的理想。他从小就非常喜欢看电影，也有过将来当一名电影工作者的想法，先是对表演感兴趣，后来又对导演产生兴趣。尽管兴趣广泛，舍甫琴科在中学的学业并没受影响，学习成绩非常好。

1949 年舍甫琴科的父亲去世，家庭经济状况受到一定影响。一心向往出国旅游的他，报考了苏联国际关系学院，准备毕业后到外国当一名外交官。同年 9 月，舍甫琴科考入了苏联国际关系学院攻读国际法专业。在大学里，舍甫琴科兼任学校的共青团工作并为此投入了不少时间，目的是为日后捞些政治资本。1951 年初，舍甫琴科在高尔基公园的一次溜冰会上遇见并认识了苏联外贸学院一个叫莉昂金娜的女生，对她一见钟情。这是一位金发女郎，长得漂漂亮亮，舍甫琴科被她深深吸引了，很快两人坠入爱河。同年 6 月，21 岁的舍甫琴科和莉昂金娜结婚。婚后，舍甫琴科亲热地称莉昂金娜为"莉娜"。第二年，莉昂金娜给他生下儿子盖纳迪，后来又生下女儿安娜，一家人生活得幸福美满。

1954年舍甫琴科大学毕业前夕，在选择继续升学还是参加工作之际，克格勃将他找去，要求他加入，成为一名特工。经过认真考虑，他婉拒了克格勃，选择了继续读书。同年，他考取了本校的研究生，在学校深造，研究裁军问题。

苏联外交学院图书馆藏有大量西方国家的报刊书籍，但这些用作专业研究的资料并不是什么人都可以查看的，持有"特许出入证"才能进去查阅。由于国际关系学院一位管理员违反了政策规定，准许舍甫琴科到持有"特许出入证"的人员才能进入的书架上去翻阅西方的报刊和书籍。这样他在研究生期间，同时接受了内容迥异的两种教育：一方面是学院正常的专业教育，这是第一种教育；另一方面是他接受了大量的西方思想，这是第二种教育。

第二种教育对他的影响非常大。用他本人的话来讲，通过第二种教育，"我原先所不知道的各种问题、思想以至解决办法，使我对之前被灌输的许多东西产生了怀疑，它们是否正确？我在思想上更为混乱和更加怀疑了"。西方的自由思想使他对西方社会制度充满了向往，对社会主义制度下的苏联则产生了怀疑，信仰开始发生动摇。不过他丝毫没有流露出他的思想变化。相反，他善于伪装，在政治上显得很积极，人们不知道他内心世界发生的变化。

在此期间，舍甫琴科与德登涅夫斯基合作的文章《使用原子武器的非法性与国际法》因为质量较高，很快于1955年春发表。后来舍甫琴独自撰写的论文《原子能与和平共处问题》也获得发表，文章显示出了他的才华。

一次偶然的机会，使他的人生发生了重大转折。1955年的一天，舍甫琴科的同班同学安纳托利找到他，建议两人一起为苏联《国际生活》杂志合写一篇文章，论述苏联在和平事业和裁军事务中的作用和影响。舍甫琴科当然乐意接受这份差事，因为一个外交学院的学生能在《国际生活》上发文章，可以造成不小的影响。但他又担心文章万一发不出来，白费功夫。

安纳托利看出他的疑虑，对他说："只要文章的质量不错，发表就包在我身上。过两天我带你去见一个人，到时候你就知道为什么我敢打包票了。"对于安纳托利的话，开始他半信半疑。

过了几天，安纳托利把舍甫琴科带到自己家里，介绍自己的父亲与他认识。原来，安纳托利的父亲安德烈·葛罗米柯是当时苏联权倾一时的高官，不久后担任苏联的外交部长，后来还担任过苏联最高苏维埃主席团主席。葛罗米柯当时担任苏联外交部第一副部长，同时也是《国际生活》主编。到这时，舍甫琴科才恍然大悟，原来安纳托利有这么好的背景。

安纳托利的父亲葛罗米柯，1909 年 7 月出生于俄罗斯一个半工半农的家庭，1931 年加入苏联共产党后开始从事政治工作，但那时的主要精力放在学术研究上。1939 年春天，他被任命为苏联外交人民委员会美国司司长。同年 7 月，他又被召回克里姆林宫，斯大林宣布任命他为苏联驻美国大使馆的参赞。几个月后，30 岁的他带着老婆和两个孩子来到了大洋彼岸的美国，开始了真正的外交官生涯。1946 年 4 月，葛罗米柯被任命了一个新职务——苏联常驻联合国代表，同时又被任命为苏联外交部副部长。从那时起，他差不多每天都要思考裁军问题，进行谈判、会见及其他工作。

舍甫琴科与安纳托利合作的文章也写出了较高的质量。通过这几篇文章，葛罗米柯发现了舍甫琴科的才华，对他很是欣赏，此后他们的交往多了起来。结识葛罗米柯，对舍甫琴科来说是天赐良机。不久之后，他便当上了葛罗米柯的私人秘书。

由于表现很不错，在贵人葛罗米柯的安排下，1956 年 10 月舍甫琴科进入苏联外交人民委员会国际组织司工作，开始了他的外交生涯。1957 年 2 月，葛罗米柯被任命为苏联外交部部长，开始了他近 30 年的外交部长生涯。在葛罗米柯的关照和重用下，舍甫琴科开始平步青云，并逐渐成长为苏联外交领域的一颗新星。

按照惯例，没有一张合适的政治凭证的人，是不会被苏联共产党和克格勃批准提升或派往国外工作的。为此，1958 年舍甫琴科加入了苏联共产党，入党的目的，就是为了提升和被派到国外工作。在当时，苏联对停止核试验谈判的兴趣很大。1958 年 9 月，舍甫琴科以国际裁军问题专家的身份，跟随苏联代表团到联合国参加裁军会议。在纽约度过的几个月，对舍甫琴科影响很大。他对西方社会有了亲身见闻，特别是对美国的开放有了特别深的印象。

苏共中央总书记赫鲁晓夫亲自研究谈判的细节。因此，舍甫琴科开始有机会接触他。1960 年 9 月，赫鲁晓夫亲率苏联代表团，乘坐"波罗的海"号客轮前往纽约出席联合国大会，舍甫琴科也是代表团的一员。这次纽约之行，成为舍甫琴科人生和事业上的又一重大转折点。有一天，舍甫琴科瞅准机会，与赫鲁晓夫进行单独谈话，并陪他玩掷森林盘的游戏，随后和赫鲁晓夫一起在客轮的甲板上散步。由于他能接触到赫鲁晓夫和他的高级顾问，别人对他刮目相看，他被顺利地提升为代表团的宣传和政治事务部主任。

但是在20世纪60年代，舍甫琴科对赫鲁晓夫的幻想破灭了。在赫鲁晓夫下台之后，舍甫琴科开始变得谨慎。他在苏联常驻联合国代表团工作时，和美国人的接触开始多起来。在好几年的时间里，他有了更多的机会对两种社会制度进行比较。

由于在业务方面比较熟悉，1970年葛罗米柯任命舍甫琴科为他的私人政治顾问。这一身份使舍甫琴科的地位和此前相比，已经大不一样了，因为从此他经常可以接触到苏联的高级官员。他和勃列日涅夫、葛罗米柯及其他政治局委员同席而坐，不但接触面广了，身份提高了，而且从这些高级官员身上，他还了解到许多鲜为人知的内幕。

1972年12月的一天，葛罗米柯把舍甫琴科叫到他的办公室里，态度之亲切是以往极少见到的。葛罗米柯和蔼可亲地问："有人向我建议，提名你为联合国副秘书长的候选人，你有什么想法？你可以先考虑一下，明天答复我。"

联合国副秘书长，这是多少人梦寐以求而不可得的位置，舍甫琴科激动得心跳加快了不少。面对这样一个没有人会拒绝的官位，他岂有不应允之理？就这样，1973年4月，43岁的舍甫琴科被任命为联合国的副秘书长、第一总局副局长，晋升为副部级干部，走上了事业的顶峰。

在联合国系统中，安理会常任理事国的人是不能担任秘书长的，但是通常可以担任副秘书长，协助秘书长工作。身为联合国的副秘书长，舍甫琴科主管政治与安理会事务。在外人看来，他非常风光！

心灵蜕变　秘密出轨

出任联合国副秘书长成为舍甫琴科又一个人生转折点。1973年春，在去美国赴任之前，克格勃前纽约站站长、当时克格勃主管国外活动的第一处处长鲍里斯·伊万诺夫将军接见了他。将军告诉他，到要害部门工作，不能忘记自己的使命，要为克格勃和苏联提供情报，并受克格勃指示在联大为克格勃活动提供方便。在世人的心目中，联合国官员应当是公正、中立的，应当在国际关系中保持客观的立场。但舍甫琴科当上了联合国副秘书长，却要替克格勃干情报工作，这是他没有想到的！舍甫琴科不愿意做这种事，但又不敢拒绝，只好硬着头皮应承下来。

到联合国工作后，舍甫琴科同克格勃驻纽约负责人鲍里斯·索洛马季内和苏联格鲁乌的负责人维克托·奥西波夫上校共事。别看他身为联合国副秘书长，表面上风风光光，但工作中他必须听命于莫斯科以及苏联驻联合国大使雅可布·马立克。舍甫琴科很清楚，他的司机是个克格勃人员，他的高级私人助手也是克格勃人员。舍甫琴科的周围，都是监视他的眼睛。

实际上，舍甫琴科是一个没有多少自由的高官，他对克格勃的这种做法不满，对苏联的社会制度日益不满，对西方、特别是美国的生活方式却推崇备至，时间长了便开始想入非非。他和妻子莉娜一样，都非常喜欢纽约纸醉金迷的生活，认为纽约比莫斯科自由得多，是民主的化身，而莫斯科与民主、自由格格不入。在联合国的日常工作中，舍甫琴科经常因为各种问题与马立克发生分歧，经常产生矛盾。因此，他工作得并不开心。

虽然舍甫琴科平步青云，但是他在内心深处，对苏维埃制度没有太多的好感。他当初报考苏联国际关系学院，并不是为了献身苏联的外交事业，而是为了有机会出国旅游。他对苏联国际关系学院贯彻的苏共政治思想教育和设置的政治理论课学习丝毫不感兴趣，加入苏联共产党也不过是为了升迁，他在学校不过是"作出一副专心听讲、颇有领悟的样子，就把苏共党组织的介绍信拿到手了"。进入苏联外交部后，舍甫琴科表面上积极要求进步，内心深处却对外交部和克格勃的严格纪律十分厌恶，盼望过一种自由的生活。

赫鲁晓夫在1956年第二十次党代会上的秘密报告，批评了斯大林，这在舍甫琴科的心灵里留下了巨大的伤痕，几乎摧毁了他对苏维埃制度的信念。他非常相信赫鲁晓夫，所以对斯大林越来越没有好感。赫鲁晓夫下台后，他对新领导产生了希望，但最后还是以失望告终。

来到美国后，他发现美式民主正是他所向往的。他在纽约居住的时间越长，就越迷恋西方的生活方式。终于，他心中最后一道防线崩溃了。在联合国自己的办公室里，舍甫琴科经常思考人生道路问题，也正是在这间办公室里，他作出了与苏维埃制度决裂的初步决定。在一个风雨交加的夜晚，舍甫琴科辗转反侧，怎么也睡不着，左思右想，终于下定决心：投向西方，叛逃美国。

在 1975 年的一场外交晚宴上，舍甫琴科在联合国走廊里碰到一位早已认识又有着工作关系的美国人。舍甫琴科和这个美国人在工作、社交上都打过交道，知道他是个有中央情报局背景的官员，于是悄悄地将他拉到一旁，小声说："我有机密事情和你商谈，能否在明天午餐时间与我一起散步？"对方答应了。但是第二天在联合国休息室门口会面时，外面下起了大雨，于是舍甫琴科和他约定，在下周一同出席外交晚宴时找机会再谈。

好不容易等来了那天的外交晚宴，在主人郊外宅邸的角落里，舍甫琴科小声但却非常认真地对那个美国人说道："我有一件不同寻常的事请求你帮助，我已决定和苏联政府决裂。但我想了解一下，如果我要求政治避难，投向美国，美国将作出什么样的反应？"

这位美国人顿时惊愕地张大了嘴巴，简直无法相信自己的耳朵：一个在苏联有着显赫地位的外交官，作为联合国常任理事国苏联的代表出任联合国副秘书长，竟然无端提出背叛苏联、向美国寻求政治避难的要求。美国人惊奇地看着他："你说什么？你别开玩笑！"

见对方不敢相信，舍甫琴科不得不把刚才的话重复了一遍，说："我是绝对认真的，不会拿这种事情开玩笑。"然而，美国人依然将信将疑地说道："好吧，我可以尽力帮助你。但我不想让任何人知道我介入此事，不能让人再看见我们两人在一起，哪怕是在餐厅里。我下星期到华盛顿，会替你探明情况并安排下一次见面。"两人最后商定在联合国图书馆里以"偶然相遇"的方式会面，届时只是传递字条，不做任何交谈。

在联合国图书馆，他们秘密接头。舍甫琴科走进图书馆时，那个美国人正在角落里翻一本书，看见舍甫琴科进来，他便将一张字条夹进自己手中的那本书里，把书合好，放回书架上。等他走后，舍甫琴科找到那本书，取出了字条。舍甫琴科偷偷打开字条一看，上面的内容是："有人正专程从华盛顿赶来会见你，我看你会受欢迎的。我希望你和他的谈话会使你放心。"此外，还约他第二天下午 2 点，在联合国大楼附近的某书店与华盛顿来的人碰头。

但是这一次在书店，舍甫琴科只与那个来自华盛顿的人打了个照面，没有和他谈话，只记住了他的容貌。第二天下午 3 点半，那位美国人又在图书馆的书里给他留字条，约好周五晚上在长岛和华盛顿来的人见面详谈。

通常，每逢星期五，舍甫琴科都让司机去度周末，有事他自己开车出去。他的妻子莉昂金娜通常是在午饭后去格伦科佛的别墅。由于联合国在周末都比较繁忙，所以莉昂金娜对舍甫琴科的晚归早已习以为常。在外人看来，舍甫琴科在星期五开车到长岛的格伦科佛也是常事。

星期五的晚上，舍甫琴科开车直奔长岛。做贼心虚的他，一路上不时地通过后视镜探视，查看是否有人跟踪。

双方见面后，舍甫琴科发现与他接头的，正是上次在联合国大楼附近书店有过一面之交的人。对方自称罗伯特·约翰逊，穿一套剪裁得非常合身的深色西装，看上去彬彬有礼。约翰逊是中央情报局的，他此次与舍甫琴科会面，主要是来摸底，听听舍甫琴科的解释，为什么要背叛苏联。

舍甫琴科身为联合国副秘书长，此时却要博取美国人的信任，只得委屈自己接受考察。他事先已经过多次私下预演，但一时却不知从何说起。终于，他打破沉默，对约翰逊说："我来这里并不是一时的冲动。而且，我也不是在这几天才决定这样做的。"停了一下，他继续说："出走的念头在我心中已经酝酿多年了，现在我准备行动，请你给予帮助。"

约翰逊点了点头，却没有接他的话。舍甫琴科接着试图向他解释自己信仰变化的整个过程。他说："我不是为了追求金钱和舒适的生活，我享受苏联大使的一切待遇。我和我的妻子在莫斯科有一座漂亮的公寓，家中摆满了各种上等佳品，我们要什么有什么。我们有座别墅，是我们在乡间的住所，坐落在莫斯科郊外最好的地区。我们有很多钱——很多。我完全不是为了这些。"

约翰逊很少讲话，一直在听舍甫琴科述说。舍甫琴科继续往下说："我拥有的这一切，作为交换条件，我得像机器人服从他的主人一样服从那个制度，而我已经不再相信那个制度了。"

舍甫琴科告诉约翰逊，自己的电话总有人窃听，克格勃经常盯他的梢。上级组织经常要他做一些他不愿意做的事情，最令人厌恶的是，要求他监管在纽约的苏联同胞的品德言行。

约翰逊听完之后，问他："你是否会把这次会晤的事情告诉你的妻子?"

舍甫琴科回答说："还没有，但我打算告诉她。"看得出来，对于舍甫琴科的这个回答，约翰逊是满意的。他站起来，走到房间一角的酒台前说："我不知道你的酒量，但我要喝双份的威士忌。你怎么样？"

舍甫琴科明白"双份"的意思，接受了他的邀请。他俩站在吧台前碰杯，那天晚上他们第一次相视而笑。

喝完酒，他们回到沙发上，约翰逊点燃一支烟，一边吸烟一边说："我授权向你提供你所要求的保护。如果你已经准备弃暗投明，我们准备欢迎你、帮助你，并且现在就接受你。"

不甘为谍　身不由己

约翰逊告诉舍甫琴科："我们对你很了解，因为我们长期以来一直关注你的工作，所以我要问你，是否下定决心了。如果你有什么疑问，现在就应该告诉我。这种事情一旦开了头，我们都无法使它停下来。"

舍甫琴科态度很坚决："我已经下定决心了！"

约翰逊说："你投奔我们后，不能公开露面，否则就会有生命危险。"舍甫琴科不知道这是约翰逊的诱人之计，接过他的话茬说："我知道，公开露面的话克格勃不会放过我。所以我需要你们的保护……"

约翰逊打断他的话："你想一想，如果你在目前的岗位上再待一段时间，你能做多少有意义的事？"

舍甫琴科不太明白，问："你这话是什么意思？"

约翰逊终于露出了庐山真面目。他说华盛顿有些设想，希望他继续待在联合国副秘书长的位置上，同中央情报局合作，为他们提供一些有关苏联的情报，为美国作出更大的贡献。

听了他的话，舍甫琴科一下子就明白过来了，美国人要他当双面间谍。他感到有点失望，强调说，他在苏联什么都有，地位、金钱、别墅、汽车一应俱全，还可在内部商店购物，在高级医院就医等。他投奔美国是不想参与虚伪的政治，不执行任何政府的命令。

舍甫琴科明确表示，他不愿意当间谍，不管是克格勃还是中情局，他都有种天然的反感。罗伯特·约翰逊见他不愿意加入美国谍报部门，就安慰他说："我们也不是完全要你当一名间谍，只要你能经常性地为我们提供点情报就行了。"约翰逊告诉他："比如，你把你知道的事情告诉我们就行了。"中情局的人当然不傻，舍甫琴科是联合国的副秘书长，他能知道很多别人无法知道的东西。

约翰逊说，美国人不会让舍甫琴科陷入困境，不会让他去跟踪某人、窃取或偷拍文件，不会要他做人们在书籍报纸上读到的那些需要特殊技术的事，包括使用隐蔽的情报传递站、各种新奇的武器等。但是，约翰逊告诉舍甫琴科，美国方面想搞清楚苏联的政策问题、政策内容和决策的各种程序，他们希望得到他的同僚的情况以及来自联合国秘书处的材料。约翰逊还说，美国在时刻保护着他。

舍甫琴科明白，他已经身不由己了。中央情报局同克格勃一样，会不择手段的。如果他不就范，美国人必定会向苏联人证明他是个卖国贼，对他进行讹诈，后果将不堪设想。他也知道，美国人不会接纳一个对他们毫无用处的人，他们不可能养一个吃闲饭的外国人。要么放弃美国式的生活，要么同他们合作，二者只能择其一。

无奈之下，舍甫琴科只有答应美国人的要求，成为中央情报局的工具。

舍甫琴科回到自己家里，已经很晚了。他的心一直无法平静下来，因为充满了矛盾。他为自己的家人担忧，害怕事情一旦败露，会牵连妻子和两个孩子。他的儿子盖纳迪和女儿安娜都非常可爱，他不忍心让他们受到伤害。

舍甫琴科在思考，他的妻子是否会同意与他一起逃往美国。按常理是不太可能的，因为她一心希望他登上苏联权力机构的最高层，然后跟他享受荣华富贵。但是如果叛逃后他能给她一种安全保障，生活又能过得舒适的话，这种可能也不是没有。一旦她的工作做通了，女儿也会随之而来。最担心的是儿子盖纳迪，他已经结婚，生活在莫斯科，如何才能把他弄到美国来，要花很大一番心思和周折。

舍甫琴科还有一方面的担忧，他认为自己并不是叛国，背叛的只是制度。他爱自己的家乡，害怕将和故乡永别。

舍甫琴科度日如年，惶恐不安。潘科夫斯基等叛逃者和许多流亡分子的悲惨命运，总是浮现在他的脑海之中。对于叛逃的人，克格勃一向是严惩不贷的。舍甫琴科对潘科夫斯基的案子记忆犹新。奥利格·潘科夫斯基是一位苏联情报官，因出卖情报给美国，古巴导弹危机发生后，于1962年被克格勃秘密逮捕，第二年被公审后执行处决，据说死得很惨。

又到了和约翰逊接头的日子了，两人在一秘密地点商量日后接头和传送情报的方法。舍甫琴科问对方："我应该带些什么情报来？"

"什么是重要的就带什么，这些应该由你酌情而定。"约翰逊建议他从代表团最近收到的电报入手——电报的日期、拍发的时间以及尽可能完整的电文。在代表团抄记电报几乎没有不被发觉的，这不是拿生命开玩笑吗？舍甫琴科说："这我办不到！"约翰逊见他有点动怒了，连忙改口说："我们不需要原文，只要重要电报的主要内容就行。"

每个周一，苏联驻联合国大使雅可布·马立克都要召开工作例会，舍甫琴科不喜欢这位上司，开会时他经常不发言。投到美国阵营后的第一个周一例会，在宣布散会后，马立克突然要舍甫琴科留下来，舍甫琴科立即紧张起来：难道他已经发现了自己的事？怎么办?!

正当他心里紧张不知如何应对时，马立克说："你审阅一下那份有关裁军问题的电报稿，这个问题将按联合国议程进行讨论。"听了这话，他才松了一口气。马立克让他手下的人草拟了两份电报稿，他不放心才让舍甫琴科把关。

自从约翰逊要他注意来往电报后，舍甫琴科总是以一种新的眼光来审阅这些电报。他来到了七楼的机要室，开始心里非常紧张，也不敢轻举妄动。想到下一次接头的时间马上就要到了，他才壮起胆子，浏览了一下最近的几份电报，但他没有发现什么有价值的内容。

到了接头的那天，舍甫琴科按照约定来到约翰逊的家里。见面之后，他坦言看到的几份小电报都没有什么价值。约翰说："别急，我理解。我们和你不是一锤子买卖。"谈了一些无关紧要的话后，约翰逊对舍甫琴科说："我建议你和我们补办几项手续。"

舍甫琴科不解其意，约翰逊说："我得给你拍照，并取下你的指纹。"

"这是为什么？做什么用？"

约翰逊说："那只是为了记入档案。这样，当你需要证明自己的身份而我又不在时，别人就知道你确实是你所自称的那个人。"

美国人要给他照相、取指纹，舍甫琴科明白，这是要控制他并让他长期从事间谍活动。他本来只想帮美国人干一阵子，现在看来是身不由己了，他觉得身上的枷锁更沉重了。

约翰逊还提出，下次能否有别人加入他们的谈话？舍甫琴科问他"别人"是指什么人？约翰逊毫不隐瞒地说："联邦调查局的人，他们想和你认识一下，以便弄清楚代表团和秘书处的其他苏联人的身份，他们的真正工作是什么。"

"你说的是克格勃？"舍甫琴科说，"他们有几百人，还有军事情报人员。要弄清那得花好多时间。"

"联邦调查局想弄清应该注意哪些人，你尽可能多地认出他们来，那会大有帮助的。"

舍甫琴科答应了他们的要求，把在纽约的克格勃都指认出来。这样，美国的情报机构对在纽约的克格勃特工的情况掌握得一清二楚，虽然出于保护舍甫琴科的考虑没有将他们一网打尽，但这些人都在他们的监控之中。

越陷越深　日夜惊魂

舍甫琴科把克格勃在苏联驻美大使馆的人员、克里姆林宫的内幕新闻都告诉了约翰逊。按照美国情报部门的要求，他不断地阅读密码电报和从莫斯科通过外交邮袋寄来的其他秘密材料。这些被他"过问"后的秘密材料，很快全部被传送到美国情报机关。

越南战争结束后，1975年底胡志明的接班人黎笋访问莫斯科。舍甫琴科从会谈后发往各大主要外交使团的电报判断，黎笋和苏联方面对这次会谈都不甚满意。电报披露，河内的代表团"认为目前不便"在苏联和中国的"分歧中直接表明立场"。美国方面通过舍甫琴科知道了电报内容，实际上就知道了越南与苏联高层会谈的结果。

舍甫琴科也不放过同苏共中央委员会、外交部和其他政府部门、学术界的官员的接触机会，他还利用"口袋邮件"（为了逃避克格勃检查官的强制性开封和审查而由外交官和其他访问者往返携带的大量私信）来跟踪苏联发生的事情。他把通过这些渠道得到的重要经济情报毫无保留地提供给了美国人。比如伏尔加到乌拉尔地区最早开发的油田不久将减产，但在若干年内苏联又难以提高那些交通不便的小型油田的产量。

舍甫琴科给美国情报机构提供了大量重要的情报。后来据他说："我把有关克里姆林宫的内幕，尤其是勃列日涅夫同柯西金在苏美关系前景上发生的摩擦，莫斯科给驻华盛顿大使阿纳托利·多勃雷宁的指示，苏联政策的详细内容以及针对世界各地的许多计划和事件提出的政治依据等最新情况都告诉了约翰逊。我告诉他苏联关于军备控制谈判——限制战略武器和其他谈判的立场，包括对作出让步方案的指示。我告诉他苏联继续同抵制其影响的安哥拉各派进行斗争的具体计划……当然我还经常把代表团的内部情况告诉约翰逊……"

作为苏联的裁军问题专家和联合国高级官员，舍甫琴科的情报具有不可估量的价值。舍甫琴科对苏联在军备控制谈判中限制战略武器和其他类似谈判的立场，包括苏联对作出让步的方案的指示都了如指掌。这些情报对于美国中央情报局来说，都是无价之宝。美国据此制订对付苏联的策略。

克格勃在事后调查发现，在舍甫琴科叛逃前30个月的时间里，他为美国提供的情报无以计数，对苏联造成的损失甚至在许多年以后都无法完全调查清楚。

为了表明自己的诚意，舍甫琴科还帮助不少美国特工打入苏联的情报机构。他的这一做法，为美国获取苏联的情报增添了更多的渠道。

舍甫琴科一直想把自己为美国人做事的情况告诉妻子莉昂金娜，以便得到她的支持。他想说服她一起投奔新生活，但始终找不到合适的机会。他对她进行了多次试探，但始终不敢明说。

转眼到了1975年底，舍甫琴科带着妻子来到佛罗里达，准备在那里欢度新年，同时把自己的想法和既成的事实告诉她。他对莉昂金娜说："我们应当认真考虑一下未来，我们是否应该回莫斯科？我在什么地方能找到一个不那么紧张的工作，也许我们能想出点其他办法。"听了他的话，莉昂金娜大吃一惊："你在说什么呀?!"

舍甫琴科开导莉昂金娜说："现在我们什么都有了，金钱、珠宝、首饰、别墅等，我们还需要什么呢？你要知道，别人已经在妒忌我们了，已经有人说闲话了。"他言下之意是，我们不如见好就收，过自由自在的生活。

莉昂金娜一听这话，火就上来了，她说："你真是个胆小鬼！"她认为，舍甫琴科有葛罗米柯做靠山，没有人敢碰他们。他可以大展鸿图，将来在纽约接替马立克，或者在华盛顿接替多勃雷宁当大使。"要知道，多勃雷宁也一度做过你的工作。"听得出来，莉昂金娜还是希望舍甫琴科向上爬，她要做达官贵人的夫人。舍甫琴科得出结论，莉昂金娜不会自愿跟他走。

回到纽约后，舍甫琴科曾准备洗手不干，但约翰逊来通知他：中央情报局终于按照他的要求办了，他们改变了碰头的地点。美国人在联合国广场步行不远的地方找到了一所公寓，那里住了不少牙医，舍甫琴科可以借看牙病去那里接头。

约翰逊认为新的接头地点很安全，可以保证舍甫琴科"万无一失"。2月初，天气特别晴朗的一天，舍甫琴科来到那所公寓，他刚到那里就有人认出他了："秘书长先生，没想到在这里见到您。什么风把您吹来了？"一个熟悉的声音把他吓了一跳。他定睛一看，站在他面前的是秘书处的一位工作人员，这个人在舍甫琴科的部门工作过。

回过神来后，舍甫琴科赶紧说："我来这里看牙齿。你也来这里看病？"

寒暄几句后，舍甫琴科赶紧离开。他觉得这里并不安全，约翰逊答应再换个地方进行联络。舍甫琴科提出："利用饭店怎样？比如说，华尔道夫－艾斯托利亚饭店。"他提的那个饭店，是他经常去的地方。约翰逊没有当场表态，只是同意研究一下。

三个星期后，新危险的到来，使舍甫琴科又一次惊魂。联合国秘书长库尔特·瓦尔德海姆决定，让舍甫琴科代表他，前往古巴的哈瓦那出席国际讨论会，议题是南非的种族隔离政策。舍甫琴科不愿意接受这一任务，因为他深知古巴与苏联的关系特别，他担心在古巴会遭到克格勃的暗害，或者被克格勃用任何借口押上飞机，直接送回莫斯科。

舍甫琴科把自己的担忧告诉了约翰逊。约翰逊先是说押回莫斯科这种可能不会发生，接着又说："即使押回了莫斯科，我们也能帮忙。"约翰逊分析说，克格勃没有明显表现出对舍甫琴科的不信任，也没有对他进行异常监视的迹象。但是如果克格勃对他有怀疑，去哈瓦那就会使他们放心，不再怀疑他。

约翰逊要走了舍甫琴科的剃须刀，说等他去哈瓦那时就还给他。临走前两人见面时，约翰逊拿出两把一模一样的剃须刀，让舍甫琴科辨认哪把是他的。舍甫琴科辨认不出来，约翰逊说："两把都是你的了。"说完将其中一把拿在手中，打开了刀把，里面是空心的，可以塞入一个微型胶卷。他告诉舍甫琴科："这里边有你要的一切。万一你忘掉了我们所说的那天晚上应变计划的细节，这里有电话号码、地址以及必要时可以联系的人。"

舍甫琴科到达哈瓦那后，不慎丢了一把剃须刀。他不知丢的是哪把，再一次紧张起来。他按照约翰逊教的方法试图打开那把还在他手中的剃须刀的刀把，但怎么也打不开。他认为丢掉的是有胶卷的那把，自己肯定暴露了！后来他冷静下来，试着再次打开刀把，这次居然打开了，胶卷还在里面。一场虚惊之后，他把胶卷毁了，剪成碎片丢进马桶冲掉了。

他本来打算同中央情报局作短期合作，少则几周，多则数月。然而，时光飞逝，他一直在和美国人合作。转眼已是 1976 年夏季，该轮到他回国度假了。他担惊受怕地回到莫斯科，生怕当局逮捕他，一旦发生此事，他只有死路一条。而此时的舍甫琴科又非常想回一趟莫斯科，因为他的儿子盖纳迪已经结婚，孙子阿廖沙也出世了，他和妻子都想回去看看自己的儿子和孙子。

舍甫琴科把自己的担忧告诉了中情局的约翰逊。约翰逊权衡利弊后认为，与可能得到的好处相比，风险是微不足道的。舍甫琴科回到莫斯科，只要进行正常的日常工作，就能知道苏联最高领导的想法，并能得到有关领导人的相关情况。他力主舍甫琴科回莫斯科。

无奈之下，舍甫琴科只好提心吊胆地回到了莫斯科。还算幸运，未发生异常情况，也没有受到监视，一场虚惊就算过去了。

中了圈套　仓皇叛逃

1977 年初，苏联人开始感到惊奇，为什么美国政府对苏联在限制武器谈判中所持的立场和政策摸得那么清楚？随着美国政府在裁军谈判中继续表现出前所未有的预见性，莫斯科方面的怀疑也与日俱增。于是苏联最高首脑机关命令克格勃，立即着手调查此事。

同年 3 月，美国国务卿赛勒斯·万斯将两份可供选择的控制战略武器的一揽子建议带到了莫斯科，但两个建议都被勃列日涅夫断然拒绝。而后葛罗米柯在记者招待会上抨击美国的建议，美苏两个超级大国的谈判气氛进一步恶化。美国情报机构要求舍甫琴科关注这方面的情报。

到了这年春末，苏联方面对驻联合国代表团突然加强了保卫措施，原因不明。不久，新的监视活动也随之而来，包括在门卫处设置登记本，高级官员进出大楼时，行踪都要记录在案。在代表团内，舍甫琴科意识到，对他的盘查增加了，克格勃人员出现在联合国更频繁了。

1977 年夏天，轮到舍甫琴科再次回苏联休假。这次他不再有去古巴和回苏联时那种紧张感了，因为克格勃的监控已经成了家常便饭，习以为常了。然而，当他回家看望母亲以及后来到山上休养时，他意识到秘密警察已经在集中注意他，他比以前受到更多的跟踪和盘查。他有一种不祥之感，焦虑不安加上原有的沮丧使他烦躁到了极点。

回到美国后，舍甫琴科和美国方面取得联系，再次要求尽早结束这种双面间谍的生活。美国方面的埃伦伯格希望他再坚持一下，等 5 月份葛罗米柯来美国参加关于裁军问题的联大特别会议再说。美国方面保证让舍甫琴科在 1978 年初夏结束他的潜伏工作。埃伦伯格对他说："等你的女儿放假了，你可以把她带到纽约，我们会预先安排好一切。如果你现在采取行动而她还在莫斯科，你要知道，把她弄出来有多困难。"舍甫琴科认为他说得有道理，只好耐心等待。

克格勃确实对嫌疑对象加强了监控。到 1978 年，克格勃得出了一个令人震惊的结论：能够提供情报的只有三个人：第一个是苏联驻美大使阿纳托利·多勃雷宁；第二个是驻联合国大使奥列格·特罗扬诺夫斯基；第三个是联合国副秘书长舍甫琴科。经苏联政治局特别批准，克格勃设下陷阱：使三人同时都收到一份原始的"绝密文件"，内容是政府有关限制武器谈判的最新政策立场，同时对他们分别监视。

经过克格勃的周密安排，清查内奸工作按计划进行。阿纳托利·多勃雷宁、奥列格·特罗扬诺夫斯基和舍甫琴科同时都收到了那份原始"绝密文件"。结果，只有舍甫琴科一个人想方设法，躲开了克格勃的监视。在第二天苏美双方进行的非正式谈判中，苏联政府代表发现美方果然已经知道了那份"绝密文件"的内容。舍甫琴科这只老狐狸终于露出了自己的尾巴。

克格勃调查了舍甫琴科过去几年在美国的活动情况，后来发现从舍甫琴科叛逃前 30 个月左右的时间起，他每天在旅馆的支出常常超过 500 美元，这大大超过了他的工资所能允许的限度。他们还发现，舍甫琴科为美国中央情报局和联邦调查局工作的时间也是 30 个月左右。如果美国方面想了解苏联领导人之间的内幕、苏联政策的详细内容和做法，这位联合国副秘书长就索性直接求助于苏联政府或者他的恩人葛罗米柯。作为联合国的第二号人物，舍甫琴科能够轻而易举地把苏联驻纽约代表团的一切详情告诉美国方面。

对于舍甫琴科的背叛，克格勃非常恼怒。苏联最高当局决定立即采取行动，召回舍甫琴科。于是经过克格勃的秘密策划，一纸神秘的电文飞向了苏联驻联合国代表团。

舍甫琴科在与中央情报局挂上钩两年又八个月之后，终于彻底暴露了身份。1978 年 3 月 31 日，星期五，一位同事把舍甫琴科约到苏联代表团，悄悄告诉他，有一封从莫斯科来的电报。舍甫琴科直奔七楼机要室，拿到了那份电报。这份急电通知舍甫琴科回莫斯科开会，就即将召开的裁军问题联大特别会议进行磋商。

莫斯科来电使舍甫琴科感觉有点不对劲，自己是否已经被发现了？他开始认真分析其中的每一句话。心怀鬼胎的舍甫琴科很快就看出，电文上的理由是借口。克格勃惯用欲擒故纵的手段，开会只是借口，因为从莫斯科来参加筹备会的代表那里舍甫琴科已经得知，苏联方面的基本立场已经确定。舍甫琴科早已将此细节报告给了中央情报局。有必要对已经解决了的问题进行磋商吗？

目前筹备委员会也没有提出未曾预料到的问题需要莫斯科加以解决，那么答案就只有一个：自己的双面间谍身份已经被发现了。想到这里，舍甫琴科不禁打了一个冷战，联想到在此之前苏联国内间谍被发现后的可怕结局，他简直不敢想下去。怎么办？此时此刻，摆在他面前的只有一条路，那就是立即设法叛逃到美国。

舍甫琴科意识到自己已经暴露了。幸运的是，他还可以磨几天。于是他表面上装着准备回莫斯科，还把回国的安排用电报发过去，暗中却抓紧时间，准备叛逃。

那天吃过午餐后，舍甫琴科给美国人打了个电话，确认当天晚上碰头。晚上见面后，他把叛逃的时间确定在三天之后的星期四，这样苏联人就来不及阻止他。接下来，他们商定了具体的行动方案。

在决定叛逃的最后时刻，他又一次想到了自己的家人。他本想说服妻子莉昂金娜同他一起留在西方，但这简直是妄想。对莉昂金娜来说，唯一的生活目标是丈夫的前程、出国和购物，如果对她说出自己的心事，她必定会告发他。再说，要她抛弃国内的儿女留在西方生活也是不可想象的，所以他没敢对妻子提及此事，最后给她留下一封信，说明自己叛逃的原因，劝她同自己一起留在美国，并给她留下一大笔钱。然后急急忙忙跳上等候在街上的中央情报局的汽车。

然而，当时克格勃的人员几乎遍布联合国机构的所有角落，即使在联合国总部叛逃也非常困难。稍有不慎，不但叛逃不成，反而会丢了性命。情急之下，舍甫琴科忽然想起美国人给过他一个电动剃须刀。于是他拿出剃须刀，一按电纽，微电机开始丝丝作响，同时底部闪现出一行字幕："明天子夜开始行动，在 CB 处有辆车等你。但是你必须从联合国秘书处出发，一路上有暗哨保护，绝对安全。"

在接下来的整个白天，舍甫琴科都是在痛苦、忙碌、恐怖和焦躁不安中度过的。他不得不同时扮演两个截然不同的角色：表面上，他佯装做好一切回国的准备工作；暗地里，他则是在认真执行叛逃计划。好不容易挨到天黑，舍甫琴科驱车回家，将 20 万美元偷偷塞进妻子的衣袋里，作为她今后的生活费用。然后他来不及与睡梦中的妻子道别，便匆匆驱车赶回办公室，并特意化了妆。这时，在他窗户的玻璃上出现了一个红蓝相间的圆圈——这是约好的行动暗号。

舍甫琴科最后环视了一眼自己工作多年的办公室，然后取出手枪，将子弹压满，走进了茫茫的夜色。他全神贯注，几乎绷紧了每一根神经，作好了以防万一的准备。倘若碰见克格勃人员，他将会毫不犹豫地开枪射击，进行殊死一搏。然而值得庆幸的是，一切顺利，没有发生任何意外。一到 CB 处，舍甫琴科立即钻进美国人的轿车。霎时间轿车宛如脱缰的野马一般，发疯似的向外驶去。

这位联合国的副秘书长、苏联外交界炙手可热的人物，就这样彻底走上了叛国出逃的道路。

原配被害　失意寻欢

叛逃不久，舍甫琴科来到华盛顿，改名恩迪，在联邦调查局特工的监护下，先是住在一家大酒店里。接着，中央情报局把舍甫琴科安置在宾夕法尼亚州的一所秘密房子里。第二天早上，他给家里打电话，企图说服妻子莉昂金娜和他一起投奔美国。电话只响了一下，很快就有人接了。接电话的是一位男子，说莉昂金娜不在家。舍甫琴科明白，克格勃人员已经等在那里了。他心急如焚，为家中的亲人担忧。

冷静下来后，他给联合国秘书处打电话，以身体不适为由请假。然后他坐下来写信，试图为家属的安全做一笔交易。他写了一封信给勃列日涅夫，告诉他"在我家属的问题尚未得到解决之前，我无意辞去联合国副秘书长的职务。此事已另纸书写并附上。关于这个问题，我等待苏联驻联合国代表团给予正式答复。"

舍甫琴科在附件中建议，经联合国秘书长瓦尔德海姆同意后，他将悄悄引退，条件是给他一份签字盖印的保证书，内容为：保证不对他的家属采取任何镇压措施，并保证他的妻子有权保留他们的公寓和别墅，以及接受他给孩子们定期寄去的硬通货汇款。除此之外，舍甫琴科的信中还谈了其他一些问题。

约翰逊让他找律师，另一个美国人卡尔还给他提供了几个律师名单。舍甫琴科看见名单中有一个叫欧内斯特·格罗斯的人，这人是前美国驻联合国代表，他认识他，决定找他当自己的律师。打通电话后，格罗斯表示愿意成为他的代理人。在联合国同事和美国朋友的协调下，舍甫琴科和苏联代表见面商谈过一次，苏联方面只派了两个人来，但都是重量级人物，一个是苏联驻美国大使多勃雷宁，另一个是苏联驻联合国大使特罗扬诺夫斯基。但是他们的谈判，没有取得实质性成果。

事后，格罗斯将苏联代表带来的两封信交给了舍甫琴科。一封是莉昂金娜的笔迹，但舍甫琴科认为不是她写的；另一封是他儿子盖纳迪的，是打字机打出来的，舍甫琴科认为也是伪造的。这两封信都劝舍甫琴科回到莫斯科，舍甫琴科认定两封信都是克格勃造的假。

事实上，克格勃早已控制了莉昂金娜，并于1978年4月9日将她召回莫斯科。舍甫琴科企图利用自己在联合国的职位给苏联最高当局写信，并通过自己的律师同苏联驻美使团交涉，以便解决家庭问题，但得到的回答是：第一，苏联当局已把莉昂金娜召回莫斯科，一个月后，她服安眠药自尽；第二，要求舍甫琴科立即回国，往事可以一笔勾销。得知这一切后，舍甫琴科最后一线希望破灭了。

联合国每周周一都有例行的午间新闻发布会，那天舍甫琴科很晚才起来，还是约翰逊把他叫醒的。约翰逊告诉他，联合国新闻发言人已经对外宣布他突然请假了。联合国发言人用的措辞是："舍甫琴科先生通知秘书长，他已离职，并且同时提到他和本国政府的意见分歧，正在作出努力，澄清情况，因此舍甫琴科先生暂时被认为在休假。"

新闻界知道舍甫琴科叛逃一事后，纷纷作了报道。苏联方面最初指责说，舍甫琴科受到美国情报人员的裹胁，并提出了抗议，要求把舍甫琴科送回苏联。作为联合国官员，未经特殊许可是不能对报界发表谈话的。而舍甫琴科作为蛰居的变节者，不但不能邀请记者来见他，还要躲避记者，否则被克格勃发现踪迹就没命了。

即便在美国情报机构全面保护的情况下，要保住舍甫琴科的联合国副秘书长一职也是不太可能了。在联合国总部，舍甫琴科主动向瓦尔德海姆提出了辞呈。离别之时，才 47 岁的舍甫琴科突然感到自己年老而孤独，潸然泪下。

5 月 11 日，舍甫琴科确认了妻子的死讯。他认为她是个坚强的人，不可能自杀，肯定是被克格勃所害。此后他试图把女儿接到美国来，但各方均表示"无能为力"。舍甫琴科后来还获悉，他已被莫斯科审判，被缺席判处死刑。

此时，孤独的舍甫琴科需要女人慰藉。一个偶然的机会，舍甫琴科认识了一个叫朱迪·查维斯的应召女郎。此时失去了妻子和孩子的舍甫琴科，心里非常苦闷，于是年近五旬的他和查维斯同居。有报道说，这个应召女郎的出现，并不是偶然的，而是中央情报局考虑到舍甫琴科的现状而特意给他安排的，目的是为了放松一下他的心情。到了 1978 年 10 月，眼看目的已经达到，舍甫琴科的一切渐趋平静时，中央情报局就不再为他偷偷埋单了，他们暗中策划，让这位应召女郎在舍甫琴科面前自动消失了。

上述说法不一定准确。据舍甫琴科自述，他在失意之中想和女人交谈，得到她们的陪伴，得到她们的青睐和关心。他把自己的要求和联邦调查局的陪护人员说了，但他们没有找到解决的办法，建议他试一试导游公司。舍甫琴科通过打电话与查维斯拉上了关系，起初对她颇为倾倒，要她不再接别的客人，专门陪他。自称正在闹离婚的她同意了，但提出了条件，要他出钱解决她的经济困境，包括她的律师费、她妹妹的治病费等。舍甫琴科有联合国的遣散费和一些其他钱，可以负担得起，就答应了她。

查维斯帮助舍甫琴科用假名住进了新公寓，他们开始同居。但几个星期过后她就变样了，居然把她和舍甫琴科的事写成文章卖给报界，更重要的是暴露了舍甫琴科的身份和住址。她在给报界的文章中称，舍甫琴科付给她的钱，是中央情报局出的。舍甫琴科非常气愤，分手后甚至想控告她。但他后来请的律师比尔·盖默不赞成这样做，他只好作罢。

续弦执教　出书释怀

舍甫琴科认为，他找到比尔·盖默律师，是一大幸事。这位律师很关心舍甫琴科，为了给他创造新生活，付出了很多时间和精力。

有一次，比尔·盖默邀请舍甫琴科和另外几个朋友去他家吃饭，朋友中有一个叫伊莱恩（又译作艾伦）的女子。这个女人是个南方人，一头红发，身材苗条。特别是她受过良好的教育，很有才智，使舍甫琴科对她一见钟情。当时伊莱恩是一个从事法庭报道的记者。在盖默和夫人莫琳的撮合下，他们谈起了恋爱。

舍甫琴科发现，他和伊莱恩有很多共同语言，双方从艺术到政治，有许多相同的爱好，看法常常是一致的。伊莱恩有思想，观点不一致时喜欢直来直去，往往直言不讳地为自己的观点辩护，这也是舍甫琴科所喜欢的。

1978年12月底，舍甫琴科同伊莱恩结了婚，婚后在华盛顿近郊买了一所房子，定居下来。对于重组的家庭，舍甫琴科十分满意，他还有个意外收获，与美国岳母相处得很好。

一开始，舍甫琴科还担心克格勃找他算账，不敢外出找工作。后来慢慢地胆子就大了一些，改名换姓，试着出去找事做。有一段时间，他的工作日一度排得满满的。

舍甫琴科在美国国务院所属的外交学院上过课，还在一所不怎么知名的大学里找到了一份教师工作，讲授国际政治，月薪7000美元。他还为商业团体讲课，为各种报刊撰写文章，同时仍然就各种问题向政府提供咨询。这些工作，使他收入可观。

他有时还出国讲课。最初出国讲学是到加拿大的多伦多。那次他遭到了克格勃或是他们的同情者的多次威胁。有人给主办讲学的机构打电话说："如果舍甫琴科出来讲课，将会出大问题！"舍甫琴科豁出去了，坚持讲完了课，还好没有发生意外和流血事件。

从一个联合国副秘书长、克格勃的高官，到一个默默无闻的大学教师，舍甫琴科变成了普通人。对此舍甫琴科认为，失去以前的荣誉和地位不要紧，能够和常人一样正常公开地生活，不要躲躲藏藏就行。但他依然不敢公开自己的真实姓名，在美国特工的"保护"监控下生活，不但未能实现原来追求自由的目标，甚至想求得常人过的生活都难以做到。

舍甫琴科后来认为，免遭克格勃毒手的最好办法，就是积极地公开活动。他觉得躲起来苟延残喘那不叫生活，除了自己，他不想听命于任何人。

有一天，舍甫琴科忽然想到，要把自己的经历写成书，把事情的真相公布于世。伊莱恩听了他的想法后非常支持，并且放弃了工作来帮助他。1985年3月，舍甫琴科叛逃美国七年后，在伊莱恩的帮助下，出版了《与莫斯科决裂》一书。在这本自传性质的书中，他将自己沦为中央情报局的间谍以及最后叛逃美国的内幕公之于世。

在苏联，他什么都有，地位、金钱（仅在联合国任职的年薪就有8.7万美元）、别墅、汽车一应俱全，还可在内部商店购物、住高级医院等。谈到为什么要叛逃，舍甫琴科写道："在对自己的所作所为已经丧失信念的情况下，却还要每时、每事、每地弄虚作假——这不是人人都能忍受的。被迫这样做犹如强迫一个虔诚的教徒去和一群咄咄逼人的无神论者居住在一起，这些人不但强迫他摈弃上帝，还逼他一口一句脏话地辱骂上帝和《圣经》。"

舍甫琴科对苏联的官僚特权阶层尤其反感。在写作这本书时，戈尔巴乔夫还没有担任苏共总书记，但地位已经很显赫。他认为，戈氏能够青云直上，在很大程度上得益于一个偶然因素：1978年以前，戈氏担任高加索斯塔夫罗波尔州党委第一书记，那里有遐迩闻名的矿泉，是疗养胜地。勃列日涅夫、柯西金等苏联领导人定期去那里疗养。"戈尔巴乔夫作为当地的第一书记，有机会和他们多次见面，并且能像苏联人说的那样——卖弄自己。"舍甫琴科认为，这种选拔干部的方式，也是特权阶层维护自身利益一种方式。

舍甫琴科强调，他投靠美国并不为钱，只是因为看透了苏联政治，不想参与虚伪的政治，不愿执行克格勃的任何命令。他向往西方的自由，于是在经过长时间痛苦的犹豫后决定——与莫斯科决裂！

　　叛逃毕竟是不光彩的。舍甫琴科一再解释说，自己背叛的是一种社会制度，而不是自己的国家。如今的舍甫琴科已经不再是昔日的联合国副秘书长，而是一个普普通通的美国人。对于过去那段历史，那段恩怨是非，他只有留给别人去评说。

背叛美国的以色列地下尖兵

2011年1月4日，以色列总理本雅明·内塔尼亚胡公开呼吁美国政府，释放在美国服刑25年的以色列间谍乔纳森·波拉德。在写给美国总统奥巴马的信中，内塔尼亚胡再度为以色列间谍窃取美方机密道歉。同时，内塔尼亚胡又说："我认为，乔纳森在监狱中服刑25年，以及以色列方面寻求他获释所作的15年不成功的努力后，美方应该同意请求。"

的的确确，自从波拉德被捕入狱并被判处终身监禁后，以色列方面为营救这个超级间谍并使他获得自由，投入了大量的精力和财力，长期以来一直在不懈地努力。在许多重大国际事务的谈判中，以色列方面还以释放波拉德作为交换条件。那么，波拉德到底是个怎样的间谍？以色列为什么这样执着地要救他？美国人又为什么死死揪住他不放呢？

第十二章 背叛美国的以色列地下尖兵

犹太后裔 钻营谍报

波拉德的全名叫乔纳森·杰伊·波拉德，1954年8月7日出生于美国南部得克萨斯州加尔维斯顿的一个中产阶级家庭。他的父亲是一位犹太裔的美国微生物学家，母亲虽是家庭主妇，受他父亲的影响也热爱以色列。波拉德的父母都是美国公民，但他们从小就开始培养儿女们对以色列的热爱之情。正因为如此，波拉德从小受到犹太教影响，对犹太历史和文化非常感兴趣。

波拉德的童年和少年时代都是在印第安那州的南本德度过的。尽管印第安那州并不是犹太文化最发达的地方，南本德这座城市的犹太人也不多，但这丝毫也不影响他的犹太情结。波拉德从小就知道纳粹对犹太人的大屠杀，知道他们家有70多个欧洲亲戚惨死在纳粹的集中营里。波拉德从小就对犹太民族充满敬意，以色列成了他心目中真正的祖国，一直认为自己是以色列人，而不是美国人。

在求学过程中，波拉德对以色列的认同感进一步加深：上学后他学习认真刻苦，成绩在班上非常优秀，但仅仅因为他是犹太人后裔，别的孩子就不喜欢他。因为他从小戴眼镜，他的同学常常嘲笑他是"四只眼"。小波拉德认为同学们讽刺他、排斥他、欺负他，也因为他是犹太人后代。久而久之，在年幼聪明的波拉德心里，渐渐形成了只有"以色列才是犹太人的真正祖国"这样一种观念。

1967年6月5日早晨7时45分，以色列出动了几乎全部的空军，甚至连教练机也投入了战斗，对埃及、叙利亚和伊拉克的机场和阿拉伯国家的

25个空军基地进行了闪电式的袭击。第三次中东战争爆发！空袭半小时后，以色列地面部队也发动了进攻，阿拉伯国家开始奋力抵抗。小小年纪的波拉德开始为以色列担忧：一个小小的国家怎能抵挡得了这么多敌人的攻击？他抽泣着对母亲说："他们这是要灭绝犹太人。"母亲安慰他，以色列肯定能渡过难关。

中东战争终于在6月10日结束，六·五战争以阿拉伯国家的失败而告终。以色列的六·五战争，进一步地激发了波拉德的亲以情绪。在这场战争期间，年仅13岁的波拉德特别关注战局的发展。以色列一个小国能战胜这么多阿拉伯国家，使他对以色列更加崇拜。随着年龄的增长，这种崇拜有增无减。

1968年，未满15岁的波拉德随父母去欧洲旅游。在这次欧洲之行中，父母特意带着波拉德去目睹战争时期纳粹对犹太人犯下的罪行，使他亲眼看到铁丝网、集中营和焚尸炉等罪证。此事对波拉德影响非常大。他难以抑制对纳粹的愤慨之情，暗暗发誓，长大后要帮助犹太民族振兴。

波拉德平生第一次到访以色列是在1970年，16岁的波拉德跟随家人一起回到以色列探亲。这是他一生中最激动的时刻！过去他只是从媒体上看到有关以色列的介绍，现在来到了心中的祖国，他特别高兴，用他母亲的话来说，"仿佛到了天堂里一样高兴"！从那以后波拉德下决心，一定要移民以色列。全家人都不反对他回以色列，劝他说一定要等完成学业并学得一技之长能够报效以色列之后再考虑回去。

1972年，波拉德中学毕业，以优异的成绩顺利考进了美国著名的斯坦福大学。斯坦福大学位于加利福尼亚州的帕拉阿图市，始建于1885年，被公认为世界上最杰出的大学之一。在这所名牌学校里，波拉德所学的专业是他最感兴趣的国际关系学。波拉德对军事历史也有极为浓厚的兴趣，特别爱看间谍小说。他学习非常认真，一直是个优等生，获得了两个学士学位，并在以色列著名的魏茨曼科学研究所实习过一年。

大学期间，波拉德给人们留下的印象是——他这人有点怪。他平时不太爱说话，性格较为内向。但一旦他想表现自己，便会不着边际地胡说一通。尤其是他喜欢说谎，更令人觉得不可理喻。比如他经常说自己是一名以色列陆军上尉，有一次竟然说他被以色列间谍组织摩萨德吸收为特工，还有一次说他在执行任务时亲手杀死一个阿拉伯人。教过波拉德的斯坦福大学教授们认为，波拉德具有超乎寻常的想象力，并没有把他往坏处想。其实所有这一切，都显示出他深藏着内心狂热的犹太主义情结。

1976 年波拉德大学毕业，没有去找工作，而是进入特夫茨大学的佛莱切法律与外交学院攻读研究生。一向聪明又勤奋的波拉德没能拿到硕士学位，因为当时他的心思已不在学业上。他觉得，搞学术研究不是自己的人生理想，他的人生理想是为以色列出力。他想为以色列做点更实际、更有意义的事，为此他颇费了一番精力，也影响了学业。

左思右想之后，1977 年的一天，波拉德来到了美国中央情报局，要求加入中情局当一名特工。中情局的人看了他的学历，了解了他的个人情况后，同意给他一个机会，但告诉他必须先过包括测谎检查在内的人格测试这一关。为了能进中央情报局，他同意接受测谎。谁知在测谎过程中他没有应对经验，表现不佳，结果大出他的意料。测谎结果认为，波拉德"是一个奇异的说谎者，当间谍也是善于空谈的特工，是一个狂热的犹太复国主义分子和吸毒者"。美国的情报机构非常相信测谎这一套，根据这一结果，中央情报局拒绝了波拉德的加盟要求。对此，波拉德一度非常沮丧。

一心想进入情报机构为以色列服务的波拉德并不死心，他还要作最后的努力。他知道，美国除了中央情报局，还有联邦调查局、军方谍报机构以及其他间谍机构。此处不留爷，自有留爷处！他想到其他间谍机构去试试，也许东方不亮西方亮。联邦调查局虽然和中央情报局矛盾重重，但业务上经常互通有无，他不敢去，于是选择了另一个谍报部门——美国海军情报机构。

经过一番准备，1979 年波拉德向美国海军情报机构提出加入申请。接到他的申请后，海军情报机构向上级作了汇报。五角大楼国防调查局对他的背景作了正式调查，并询问了他的父母及同学。这些例行公事的调查没有发现他有问题。不知是不是疏忽，中央情报局也没有向国防调查局通报他们两年前对波拉德测谎的结果。就这样波拉德蒙混过了关，如愿以偿地进入美国海军情报机构，担任一名文职情报分析员，从此成为一名情报人员。

在这以后，波拉德在海军的多处情报部门工作过。他陆续在华盛顿地区的一些海军情报机构如海军调查局、海军情报和支援中心等处供职。值得一提的是，在海军情报局工作满两年后，波拉德终于获得了上司的信任，开始有资格接触一些机密的资料。为此他非常高兴。

1981 年，波拉德遇上了一位 21 岁的犹太姑娘，这个姑娘叫安·蘅德森（又称安妮），长得非常漂亮。也许是被她那双蓝眼睛吸引，也许更多的是因为她是犹太人，波拉德对她发起了猛烈的爱情攻势，使她后来成为波拉德的第一任妻子。虽然是犹太人，但安妮没有波拉德那种狂热的犹太情结。

波拉德在美国情报部门的工作并不是一帆风顺。他喜欢说谎的毛病一直没改，这给他带来了不少麻烦。同在 1981 年，他竟然说自己是南非一位高级情报人员的密友。海军情报部门觉得，如果真是这样的话，他很可能成为双面间谍，后果很严重。对于这个奇异的说谎者，宁可信其真，于是海军情报局取消了他接触机密的权力。

波拉德只得向上级说明，自己的话是开玩笑。可他的上级对他喜欢说谎这一点依然不依不饶，此时他才意识到说谎的害处。上司停了他半年的职，并善意地劝说他去接受精神治疗。意识到玩笑开大了的波拉德，写了一份很长的报告寄给有关部门，为自己鸣冤叫屈，同时四处奔走，找关系为自己开脱。

奔走、申辩，反复解释，经过一段较长时间的努力，此事终于被他摆平，海军情报部门恢复了他的工作。波拉德重新回到海军情报部门上班，也重心点燃了为以色列效力的热情。

1983 年，美国总统里根与以色列签订了美以情报互享的协议。波拉德却认为美国没有真正执行这一协议。有一次，波拉德说他看到了一份伊拉克正在制造毒气工厂的资料和照片，并准备把目标瞄准以色列，当时美国却没有把这一重要情报提供给以色列，波拉德感到十分生气。他得出的结论是，美国没有全心全意地保护其盟友在中东地区的安全和利益。"那就让我来做吧！"波拉德心中作出了决定。他想当一名潜伏在美国的以色列间谍，这种愿望越来越强烈。

波拉德有这种想法，老天也乐意成全他。不久他的机会就来了！

秘密接头　首供惊人

1984 年的一天，波拉德的一位朋友在和他谈话时，无意间提到认识以色列空军上校阿维姆·塞勒。波拉德一听塞勒这个名字，立即来了精神。因为他关注以色列的事，知道这个人是犹太人心目中的大英雄。作为以色列空军的高级军官，塞勒屡立战功。他一生中最辉煌的事情，是参与1981年旨在炸毁伊拉克核反应堆的"斯芬克斯"行动。波拉德非常兴奋地对这位朋友说，他想见塞勒，希望他帮忙引见。

波拉德认为，像塞勒这样的高级军官肯定认识以色列的要员，通过他可以和以色列高层接上头。他的这位朋友问他，为什么迫切想见塞勒？他回答说："我是以色列人，他是我崇敬的民族英雄。"也许是被他的话所感动，朋友最终答应帮他这个忙。

在波拉德的催促下，那位朋友终于帮他联系上了以色列的英雄塞勒。塞勒当时已经退役，正在纽约大学学习，主攻电脑课程。当塞勒听说想见自己的是个美国情报人员时，他出于一种本能的防卫意识，没有立即答应与他见面，而是十分谨慎地立即将此事报告了以色列驻纽约的领事馆。

以色列方面对此事高度重视，立即让其谍报组织摩萨德对波拉德进行认真审慎的甄别查验，以便证实这个自称为以色列人的"爱国者"到底是真的爱以色列，还是美国方面设下的陷阱。这个过程不是一天两天就能完成的，所以直到这一年的5月，塞勒才拿到上级同意他与波拉德会晤的书面文件。

5月29日下午，波拉德终于等来了与塞勒见面的时刻。两人在电话里定好了见面时的暗号，约在一家酒吧单独会晤。见面之后，波拉德对塞勒印象非常好，正是这种一见钟情式的好感，使他心情特别好，他拉住塞勒的手说："我希望我们能成为好朋友，因为我也是犹太人，一直希望为自己的民族做点有益的事情。"塞勒被他的真诚所感染，他相信了波拉德，笑着回答他说："认识你我也很高兴。你放心，我会配合你，让我们一起为我们的民族尽力。"

看到对方没有一点架子，波拉德兴致更高。他很快把话切入正题，直截了当地对塞勒说："虽然美国和以色列是盟友，但你们不知道美国有多少重要的情报没有提供给以色列。我可以帮助你们！就算冒再大的风险，我也要为犹太民族工作。"还没等塞勒问他如何提供帮助，他就主动详细地介绍了他可以接触到的机密情报。末了，波拉德再一次表示：他愿意为以色列政府充当间谍，而且希望马上投入战斗。

初次见面，波拉德就像是多年的老朋友，毫无保留地向塞勒抖落了一切。这种太露骨的表白，反而让塞勒对他有点不敢完全相信。塞勒担心，对方是不是美国情报部门抛出的诱饵，但从为国家服务这一点出发，他又不愿错失这个机会。于是塞勒友好地对波拉德说："我记住了你的一片真心，其他情况我们下次见面再谈。"分手时，塞勒要他在下次见面时，带一点有分量的情报来看看。波拉德心里很清楚，这是对他的考验。

波拉德问："您认为什么样的情报才是有分量的呢?"

塞勒回答说："我希望下次见面时，你能帮我们搞到美军指挥中心的一份作战图。"塞勒还要求波拉德把住址附近的公用电话号码告诉他，他则用希伯来语将这个电话编了代号，这样既不会暴露，又便于日后与波拉德联系。对此要求，波拉德全都接受。

波拉德走后，塞勒立即将这次会晤的情况通过秘密渠道向位于以色列特拉维夫市的空军司令部作了汇报。随后他又将情况告诉了以色列技术情报机构"拉卡姆"（又叫"科学联络局"）的负责人、代号为"老头"的拉菲尔·艾坦。

艾坦不敢怠慢，也赶紧向上级作了汇报。美国和以色列的关系一向比较紧密——美国是世界上第一个承认以色列的国家，也是以色列的战略盟友。尽管如此，美国和以色列双方依然互派间谍。美国中央情报局将特工秘密安插在以色列的核工业部门，最终被以色列的反间谍机构发现。既然你能做初一，我为什么就不能做十五呢？因此以色列也想在美国多安插一些间谍。现在有人主动送上门来，岂有置之不理的道理?

根据美国和以色列的情报互享协定，两国在中东地区的情报是完全共享的。但事实上，美国却向以色列隐瞒了许多重要的情报，尤其是像约旦、沙特阿拉伯这样亲美国家提供的情报。因此，以色列特别需要培养一个能潜伏到美国核心部门的超级间谍，以获取那些特别重要而又被美国蓄意隐瞒的情报。

"拉卡姆"可不是以色列的一般机构，其负责人是摩萨德的老前辈、反恐怖专家拉斐尔·艾坦，他把招募波拉德的任务交给了塞勒上校。

紧接着的1984年6月，黎巴嫩首都贝鲁特发生了一起震惊世界的恐怖事件：一辆汽车引发的爆炸，造成了241名驻黎巴嫩美军官兵的死亡。美国政府对此震怒了！美国民众的反恐呼声越来越高。在这种背景下，美国政府采取了相应的措施，建立了"反恐主义警备中心"，专门对付针对美国的恐怖事件。这个中心离不开情报工作，美国情报机构便选派了为数不多的特工成为它的情报人员，波拉德有幸成为其中的一员。

进入反恐怖主义警备中心工作后，波拉德与他想从事的间谍职业更加紧密。这个中心的主要工作是搜集恐怖袭击的事实、线索和传闻，查清可能遭受恐怖分子袭击的目标和潜在的袭击者、支持恐怖分子的团伙和个人等等。反恐既然成为美国人的重中之重，美国对于这样的机构也就给予了特别的支持。在这个中心，波拉德不仅拥有一台可以与美国情报系统数据库联通的计算机，有权借阅各种机密文件，还拥有接触更高级"封闭性机密材料"的许可证。此外，他还拥有一张信使卡。这张特殊的卡也是一种证件，使他可以进入华盛顿特区的机密档案馆并将需要的文件带回办公室进行分析。

现在波拉德可以接触各种机密材料了，他想到为以色列服务这件事上来。7月7日傍晚，波拉德主动打电话给塞勒，约他到一家叫"夜莺"的酒吧见面。这次波拉德给塞勒带来了很大的惊喜，他不仅带来了塞勒想要的美军指挥中心作战图，还带来了47份绝密资料。塞勒大喜过望，当即拍了拍波拉德的肩膀，夸奖说："你真是好样的，不愧是我们犹太民族的优秀儿女！"

波拉德面露自豪之色，说这是他应该做的。他第一次提供的情报就超乎他人的想象。他提供如此多的机密情报，目的就是要向以色列人展示一下自己的实力，让他们今后不敢小看自己。原本塞勒的上级曾指示他，不能轻易从波拉德手中接过资料，以防这是美国情报部门设下的圈套，落下把柄。但是塞勒看到这么多有价值的情报，对波拉德彻底相信了。接着，他把波拉德带到摩萨德设在美国的一个秘密联络点。

这里是以色列谍报机构一个重要的据点，设备非常齐全。来到这里后，塞勒认真检查了波拉德带来的资料，查验之后他感到震惊。资料中有些照片是以色列在空袭伊拉克的核反应堆前，从空中摄下的反应堆的详细照片，而这次空袭就是塞勒亲自指挥的。

看完所有资料后，塞勒勃然大怒，拍着这些资料叫道："美国佬有这么多重要情报没有提供给我们，作为战略盟友真是太过分了！"波拉德附和说："是呀，盟友怎么能这样呢！不过这是美国人的一贯做法，他们不可能按协议约定把有用的侦察照片全部提供给以色列。"

重金笼络　誓言效忠

波拉德特别喜欢以色列，又在美国军方的情报部门工作。塞勒便决定把波拉德紧紧笼络住，让他为以色列服务。大凡当双面间谍的人，总有某种目的，要么为钱，要么为其他事情。因此，塞勒装出一副很感激的样子，对波拉德说："波拉德先生，谢谢您为我们提供了这么多有价值的东西。我们感谢您，也不能让您白干。您有什么样要求，比如需要多少活动经费，您尽管提出来。"

波拉德听了塞勒的话，坦诚地回答："我只想为以色列的犹太人服务，没想过要什么报酬。"这确实是他的心里话，因为他爱以色列，有浓厚的犹太情结。既然如此，塞勒也就不客气了，他说："希望我们今后还能合作，长期为我们的国家服务。"波拉德表示，自己虽然是美国人，但更爱以色列，甘愿成为她的一名间谍。

想不到波拉德如此爽快，塞勒紧紧地握住了他的双手："谢谢你的真诚，以色列会感谢您的。"以色列接纳了这名双重间谍，以色列情报机关给波拉德的代号为"猎马"。临分手前，双方约定了以后接头的新办法。

波拉德的努力得到了以色列国防部的重视，他们专门为他成立了一个小型间谍机构，直属特拉维夫国防部。从此，波拉德真正成为一名隐藏在美国的以色列间谍。他一改过去喜欢说谎的毛病，全心投入谍报工作，全方位展开情报的收集工作，许多绝密文件经过他的手送到了以色列情报机构。这其中包括苏联最新运到叙利亚的一批武器的详细材料，以及美国政府提供给以色列的关于苏制武器的详细材料，还有美国政府提供给以色列的关于苏制武器的情报手册中，因某些原因而删去的某些文件或照片。

没过多久，波拉德又搞到了一些重要情报，其中有埃及、约旦、沙特阿拉伯最近购买武器的详细清单，伊拉克正在设法研制核武器的情报，叙利亚正在发展超强杀伤力的化学武器等材料。

由于波拉德工作非常卖力，工作成效也很不错，他很快就得到了以色列情报人员的信任。尽管他自己说不需要报酬，但以色列方面还是给了他不少报酬。他们给他提供了数万美元的活动经费，还送给他不少贵重礼品，其中一套住房，价值 82500 美元。

　　以色列方面不仅给他提供美金、住房，还为他出去旅游买单。有一次，塞勒鼓动波拉德带女朋友安妮去法国旅游。在一家豪华的珠宝店里，安妮看中了一枚价值一万多美元的大蓝宝石戒指，塞勒毫不犹豫地替她付了款。这实际上成为以色列政府送给他们的订婚礼物，但塞勒给他们留的纸条上则说是摩萨德头目"乔大叔"送给他们的，以防华盛顿有人会怀疑她怎么能有这样珍贵的东西。还有一次，当塞勒得知波拉德准备8月份带女友去意大利威尼斯旅游，要在那里住上三个星期，他当即表示："经费从我们这里开支。"

　　拿了钱，就得替人办事。每次塞勒同波拉德见面，都会布置一些任务给他。在提出具体要求的同时，塞勒总是声称："我们会对你的安全绝对负责！"在以色列人不断地满足波拉德和女友的要求之中，波拉德也拼命地为以色列的情报机构效力，与美国有关的情报源源不断地被传送到以色列人手中。

　　1984年10月，波拉德时来运转，他在反恐怖主义警备中心的职位得到了提升。随着官职的升迁，他能接触到的机密等级也随之提高。他高兴地打电话给塞勒："我升职了，现在可以接触到美国情报网络里几乎所有的文件，甚至可以借到美国间谍卫星拍摄的照片。"听他这么一说，塞勒也很高兴，表示祝贺。但是波拉德接着又说："不过有点小小遗憾，由于计算机终端不能复制，卫星照片等机密材料我只能调阅一两天。"

　　"这就够了！"塞勒懂得间谍卫星拍摄的照片的价值，因为这不是一般的国家能拍摄到的。三年前他带领轰炸机中队袭击伊拉克的核反应堆之前，美国就提供过间谍卫星拍摄的照片，帮助他们确定准确的目标。一般情况下，美国情报机构是不会轻易提供这些关键情报的。现在有了能接触到这些重要东西的波拉德，以色列人就多了一个重要情报的来源。

　　为了对波拉德的升职表示祝贺，同年11月，摩萨德出钱让波拉德带女友安妮乘飞机前往法国巴黎度假。当波拉德和女友到达法国后，在巴黎街头"突然"碰上了塞勒。塞勒对波拉德说："我已经完成了在美国的学业，以后要回到以色列本土工作了。但是，我们还要继续为国家出力。我这次来巴黎见你，就是要给你介绍一位新的联络人。"

　　在塞勒的安排下，波拉德和新的接头人见了面。这位情报协调官叫约西·耶格，是以色列拉卡姆驻纽约领事馆的科技领事，享有外交豁免权。

　　在这次巴黎之行中，还有一件让波拉德特别开心的事，那就是见到了他心中的偶像拉菲·艾坦。艾坦是以色列谍报战线上的传奇人物，波拉德听说过不少有关他的传奇事迹。少年时代的艾坦就干过奇袭异邦、绑架人质的事件，成为以色列特工头目后，更是声名在外。波拉德一直想见一见这位传奇人物，没想到这次能如愿以偿。

塞勒告诉波拉德，艾坦是他们整个行动的指挥官。听了这句话，波拉德更是由衷地高兴。精兵需要强将指挥，以色列情报部门让艾坦来领导他，波拉德有一种安全感。

接着，塞勒、耶格和波拉德研究他们下一步的行动计划。

耶格告诉波拉德，以色列不会让他白干。为了给波拉德提供活动经费，以色列方面决定每月给波拉德 1500 美元现金，以解决他必要的日常开支。同时他们还在瑞士银行为波拉德开立了一个账户，将他的报酬和奖励直接存进该账户。为了安全起见，这些报酬暂不动用，将供波拉德 10 年以后使用。

波拉德见以色列方面为他考虑得那么周到，再三表示感谢。而后他壮着胆子提出了自己的要求："我并非十分看重金钱，我最大的希望是将来能在以色列生活，希望你们能满足我这一要求。"对于他的这一切要求，以色列人当场答应下来。为了给波拉德的谍报工作提供方便，以色列还为他准备好了护照，护照上用的是化名"潘尼·科恩"。波拉德曾无意间透露，他十分崇拜以色列间谍大师埃利·科恩（在大马士革被绞死）。以色列人了解到这一点后，给他的化名便用了那名间谍的姓，以此来博得波拉德的喜欢。

为了笼络波拉德，巴黎之行结束后，以色列方面安排波拉德和安妮去特拉维夫。波拉德对陪同的耶格说，他非常喜欢以色列这片神奇而倔强的土地。耶格兴致勃勃地表示："您是我们的功臣，无论在什么时候，以色列都会张开双臂欢迎您。"波拉德感动之余再次表示，他会不惜一切地效忠以色列。

有人认为，波拉德从事间谍活动的动力在于犹太爱国主义思想和寻求刺激的混合，异国他乡的旅游和秘密酬金更是增强了他这种当间谍的冲动。波拉德从欧洲一返回美国，就匆匆忙忙去上班。每当下班时，他经常拎着一个装满文件和中东地区卫星照片的箱子，来到马里兰州的一栋房子里与耶格会面。

频繁的接触容易暴露身份，不久耶格便对他说："今后为了更加隐蔽一点，我们每个星期五在华盛顿的一座公寓楼里见面。那里有我们的一位秘书，她会热情接待你。"

耶格提到的秘书叫伊里特·厄尔布，她的公开身份是以色列驻美国大使馆的秘书，私底下被安排配合波拉德的工作。在后来一段时间的会面中，波拉德便在星期五露面了，会晤的公寓楼里还有一套特殊的影印设备，这样可以及时将波拉德带来的文件复印一份。再后来，美国方面清查内奸风声渐紧，耶格又改成两周见一次面，具体时间和接头地点临时再约定。

谍报疯狂　露出马脚

为了使波拉德收集的情报更有针对性，以色列谍报人员让波拉德想方设法弄到一份由五角大楼国防情报局编写的情报目录，这样耶格就可以像在菜单上点菜一样由他亲自选定情报内容。

波拉德不折不扣地执行耶格给他下达的任务。他有很多办法，只要他想搞到的情报，他总有办法搞到。在这个时候，他那张"信使卡"起了很大的作用。"信使卡"是华盛顿地区价值最高的通行证，有了它，波拉德可以在中央情报局、联邦调查局、国务院、国防情报局、海军情报局和控制极严的国家安全局等六个机密档案馆借阅文件。他凭此证将与以色列及中东问题有关的情报统统搜罗过来，提供给耶格。

他的这一做法可以说到了疯狂的地步！在他提供的重要情报中，有许多涉及阿拉伯国家，比如关于阿拉伯国家恐怖分子的一些情况、阿拉伯国家的武器交流秘密等，这对于以色列而言是非常有用的。因为美、苏对立，美国方面掌握了较多的苏联情报，如苏联武器的运送和电子通信等，波拉德也把它提供给以色列。仅仅几个月的时间，波拉德为以色列提供了数量惊人的情报。这些秘密材料超过50万页，放在一起可以堆成一座小山。以色列方面的耶格、艾坦等情报专家不停地分析和处理这些秘密情报，经常忙得不可开交，有时甚至难以跟上波拉德的速度。

波拉德提供的这些绝密情报，对以色列帮助非常大。比如，1985年10月1日，以色列的八架单引擎F-16战斗机偷袭了北非的巴勒斯坦解放组织突尼斯总部，造成对方60多人死亡，巴解组织主席阿拉法特因为当时不在家，侥幸逃过一劫。以色列这次震惊世界的行动，正是波拉德的杰作。波拉德对此感到非常自豪，因为正是由他向以色列提供了关于巴解组织总部和突尼斯防空系统方面的情报。此外，以色列战机必须飞越的利比亚领空的防空力量情报也是由波拉德所提供。以色列正是借助这些情报，精心策划了一次突袭并取得了重大收获。这一行动的成功，主要依靠的就是波拉德提供的美国间谍卫星照片。

以色列拥有一支庞大的海军舰队，在四面环敌之中能立足在地中海，在一定程度上是波拉德的情报起了帮助作用。因为波拉德把阿拉伯世界的最新动态，早早上报给了以色列情报部门。以色列方面凭此对其周边的巴勒斯坦、叙利亚、约旦、埃及、伊拉克、沙特阿拉伯，甚至利比亚、阿尔及利亚等国的动态了如指掌，有足够的时间来制定应对策略。

俗话说，"疯狂到头是灭亡"。波拉德疯狂地为以色列搞绝密情报，把大部分精力都投入这上面去了。他把与其工作毫不相干的大量机密材料带回自己的办公室，有时来不及隐藏就暴露在桌上。终于有一天，反恐怖主义警备中心的上司查里·艾吉注意到这一点，对波拉德办公桌上常有一大堆不相干的机密材料产生了怀疑。

艾吉本身就是从事情报与反恐怖的专家，职业敏感使他开始对波拉德加以注意。不久后的一天下午，反恐怖主义警备中心的一位同事又向艾吉汇报："波拉德下班时从计算机中心带走一大堆材料，全是有关中东地区的材料。"此事再次引起艾吉的警觉。联想到在此之前，波拉德曾两次为一些小事撒谎，艾吉觉得这个家伙一定有什么名堂，很可能在干见不得人的勾当。

就在同事检举的第二天，波拉德上午一上班就匆匆离开办公室外出了。他行踪神秘，艾吉都找不到。下午3点钟，他总算回来了，艾吉见到他心里很不快，生气地问道："出去大半天，也不打个招呼，你到哪里去了？"波拉德随口回答说："我哪里也没去，就在楼旁的情报阅览室看材料。"

听了他的回答，艾吉忍不住斥责道："你撒谎，你根本就不在阅览室！"波拉德心中有鬼，看见艾吉真的生气了，不得不承认自己说谎。随即他又继续撒谎说："我是撒了个小谎，可那也是没办法。我收入不高，想找点事情干多赚点钱，于是就溜出去帮人干了点活。"事实上，那天波拉德是干活去了，不过他帮的人是耶格。为了搜集耶格所需要的情报，他悄悄来到另一个机密文件室，将有关利比亚、突尼斯和阿尔及利亚防空系统的资料，以及有关苏联、法国和美国船舰在地中海活动的情报，收集了一大堆来交差。

波拉德自己没在意，但艾吉已经将他的情况向上反映，美国反间谍机关把他列为了怀疑对象。

1985年10月25日，波拉德又带了一大包文件离开办公室。他的同事立即将这一情况向艾吉作了汇报。艾吉认为他这样做违反了保密条例，将此事记在本子上。仅仅过了七天，波拉德故伎重演，又带走了一批文件。艾吉一查，他带走的是有关苏联武器的绝密文件，这次他决定查个水落石出。

艾吉来到一间存放机密文件通信中心室，查看借阅文件的登记本，他惊奇地发现波拉德借阅了大量与自己本职工作无关的机密文件。他通知办事员，以后波拉德不管借阅什么文件都应有他的批条，而且将他来查找的事绝对保密。

11月8日，波拉德又偷偷带走了一些机密文件。他走后，艾吉立即仔细检查了他的办公室，但是办公室的保险柜里什么文件也没有。这时艾吉才感到问题严重，他立即将这一情况向海军反间谍情报官麦卡拉报告，麦卡拉当即下了断言："波拉德是个间谍。"

麦卡拉和艾吉对波拉德的情况进行了认真分析，从波拉德带走大量与中东地区相关的材料以及他是犹太后裔这些情况，他们断定波拉德是为以色列谍报机关服务的。将波拉德列为嫌疑对象后，麦卡拉开始对他上手段。他命令反间谍人员跟踪波拉德，对他实行24小时监控，试图从他身上找到侦破线索。与此同时，他们潜入波拉德的办公室，在他桌子上方的天花板上偷偷地安装了两个监视摄像机，监视他的一举一动。

波拉德不知道自己已经上了黑名单，依旧我行我素地忙碌着。他在美国海军谍报机关里，一方面假装为美方积极工作，另一方面又暗中为以色列摩萨德拼命搜集各类机密情报。

为了安全起见，以色列人为波拉德购买了高价套房作为交易情报的秘密场所。这套高价房装修得非常好，并配备了谍报用的高级设备。在一般情况下，波拉德每周从美国情报部门私拿三次文件，然后转移藏好。到了每周的星期五傍晚下班后，他将这些文件再送到那套高价套房，交给以色列驻华盛顿大使馆秘书伊里特，由他在这里将文件拍摄复制。到了星期天傍晚，波拉德来取走原件，然后偷偷放回办公室，完璧归赵。

11月17日，这是一个星期天。傍晚波拉德像往常一样，来到以色列人为他买的套房取文件。走近房子的大门，他不由得吃了一惊：门没有上锁！当他转开把手仔细一看，却见门锁上的小铁链是挂好的。屋里肯定有人，但是谁这么粗心呢？他断定大使馆秘书伊里特在里面，便高喊他的名字，但是喊了几声都没人答应。第一次遇到这种情况，波拉德不由得紧张起来。一种不祥之感袭上心头。

当天晚上，波拉德回到家后，将自己白天在办公室遇到的情况告知安妮，并同安妮约定："如果我给你打电话，提到仙人掌，就说明我已出事了。你要立即把家中的机密文件全带走处理掉。"

波拉德怀疑自己被跟踪监视了，紧急向以色列情报部门作了汇报。

束手就擒　施计求救

美国反间谍人员也觉察出，波拉德已经知道自己暴露了。经过研究，麦卡拉、艾吉和联邦调查局的特工商定：当机立断，在11月18日这一天逮捕波拉德。

根据事先的布置，由一位办事员通知波拉德去取他星期五预定而没能拿到的文件。波拉德因为急于在晚上会见已约好的以色列人，下午4时许他到警备中心取回了文件。特工们通过在天花板上的摄像机监视着他，波拉德的一举一动被看得清清楚楚。只见他打开包装纸，挑出一些文件装入公文包锁好，并打电话给安妮报平安："我现在回家啦！"

在下午5点的时候，波拉德走出办公室，朝自己的小车走去。这时外面已有四辆汽车在等他，里面坐满了海军调查处和联邦调查局的特工。他刚准备坐进自己的汽车，便有一名波拉德认识的同事走过来对他说："我们回办公室，好吗？"

波拉德心里"咯噔"一下：这下完了！

波拉德被带到在另外一间办公室里。几个特工礼貌而严厉地问他："你公文包里装的是什么？"他知道抵赖不了，如实回答："是重要文件。"特工接着问："为什么要把绝密文件带走？"

波拉德开始狡辩，他说："我想把这些资料送到一个分析家那里，让他分析分析。"正当特工核实此事的时候，波拉德要求打电话给安妮，说是免得让家里人担心。因他尚未被正式批捕，特工就同意了。波拉德在电话中跟妻子说:"见到了我们的好朋友吗？他们要结婚了，记得送上我们的仙人掌礼物，并转达我对他们的爱。"就这样，波拉德通过电话，用约定的暗语告诉安妮出事了。

说来真是无巧不成书。此时波拉德和安妮的老朋友塞勒正在美国访问，他已被提升为空军准将。为此他们本来约好，当天晚上朋友们在一起好好庆贺一下。可是就在安妮准备赴宴时，她接到了波拉德的"暗语电话"。

安妮紧急处理完秘密文件，然后谨慎地走出了大门。由于匆忙，她一出门，就想将装着一大摞绝密文件的手提箱处理掉。于是安妮偷偷将装有文件的手提箱委托邻居送到一个叫"四季旅馆"的地方（那是约定地点），然后去会塞勒。她委托邻居送东西到四季旅馆时，竟然把她和波拉德一册秘密写真影集也交了出去。后来才知道，邻居对安妮的奇怪举止和那个手提箱产生了怀疑，打开箱子，发现全是文件后报了警，于是这箱文件被交到了特工手中。

波拉德那里，美国海军谍报机关对他进行了断断续续的审问，但并未对他进行单独禁闭。波拉德编了不少故事欺骗审问他的人，其中谈到他正在准备揭出一个多国间谍网。

波拉德说要去一趟厕所，审讯人员只得同意。趁看管人员不备，他设法再次挂通了给安妮的电话:"你要速将仙人掌送交朋友。"这是波拉德给安妮又一次暗示:自己遇到了麻烦。

此时，安妮和塞勒在一家中国餐馆吃面。再次接到波拉德的电话后，他们已经感到事情的严重性。塞勒叮嘱安妮，不能在美国会晤了，有机会到以色列特拉维夫细谈。塞勒离开餐馆后，马上回到自己的住处。

晚上11时半，波拉德估计安妮已将文件转移，才同意搜查，一行人到了波拉德家，这时安妮已走，波拉德松了一口气。

安妮和塞勒分手后，也匆匆返回家中，这时她看见波拉德经过初审，已经回到家中。搜查他家的人已经走了，留下话要波拉德明天继续接受审问。夫妻两人知道，外面肯定有人监视，心中都很焦虑。安妮觉得耶格也许会有办法，她提醒说:"我想，我们应该立即找到耶格，他总比我们有办法。"

一句话提醒了波拉德:"对！让他想办法，让我们到大使馆要求政治避难，然后转移到以色列……"他们决定给耶格挂紧急时用的电话，这是最后一条可走的路了。

然而，他们挂去的电话一直是忙音，急得他们不知如何是好。与此同时，塞勒打电话给艾坦，商量是否要救波拉德，但是艾坦似乎没有这种想法。他要求塞勒尽量避开美国人的怀疑眼线，于是塞勒与妻子登上最早的航班离开了美国。

波拉德的暴露，使耶格最担心的事情终于发生了。他一面假装镇静，一面打电话请示上司亚古尔怎么办，怎样才能帮助波拉德、安妮逃走。然而亚古尔的回答使他很吃惊："我们从来没有帮助波拉德、安妮逃走的计划。"并在电话中指示，要求耶格、塞勒立即逃离美利坚国土。

波拉德和安妮没有联系上耶格，便趁监视他们的人不注意，匆匆跑到一家咖啡馆，在这里他们打通了亚古尔的急用电话。亚古尔问他们，美国情报机构是否知道他们与以色列的关系？他们回答："应该还不太清楚。"于是，亚古尔让他们尽量拖时间，说以色列方面会想办法帮助他们。

11 月 19 日，波拉德和安妮待在家里，等待以色列派人来救他们。可是令他们失望的是，等了半天也没有任何动静。无奈之下，波拉德只得自己去海军调查处，继续接受讯问。在接受审讯时，他找借口说要到办公室去一下，实际上是想到外面活动想办法。他的这一要求没有得到满足，使他深感失望。当天的讯问结束时，审问人员通知他："明天你还得来，继续接受讯问。"波拉德无精打采地点了点头。

19 日当晚，波拉德、安妮又去了咖啡馆，他们的行踪已在美国情报部门的监视之中。但他们还抱有侥幸心理，再次给以色列方面的上司亚古尔挂电话，寻找救星。这次电话虽然通了，但是响了半天也没有人接。心里凉了半截的波拉德对安妮说："看样子所有和我们联系的人都已经转移了。"

第二天，当塞勒离开美国安全到达伦敦后，一脸苍白的波拉德却不得不回到审讯室里，继续接受越来越严厉的盘问。波拉德一面继续与联邦调查局特工周旋，拖延时间，一面仍然幻想以色列人前来解救他们。在这方面，以色列有过不少先例，比如 1965 年，成功打入叙利亚并成为叙利亚总统密友、国防部长人选的以色列超级间谍科恩被捕后，以色列拿出十几个叙利亚间谍和百万美元赎他，最后还动员教皇、英国女王、叙利亚总统私人医生等为他说情。

后来，波拉德承认自己偷走机密文件并用以出售，但他否认卖给了某个政府或者国家。在整个审讯过程中，波拉德非常忠诚地遵照他主人的命令——绝对不得提起以色列。波拉德称文件卖给了他的一个朋友，而他并不知道文件的用途。"或许他们是用于帮助阿富汗的自由战士？"波拉德装起了糊涂。

然而，波拉德夫妇没有等来以色列搭救他们的人。当他们认为这一切都是空想时，认为唯一的办法就是去以色列大使馆要求政治避难。波拉德相信，只要到了使馆，他们就有办法到达以色列，在那里安居乐业，重新开始崭新的生活。

12月21日，正值圣诞节前夕，华盛顿的大街小巷都沉浸在浓郁的节日气氛中，波拉德夫妇决定为自己的命运作最后一次挣扎。一大早，波拉德就驾驶着那辆五成新的绿色野马车外出，在街上东兜西转，试图摆脱特工的跟踪，最终来到了以色列使馆。

前面正好有大使馆的汽车，他们跟在后面开了进去。两个警卫立即上前盘问，不让他们进入大使馆。波拉德已经感到美国的反间谍特工正在逼近自己，因此故意驾车撞向以色列驻美大使馆的大门，造成一起车祸假象，借机逃到使馆内申请避难。可是，当"车祸"发生后，以色列使馆的保安人员却不让波拉德进馆。一名以色列卫兵打开冲锋枪的保险，毫不留情地把波拉德夫妇逼到禁区之外。波拉德说他是为以色列工作的特工，要求政治避难。这时使馆已经被坐满特工和警察的十多辆汽车包围。使馆卫队长接到命令，要求立即让闯进来的人离开。他面无表情地对波拉德夫妇说："你们必须立即离开这里！"

波拉德认为以色列不会抛弃他，因为他对以色列功勋卓著，但得到的答复是："不管你是谁？你必须出去！"情急之下，他只有亮出自己的间谍身份，并透露了几个联系人的名字。波拉德知道出去就会被捕，他苦苦地哀求对方，但警卫官还是不理他这一套，仍然强令他出去。

以色列为了维持美以之间的特殊关系，毫不犹豫地抛弃了曾经为他们卖命的波拉德。此时波拉德恨得咬牙切齿：以色列人也太不仗义了！没有办法，他只好从使馆里出来。他和安妮一出使馆，就只好束手就擒……

石惊大浪　美以较真

波拉德夫妇被捕，一石激起千重浪。波拉德间谍案成为当时美国国内发生的"最大的以色列间谍案"。然而有趣的是，据悉在他被逮捕时，他的上司正准备提拔他担任美国海军反间谍局的中东组组长。

对于挖出这只隐藏在美国核心情报部门的以色列大鼹鼠，美国方面当然感到恼怒和屈辱：以色列这个每年要靠美国30亿美元喂养的"忠实盟友"，现在居然敢忘恩负义，利用美国的情报人员对美国搞起间谍活动来了！

波拉德被逮捕三天后，美国国务院发言人在新闻发布会上宣布："美国政界人士十分震惊和沮丧地得知了波拉德所犯下的叛国罪行，他的间谍活动与以色列有关不在美国搞任何情报活动的承诺和政策完全是背道而驰。美国国务卿舒尔茨为此事件受到了总统的严厉指责。"

波拉德间谍案的揭露，对以色列来说就更为难堪了，因为它既难以否认此事，又无法挽回，可谓进退两难。几个从事间谍活动的以色列人早就离开了这里。当耶格等人回到以色列后，从新闻报道中得知波拉德已经被捕，而且是在以色列驻美大使馆门口被带走的。他们知道这将严重地损害以色列和美国的关系，尤其是损害了美国中央情报局和以色列国防机构的关系。以色列被迫承认他们与波拉德被捕事件有牵连。几天后有关方面透露，拉卡姆对此负有责任。

以色列总理向美国国务卿正式道歉，说此事是"下级情报官员仓促决定并实施的，以色列政府始终蒙在鼓里"，并表示同意接受司法部调查小组赴以色列就波拉德间谍案进行调查。

1985年12月12日，调查小组抵达以色列正式开展调查工作。美国这些调查人员在以色列有很大的行动自由，甚至可以随意向那些被他们怀疑是波拉德后台的人提问。

以色列方面则在调查小组的要求下，撤销了那两个充当联络人的科技参赞所在的科学联络局，并恭恭敬敬地交还了波拉德窃取的部分机密文件（后来报道，以色列只退还给美国165份）。

由于以色列方面如此"精诚合作"，美国方面甚为满意，很快结束了在以色列的对波拉德间谍案的调查。

但是事情并没有到此结束，因为波拉德还在美国的牢狱中，美国联邦调查局对他的调查还远远没有结束。波拉德在狱中得知自己的妻子也因"同谋罪"被捕以后，有一种深深的被出卖感。既然你对我不仁，也休怪我不义，他索性将所有窃取美国秘密情报的活动和盘托出，而这是以色列始料不及的。

据波拉德供称，他是为钱才去为以色列充当间谍的，以色列情报部门为此每月向他提供 2500 美元的活动经费，并答应在瑞士银行分 10 年为他存入 30 万美元的存款。此外，以色列还按质论价，为他提供的每份情报都付出一笔相当可观的额外酬金。到波拉德被逮捕时为止，他已为以色列情报部门工作了 18 个月。在这期间，他向以色列提供了数千份机密情报，许多是绝密情报。其中有一部分是亲美的阿拉伯国家的军事情报，包括约旦、埃及和沙特阿拉伯，其中包括美国在整个中东地区的特工的名单。

波拉德间谍案的披露，震惊了美国朝野，美国国务院与司法部也开始暗中较劲。美国国务院为了不使与以色列关系复杂化，希望将此事大事化小，小事化了，至少保持沉默。但美国司法部却不想这么干，它在联邦调查局的支持下反其道而行之，不断为媒体提供本案的有关素材，直至把波拉德间谍案炒得沸沸扬扬，令有关部门骑虎难下。

1987 年 3 月，波拉德站在法庭上，接受美国联邦法院的审判。

从被捕到上法庭期间，波拉德在拘留所中还一直期望以色列至少为他说几句好话。但是美以政府协商后的结果是，美国将起诉波拉德，以色列将把波拉德向他们提供的所有文件交还给美国。获知这些情况后，波拉德对以色列方面彻底失望。在无助的情况下他来了个 180 度转变，把自己当间谍所干的事情全盘托出，告诉美国反间谍部门。他的这种一反常态的做法，是想换取美国方面的谅解而得到从轻处罚。

法庭上，控方律师指控他犯有叛国罪，对此波拉德始终不予承认。他认为美国与以色列是非常好的盟友，他提供一些情报只是为了帮助美国的盟友，并不是帮助美国的敌人。波拉德为自己辩称："在被拘留的日子里，我反省了自己的行为。任何幻想、借口都无法为违法的行为正名。但是，如今我以合法的手段对我之前的行为加以补救。我希望我的悔过可以换来从轻发落。我辜负了国家对我作为一个公民的信任，但我从来没有想过要损害国家的利益。我是一个具有爱国心的美国人，同时也忠诚于以色列。此外我感到遗憾的一点是，我当间谍时接受了报酬，但是个人利益从来不是驱使我的动力。"

控方律师在结案陈词中说："我知道许多人都认为仅仅因为美国和以色列的关系，就足以作为波拉德减刑的理由。诚然，以色列从来就不是美国的敌人。但是波拉德的行为非常严重，谢天谢地，幸好还没有造成巨大的伤害。但如果说波拉德认为只要不是把情报提供给苏联就不会使国家蒙受损失的话，那么这是伪饰；如果他希望借着把自己美化成一个伟大的犹太爱国者而为自己的行为辩护的话，那么这是欺骗。与此同时，在这神圣的法庭上，法律的尊严也要得到应有的维护。"

就在波拉德间谍案被曝光后，当时的以色列国防部长宣称，20 世纪 70 年代末到 80 年代初，以色列发现了不下五个美国间谍并被驱逐出以色列，但是为了维护美以间的友好关系，他们都没有受到以色列的起诉和囚禁。言下之意是，美国人不要太较真。

尽管波拉德与美方相当合作，但他得到从轻发落的梦想最终还是破灭了。1987 年 3 月 4 日，他被美国法院判以终身监禁。他的妻子安妮也没有逃脱法律制裁，因为参与丈夫的间谍活动，安妮被判五年监禁。

终身监禁意味着波拉德要在监狱中待到死。听到这个判决，波拉德如同被打了一记闷棍，半天也没回过神来。法庭内的许多人都惊呆了！就连许多国际问题观察家也感到意外。因为人们本以为波拉德最多被关几年，从来没有一个盟友的间谍被判刑超过 14 年的。特别是在宣判前，美国司法部已经明确表示，不会判他终身监禁，毕竟以色列是美国的重要盟友之一。

很多人认为，波拉德被判终身监禁，很大程度上是受美国国防部长温伯格的影响。他向主管法官提交了一份长达 40 页的备忘录，详述波拉德给美国安全造成的损失，并称："允许以色列加强军事力量，会使中东地区更加不稳定。"

在这份备忘录中，温伯格写道："波拉德的罪行异常恶劣，他对美国国家安全所造成的损害已经达到了无以复加的地步。"波拉德的律师和支持者则反驳说，波拉德受到的惩罚远比他犯下的罪行要重得多。

波拉德所犯之罪到底给美国带来多大的损失呢？据 1987 年 6 月 1 日出版的《美国新闻与世界报道》杂志披露，波拉德窃取的情报资料包括：美国对设在突尼斯的巴解总部的空中侦察绝密资料；美国军队的军事密码；利比亚防空交流的工作效率；美、法、苏的舰艇调动情况；叙利亚和伊拉克的化学武器生产情况；苏联向阿拉伯提供的导弹、军火和原料情况；巴基斯坦的原子弹生产计划；美国的导弹系统和军舰位置；中东地区美国情报人员的掩护身份；阿拉伯国家的军事部署和实力，特别是约旦和叙利亚的防御措施等。这些绝密资料都是波拉德从美国联邦调查局、国务院情报与研究局、国防情报局和国家保密局以及海军情报机关绝密档案中窃取提供给以色列摩萨德的。

难怪美国国防部长温伯格惊呼：波拉德间谍案对美国造成的损害，可以与沃克家族间谍案相提并论。

此后，以色列方面为争取波拉德早日获释而奔波。1987年，以色列政府企图用成为美国间谍的本国军事情报官阿米特少校来交换波拉德，但作了不少努力，最终没有成功。

绝不言弃　博得承认

波拉德入狱后，他的妻子及美国犹太人社团为使波拉德获释做了大量工作，但终因以色列政府的态度明确——不能影响与美国的盟友关系，所有努力只能是泥牛入海，没有消息。

此后，波拉德的妻子与他的律师迈出了解救波拉德出狱的第一步，他们努力使波拉德获得以色列国籍。狱中的波拉德委托律师，向以色列高等法院递上一纸诉讼状，痛陈自己对以色列的忠诚，控诉以色列政府对他的不公正待遇，强烈要求得到政府的正式承认。

以色列总理内塔尼亚胡本来就非常同情波拉德，得知此事后他成立了一个特别委员会，调查波拉德间谍案的真伪。经过调查，特别委员会认为波拉德确系为以色列服务的情报人员，因此作出决定：波拉德是以色列间谍。

委员会的决定代表了政府的态度，这个决定一宣布，以色列国内一片哗然。其中工党议员纳西·贝林的反对措辞最为激烈，他认为政府的这一决定会损害以美友好关系，这是很不明智的愚蠢行为。言下之意是，是波拉德个人重要，还是以美关系重要？但是以色列国内大多数人同情并支持波拉德，内塔尼亚胡政府在国内及美国犹太社团的推动下，早已下决心向美国施压，以便帮助波拉德免除牢狱之苦。

然而，要做通美方的工作并不是件容易的事。美国方面宣布：波拉德泄露情报给美国造成很大损失，波拉德放不得。以色列的承认固然给波拉德带来一线希望，但他真正要离开牢狱，却是难上加难的事。

到了1988年，波拉德终于时来运转。这一年，以色列情报部门终于公开承认，波拉德是他们的间谍，这是令波拉德特别高兴的事，也是波拉德人生的重大转折。承认了他的以色列间谍身份，许多以色列高官便可以到囚牢里

探望波拉德。他们在探望波拉德后，被波拉德对以色列的忠诚所感动，纷纷
要求美国释放波拉德。

1990 年，波拉德与妻子安妮离婚。离婚后他并不孤独，有很多同情和支
持他的人经常去看望他，为他鼓气。而后他与一个叫伊丝特的加拿大人产生
感情，共坠爱河。伊丝特是波拉德最忠实的支持者，也是一个正统的犹太人。
也许正因为这一点，他们走到了一起。

波拉德成为以色列历史上最有价值的间谍，也是美国对盟友间谍判刑最
重的一个。许多同情波拉德的人，包括美国的犹太人纷纷为波拉德的判刑感
到不满，他们长期以来一直在争取为波拉德减刑。为了使波拉德获释，以色
列在游说上已花了 200 万美元。

1996 年 7 月，波拉德要求获得以色列国籍的申请被以色列最高法院批准。
波拉德获得以色列国籍，从此便成了以色列人。1997 年 4 月，波拉德又请求
以色列最高法院判定他为以情报人员，并正式承认他在以情报部门所起的作
用。内塔尼亚胡政府认为，波拉德是以色列无可质疑的爱国者，为此一直要
求美国释放波拉德，允许他移居以色列。

1997 年，以色列最高法院判定他为以色列特工，这使得他的身份有了法
律上的依据。

1997 年底的一天，以色列每家每户的收音机都调到了同一波段，他们在
收听波拉德的妻子在以色列电台公布的波拉德与她的一段电话录音。广播中，
波拉德正向年轻的妻子述说自己的委屈：12 年前，作为一名激进的犹太复国
主义者，他利用美国海军情报分析员的身份向以色列提供了大量绝密材料。
可当事情败露时，他却遭到了祖国的欺骗和抛弃，如今只能在远离亲人的牢
房中了此残生。他为自己一腔爱国热情得不到回报而绝望。他说："任何以色
列公民都可能因为爱国行为而落到我今天的境地！"这段电话录音在以色列
引起了强烈的反响，一时间，这个关押在美国的阶下囚成了家喻户晓的人物，
人们常常可以听见这样一个名字——波拉德。

新闻媒体披露的内幕更使波拉德成了家喻户晓的英雄，博得了社会各界
人士的普遍同情。犹太社团为了能使波拉德重见天日而多方奔走，但美国政
府仍然对波拉德泄露情报造成的巨大损失耿耿于怀，坚决不同意释放波拉德。
当时的国防部长温伯格就曾私下说，波拉德应该被绞死或被枪毙，因为他给

美国造成了将近 10 亿美元的损失。

波拉德间谍案一度使美国和以色列关系陷入低潮，至今依然是美以之间的一个大疙瘩。据透露，为使波拉德获释，以色列不仅在游说上花费了巨额资金，而且在几乎所有和美国交往的场合，以色列领导人都不忘呼吁释放波拉德。但鉴于波拉德事件对美国情报工作的危害，对于以色列的百般央求，美国方面始终不予理会。

以色列方面为了救自己的特工一向不惜一切。1998 年 2 月，一名以色列特工在瑞士一所公寓内安装电话窃听器时被当场逮捕。为了使该特工回国，以色列总理内塔尼亚胡除了不顾面子向瑞士道歉外，还为其支付了 200 万美元的保释金。狱中的波拉德听说此事后，对以色列政府和总理内塔尼亚胡抱以厚望。

1998 年 5 月，以色列内阁秘书还专程来到美国，探望在狱中的波拉德，并将内塔尼亚胡总理写的"你并不孤独"的一张字条，交给了波拉德。

没过多久，在当年的巴以领导人怀伊会议上，以色列总理内塔尼亚胡试图把释放波拉德作为一个谈判条件。在这次巴以和谈期间，内塔尼亚胡再次向美国总统克林顿要求，释放波拉德，以减少以色列国内对他本人的压力。克林顿说，只要你签署了协议，此事就可办到。为此内塔尼亚胡准备签署协议，但就在签字仪式前，美国突然变了卦，说美国不会释放波拉德，内塔尼亚胡大为恼怒，拒绝在和平协议上签字。于是美以双方又经过紧急磋商，终于在波拉德问题上达成了一致意见，最终使以色列在巴以和平协议上签了字。为此，克林顿差点就批准了有关放人的协议。可就在克林顿考虑答应这一要求时，中情局局长特内特站出来强烈反对，威胁说，如果波拉德被释放或者减刑，他立刻辞职。于是克林顿打消了这一念头。

1998 年，波拉德正式获得以色列国籍。此后，几乎在所有和美国交往的场合，以色列领导人都会就波拉德的事做工作。时至今日，以色列又把攻关重点放在了美籍犹太人身上，希望通过他们向美方呼吁：身为犹太人并有以色列国籍的波拉德是个爱国者，不应以美国的叛国罪来惩罚。

力求减刑 功亏一篑

2000 年在美国总统克林顿卸任前几天，有最后一次总统大赦，波拉德对此抱有一线希望。很快，美国政府宣布特赦 140 人，但波拉德并不在释放的名单当中。此后他不断上诉要求减刑，以求早日获得自由。

据悉，从 1987 年至 2003 年的 16 年间，波拉德一直被关在北卡罗来纳州的联邦监狱中，先后有多名以色列高级官员前往监狱探望波拉德。2002 年，以色列总理内塔尼亚胡就曾以个人身份来美国监狱探视过波拉德，而波拉德本人一直在努力提出上诉，要求减刑。

2003 年 9 月 2 日，华盛顿地区法院举行听证会，讨论是否接受波拉德多年来要求减刑的上诉。随着波拉德及其支持者多年来的减刑要求被再度提起，美以之间貌似亲密的盟友关系、美国国内犹太人和反犹太人之间的矛盾也再度成为焦点。

纽约州民主党议员安东尼·威纳长期以来都呼吁，应当对波拉德网开一面，从轻发落。美国情报部门官员则认为，波拉德的间谍身份非常明确，重新评估他的刑期完全是在浪费时间。

美国情报和司法机构官员透露，种种迹象表明，在波拉德偷偷交给以色列的大量情报中，有许多是高度机密的卫星照片，但是它们最后辗转落到了美国在冷战时期的死对头——苏联手中。还有许多证据表明，波拉德接触过巴基斯坦、南非以及其他一些愿意出高价购买机密情报的国家。因此，美国情报官员认为，波拉德从事间谍活动的目的很简单——不是爱国，而是为了钱，因为他不是只给以色列一个国家提供情报。

在此之前，波拉德及其支持者多次上诉均被法庭所驳回。后来，波拉德及其支持者又把希望放在布什政府的身上。听证会将讨论是否接受这位 49 岁囚犯多年来的减刑请求。在 2003 年 9 月 2 日举行的听证会上，波拉德宣称，检察官曾经许诺，只要他主动交代认罪，就可对他从轻发落。然而，波拉德要获得释放却没有那么容易，因为他将太多的情报出卖给了以色列。负责调查波拉德的美国前情报官认为，波拉德是美国的叛徒，以色列如果愿意向美国提供波拉德情报的所有细节，那么波拉德才可能获得减刑，甚至释放。尽管波拉德全力配合，但最终检察官违背了诺言，仍然给予他最严厉的惩罚。

2003 年 9 月 3 日，美国《华盛顿邮报》《纽约时报》等较有影响力的报纸均在显著位置报道了一则消息：曾经轰动一时的波拉德间谍案主角波拉德已再次要求美国法院减少他的刑期，并准予其保释，赴以色列居住。

高墙内波拉德度日如年，恨不得马上出来。转眼到了 2006 年 3 月 26 日，在美国"阿尔伯克基"号核攻击潜艇上服役的士兵温曼，在达拉斯的沃斯国际机场入境时被捕。由于温曼是美海军通报的逃兵，海关立即通报联邦调查局和海军调查局。通过对温曼所携行李搜查发现，他携带了 U 盘和一本记有神秘符号的笔记本。海军专家在对 U 盘和笔记本检查后吃惊地发现，上面记录的全是美国最新核潜艇的绝密情报！后经审讯获知，与温曼联系的以色列特工，正是过去与波拉德联系的亚古尔。

据英国《卫报》2010 年 9 月 20 日报道，以色列试图用在与巴勒斯坦谈判中作出让步的方式换取美国释放一名为以色列充当间谍而被判处终身监禁的美国人。以色列准备作出的让步包括延长定居点建设冻结令。然而，这次交换依然没有取得成功。

安妮早已刑满释放，波拉德迄今仍在美国服刑。狱中的波拉德曾写信给内塔尼亚胡，希望得到内塔尼亚胡的帮助。2010 年 12 月 21 日，内塔尼亚胡正式请求美国总统奥巴马释放波拉德。内塔尼亚胡告诉议会议员，不久前他曾接到波拉德来信，在信中请求他公开呼吁奥巴马释放自己。

2011 年 1 月 4 日，内塔尼亚胡再次致信奥巴马，希望美国政府释放已经服刑 25 年的波拉德。美国国务院发言人菲利普·克劳利说，美方会考虑以方的请求。不过，美联社分析认为，以色列与巴勒斯坦的直接谈判破裂，致使美以关系冷淡，美国政府不可能批准释放波拉德的请求。后来的结果，不出美联社所料。

由此看来，超级间谍波拉德寻求的自由之路不会平坦，也许还有很长很长的路要走。

1994年2月21日，对于美国中央情报局官员奥尔德里奇·埃姆斯来说，是一个永生难忘的日子！这天上午10点半左右，他西装革履，打扮得体地从阿灵顿市郊的豪宅中出来，准备开着那辆豪华的"美洲豹"去中情局兰利总部上班，就在他准备启动汽车时，一个似曾相识的身影出现在他面前："我是联邦调查局的莱利斯·怀特，你因涉嫌间谍案被捕了！"接着，怀特向他出示了逮捕证，怀特的部下将瘫倒在车内的埃姆斯拖出来，戴上了手铐……

不久，美国联邦法院审判了奥尔德里奇·埃姆斯，并于当年4月底对他进行宣判。因为埃姆斯涉嫌的是间谍案，并且牵出霍华德、尤尔琴科、佩尔顿等双面间谍，因而美国和俄罗斯在此案上大做文章，互相驱逐外交官。该案一度成为世人关注的焦点。

第十三章　超级鼹鼠 牵出美俄连环谍案

子承父业　情人策反

奥尔德里奇·埃姆斯 1942 年出生于美国，他的父亲曾就职于美国中央情报局。对小时候的埃姆斯来说，父亲的工作显得有些神秘。也许是受遗传因素的影响，这位间谍之子从小就非常聪明，上中学时被公认为是班上最机灵的人。然而，这位小机灵鬼除了喜欢出风头，并不爱学习，这使他的父母深感无奈。

中学毕业后，别人都去上大学，他也随大流进入了著名的芝加哥大学深造。在大学读了两年书，贪玩成性的他对学习的兴趣越来越小，终于出现了挂科现象。经过一番考虑，埃姆斯认定自己难以毕业，中途辍学。

1962 年，埃姆斯从父亲那里获知中央情报局准备秘密招人的消息，立即准备去应试。他的父亲是个老牌特工，尽管他觉得子承父业并不是最理想的选择，但有份工作总比在社会上闲荡要好，也就同意了埃姆斯去应试。凭借自己的聪明才智，埃姆斯考进了中央情报局。此时他还是一个刚满 20 岁的毛头小伙子。

进入中央情报局后，埃姆斯试图通过自己的努力一步步谋取高位。然而，尽管他天赋不错，却未能步步高升。他先是被派到欧洲的安卡拉，在中央情报局土耳其站工作了几年。但是不管他如何钻营，职位总是得不到大的提升。一转眼就过去了将近 20 年，直到 1981 年，已经 41 岁的他才混到一个中层管理岗位。

从中情局的惯例中，他清楚地知道，自己的仕途已经没有升迁的机会了。

每每想起此事，埃姆斯便不禁情绪低落。颓废之中，他常常酗酒以排遣内心的苦闷。正在这种情况下，1981 年他接到中情局命令，调往墨西哥，负责在那里发展新的 CIA 成员。这一工作变动，环境发生了变化，他也因此改变了自己的人生轨迹。

墨西哥城是一座谍报活动异常活跃的圣城，古巴人、苏联人、美国人在这里都有自己的谍报组织，彼此之间进行着一场场明争暗斗，咖啡馆往往是没有硝烟的战场。1982 年春天，肩负重要使命的埃姆斯来到墨西哥城。没过多久，他就交上了桃花运。当年的 5 月 20 日，在墨西哥城举行的一次外交舞会上，他邂逅了哥伦比亚驻墨西哥大使馆的文化参赞凯瑟丝·杜普伊（又译作玛丽娅·罗萨里奥·卡萨斯），一下子就被这位风姿绰约的女人所迷倒。

间谍中的好色者多如牛毛，埃姆斯也不例外。同在 1982 年，埃姆斯因公来到苏联驻美使馆，使馆人员召来正在美国演出的舞蹈演员柳嘉姑娘作陪喝酒。她美艳动人。埃姆斯喝得醉醺醺的，一觉醒来，发现自己一丝不挂地与柳嘉睡在一张床上。从此，他与苏联人交上了朋友。

凯瑟丝·杜普伊有着天仙般的美貌，谈吐优雅大方，性格温柔体贴，尽管埃姆斯早已和安妮成家，依然对她着了迷，频频向她发起攻势。埃姆斯的考虑是，不仅要把她征服，还要把她发展成中情局的成员。然而他并不知道，凯瑟丝·杜普伊也非等闲之辈。

凯瑟丝·杜普伊出身于哥伦比亚的一个名门望族，父亲是波哥大一位令人尊敬的政治家，担任过托马利省省长，一度被推选为哥伦比亚总统候选人。母亲是一所大学的文学教授。凯瑟丝·杜普伊从小就受到良好的家庭教育，加之天性聪慧，她在 16 岁时便掌握了六种语言。不久她考入安第斯大学，因为学习成绩不错，毕业后留校任教。可是凯瑟丝·杜普伊并不是个安于现状的女人，她总想换个环境，施展自己的才华。1981 年凯瑟丝·杜普伊被苏联克格勃招募，成为一名苏联间谍，主要负责搜集中美洲方面的情报。为了更好地获取情报，她想方设法到外交部门工作。第二年她终于如愿以偿，成为哥伦比亚驻墨西哥大使馆的文化参赞。

对于埃姆斯的追求，凯瑟丝·杜普伊并不反感，甚至还很主动。不久，他们便打得火热，频频约会。1983 年，埃姆斯不仅与她成了情人关系，还把她发展成为中央情报局的特工，成了上下级关系。可是他哪里知道，凯瑟丝·杜普伊早已加入克格勃，是个双面间谍。

随着美苏关系的紧张化，情报战在不断加剧，他们都想在对方阵营里发展自己的内线，一场相互策反的斗争拉开了序幕。凯瑟丝·杜普伊开始打埃姆斯的主意：他可以把自己发展成美国间谍，她也要把他发展成苏联的间谍。

就在这个时候，埃姆斯接到中情局的调令，他被调回美国，担任中央情报局苏联东欧反间谍处处长。这个职位还是个中层，尽管官不是很大，但是个要职。因为当时美国以苏联和东欧社会主义国家为主要对手，把向苏联和东欧情报机构渗透当成一项极为重要的工作，因此中央情报局对这个职位非常看重。

由于埃姆斯没有多少钱，又长期在国外工作，他的妻子安妮和他的关系一直不是太好。本来丈夫升职是件好事，安妮却在埃姆斯回到美国后与他闹起了离婚。埃姆斯心里装着凯瑟丝·杜普伊，并不怕离婚。但是这一离婚要分走他一大笔积蓄，本来钱就不多的他很不甘心。加上如果要和凯瑟丝·杜普伊结婚，又要花一大笔钱，并有可能欠债，所以他心里很不是滋味。钱，钱，钱！到处都要钱，他甚至想过去抢银行。

为了获取更多苏联方面的情报，1984 年 3 月中情局授权埃姆斯：可以跟苏联驻华盛顿使馆的外交官进行接触。美国人想从苏联外交官那里打开缺口，以获取他们所需要的情报。肩负重要使命的埃姆斯第一次走进 15 号大街的苏联驻美国大使馆，他此行的秘密任务是发现可以利用的苏联外交官或特工，并将他们发展成美国间谍。

其实一场策反与反策反的斗争早已悄无声息地展开了。苏联人通过他们的间谍凯瑟丝·杜普伊早已掌握了他的情况，不但早就盯上了他，在他当上中情局苏联东欧反间谍处处长后，还是把他作为重点策反的对象。

按照谍战策反的惯例，情报机构往往是找那些自身带有弱点的对象下手。这里所说的弱点，包括策反对象的婚姻失败、事业不顺、酗酒消愁或特别缺钱。苏联克格勃通过调查发现，埃姆斯当时属于自身带有弱点的对象，因为他仕途不是太顺，婚姻失败、常酗酒，还有一点，特别缺钱，他经常向别人抱怨，要支付高额的离婚费和赡养费，收入低的现状给他带来很大负担。所有这一切，都使他可能成为策反的对象。

由于埃姆斯担任苏联东欧反间谍处处长，这个职位使他有机会获得机密情报。苏联克格勃决定，想尽一切办法将埃姆斯策反，他们把策反任务交由凯瑟丝·杜普伊具体执行。

埃姆斯和妻子安妮离婚后，正式向凯瑟丝·杜普伊提出结婚一事。此时的凯瑟丝·杜普伊比以往任何时候都温柔多情。但她很认真地对埃姆斯提出，结婚可以，但有一个条件，就是埃姆斯必须和她站在一条战线上。埃姆斯说："我们都是中央情报局的，本来就是同一战线的。"凯瑟丝·杜普伊说："你不知道，我的真正身份是苏联谍报人员，我要求你也加入克格勃！"

这个要求让埃姆斯左右为难，因为他是美国的特工，加入克格勃意味着背叛自己的祖国。埃姆斯感到为难，凯瑟丝·杜普伊便告诉他："如果是这样，我们就结不成婚了。克格勃不会同意的！"

埃姆斯犹豫不决，经过一番考虑后，他对凯瑟丝·杜普伊说："我要和克格勃头子谈谈！"

在凯瑟丝·杜普伊的安排下，埃姆斯见到了他想见的克格勃上司。此人原来正是他想策反的克格勃官员谢尔盖·狄维尔科夫斯基。这次他碰到了比他更高明的策反对手。这个叫作谢尔盖·狄维尔科夫斯基的人，对外身份是苏联驻美大使馆的新闻顾问，实际上是克格勃高级特工。会见埃姆斯时，他先是夸埃姆斯有着超人的天赋，并对他在中情局职位不高深表同情。接着又对他说，如果加入克格勃，可以确保他的工作安全，他所做的工作，会得到巨额报酬。正缺钱的埃姆斯问了一下"巨额报酬"的大概数目，苏联人报出的数字令他怦然心动。

在美女和金钱的诱惑下，埃姆斯的天平发生了倾斜，最终他拜倒在金钱和石榴裙下，选择加入克格勃做双面间谍。1985 年 4 月 16 日，埃姆斯走进了设在华盛顿的苏联驻美大使馆，同意为苏联克格勃效力。前克格勃间谍切尔卡申当时在大使馆负责反情报工作，他是第一位会见、评价和指示埃姆斯的克格勃官员。就这样，戏剧性的一幕发生了，策反者被人策反了！

切尔卡申向莫斯科发了一封电报，将此重大之事通知克格勃外国情报司司长，并开始对埃姆斯进行考察。不久，切尔卡申被召回莫斯科，商讨此事下一步该怎么办。当埃姆斯一个月后再次来到苏联大使馆时，切尔卡申及其上司已经确信，他是真的要叛国，而不是美国人抛出的诱饵。

刀锋舔血　探底叛谍

　　加入克格勃后，埃姆斯从苏联人那里获得了大量的金钱。1985 年埃姆斯和哥伦比亚情人凯瑟丝·杜普伊举行了婚礼。克格勃也兑现了他们的承诺，一次就付给了他五万美元。当他从对方那里拿到这笔钱时，兴奋得快要跳起来。因为这相当于他在中央情报局里干一年的收入。有了这一笔钱，他在墨西哥城把婚礼办得非常体面，凯瑟丝·杜普伊是第一次结婚，她和家人对此十分满意。

　　当然，事后埃姆斯也产生过内疚感和恐惧感。他说："有些时候，我的心里也是有些内疚的，毕竟我在中央情报局干了这么多年。但我无法抵御金钱的诱惑，而且我也是无可奈何啊！即使我想罢手不干，克格勃哪能轻易地放过我？"

　　婚礼过后，钱也被挥霍殆尽。埃姆斯自然又想到了苏联人。当时克格勃的情报工作开展得并不十分顺利，需要各种情报，因此也舍得花钱。没过多久，他们再次合作，克格勃又付给埃姆斯两万美元。

　　拿了人家的钱，就要为人家办事。克格勃不断地与他联系，有时在美国国内，但更多时间是在美国境外的地点接头，而且方式很隐秘。成为克格勃特工以后，埃姆斯经常在墨西哥城、波哥大，甚至在委内瑞拉的加拉斯加与苏联克格勃接头。接头的方式是，苏联人在他们原先约定的地点做一个记号，表示要埃姆斯在特定的时间去接头；埃姆斯则在一个特定的地方用白色粉笔画一道，表示他知道了。如果要改变计划，他们另行约定解决方法。

　　用这种方式接头非常隐秘，不容易暴露彼此的身份。埃姆斯有着特殊的身份，可以飞来飞去，这样做既方便又安全。埃姆斯一直认为，苏联克格勃的手段非常高明，正因为如此，他的双重间谍生涯才能维持这么长的时间。

　　间谍本身是一份危险的职业，双面间谍更是在刀锋舔血。就在埃姆斯投靠克格勃不久，他就面临了一次严峻的考验。一名克格勃高官叛逃到美国，使他面临暴露的重大危险。

　　1985 年 8 月 1 日，克格勃高官维塔利·尤尔琴科主动投靠美国中央情报局，四天后被美国人用飞机从罗马接到华盛顿东南的安德鲁斯空军基地。

　　尤尔琴科和埃姆斯一样，也出身于情报世家。1935 年出生于苏联的尤尔琴科，天生就是一块做间谍的好材料。青年时期他曾参加苏联红军，在潜艇上服役。年轻有为的尤尔琴科23岁便和一位女工程师结了婚，婚后有一对儿女，应该说那时候他生活得非常幸福。他博学多才，不贪财，不好色，不抽烟，不喝酒，没有个人恶习。1960年尤尔琴科被克格勃看中，派往苏联的海军部门担任安全官员，从此正式加入了克格勃。

由于尤尔琴科能力极强，当时的克格勃主席安德罗波夫非常赏识他，因此他在苏联情报机关升职很快，1972年就当上了克格勃第三总局第三处的副处长，授上校军衔。从1976年开始，尤尔琴科调到苏联驻美国大使馆工作，以一名外交官秘书的身份长期潜伏在美国从事情报工作，他主要负责的是反间谍安全工作。1984年尤尔琴科从美国来到法国，在巴黎从事短暂的情报工作。到了1985年他重返美国，担任克格勃第一总局第一处的副处长，主管对美国和加拿大的情报工作。

在克格勃工作了25年之久，并且长期担任克格勃高层领导的尤尔琴科，干得好好的，为什么要叛逃呢？此事令埃姆斯大惑不解。后来他才了解到，此前尤尔琴科身体不适，到医院一检查，查出了绝症。这一情况对他打击很大，他预感到留在世界上时间不长了，于是萌生了死前要好好享受的想法。

如何才能好好享受呢？这就需要一大笔金钱。尤尔琴科在克格勃干了那么久，掌握了不少重要情报，可以拿它从美国人那里换钱。但尤尔琴科并非一点顾虑都没有，身为克格勃高官，他深知背叛国家的后果，对克格勃惩治叛徒的手段也是再清楚不过了！每每想到这些，他又有些后怕，犹豫不定，下不了决心。最终帮他下定决心的，还是可怕的病魔。他想自己反正活不了多久，迟早是个死，不如尽情享受所剩不多的日子！

打定主意后，他开始寻找叛逃的机会。这年的7月24日，他跟随苏联专家团抵达罗马，8月1日一早，他和同事打招呼说要去参观梵蒂冈博物馆，然后一去不还，投奔了美国中央情报局。

尤尔琴科成为整个冷战时期叛逃到西方的职位最高的克格勃官员。美国人大喜过望，他们知道这个人身上有着大量重要的情报。中央情报局如获至宝，当时的局长威廉·凯西和行动处负责人乔治·克莱尔亲自过问此事。

面对送上门来的肥肉，中央情报局的人当然不会放过，他们开始向他提出一些问题，用谈话的方式试探他。这种方式看似亲切，实际上暗藏凶机——这是试探对方是真投诚还是假投诚。间谍与反间谍，双方都有丰富的经验，几个回合的交锋便可见高低。

按照惯例，投奔敌方的间谍为了获得对方的信任，必须送上不菲的见面礼，以表明自己的诚意。这里所说的"见面礼"，说白了就是出卖重要情报，包括出卖潜伏的双面间谍。问过尤尔琴科的个人情况后，中央情报局的官员继续问道："你是否知道潜伏在美国情报机关的苏联间谍？"

美国方面非常渴望知道苏联在美国本土建立的情报网，中央情报局的人断定，以尤尔琴科的职位，他对此知道得一清二楚。尤尔琴科回答说："知道，我的确知道两个……"

身为双面间谍的埃姆斯，一开始并没有参与对尤尔琴科的审讯，不清楚尤尔琴科交代了什么情况，更不知道他是否掌握了自己的情况。他非常紧张，暗中打探对方交代的情况，生怕会把自己"交代"出来。

谍中有谍　网住内鬼

为了获取美国人的信任，尤尔琴科抖出了两个苏联潜伏在美国方面的间谍。被他检举的两名间谍一个代号为"朗先生"，一个代号为"罗伯特"。尤尔琴科说，这两个人都在美国情报机构的重要部门工作，为苏联提供了大量的情报。

由于尤尔琴科的积极配合，美国方面认为他确实是真心投靠，对他的坦诚表示满意，并将他秘密安排到华盛顿西南弗吉尼亚州的一幢漂亮的二层楼房居住。

中央情报局获悉自己内部存在内鬼后，立即展开了一场清查内鬼的行动。尽管埃姆斯自己的嫌疑并没被排除，他也参加了这一清查行动。

谁是"朗先生"？美国人根据尤尔琴科提供的有关情况进行反复筛查：此人已婚，家住美国马里兰州的贝尔兹市；他的房子很破旧，有一辆绿色汽车；他曾经在美国国家安全局工作过……特别是1980年1月15日，这位"朗先生"曾经现身苏联大使馆。美国情报机构的反间谍部门从监视电台的录音中，最终揪出了"朗先生"——罗纳德·佩尔顿。这个看起来安分守己的人，正是那个将"常春藤之花"行动全盘泄露给苏联的双重间谍。

佩尔顿是电子方面的专家，进入情报机关完全是偶然。他在 1960 年中学毕业后服役，参加了美国空军，军方把他送到印第安那大学学习俄语。在大学期间，佩尔顿学习非常用功，成绩优秀并获得嘉奖评语。学成之后，他被派往巴基斯坦专门从事针对苏联空军的侦听工作。1964 年，佩尔顿正式开始为美国国家安全局（NSA）工作。

总部设在马里兰、成立于 1952 年的 NSA，被称为迷宫，是美国秘密机构中保密性最强的组织机构。它的主要任务是侦察截收世界各国的无线电通信信号，破译密码，从中获取和提供情报。该局总部和驻外机构的人数总共有 16 万人之多，而且拥有很先进的科技设备，是个超级情报机构。在这个机构中，佩尔顿负责研究新项目和管理设计新型监听仪器的大笔费用。20 世纪 70 年代初期，他就成为了公认的业务高手，编写过一本关于苏联通信情况的内部书籍。深受上级器重的他，职务一级一级地晋升，也掌握了许多连总统都不知道的秘密。

佩尔顿为何要背叛自己的国家呢？主要是经济困境所逼。1979 年他的经济状况开始出现问题，他在马里兰州哈佛县的农场破败不堪，NSA 给他的 25000 美元年薪已经无法养活三个女儿。他把破败的农场抵押后没钱赎回来，只好将其出卖。他又去借了些钱，买回来一批建筑材料，准备另建一座农场，没想到一夜之间，这批建材全被人盗走了，为此他背上了 6 万美元的债。

他懂得 NSA 的规矩，如果 NSA 知道他负债，肯定要辞退他。为此他先辞了职，准备另谋生路。可是他没有想到其他生存方法，辞职之后更加贫困。为了孩子的生活，他最后想到了出卖情报这条路。1980 年 1 月 16 日，他拨通了苏联驻美大使馆的电话，但他说了句"电话里说话不方便"后就把电话挂了。第二天午饭后，他再次拨打苏联大使馆电话，这次与克格勃军官维塔利·尤尔琴科接上了头。简单说了几句话后，尤尔琴科让他到苏联大使馆来。

在尤尔琴科的办公室里，佩尔顿说他是 NSA 的人，尤尔琴科对此半信半疑。佩尔顿接着说："我要告诉你们一个代号为'常春藤之花'的行动计划。但是你们得先付钱。"苏联人对重要情报一向是舍得花钱的，尤尔琴科立即对他说："你得先谈谈这个计划的大致情况。"

为了金钱，佩尔顿顾不了那么多，他决定铤而走险。他告诉尤尔琴科，几年前苏军在鄂霍次克海底铺设了一条海底电缆，铺好之后被美国人利用潜水艇在电缆上安装了一个窃听设备。从此，美国方面可以在世界上最敏感的地区听到苏军的一切通信联络，截获一切从苏军大本营发出的命令。尤尔琴科一听，大吃一惊！当即表示这件事可以合作。双方谈妥了价钱后，尤尔琴科笑着对佩尔顿说"买卖成交"。

接下来的事不多叙述也清楚。佩尔顿拿了苏联的钱，并将窃听设备安装的准确位置在地图上标了出来。苏联方面紧急行动，将这些设备破坏掉。

罗纳德·佩尔顿的背叛出卖，导致 1981 年美国的窃听行动突然暴露，甚至连安装在电缆上的窃听设备也神秘消失了。美国方面一直在追查此事，现在终于有了答案。

克格勃用金钱套上了这个叛徒后，继续从他那里收买情报。据后来的报道，佩尔顿至少给克格勃提供了五个绝密文件的内容。其中之一便是他本人编写的有关苏军和苏联秘密机构 57 种通信方式的报告，这个名为"信号参数"的文件，对于克格勃来说是无价之宝。

到了 1985 年 4 月，佩尔顿还到维也纳和克格勃接头。此时他已经离婚，也离开了孩子，正和一个年轻女人姘居。生活境况并无多少改善的他，此次又想从克格勃手中拿到一点报酬，但这次他扑了个空，没能与对方见上面。克格勃的人电话通知他，10 月份在维也纳再碰头。

然而还没等到 10 月，在苏联大使馆接待他的尤尔琴科于当年 8 月叛逃美国。他投到中央情报局门下后，第一个出卖的就是佩尔顿。尽管后来几次接待佩尔顿的不是尤尔琴科，但他对第一次到大使馆来谈价钱的"朗先生"还是有较深的印象，因此提供了"1 月 15 日这位'朗先生'还曾现身苏联大使馆"这一情况。中央情报局和联邦调查局从监视电台的录音中，确认出了"朗先生"就是罗纳德·佩尔顿。

确定目标后，联邦调查局找到佩尔顿的住处和上班的地方，装上了窃听器，监视他的一举一动。又过了一段时间，发现从他身上钓不到大鱼，1985 年 11 月 24 日，联邦调查局特工把他请到了阿纳波利的希尔顿饭店，说是"有要事相商"，随即将他逮捕。

埃姆斯知道的情况是，联邦调查局的人与佩尔顿谈话，开始他还十分强硬，理直气壮地说："说我出卖情报，你们拿出证据来！"后来他们把尤尔琴科叫出来，佩尔顿就哑口无言了。而后，他承认了自己所做的一切。然而，在巴尔的摩联邦法院开庭审理此案时，他又翻供说当时他喝了很多烈酒，是在警察逼迫之下招供的，对于那些无中生有的内容，他不能负责。但在事实面前，想抵赖也没那么容易。1986 年 6 月 5 日，佩尔顿被判无期徒刑。

鼹鼠现形　谍枭斗智

回头再说美国情报机构根据尤尔琴科提供的情报清查内鬼一事。在清查"朗先生"的同时，对"罗伯特"的清查也在紧锣密鼓地进行。根据尤尔琴科提供的"此人在中央情报局工作过"、"1984 年此人在奥地利与克格勃会过面"，以及"中情局曾经准备把他派往莫斯科"等情况，他们很快查出了"鼹鼠"。代号为"罗伯特"的双重间谍，原来是已被中情局开除的特工爱德华·李·霍华德。

被称为中情局"大鼹鼠"的霍华德，1952 年出生于美国的新墨西哥州。父亲曾是研究导弹的美国空军电子专家，先后在德国、美国和英国的美军空军基地工作。从小开始，霍华德便跟随父亲在欧洲度过了较长的时间，能讲一口流利的德语和西班牙语。1972 年他从大学毕业，获得了经济学学士学位，后来又获得工商管理的硕士文凭。

霍华德于 1981 年 1 月成为中情局特工，被派到中情局设在弗吉尼亚州的秘密场所学习特工技术。在那里他学会了如何发展下线、如何运用接头暗号、如何传送情报，以及如何防范敌方侦察等。他对外的身份是美国国务院职员，对内的身份是中情局特工，工作开始还算出色。这年秋天，他妻子玛丽也加入了中情局。

1982 年底，霍华德通过选拔，被确定为派驻莫斯科工作的人选，准备到莫斯科的美国驻苏联大使馆工作两年。能够到超级大国去工作，这是当时许多特工梦寐以求的。霍华德按照规定接受了特训，他的妻子也准备前往，协助丈夫工作。然而，他在测谎中没过关，资格被取消。

到了 1983 年中情局准备第二次派他去莫斯科时，他在四次测谎中均不过关，最终被再次取消去莫斯科的资格。非常失意的霍华德，居然从自动售卖机中偷东西，还偷过一个女人的钱包。中情局感到震怒，送他学特工技术，绝不是为了让他当小偷的。欺骗和不忠，也是中情局最不能容忍的。这年 6

月，他被中情局解雇，他的妻子也被扫地出门。

凭借学历和在"国务院"工作三年的经验，没过多久，霍华德就在新墨西哥州立法财政委员会找了份工作，负责该州的收入预算。在此期间，他被派到华盛顿参加一个经济会议。出于对中情局的报复，当时他就想去苏联驻美国大使馆向苏联人出卖情报。但出于种种担忧，他最终没有进大使馆。

霍华德心里一直憋着一口怨气，经常酗酒。1984 年 2 月 26 日，他在酒吧里喝多了，跟随三个他看不顺眼的年轻人后面回家。下车后，他突然掏出枪，对准其中一人的头要扣动扳机。反抗之中，那个年轻人缴了他的枪，把他扭送到警察局，此事使他被判五年徒刑。中情局怕他蹲在大牢里泄露以前的工作，动用关系将之改判为缓刑，又罚了 7500 美元，由此他才免除了牢狱之苦。后来，他被强迫戒酒，接受心理治疗，然而，他对中情局不仅不感激，反而更加怀恨在心。最终他给苏联领事馆的人留下一封信，选择了背叛。

苏联方面对他的信非常重视，克格勃查明他的情况后，认为他还有利用价值，决定与他联系。双方接上了头，于 1984 年 9 月中旬在欧洲见面，进行情报交易。9 月 15 日霍华德向上司请了假，带着老婆孩子来到德国法兰克福。为了给中情局在欧洲的特工造成假象，第二天他们全家又去了苏黎世。本来预定了两天的房间，但他刚刚住下来，就打的来到伯尔尼，从伯尔尼来到奥地利维也纳，在这里与克格勃相会。

霍华德把几个在苏联活动的美国间谍的详细情况告诉了克格勃，从克格勃那里他得到了大把美钞和珠宝。约定了下次见面的事项后，他当晚就回到了苏黎世。9 月 18 日一家人来到意大利米兰游玩，五天后飞回美国圣菲市。

因为霍华德提供的情报，美国驻苏联大使馆的二等秘书保罗·斯通博被驱逐；苏联科学家托尔卡切夫因向美国提供隐形飞机和导弹技术被苏联处决。后来，中情局安插在莫斯科驻苏联大使馆的另一名二等秘书迈克·塞勒斯和一名工作人员也被驱逐。1985 年，在"旅游"回到美国后，霍华德无意中向朋友炫耀起了自己的劳力士金表和各种贵重的"旅游"纪念品，引起中情局的注意，开始监视他。查出这只大"鼹鼠"后，美国中情局将夫妇俩逮捕。谁知在 9 月 22 日，他竟然在联邦调查局的监视之下逃到了苏联。2002 年 7 月 12 日，霍华德在家中离奇地从楼梯上跌落，摔断了脖子而死，这在当时引发了人们对中情局报复杀人的大量猜测。

再叙埃姆斯的情况。埃姆斯知道尤尔琴科叛变到美国并供出上述重要情报后，心里非常紧张。他坐卧不安，不清楚尤尔琴科是否了解他的情况，担心如果尤尔琴科掌握了他是苏联间谍的话，下一步会把他供出来。于是他决定不惜一切代价，要把尤尔琴科除掉！恰巧就在这个时候，中央情报局高层为了扩大战果，将继续审问尤尔琴科的任务交给了埃姆斯。

接到任务后，埃姆斯赶紧查阅此前的审讯资料，发现尤尔琴科还向美国方面提供了尼古拉·阿塔马诺夫的重要情况，为中情局解开了一大谜团。阿塔马诺夫是苏联波罗的海舰队最年轻的驱逐舰舰长，后来为美国中央情报局提供苏联军事情报。1975 年他突然与美国方面失去联系，多年来中央情报局都在寻找他，但一直没有结果。尤尔琴科告诉美国人，阿塔马诺夫投靠美国情报机构的事后来被发觉了，克格勃在奥地利首都维也纳绑架了他，但使用的麻醉剂过量，导致他意外死亡。当时苏联方面都没来得及审判阿塔马诺夫，出于种种原因，他们没有公布这一情况。

埃姆斯和尤尔琴科都是从事情报工作的特工。现在，身为苏联间谍的埃姆斯代表美国情报机构人员，要审讯苏联克格勃的叛徒尤尔琴科。他们在审讯室见面了，两只"鼹鼠"之间的较量开始了！

狡猾的埃姆斯开始使用试探的手法，想搞清楚尤尔琴科是否掌握了自己的情况。通过反复讯问，他发现尤尔琴科似乎并不认识自己，于是悬着的一颗心放下了一半。但他还没有从根本上解除担心，总想消除尤尔琴科这颗"炸弹"。如何消除呢？直接杀死他，很容易暴露自己。有没有其他办法，比如让他觉得中央情报局对他不够信任或者其他方式，让他受惊吓自行逃走呢？

在接下来的审讯中，埃姆斯有意无意地给尤尔琴科一些暗示，提醒他克格勃不会放过叛徒，让本来心里就不踏实的尤尔琴科更加担心。同时，他又暗示尤尔琴科，美国中央情报局未必会真的兑现承诺给他的好处，让本想好好享受一番的尤尔琴科产生另一种担忧。尤尔琴科觉得，如果这边美国人不兑现许诺的一大笔钱，那边又冒着被克格勃暗杀的危险，那可真是太不合算了！

时间证明，埃姆斯这一手是起了作用的。1985 年 11 月初，当尤尔琴科想与以前在美国认识的情人瓦伦蒂娜重修旧好遭到拒绝，他在医院复查发现自己根本没有患上什么胃癌后，投靠美国仅四个月的他再次叛变，在美国特工的监视之下居然溜进了苏联驻美大使馆，然后回到了苏联。不久，尤尔琴科向记者讲述了他于 8 月 1 日在罗马被中央情报局特工"麻醉并绑架"的故事，令美国人有口难辩。这位"叛徒上校"回到自己的祖国，一度传说被枪毙了，但苏联方面立即让他现身以辟谣。但有一点可以肯定，此后他一直没有得到重用。

在尤尔琴科事件上，埃姆斯技高一筹，使自己得以安全脱险，继续潜伏。

频频卖人　骗过测谎

逼走尤尔琴科，让苏联对埃姆斯大加赞赏，又给了他一笔数量可观的金钱。

据有关材料披露，20 世纪 80 年代中期，埃姆斯官拜美国中央情报局对苏反间谍处处长，据估计苏联克格勃正是利用他提供的情报才粉碎了美国的 20 多次对苏行动，致使至少 10 名美国间谍被苏方处死。

被埃姆斯出卖的第一批间谍中，有克格勃中校马尔季诺夫和莫特林。

1980 年 11 月，肩负重要使命的马尔季诺夫和妻子来到华盛顿，公开身份是苏联驻美国大使馆的三等秘书，其实他是克格勃派往美国搜集科技情报的官员。两年后，他被中央情报局的一名特工盯上了。这个特工受过工程方面的训练，经常出席华盛顿地区的各种技术性会议，在会议上遇到过马尔季诺夫，与他进行过交谈。经过交谈，这位特工发现对方"是一个很特殊的苏联人"，从事的应该也是特殊职业。于是，中央情报局和联邦调查局设法与他单独取得联系，最终将他发展成为间谍。

美国情报机构为马尔季诺夫在美国的银行里开了一个户头，存了一笔数目可观的钱，使他将来叛逃到美国之后便可以使用。联邦调查局想通过马尔季诺夫了解那些被派到华盛顿的克格勃官员，看看哪些人可以被美国情报机关收买；中央情报局则对克格勃在美国的目标、运作方法等情报感兴趣。马尔季诺夫不负众望，向美国情报机构提供了很多文件的复印件。

收买马尔季诺夫是联邦调查局的一个重要突破，不久以后，他们又成功收买了苏联大使馆的另一名克格勃军官谢尔盖·莫特林少校。他是 1980 年夏天被派到华盛顿的，同马尔季诺夫一样，公开身份也是大使馆的三等秘书。1984 年底，莫特林在华盛顿大使馆的任期结束，奉召回国。临行前，他保证继续向美国提供情报。

作为苏联地区分部负责反间谍事务的埃姆斯自然知道这两个间谍的所有情况。由于现在埃姆斯已经在为克格勃效劳，两个间谍就对他的生存构成了严重威胁。他决心将他们除掉。1985年6月13日，埃姆斯在与克格勃联系人丘瓦辛接头时，把两个人的名字告诉了对方。得知这两个叛徒出卖了国家机密，克格勃的头目们恨得咬牙切齿，但为了保护埃姆斯，他们一直没有动手。

1985年11月，当尤尔琴科从华盛顿返回苏联的时候，马尔季诺夫受命陪同尤尔琴科回国。马尔季诺夫的妻子娜塔莉娅觉得事情有些蹊跷，因为她的丈夫通常不执行这一类的任务。10天之后，娜塔莉娅接到丈夫的一封信，说他在搬运行李时膝盖上的旧伤复发，住进了医院，希望她带着孩子回国照料。娜塔莉娅立即动身回国。飞机刚一着陆，克格勃官员就把两个孩子送到她的母亲那里，把她抓到监狱接受审讯。原来这是克格勃设下的一个圈套！克格勃官员告诉她，马尔季诺夫犯的是叛国罪，不久将被判死刑。1986年初，莫特林在与中央情报局的特工人员接头时被逮捕，不久被枪决。第二年5月，马尔季诺夫也被执行死刑。

自从埃姆斯投靠苏联后，美国收买的苏联间谍一个个被铲除。20世纪80年代中期以来，至少有10名美国间谍在苏联及东欧地区暴露了身份，有的神秘"失踪"，有的被处决。与此相关，至少有10起重大的间谍行动遭到破坏。于是，华盛顿方面成立了一个跨情报单位的特别调查小组搜寻潜藏的苏联"大鼹鼠"（即双重间谍）。在没有找到具体怀疑对象时，反间谍机构有一个惯用的手段，那就是测谎。1986年初，埃姆斯第一次面对测谎仪。

测谎仪根据心理学、生理学的基本原理设计而成。撒谎会使内心承受的压力增强，从而引起呼吸、血压、心跳等出现异常的生理反应。尽管用测谎仪测谎并不能达到百分之百的准确，但中央情报局对它非常依赖，正常情况下每隔五年就会对全体特工进行一次测谎检查。接到测谎通知后，埃姆斯曾向克格勃求助，但没有得到直接帮助。无奈之下，他只好自己临场应对。到了测谎这天，他精心准备，先是很轻松地回答了几个无关紧要的问题，当问到敏感的"是否有外国情报机构试图收买你"时，他故意表现出有些紧张的样子，并坦言"如果碰到这种情况，我担心自己不知如何应对"。结果，出人意料，负责分析结果的人对他的评定是：他是一个聪明、直爽而且诚实的人。就这样，埃姆斯采取故意露出点小破绽的办法，骗过了测谎仪。

埃姆斯为什么能逃过测谎？因为克格勃采取了许多措施来保护埃姆斯，有些措施的幕后策划者正是切尔卡申。比如，有一次，埃姆斯与一名苏联外交官在华盛顿一家饭店吃饭，切尔卡申意外地出现在饭桌旁。埃姆斯大吃一惊，变得紧张不安。因为联邦调查局了解切尔卡申的底细，并对他进行监视。埃姆斯担心他的身份被人揭穿。切尔卡申后来解释说："我们知道中情局经常让它的特工接受测谎，测谎器可能会问埃姆斯最近是否与克格勃特工有过非正式接触。我们故意制造一次意外的会面，这样就可以说，那个人在他试图招募一名苏联外交官时走了过来。对此，测谎器是辨别不出来的。"提前让埃姆斯出现紧张反应，后来面对测谎仪时就不至于太紧张。埃姆斯在测谎时面对这个问题出现的紧张，也可以被分析人员认为是因为问题让他本能地联想到了这次偶遇苏联克格勃的经历。

躲过测谎仪的检查后，埃姆斯更加无所顾忌，他又出卖了不少美国收买过来的苏联间谍，其中就包括苏联科学院、美国加拿大研究所军政室高级研究人员弗拉基米尔·波塔绍夫和前克格勃将军波利亚科夫等。

弗拉基米尔·波塔绍夫因为贪图享受，于1981年投靠美国中央情报局。20世纪80年代，美苏两个核大国一直在裁军问题进行谈判，美国军方提出了"零方案"，弗拉基米尔·波塔绍夫提供了苏联高层对此方案的预测报告，还提供了大量苏联核裁军的绝密情报，其中包括苏联领导人安德罗波夫在下一轮核裁军谈判中的立场。这些重要情报使美国在核裁军问题上一直处于主动地位。弗拉基米尔·波塔绍夫还向美国提供了苏联国防部成立太空司令部以及苏联为何推迟发射航天飞船的情报。根据这些重要情报，美国方面摸清了苏联的底牌，最终做出了北约东扩、退出《反导弹条约》等战略决策。1986年7月，弗拉基米尔·波塔绍夫由于埃姆斯的告密，突然被捕，并因叛国罪获得重刑，不得不在大狱中度过余生。

波利亚科夫于1921年出生在乌克兰一个会计师家庭，军校毕业。他在卫国战争期间因为作战勇敢而受过嘉奖。战后，他被送到军事学院深造，毕业以后分配到苏联情报总局。他第一次奉命出国执行公务的地点是纽约，以苏联驻联合国代表的合法身份从事间谍活动，负责领导没有外交官身份的苏联情报人员。1961 年在第二次出使纽约时，他同美国联邦调查局的特工搭上了关系，从此为美国充当间谍达 20 年之久，"唐纳德""流浪者"都是波利亚科夫的代号。正是他将北京对莫斯科基本态度的材料传到美国，尼克松利用它在 1972 年打开了中国之门。1974 年，波利亚科夫晋升为克格勃的将军。

波利亚科夫曾向美国密报伊拉克装备了一种反坦克导弹。在几年后的海湾战争当中，这个情报给五角大楼帮了大忙。在仰光工作时，他多次向中情局密报克格勃掌握的有关中国和越南军队的情况，多次从克格勃的保险柜里窃取大量能自动销毁的特种胶卷。这些胶卷拍摄有大量机密文件。得手后，他把胶卷藏到人造空心石头里，放到隐秘的交接处，然后由中情局的间谍取走。由于波利亚科夫的出卖，20 世纪 70 年代初，西方国家许多为苏联效劳的间谍相继束手就擒。其中比较著名的有英国空军部火箭技术研究专家博萨德和在美国国家安全署担任信使的杰克·丹洛普上士等。波利亚科夫还用一种特殊装置拍照了 100 期绝密版本的苏联《军事思想》杂志，据前中情局局长盖茨证实，《军事思想》杂志成为美国了解苏联战略理论，以及苏联在战时将怎样动用武装力量的关键。

波利亚科夫投靠美国，据他自己说是"因为苏联让他感到失望"。他不是为了金钱而当双面间谍，多次拒收中央情报局提供的大把美钞。所以，苏联人一开始并没有怀疑到波利亚科夫头上，1980 年莫斯科把波利亚科夫召回国内工作。此后一段时间，他还在暗中为美国提供情报。但是没过多久，这个被美国后来的中情局长伍尔西称为"钻石"的双面间谍，突然就杳无音讯了——由于埃姆斯的出卖，波利亚科夫的身份暴露。但是为了保护埃姆斯，克格勃没有立即拿他开刀，过了一段时间才将他逮捕。开庭审讯时，波利亚科夫对自己长期为中情局效力及所犯罪行供认不讳。1988 年 3 月 15 日，苏联以间谍罪对波利亚科夫判处死刑。

埃姆斯投靠苏联，对于美国安插在苏联的双面间谍而言，是个致命的打击。

贪婪露馅　遭疑被查

在短短的几年中，埃姆斯使美国用来对付苏联的间谍网遭到严重破坏。

在对苏联情报工作上，中央情报局几乎成了瞎子。1987 年 5 月，威廉·H.韦伯斯成为美国中央情报局的新任局长。新官上任三把火，他上任伊始就建立了反间谍中心，以此取代原有的反间谍机构。为了真正发挥反间谍中心的作用，他特意挑选中央情报局负责反间谍工作的局长助理噶斯·哈萨维担任这一中心的负责人。

不知是自认为自己的手段高明，还是不把中央情报局和联邦调查局的特工放在眼里，埃姆斯为了金钱和享受，继续为苏联人提供情报。埃姆斯利用他在中央情报局有机会接触几乎所有的机密文件之便，向苏联和后来的俄罗斯提供了许多绝密情报，其中包括中央情报局对俄反间谍机构人员的名单和身份、中央情报局海外执行行动计划、中央情报局在苏联和东欧招募的情报人员、中央情报局在海外的情报人员名单等。当然，这一切也使他从苏联人那里获得了丰厚的回报，大把大把的钞票源源不断地流进了埃姆斯的口袋和账上。用这些钱，埃姆斯给自己买了一辆价值 2.5 万美金的"美洲豹"轿车，还为他妻子购买了价值 2 万美元的本田高级轿车。特别是在 1989 年，他还用一次性付款的方式买下了华盛顿郊区阿灵顿市一栋 54 万美元的高级别墅。

埃姆斯的挥金如土，招来了同事的羡慕，也引起了敏感者的怀疑。1989年 11 月，一位熟悉他的女同事举报他，称他的年薪仅 69000 美元，如此挥霍与他的收入极不相符。中央情报局接到举报后，派了一个名叫丹·佩因的年轻侦探去秘密调查他的情况。其实，埃姆斯早就违反了特工的工作纪律，如经常酗酒，与情人幽会，但是这一切并没引起 CIA 有关方面的重视，因为像埃姆斯那样借酒浇愁、玩玩女人，在中央情报局并不算什么大事。

尽管埃姆斯身上的疑点很多，但丹·佩因还是没有查到他为克格勃效力的确凿证据。1990 年 10 月，埃姆斯居然被调到了中央情报局反间谍中心工作。有材料分析说，埃姆斯身上有这么多疑点，韦伯斯和哈萨维等人不可能解除对他的怀疑。调他到反间谍中心是中央情报局长韦伯斯的主意，以便造成信任的假象，目的是为了麻痹他。

事实上，此时中央情报局高层确实开始怀疑埃姆斯了。为了不打草惊蛇，也为了更好地开展反间谍工作，两个月后，韦伯斯找了个借口，又将埃姆斯调到中央情报局反毒品中心工作。被调到不起眼的反毒品中心，并没有引起埃姆斯的警觉，他依然我行我素。

1991 年 4 月，美国联邦调查局和中央情报局抛弃前嫌，携手清查内鬼。联邦调查局派了两名经验丰富的反情报分析专家吉姆·霍尔特和吉姆·米尔本前往中央情报局，开始与保罗·雷蒙德领导的中央情报局反间谍小组合作，联合开展代号为"天亮"的调查行动。在联邦调查局总部，经验丰富的反间谍专家卡卢索再次受命，成立了一个特工小组，专门清查逮捕中情局的"鼹鼠"，此次行动的代号为"演员"。

"天亮"小组和"演员"小组同时开展追踪行动，双方各自列出一份可疑人名单，再逐个进行排查。据称最初列出的名单共有 200 多人，足见美国从事谍报的人员和为美国情报机构服务的人员之多。

同为 1991 年，五年一次的中情局测谎又到了，埃姆斯再次被中央情报局要求接受测谎。在这次例行的测谎检查中，检测人员发现，测谎器上的波纹有点异常。经过了前次测谎、有着丰富的反间谍经验的埃姆斯，这次又编造了些理由，还是混过了关。

由于对苏联的情报工作遭到严重破坏，美国方面不能及时获得有关苏联的重要情报。1991 年 8 月 19 日至 8 月 21 日，苏联发生了一次政变，史称八·一九政变。当时苏联一些政府官员企图废除总统戈尔巴乔夫并取得对苏联的控制，政变领导人是苏联共产党强硬派成员。他们相信戈尔巴乔夫的改革计划太过分，并且认为他正在商议签订的新联盟条约将权力过于分散给其他加盟共和国。虽然此次政变在短短三天内便瓦解，并且戈尔巴乔夫恢复权力，但此事件粉碎了戈尔巴乔夫对苏联可至少在一较松散体制下维持一体的希望。8 月 24 日，戈尔巴乔夫宣布辞去苏共总书记职务，建议苏共中央自行解散，下令停止各政党和政治运动在军队、内务部等各级军事机关和国家机关中的活动。如此重大的事件，美国总统布什的情报来源竟然是他的助手们靠窃听政变者之间的电话往来而得到的。

经过一系列重大事件后，1991 年底苏联解体了。埃姆斯立即与继承了苏联主体的俄罗斯情报部门接上了头，继续出卖情报充当双面间谍角色。

美国政界对情报部门的工作表示出强烈的不满，迫使两大情报机构加大了查找内鬼的力度。经过双方的努力，到 1992 年秋天，嫌疑人名单上减少到 40 个人。再到后来，两个小组同时锁定了一个共同的目标——埃姆斯！原因是调查人员发现他有大笔来路不明的钱财。埃姆斯和他的妻子都不是出身豪门，年收入只有 6 万美元的埃姆斯，他们哪来那么多的钱财？雷蒙德要求小组成员：彻查埃姆斯！

调查结果令许多人大吃一惊：埃姆斯花了 54 万美元现金买别墅，还花了 10 万美元来装修这栋别墅及购买家具；他还拥有 16 万美元的股票，为妻子支付了几万美元的学费；此外他还用信用卡支付各种费用 45.5 万美元，付电话费近 3 万美元等。中央情报局反情报中心的雷蒙德看着这些调查记录，惊呼："他怎么买得起这种豪华住宅？他从哪里搞来这么多钱买这些汽车？几乎可以肯定，这家伙有问题。"

"天亮"小组经过调查还发现，埃姆斯不仅存款数量巨大，还有一个奇怪的现象：每当埃姆斯与苏联的丘伊欣会面后，就会有钱存到他在银行的账上。例如 1986 年 2 月 14 日情人节这天，他与苏联使馆的一位官员接了头，几天后他便在三家银行分别存入了 5000 美元、8500 美元和 6500 美元。这难道是巧合吗？两个小组的成员一致认定：埃姆斯具有重大嫌疑！

1993 年 2 月初，詹姆斯·伍尔西担任中央情报局局长。伍尔西是个很有经济头脑的人，他极力主张中情局要不遗余力帮助政府了解和掌握世界各国经济与技术的发展趋势，并在国际经济活动中搜集外国公司的商业秘密，为美国公司服务。凭借这一点，离任后他组建自己的帕拉丁资本集团大发横财。难怪美国评论界人士说，伍尔西堪称将个人经济利益与美国国家利益紧密联系的典范。这样一位精明的人当上中央情报局局长，能不考虑自己在任上的作为吗？伍尔西一上任，便想从埃姆斯一事上找到立功的突破口，因此对此案极为重视。

1993 年 5 月，联邦调查局开始对埃姆斯进行刑事调查。5 月 12 日，一场由资深反间谍专家莱利·怀特负责、代号为"夜行人"的专项行动，悄悄地拉开了帷幕。怀特是个著名侦探，有着丰富的反间谍经验，此前曾负责侦破多起类似的间谍案。但是，当他从布赖恩特手中接过那些沉甸甸的案卷时，他已经意识到，这个案件将使他以前破获的所有案件黯然失色。以反间谍处处长的身份给外国情报机构充当"鼹鼠"，这在美国还没有先例，在英国也仅有一个金·菲尔比。此案非同寻常，具有挑战精神的怀特变得兴奋起来。

为了确保取得实质性战果，怀特组织了一批精兵强将参加这次"夜行人"行动。参与行动的小组成员都是经过他精心挑选的，每个成员都有明确的分工。其中有负责访谈的，有负责监视埃姆斯的，有负责处理各种证据的，还请了一名资深会计，专门查埃姆斯的账目和处理相关事务。

美国两大情报机构布下天罗地网，埃姆斯早已成为网中之鱼。通过调查，他们确认埃姆斯是双面间谍，出卖了美国利益。但是美国的情报机构没有立即抓捕这条大鱼，想从他身上挖出更多的敌方特工，同时，要将他绳之以法，最好能在他与苏联间谍接头时抓他个现行。

美国成立了一个反情报小组，专门编造假情报，经埃姆斯之手提供给苏联。这些情报虚虚实实，极难辨认。

6月3日，怀特下达命令：24小时全天候监视埃姆斯的一切行动！此后，埃姆斯住宅的周围布满了垃圾清运工、草坪修理工、送货杂工等。他们其实都是美国特工。

然而特工出身的埃姆斯特别狡猾，行动小组成员全天候24小时对他临视，连续两天都一无所获。怀特鼓励大家不要气馁，继续全天候监视。同时指示，可以采取一切手段对他加以临控。这样，联邦调查局将惯用的伎俩——窃听，也派上了用场，6月11日行动小组对埃姆斯实施跟踪和窃听。

6月23日，经司法部门批准，联邦调查局对埃姆斯的住宅进行了秘密搜查，发现了更多的证据。特工从埃姆斯家中搜到了144份机密文件，其中大多数与苏联、东欧国家的情报与反情报活动有关，有些还涉及美国高度的军事机密，这些机密同他当时从事的缉毒工作毫不相干。另外，联邦调查局从埃姆斯家中的垃圾桶中找到了一盒废弃的色带，经过技术处理后，发现了这样一句话："除了要在阿拉斯加得到一笔现金外，我还希望你们以更安全的方式给我汇一大笔钱。"后来的调查证实，当埃姆斯从阿拉斯加回来后，他在当地的银行以其妻凯瑟丝·杜普伊的名义存了一笔钱，数目是8.67万美元。此外，联邦调查局的特工从垃圾桶中还找到两份文件，其中一份写道："我的妻子了解我的所作所为，并且很支持我。"另一份文件则披露了中央情报局的人事、取得机密情报的渠道，以及中央情报局正在进行的一些秘密行动。

搜查完毕后，联邦调查局在埃姆斯的计算机上加装了电子侦测器。有了这种侦测器，当电脑的主人开机工作时，监控人员可以通过一定的仪器在一定的距离内，实时看到电脑屏幕上的一切信息。特工还在埃姆斯的房间加装了监视装置，在过道上安装了微型摄像机。此外，怀特还让人复制了埃姆斯住宅和汽车的钥匙。7月20日，趁埃姆斯到胡佛大厦办事，怀特又在埃姆斯的汽车里安装了一个电子信标发射器，从此特工可以随时确定埃姆斯汽车所在的位置，对掌握他的行踪很有利。

不知为何，埃姆斯这样一位老牌特工竟然没有发现这些监控设备的存在。

穷途末路　叛谍落网

监视埃姆斯的同时，其他小组的调查工作也在紧锣密鼓地进行。反间谍人员进一步查明了埃姆斯的收入与支出情况：从1985年4月至1993年8月，埃姆斯的合法总收入不超过34万美元，同期支出的费用竟达130万美元，此外他还拥有豪华轿车和别墅等巨额财产。

埃姆斯是苏联克格勃在中央情报局布下的一枚棋子，此事已被确认无疑。怀特和他的同事们锁定了目标后，长长地舒了一口气。鉴于过去的经验教训，怀特特别提醒手下人员，不能有丝毫放松，特别要提防这只"大鼹鼠"情急之下逃跑！

1993年9月9日深夜，人们都已进入梦乡。此时的怀特却刚刚拖着疲惫的身躯回到家里。刚想休息一下，电话响了，手下告诉他："埃姆斯那小子又出来了！"这么晚他出去干啥？肯定有特别的事！怀特指示手下：给我盯紧他，不要放过任何细节！

埃姆斯和他的妻子驱车出来，抄一条小道进入华盛顿市区。跟踪的特工紧随其后，咬得非常紧。埃姆斯的汽车开到安静的加非尔德大街时，突然来了个U形的大转弯，此举的目的是查看后面有没有跟踪的人。但他这次并没有与什么人接头。或许这只狡猾的狐狸，最近觉察出点什么了。跟踪人员想了几天，也没有弄明白他深夜出去的目的，但经过分析后大家猜测，加非尔德大街可能是他与苏联人接头的地点。

9月15日，外围取证获得进展。这天深夜，四名特工从埃姆斯的家门口换走了垃圾箱。他们从中发现了一张撕碎了的小字条。行动小组费劲将它拼起来后，上面的字迹依稀可辨："我想于10月份在波哥大会面。"由此确定，埃姆斯经常在境外与苏联人接头。怀特想借此机会，将埃姆斯和他的接头人当场拿获。

10月8日，埃姆斯夫妇带着儿子到迈阿密海边去度周末。趁此机会，怀特让行动小组抓紧时间潜入埃姆斯家进行搜查。10月9日，特工们进入他家搜查。怀特自己则在行动基地一个小指挥室里遥控指挥。这一查，收获还真不小，特工从他的电脑中出人意料地搜到了大量有价值的东西。其中包括有关联络点和情报放置的详细指示，有关会面的记录以及大量中央情报局的绝密情报。埃姆斯带回家的许多绝密情报，是他根本无权过问的，显然是他窃来给苏联的。下午5点，搜查人员满载而归。

早在10月初，埃姆斯曾告诉他的上司，他要在本月去哥伦比亚的波哥大看望岳母，行动小组特工密切监视着他的行踪。其实，埃姆斯在怀特开始调查他时就着手出逃计划，看望岳母不过是虚晃一枪。怀特不是傻子，也意识到这一点，赶紧向当时的中央情报局局长詹姆斯·伍尔西汇报，请示是否允许埃姆斯出国。伍尔西上任才半年多，急于立功出成绩。经过一番考虑，为了钓出埃姆斯后面的大鱼，决定允许埃姆斯出国，但他指示：一定要盯紧他，严防他叛逃！

尽管出国申请被批准，狡猾的埃姆斯却一拖再拖，没有急于叛逃。他对同事说10月要去波哥大，但当跟踪人员追踪到机场，机场的航班登记表却显示，他没有去波哥大，而是去了加拉加斯。而且，当时他的岳母也不在波哥大，而是在美国。怀特知道，埃姆斯又是到加拉加斯与他的主子会面去了。在加拉加斯期间，埃姆斯没有逃过联邦调查局的监视。

此时的埃姆斯有如惊弓之鸟，他已觉察出自己被跟踪，想抓住最后的机会出逃。因为在此前的10月8日，他到迈阿密海滩度假时，中央情报局的特工竟然半公开化地跟踪他，作为一个老牌特工，他不可能连这点敏感性都没有。为了检测一下自己的感觉是否正确，他有意打着去波哥大的幌子去加拉加斯，CAI和FBI特工的跟踪，使他确认自己上了"黑名单"。他决定孤注一掷，不顾一切找机会外逃。

特工们将监听到的录音交给怀特。怀特从埃姆斯隐隐约约的电话录音中，听出了一个重要情况，那就是埃姆斯清楚地知道自己被怀疑。这一情况促使怀特加紧收网，准备在必要时将他逮捕。

想要成功外逃，当然最好能得到克格勃的支持。埃姆斯想到了为苏联提供情报的"剑桥五杰"，其中的菲尔比、伯吉斯、麦克林等人在身份暴露后，不都到苏联去了吗？所以他要尽快与克格勃接头，搞定这桩大事。

经过长时间的监视，行动小组终于等来了埃姆斯与苏联人接头的机会。他们得到消息，埃姆斯将于11月1日到波哥大与他的克格勃上司卡列特金见面。核实消息的准确性后，美国情报部门紧急部署，CAI和FBI派出的特工纷纷赶往波哥大，他们早已用隐形摄像机等待着他的到来。

11月1日，埃姆斯如期来到波哥大，等待他的不仅有他的克格勃老板卡列特金，还有怀特带领的联邦调查局特工。特工们将埃姆斯与卡列特金可能会面的场所都监视起来，不料还是扑了个空。11月2日，埃姆斯和卡列特金完成会面，怀特未能将埃姆斯当场拿获。

原来11月2日这天，埃姆斯迫不及待地想和卡列特金相见，他如期来到波哥大，但他很快发现FBI特工们已在跟踪自己。为了安全起见，他施展了一个老特工多年练就的本领，用反跟踪技术成功地将跟踪他的特工甩掉了。而后他与卡列特金见了面。见面时间非常短暂，埃姆斯开门见山地告诉卡列特金，自己已经暴露了，要求克格勃尽快帮助他逃走。卡列特金则分析说，他目前并没有暴露身份，要求他继续潜伏在中央情报局为苏联服务。

尽管卡列特金一再担保埃姆斯留下来不会出任何问题，但事实胜于雄辩，埃姆斯不想与他发生争执。卡列特金的态度使埃姆斯非常沮丧，此时他才意识到自己不过是别人花钱雇佣的打工仔。他还意识到自己的身份暴露了，对克格勃就不再有利用价值了，只能面对被抛弃的命运。他甚至想到了更坏的结局，克格勃会杀人灭口！他深知克格勃的手段，只好暂时忍气吞声，与卡列特金分手，匆忙赶回美国，再思良策。

怀特见埃姆斯主动回国，悬着的心总算放了下来。埃姆斯回到美国后，让妻子秘密地作着逃跑的准备，一旦时机成熟就离开美国。而后，他开始考虑，怎样凭借自己的能耐逃到一个安全的地方去。不过，他对苏联还是不死心，觉得自己为克格勃立下了汗马功劳，苏联方面不至于把事情做得太绝，否则以后谁还敢为他们效力？不久，埃姆斯向上司再提"出差"苏联之事。行动小组分析，很可能是由于长时间对埃姆斯进行临视，他有所觉察；还有，长时间在他家附近进行监视，已经引起了邻居的怀疑，埃姆斯从中得到某种信息，感到形势不妙。他要求去莫斯科出差，很可能是想借机叛逃。大家一致认为，这种可能性非常大。

一旦埃姆斯叛逃成功，这将对美国的情报部门是一记响亮的耳光，负面影响不言而喻。绝不能让他得逞！还有一种潜在的可能，就是克格勃在埃姆斯没有利用价值时将其杀掉灭口，然后嫁祸于美国情报机构。如果出现这种情况，同样对美国不利。

有鉴于此，美国情报部门的高层下达命令：立即逮捕埃姆斯！这一次怀特亲自出马，率精兵强将布下天罗地网，于是就出现了本文开关的一幕。1994年2月21日上午，埃姆斯在家门口被捕。

谍案掀波　外交报复

双重间谍埃姆斯落网，美国各大媒体纷纷报道这起被列进美国历史上"五大间谍要案"的间谍案。埃姆斯随即成为美国家喻户晓的新闻人物。美国朝野大哗，反响特别强烈。美国人普遍认为，这是国家的奇耻大辱，是二战以来美国最严重的间谍丑闻。美国人从30年前开始，就一直怀疑中央情报局内部有苏联间谍。如今这一怀疑不幸成了现实，他们岂能无动于衷？

时任美国总统克林顿对此大为震惊，特地召开记者招待会。面对众多记者，克林顿非常严肃地说，埃姆斯间谍案是一起非常严重的事件，他给美国造成了不可估量的损失。要求美国有关部门彻底查清此事，对这一特大间谍案给美国造成的损失进行评估。

在对内大肆宣扬超级"鼹鼠"埃姆斯之害的同时，美国的外交手段跟着上。1994年2月22日，时任美国国务卿克里斯托夫在华盛顿向俄罗斯提出强烈抗议。白宫认为，俄罗斯收买埃姆斯从事间谍活动，是对美俄两国伙伴关系的一次严重破坏。同一天，美国驻莫斯科大使皮克林，则在莫斯科向俄罗斯政府提出强烈抗议。

美国参众两院议员对克林顿政府本来就不是太信任，抓住埃姆斯间谍案他们便频频放箭，攻击克林顿政府过于信任俄罗斯总统叶利钦。中央情报局立即采取行动，他们派出一个高级代表团前往莫斯科处理这一间谍案。中央情报局提出几点要求：一是督促俄罗斯妥善处理埃姆斯一案，主动召回与此案有牵连的驻美外交官；二是限制俄罗斯在美的情报人员数量，将其削减到美国在俄罗斯的同等数量。

美国方面如此较真，俄罗斯的反应则要平和得多，或许是他们在此事中"授人于柄"的缘故。此前美国总统克林顿对埃姆斯案有过激烈言辞，没过多久叶利钦总统的发言人科斯季科夫曾反击美国，指责美国对埃姆斯案大做文章，是试图恢复冷战心理。眼见事情愈闹愈大，俄罗斯外交部不得不站出来，他们呼吁俄美双方情报机构息事宁人，特别是不要把政治领袖即两国领导人卷入这一纠纷。

2月23日，美参议院情报委员会主席丹尼斯要求，在调查埃姆斯夫妇案期间，将美国对俄援助暂停60天。

仅仅过了两天，2月25日，美国政府宣布俄罗斯驻美国大使馆参赞亚历山大·李森科为不受欢迎的人，限他在七天内离境。美国驱逐俄罗斯驻美的高级外交官，此举引发了两国的外交冲突。一场实施外交报复、互相驱逐外交官的行动由此拉开序幕。

四天后，俄罗斯外交部与国防部开始就间谍案反击美国。2月27日，俄罗斯外长科济列夫首先接受媒体采访，他对前来采访的全美广播公司记者说，埃姆斯间谍案只是一个普普通通的案件，这种事情非常常见，美国"为此震惊"的过度反应，有点大惊小怪。按照科济列夫的观点，俄国和美国还没有就"停止秘密情报活动"一事达成任何协议，既然不是"全面伙伴关系"，从事间谍活动就不足为奇了。

俄罗斯国家通信社——塔斯社为此发表评论，阐明在从事情报活动方面"俄罗斯与美国拥有同等的权利"这一立场。该通信社强调说，为了各自国家的利益，美俄两国都在搞情报，这是不争的事实。美国军方首脑曾多次承认，他们没有结束对俄的情报工作。既然美国可以从事针对俄罗斯的情报工作，俄罗斯为什么就不能在美国从事情报活动呢？这篇评论措辞严厉，抨击了美国"允许州官放火，不让百姓点灯"的做法。

继外交部长科济列夫接受采访后，俄罗斯国防部副部长科列斯尼科夫也站出来说话。他对媒体公开承认，埃姆斯确实是在美国为俄罗斯工作。列斯尼科夫认为，埃姆斯帮助俄罗斯挖出的是窃取俄罗斯情报的美国间谍，对保护俄罗斯的利益作出了贡献。这位国防部副部长的言下之意是，你们的间谍活动在先，我们的反间谍行动在后，既然你们做初一，我们为何不能做十五？

其实谁都清楚，俄美之间的间谍战从来就没有停止过。例如，1986年，一名叫沃尔克的苏联间谍，因为给苏联提供了1500份美国海军的机密文件而被判处25年监禁。虽然事态也很严重，但是美苏之间没有采取任何外交报复行动。这次美国人反应过分强烈，美国政府不得不驱逐了亚历山大·李森科，俄罗斯便也采取了对等措施，于2月28日发表对抗性声明说："我们被迫采取报复行动！"

俄罗斯人觉得美国人的做法不公平。因为当俄国特工加强在西方工作的同时，西方特工也活动频繁。例如1993年一年之内，俄罗斯就逮捕了西方间谍20人，但是并没有像美国那样，在国家级层次上提出抗议，也没有采取什么外交活动。俄罗斯人认为，在搜集情报方面，它与美国拥有同等的权利。

敏感的政治观察家们马上发现了此次间谍事件的象征意义：自冷战结束以来，这是俄罗斯与美国之间的信赖关系发生的最大裂痕。关于这次间谍事件本身，克林顿总统说"极其严重"。实际上，从开始侦破这一案件的10个多月前起，克林顿总统就适时地听取了有关调查情况的汇报。在此期间，美俄两国于1993年7月在东京、1994年1月在莫斯科举行了两次首脑会谈。

在东京与莫斯科会谈中，虽然克林顿一再表示支持叶利钦，但没过多久美国就在一个间谍案上反应如此强烈，不能不引人深思。当时，俄美最大的分歧是如何看待波黑危机。克林顿打算与叶利钦商讨，为了使波黑塞族撤离萨拉热窝，必须向他们发最后通牒，但他用了两天的时间，才得以叫通热线电话。事后不久，俄罗斯人说服塞尔维亚人把重武器撤离萨拉热窝。与此同时，莫斯科派遣900名士兵进驻萨市。俄罗斯在波黑问题上的不合作，使美国大为恼火。叶利钦则扬扬自得地宣称，此次俄罗斯成功地干预波黑局势，避免了北约的空袭行动，表明俄有权参与"世界一些重要的决策"。他说："世界听从了我们的意见。"美俄两国当时的互不信任，与埃姆斯案有一定的关系。

1994年3月1日俄罗斯对外宣布，他们捕获了一名英国间谍；3月3日，俄罗斯再次宣布逮捕了两名美国间谍。他们还宣布，美国驻莫斯科大使馆参赞詹姆斯·莫里斯其实是中央情报局莫斯科情报站代表，因为他从事了颠覆俄罗斯的活动，莫斯科方面将他列为"不受欢迎的人"，要求他在七天内离开俄罗斯。同时受到指控的还有美国驻俄大使馆二等秘书凯利·汉密尔顿，他也被指与间谍案有关。俄罗斯这样做的目的，一方面是要对美国进行外交报复，另一方面想以此来平衡国际舆论对埃姆斯一案的关注。相互驱逐外交官，美俄两国的外交冲突日趋激烈。

沸沸扬扬的埃姆斯案，引起了全球的关注。美国联邦法院决定尽快开庭，审理埃姆斯案，回应社会的关注。

终身监禁　狱中忆昔

华盛顿一地方法院于1994年3月1日作出裁决，为了防止被指控为俄罗斯进行间谍活动的埃姆斯及其妻子潜逃出国，在此案审理期间，他们将被收监关押，不得取保候审。

1994年4月28日，美国联邦法院对埃姆斯进行公开审讯。莱斯利·怀特在其长达30多页的公诉书上，列举了埃姆斯的罪状，说在过去的九年里，埃姆斯因出卖情报而获得250万美元的酬金，是莫斯科雇用的外国间谍中最富有的一个。《起诉书》指控埃姆斯为了金钱和享受，出卖国家机密，犯有间谍罪。这对夫妇年薪不到7万美元，却购买了价值54万美元的住宅，而且是用现金一次性付清房钱；装修这座住宅又先后花去了9.9万美元；他们还拥有信用卡45.5万美元，股票16.5万美元；三年内电话费开支2.98万美元，还有两辆轿车价值5.5万美元；等等。

法院审理后认为，在为苏联和后来的俄罗斯工作的九年中，埃姆斯获得250万美元的赏金，埃姆斯因此过着奢侈的生活：他拥有豪华住宅、高级汽车、巨额信用卡。在这个挥金如土的过程中，他们同时犯有偷税漏税罪。

最终，美国联邦法院以间谍罪和偷税漏税罪判处埃姆斯无期徒刑，并处罚款25万美元。埃姆斯的妻子承认犯有与之相牵连的间谍罪，被判刑五年半。

在宾夕法尼亚一所戒备森严的监狱里，身穿40087-083号囚衣的埃姆斯对着法国《新观察家》周刊的一位记者，费力地回忆起一幕幕往事。

当记者问他为什么要充当双面间谍时，他坦言那是因为当时自己的处境非常糟糕。他于1962年就参加了中央情报局，正赶上中情局扩充实力的好时光，很多与他一起加入中情局的年轻人都得到了提拔，交上了好运。而他，虽然一加入中央情报局就进入核心部门，成为一名外勤官员，同其他担任情报分析任务的同事相比，他算是幸运的。但是他并不感到满足，因为他的工作单位不理想。在这一段时间里，他的工资低，再加上没有得到提升，工作并不顺心。最糟糕的是，他不敢告诉人家他是一名情报人员，是一名特工，他总是对别人说，他是外交官，在国务院工作。这种黑暗世界里的日子真不好过，为此他的妻子安妮一直跟他闹。

埃姆斯成为阶下囚，接受采访时已经没有了自由，有中央情报局特工守在他身边，说到关键问题会被打断阻止。且看《埃姆斯狱中访谈录》(晓苏编译)中的这段采访录——

记者：为什么您在44岁时决定背叛自己的国家和中情局？

埃姆斯：我需要钱。当时我的生活变化很大。我在墨西哥待了两年，后来回了国，离了婚，还打算再婚。我欠了债。我觉得那时我的经济状况是灾难性的，从未有过的。

记者：您提供了10位为中情局工作的克格勃军官的姓名，结果苏联当局把这10个人或送进了监狱或判了死刑。

埃姆斯：我想保护自己，因为我怕他们当中有人会出卖我……但直到现在，我还向自己提出这么个问题：我为什么要卖身投靠恶魔？至于我出卖的特工被枪毙，那不是我希望的。

记者：克格勃为什么会如此迅速地决定将这些人清除掉？

埃姆斯：是(苏共中央)政治局决定的。我所提供的情报表明，西方情报机构深深地渗透进了克格勃。因此他们不能漠然置之，必须果断处理。

记者：这样看来，您成了克格勃的活跃特务。那么在1991年12月以前，您的任务完成了吗？

埃姆斯：是的，我一方面在中情局很精心地准备针对克格勃的行动，另一方面又每次都把行动计划预先通知他们，他们则有效地采取了防卫措施。

记者：您能否举个例子？

埃姆斯：比如，我们——

中情局人员在一旁制止他：这一条不能再说下去了！

记者：后来苏联就开始解体了……

埃姆斯：1991年8月莫斯科政变未遂后，我在中情局领导一个独立的克格勃问题专案组。我的任务就是让这个部门完蛋。

记者：让谁完蛋？克格勃吗？

埃姆斯：是的，要把它彻底毁掉。我们认为，在当时，从政治和财政的角度来看，克格勃都是非常脆弱的。我们预料，俄罗斯议会将会缩减对外情报局90%的预算。我们必须趁机让克格勃威信扫地，在俄罗斯散布消息，破坏它的名声。我们企图，我打算……

记者：那您成功了吗？

中情局人员再次干预说：您不能回答这个问题！

记者：您受命消灭克格勃，在通报给克格勃后，它是怎么对待的呢？

埃姆斯：他们的感受很有意思。他们根本没有想到，我们实际上已经在着手干这种事。

记者：您指的是什么？

中情局人员：请换个话题！

记者：您对和克格勃军官会面有何种感受？都谈些什么？

埃姆斯：非常友好。我们谈的基本上是职业性话题。他们告诉我，他们想从我这儿得到什么样的情报。他们并不想给我造成一种印象，是戈尔巴乔夫或叶利钦许诺嘉奖我的。我过去和现在都相信他们。中情局特工被枪毙后，他们尽力让我不受怀疑。

记者：他们警告过您花钱时要小心吗？

埃姆斯：当然。他们深信，像我干的这种职业，不能随便冒险。

记者：您经常向他们要钱吗？

埃姆斯：是的，因为钱花得太快了。他们说话算数，凡答应的都给，但却是一小笔一小笔地给。克格勃不想一次就给够，比如说一次就给100万或50万。因为他们怕我拿到全部钱后就不再为他们干了。

记者：您没打算逃到莫斯科去吗？

埃姆斯：我们一起制订过这个计划。根据计划，一旦遇到危险，我就可以离开美国，逃到莫斯科或其他地方去。然而，我们根本没有认真讨论过我被捕的可能。

……

1995年，原苏联克格勃第一总局副局长、负责整个西半球情报活动的尼·谢·列昂诺夫中将对俄罗斯记者说，埃姆斯不是美国揭穿的，他是被莫斯科出卖的。列昂诺夫将军的原话是这样说的："我可以有把握地指出，埃姆斯是被出卖的，而且是被莫斯科出卖的。在很长的一段时间里，我曾亲自负责与我们在美国的特工联络的技术保障。最近十几年，这项工作的运作是无可挑剔的，也是不易攻破的。因此，不可能出现被揭穿的问题。所有这些有损埃姆斯名誉的证据，似乎都是从他家的垃圾箱找出来的。而把人们的注意力吸引到他的开销上，则是故意把埃姆斯当成傻瓜。埃姆斯和那个似乎是被自己妻子出卖的沃克尔一样，都是被莫斯科'抛弃'的。而干这件事的，是某个与埃姆斯案有关的人。"

不管列昂诺夫的话是真是假，总有部分人会相信。但耐人寻味的是，时至今日，无论在俄罗斯，还是在美国，都没有人站出来证实或否认这一说法。

作为一名超级间谍，埃姆斯最终被判终身监禁，他将在高墙内度过余生。埃姆斯在美国情报机构为克格勃充当内奸长达九年，对美国的祸害是不言而喻的。在冷战结束后的第三个年头，这个大案造成的轰动效应还在延续，中情局长不断走马换将就是最好的例证。只要美国和俄罗斯不停止他们之间的利益争斗，埃姆斯这样的超级"鼹鼠"就不可能杜绝。

后 记

　　本书在编写过程中，参阅了大量的报刊文章、图书资料和互联网上资料，因篇幅所限有些资料不能一一列举。在此，谨向所引用文献资料的所有作者、编者表示衷心感谢！

作者

2016 年 3 月

附：主要参考文献

1. 李伟主编：《神奇的鼹鼠——38个影响历史进程的间谍故事》，解放军出版社，2009年2月版

2. 张湘红：《无间道——世界双面间谍档案解密》，金城出版社，2011年8月版

3. 黄捷芬等编：《王牌女谍》，东方出版社，2006年12月版

4. 楚淑慧主编：《世界谍战和著名间谍大揭秘》，中国华侨出版社，2011年2月版

5. 刘浩冰编著：《英国特工全传》，凤凰出版社，2010年3月版

6. 亚诺编著：《KGB克格勃全传》，凤凰出版社，2010年3月版

7. 维克托·乌索夫：《特工佐尔格在中国的传奇故事》，载俄罗斯《远东问题》2005年第3期

8. 洪堡：《中央情报局档案》，上海社会科学院出版社，2005年7月版

9. 亚诺编著：《美国中央情报局全传》，凤凰出版社，2010年3月版

10. 阿·舍甫琴科著：《与莫斯科决裂》，王观声、郭健哉等译，世界知识出版社，1986年版

11. [美]劳伦斯·斯希勒著，朱建军等译：《镜中谍：美国头号双重间谍罗伯特·P.汉森传记》，中国友谊出版公司，2003年9月版

12. 阿文：《生死谍战：世界著名间谍案纪实》，哈尔滨出版社，2008年10月版